Ullstein Sachbuch

W0194257

Bernard Lewis

Die Welt der Ungläubigen

Wie der Islam Europa entdeckte

Mit 8 Abbildungen

Ullstein Sachbuch

Ullstein Sachbuch
Ullstein Buch Nr. 34427
im Verlag Ullstein GmbH,
Frankfurt/M – Berlin
Amerikanischer Originaltitel:
The Muslim Discovery of Europe
Übersetzt von Bernd Rullkötter

Ungekürzte Ausgabe

Umschlagentwurf:
Atelier Noth & Hauer
Alle Rechte vorbehalten
© 1982 by Bernard Lewis
© 1983 by Verlag Ullstein GmbH,
Frankfurt/M – Berlin
Propyläen Verlag
Printed in Germany 1987
Druck und Verarbeitung:
Clausen & Bosse, Leck
ISBN 3 548 34427 5

November 1987

CIP-Kurztitelaufnahme der Deutschen
Bibliothek

Lewis, Bernard:
Die Welt der Ungläubigen: wie d. Islam
Europa entdeckte / Bernard Lewis [Übers.
von Bernd Rullkötter]. – Ungekürzte Ausg. –
Frankfurt/M; Berlin: Ullstein, 1987.
   (Ulstein-Buch; Nr. 34427: Ullstein-
   Sachbuch)
   Einheitssacht.: The Muslim Discovery
   of Europe ⟨dt⟩
   ISBN 3-548-34427-5

NE: GT

Inhalt

Vorwort   11

   I   Kontakt und Folgen   15
  II   Die islamische Weltsicht   57
 III   Sprache und Übersetzung   69
  IV   Medien und Vermittler   89
   V   Moslemische Forschungen über den Westen   135
  VI   Die Religion   175
 VII   Die Wirtschaft: Wahrnehmungen und Kontakte   191
VIII   Regierung und Rechtsprechung   207
  IX   Wissenschaft und Technik   229
   X   Kulturelles Leben   249
  XI   Soziales und Persönliches   267
 XII   Abschließende Betrachtungen   285

       Anmerkungen   301
       Register   329

Anmerkung zur Transkription

Arabisch und Persisch werden dem System gemäß transkribiert, das bei Islamwissenschaftlern am gebräuchlichsten ist. Für das Osmanische habe ich mich an die Standardorthographie des modernen Türkischen gehalten, in der c = j wie in engl. Joe, ç = ch wie in Churchill, ş = sch und in dem ı einen Laut etwa zwischen i und u repräsentiert. Im Text, nicht jedoch in den Anmerkungen und Quellenangaben habe ich bei türkischen Namen j anstelle des ungewohnten c benutzt.

Vorwort

In der historischen Tradition des Westens wird der Begriff »Entdeckung« gemeinhin verwendet, um den Prozeß zu beschreiben, in dessen Verlauf Europa, insbesondere Westeuropa, seit dem 15. Jahrhundert begann, die übrige Welt zu erschließen. Das Thema dieses Buches ist eine andere, parallele Entdeckung – in mancher Hinsicht ähnlich, unterschiedlich in anderer –, die früher anfing und sich länger fortsetzte; hier ist der Europäer nicht der Forscher, der barbarische Völker an seltsamen und fernen Orten entdeckt, sondern selbst ein exotischer Barbar, der von Wißbegierigen aus den Ländern des Islam entdeckt und beobachtet wird. Hier wird ein Versuch gemacht, die Quellen und den Charakter des moslemischen Wissens über den Westen und die Stadien seines Wachstums zu untersuchen. Die Geschichte beginnt mit den ersten moslemischen Vorstößen nach Europa. Sie setzt sich fort mit der großen Gegenoffensive der westlichen Christenheit gegen den Islam und der Wiederaufnahme des moslemischen Heiligen Krieges, die dadurch hervorgerufen wurde; mit der Erneuerung und Erweiterung des Handels und der diplomatischen Beziehungen zwischen den moslemischen und den christlichen Anliegern des Mittelmeers; mit dem Aufstieg neuer moslemischer Monarchien in der Türkei, dem Iran und Marokko nach dem Ende des Mittelalters und ihren zögernden Erforschungen Europas. Sie kommt zum Abschluß mit den ersten Stadien des geballten europäischen Einflusses, vom späten 18. Jahrhundert an, auf die mittelöstlichen Kernländer des Islam und mit den Anfängen einer neuen Ära, in der die moslemische Entdeckung Europas erzwungen, heftig und meistenteils schmerzhaft war.

Das Buch gliedert sich in drei Teile. Der erste gibt einen Überblick über den Verlauf der Beziehungen zwischen dem Islam und Westeuropa und betrachtet vertraute Ereignisse aus einem unvertrauten Blickwinkel – dem des Gegners. Ich habe versucht, die Schlacht zwischen Tours und Poitiers nicht mit den Augen Karl Martells, sondern seiner arabischen Widersacher, die von Lepanto aus der Perspektive der Türken und die Belagerung von Wien vom Standpunkt der Belagerer aus zu sehen. Diese Darstellung ist durch den Nachdruck gekennzeichnet, den sie auf die moslemische Weltsicht und den Platz des Islam in ihr legt.

Der zweite Teil beschäftigt sich mit Medien und Vermittlern: mit den Sprachen, die zwischen Moslems und Europäern zur Verständigung benutzt wurden, einschließlich von Fragen der Übersetzung und mündlichen Wiedergabe, sowie mit Reisenden – Kaufleute, Diplomaten, Spione und andere –, die aus islamischen Ländern Europa besuchten. Einige Aufmerksamkeit wird auch der Vermittlerrolle von Flüchtlingen, der nichtmoslemischen Untertanen der islamischen Staaten und der neuen europäischen Konvertiten zum Islam gewidmet. Dieser Teil endet mit einem Blick auf das Bild Westeuropas, wie es sich in der islamischen Forschung, besonders in historischen und geographischen Schriften, widerspiegelt.

Der dritte Teil des Buches ist spezifischen Themen gewidmet: Wirtschaft, Regierung und Rechtsprechung, Naturwissenschaft und Technik, Literatur und Kunst, Menschen und Gesellschaft.

In den letzten Jahren ist viel über die Entdeckung des Islam durch Westeuropa geschrieben worden. In den meisten dieser Diskussionen erschien der Moslem jedoch als das schweigende und passive Opfer. Aber die Beziehung zwischen dem Islam und Europa, ob im Krieg oder Frieden, ist immer ein Dialog, kein Monolog gewesen: Der Prozeß der Entdeckung war gegenseitig. Moslemische Erkenntnisse über den Westen sind der Untersuchung nicht weniger würdig als westliche Erkenntnisse über den Islam, haben aber weniger Aufmerksamkeit erfahren.

Die Entstehung dieses Buches hat lange gedauert. Ich begann mich vor mehr als 25 Jahren für das Thema zu interessieren und hielt 1955 einen ersten Vortrag vor dem International Congress of Historical Sciences in Rom. Ihm folgten andere Artikel, die sich mit Aspekten der Entdeckung beschäftigten, und Vorlesungen an Universitäten und vor Forschungsgesellschaften in Nordafrika, dem Mittleren Osten und anderswo, einschließlich mehrerer amerikanischer Universitäten. Das Material wurde zum erstenmal ausführlich im Jahre 1957 in einer Reihe von Sendungen des dritten BBC-Programms und zuletzt, im Mai 1980, in fünf öffentlichen Vorlesungen am Collège de France vorgestellt. Meinen Gastgebern und

Zuhörern an all diesen Orten bin ich sehr verpflichtet für die Gelegenheiten, die sie mir boten, meine Darlegungen vorzutragen und manchmal zu verbessern.

Es bleibt die angenehme Aufgabe, jenen zu danken, die auf verschiedene Weise zur Vollendung und Veröffentlichung dieser Arbeit beigetragen haben. Mein besonderer Dank gilt Ms. Dorothy Rothbard von der Princeton University und Ms. Peggy Clarke vom Institute for Advanced Study für ihre Sorgfalt und ihr Geschick beim wiederholten Tippen meines Manuskripts, zuweilen unter recht ungünstigen Bedingungen; Ms. Cathy Kornovich vom Verlag W. W. Norton für ihre genaue und unschätzbare redaktionelle Arbeit am endgültigen Typoskript; vier graduierten Studenten in Princeton: Ms. Shaun Marmon und Mr. Alan Makovsky für ihre wertvolle Hilfe vor allem bei den letzten Vorbereitungen, Mr. David Eisenberg für das Korrekturlesen eines Fahnenexemplars und Mr. James L. Yarrison für einige nützliche Anregungen; Miss Norah Titley von der British Library, London, und Professor Glyn Meredith Owens von der University of Toronto für Hilfe und Rat bei der Suche nach geeignetem Bildmaterial zur Illustration dieses Bandes; meinem Freund und Kollegen Professor Charles Issawi für das Lesen des fertigen Manuskripts und für eine Anzahl hilfreicher Bemerkungen.

Princeton, den 20. April 1981

I

Kontakt und Folgen

Zu Anfang des 7. Jahrhunderts, als der Prophet Mohammed seine Mission in Arabien begann, gehörte die gesamte Welt des Mittelmeers noch zur Christenheit. An den europäischen, asiatischen wie afrikanischen Küsten waren fast alle Bewohner Christen verschiedener Glaubensrichtungen. Von den anderen Religionen der griechisch-römischen Welt hatten nur zwei, der Judaismus und der Manichäismus, überlebt; zu ihnen bekannten sich Minderheiten in diesen Ländern. Im östlichen Mittelmeergebiet blühte weiterhin das Oströmische oder Byzantinische Reich; es beherrschte mit Konstantinopel als seiner Hauptstadt Syrien, Palästina, Ägypten, einen Teil Nordafrikas sowie Kleinasien und Südosteuropa. Im westlichen Mittelmeergebiet war der römische Staat zusammengebrochen, aber die Barbarenvölker und ihre auf den Ruinen von Rom errichteten Königreiche hatten die christliche Religion angenommen und versuchten mit wechselndem Erfolg, wenigstens die Gestalt des römischen Staates und der christlichen Kirche zu erhalten. Der Einflußbereich der christlichen Welt war keineswegs nur auf die Mittelmeerländer beschränkt. Jenseits der Ostgrenze von Byzanz war Mesopotamien, die bedeutendste und westlichste Provinz des Persischen Reiches, bis zum frühen 7. Jahrhundert vorwiegend christlich und damit Teil der christlichen, wenn auch nicht der römischen Welt geworden. Sogar in Arabien lebten christliche und jüdische Minderheiten, jenseits der Reichsgrenzen sowohl Roms wie Persiens, unter der heidnischen Mehrheit.

Innerhalb einiger Jahrzehnte nach dem Tode Mohammeds im Jahre 632 waren seine arabischen Anhänger über die arabische Halbinsel hinausgedrungen, hatten Byzanz und Persien – die beiden großen Reiche, die den Mittleren Osten unter sich aufgeteilt hatten – angegriffen und beiden weite Gebiete entrissen. Das Persische Reich wurde von ihnen erobert und vollkommen geschluckt. Der römischen Welt nahmen die Araber Syrien, Palästina, Ägypten und das restliche Nordafrika ab, das seinerseits zur Basis für die Invasion Spaniens und der Mittelmeerinseln, vor allem Siziliens, wurde. Dadurch, daß sie sowohl die Heere von Byzanz wie die der Barbaren besiegten, waren sie in der Lage, diese Länder dem neuen Islamischen Reich einzuverleiben und die Christenheit von beiden Seiten zu bedrohen. Im Osten rückten arabische Heere aus Syrien und dem Irak gegen Anatolien vor, damals ein griechisches und christliches Land und das Herzstück des Byzantinischen Reiches, während andere arabische und berberische Heere im Westen vom eroberten Spanien über die Pyrenäen vorstürmten und drohten, ganz Westeuropa zu überwältigen. Eine Zeitlang besetzten moslemische Armeen Sizilien, Teile Süditaliens und schienen sogar Rom selbst zu gefährden.

In der historischen Tradition des Westens gilt als die entscheidende Schlacht, die den moslemischen Vormarsch stoppte und Westeuropa dem Christentum erhielt, die Schlacht zwischen Tours und Poitiers, wo die Franken unter der Führung von Karl Martell im Jahre 732 den Heeren des Islam eine maßgebende Niederlage zufügten. Tatsächlich entstand bei dieser Gelegenheit zum erstenmal die Vorstellung von Europa als einer Einheit, die bedroht oder gerettet werden könne. Eine berühmte Passage aus Gibbons *Geschichte des Verfalls und Untergangs des Römischen Reiches* mag dazu dienen, die westliche Einschätzung dieser Schlacht und des Schicksals, das sie abwendete, zu verdeutlichen:

> Der Sieg war nun über mehr als tausend Meilen vom Felsen von Gibraltar bis zu den Ufern der Loire hinausgetragen worden. Die nochmalige Zurücklegung einer gleichen Strecke hätte die Sarazenen an die Grenzen Polens oder in die schottischen Hochlande gebracht. Der Rhein ist nicht unfahrbarer als der Nil oder Euphrat, und die arabische Flotte hätte ohne Kampf in die Mündung der Themse einlaufen können. Es wäre möglich gewesen, daß der Koran in den Schulen von Oxford gelehrt und von den Kanzeln einem beschnittenen Volke Offenbarungen Mohammeds verkündet worden wären.[1]

»Vor einem solchen Schicksal«, fährt Gibbon fort, »wurde die Christenheit durch einen einzigen genialen, vom Glück begünstigten Mann gerettet.«

Die moslemische Tradition gibt eine andere Ansicht über die Leistung Karl Martells und die Ergebnisse der Schlacht zwischen Tours und Poitiers wieder. Die Araber besitzen eine reiche historiographische Literatur, die in liebevollen Einzelheiten die aufeinanderfolgenden Phasen des Jihad, des heiligen Kampfes für den Islam gegen die Ungläubigen, feiert und mit äußerster Ehrlichkeit die Niederlagen wie die Siege der Eroberer verzeichnet.

Sie waren sich natürlich der Tatsache vollauf bewußt, daß sie in Frankreich die Grenzen ihrer Ausdehnung nach Westen erreicht hatten, und manche Autoren nennen Narbonne, eine Stadt, welche die Araber bis 759 hielten, »die letzte der moslemischen Eroberungen im Lande der Franken«. Ein späterer Schriftsteller, der sich für Wunder und Phantastisches interessierte, erzählt sogar von einer Statue in Narbonne mit der Inschrift: »Kehret um, Söhne Ismaels, weiter sollt ihr nicht gehen. Wenn ihr zweifelt, werde ich euch antworten, und wenn ihr nicht umkehrt, werdet ihr einander bis zum Tage der Auferstehung erschlagen.«[2] Doch die arabischen Historiker des Mittelalters erwähnen weder den Namen von Tours noch den von Poitiers und wissen nichts von Karl Martell. Die Schlacht wird Balāṭ al-Shuhadā', Straße der Märtyrer, genannt und als relativ kleine Auseinandersetzung dargestellt. Der Name taucht erst im 11. Jahrhundert auf, und dann auch nur in den Werken spanisch-arabischer Historiker. In der arabischen Historiographie des Ostens wird das Ereignis höchstens am Rande erwähnt. Ibn ʿAbd al-Ḥakam (803–871), Verfasser des bedeutendsten arabischen Berichtes über die Eroberung Nordafrikas und Spaniens, schreibt nur folgendes:

ʿUbayda [der Gouverneur von Nordafrika] hatte ʿAbd al-Raḥmān ibn ʿAbdallah al-ʿAkki die Befehlsgewalt über Spanien anvertraut. ʿAbd al-Raḥmān war ein verdienter Mann, der Expeditionen gegen die Franken unternahm. Sie sind die fernsten der Feinde Spaniens. Er errang viel Beute und besiegte sie... Dann machte er einen weiteren Vorstoß, und er und all seine Gefährten erlitten den Märtyrertod für den Islam. Sein Tod... ereignete sich im Jahre 115 [733–34].«[3]

Andere Historiker äußern sich genauso knapp. Bemerkenswert ist, daß Tabari (gestorben 923), der bedeutendste arabische Historiker des Ostens, und Ibn al-Qūṭiyya (gest. 977), der erste wichtige Historiker des moslemischen Spanien, die Schlacht zwischen Tours und Poitiers überhaupt nicht erwähnen.

Während die moslemische historiographische Tradition die Schlacht zwischen Tours und Poitiers entweder übergeht oder nur als Randepisode anführt, widmet sie sich im Gegensatz dazu den zeitgenössischen arabischen Versuchen, Konstantinopel zu erobern, sehr ausführlich. Diese erfolglosen Belagerungen und Angriffe werden sowohl in der Geschichte wie in der Legende gefeiert, und einige Episoden der Schlacht sind sogar in

17

die eschatologischen Details der Ereignisse eingegangen, die den Beginn des Messianischen Zeitalters ankündigen sollen.

Es kann kaum einen Zweifel daran geben, daß die moslemischen Historiker, die Poitiers mißachteten und Konstantinopel hervorhoben, die Geschehnisse aus einer realistischeren Perspektive sahen als die späteren westlichen Historiker. Die fränkischen Sieger von Poitiers trafen auf wenig mehr als eine Bande von Angreifern, die jenseits ihrer entlegensten Grenzen, Tausende von Meilen von ihrer Heimat entfernt, operierten. Sie überwältigten eine Streitmacht, die schon ihr Äußerstes gegeben hatte und verbraucht war. Die griechischen Verteidiger von Konstantinopel trafen dagegen auf die Elite der Kalifenheere, die von Heimatstützpunkten zu einem entscheidenden Angriff auf die feindliche Hauptstadt ausgesandt wurden. Die Griechen begegneten der Streitmacht des Islam und stoppten sie, während sie noch frisch und stark war. Die Distanz vom Felsen von Gibraltar zu den Ufern der Loire beträgt, wie Gibbon bemerkt, mehr als tausend Meilen. Aber der Fels von Gibraltar war viele tausend Meilen von Arabien entfernt. Für die Araber war der Weg zum Rhein durch Osteuropa kürzer und leichter – viel unbeschwerlicher als der Weg, den sie zum Amu-Darja und zu den Grenzen von China eingeschlagen hatten. Es war das Unvermögen der arabischen Armee, Konstantinopel zu erobern, nicht die Niederlage einer arabischen Plünderertruppe zwischen Tours und Poitiers, die sowohl die östliche wie die westliche Christenheit zum Überleben befähigte.

Die Araber waren sich des Unterschieds zwischen den beiden Teilen der Christenheit durchaus bewußt. Für die Byzantiner benutzten sie gewöhnlich den Begriff Rūm, die arabische und später auch persische und türkische Form von Rom. Byzanz bezeichnete sich selbst als Römisches Reich, und seine Bewohner nannten sich Römer. Bis heute ist Rūm in den Sprachen des Islam die allgemeine Bezeichnung für Griechen, die Territorien des früheren Byzantinischen Reiches sind als Länder der Rūm bekannt, und die griechische Sprache heißt Rūmī. Übrigens nennen sogar die Griechen selbst die christliche Form ihrer Sprache, heute wie in byzantinischer Zeit, oft *Romaike*. Arabische Geographen waren nicht in Unkenntnis darüber, daß es in Italien ebenfalls eine Stadt mit dem Namen Rom gab. Sie war jedoch nicht weithin bekannt und wurde als viel weniger wichtig angesehen als das andere Rom am Bosporus.

Trotz der Niederlage bei Konstantinopel setzten die moslemischen Heere ihren Vormarsch an den östlichen und westlichen Grenzen ihres Reiches fort. Aber sie erreichten das Ende ihrer Ausdehnung. Im Westen war die Eroberung von Sizilien zwischen 827 und 902 die einzige bedeutende Gebietserweiterung. Im Osten wurde den Moslems an den Grenzen von Indien und China Einhalt geboten. Im Zentrum blieb die byzantinische

Grenze verhältnismäßig ruhig, und die Einnahme von Konstantinopel wurde auf die ferne Zukunft verschoben.

Die erste große Phase des Heiligen Krieges war im Grunde beendet. Die Begeisterung und Leidenschaft der frühen Eroberer war seit langem verbraucht, ihre Gier, ob nach Beute oder dem Märtyrertod, befriedigt. Die neue Kalifendynastie, die Abbasiden, die den Omaijaden in der Mitte des 8. Jahrhunderts nachgefolgt waren, hatten die Hauptstadt nach Osten, von Syrien in den Irak, verlegt. Dadurch verwandelten sie das Kalifat von einem mediterranen in ein asiatisches Reich. Ihr Interesse am Heiligen Krieg war oberflächlich, ihre Sorge um die westlichen Grenzen gering.

Eine Weile setzten neue islamische Staaten, auf Mittelmeerländer gestützt, den Kampf gegen die europäischen Christen fort. Aber bald wurde ihre Aufmerksamkeit vom Heiligen Krieg gegen die Ungläubigen auf drängende innere Probleme abgelenkt. Seit der Frühzeit hatte es religiöse Streitigkeiten innerhalb der islamischen Welt gegeben: zwischen dem Hauptstrom des Islam in seiner sunnitischen Form, dessen legitimes Oberhaupt der abbasidische Kalif in Bagdad war, und den verschiedenen Sekten, meist locker unter dem Oberbegriff des Schiitentums zusammengefaßt, die sowohl die allgemeine Anschauung der Sunniten wie die Legitimität des sunnitischen Kalifen in Frage stellten. Im Laufe des 10. Jahrhunderts bildete sich zuerst in Tunesien und dann in Ägypten ein rivalisierendes Kalifat, das der Fatimiden-Sekte, heraus und machte den Abbasiden die Führung der gesamten islamischen Welt streitig. Es hatte vor den Fatimiden andere autonome und sogar unabhängige Herrscher in moslemischen Staaten gegeben, doch sie alle waren bereit gewesen, der Oberhoheit des sunnitischen Abbasiden-Kalifen wenigstens Lippendienste zu erweisen. Die Fatimiden lehnten sogar dies ab und gaben sich im Gegenteil als einzige legitime Kalifen des Islam aus, die dazu bestimmt seien, die abbasidischen Usurpatoren zu stürzen. Anstelle eines einzigen besaß der Islam nun zwei Kalifen und bald sogar drei, als der Omaijaden-Emir von Cordoba in Spanien, bedroht von fatimidischer Ausweitung und Unterwanderung, sich selbst in seinem eigenen Gebiet zum Kalifen ausrief. Das religiöse Schisma und die Auseinandersetzung der rivalisierenden Kalifate wurden nun zum Hauptproblem der islamischen Welt, und der alte Konflikt an den Grenzen war nahezu vergessen. Die Sunniten wie die Schiiten teilten das allgemeine Gefühl, daß das heroische Zeitalter vorüber, die Grenzen zwischen Islam und Christenheit mehr oder weniger beständig und irgendeine Form der Anerkennung nichtmoslemischer Staaten und sogar der Beziehungen zu ihnen unvermeidlich seien.

Aber während der islamische Heilige Krieg vorläufig beendet war, stand jener der Christen gerade an seinem Anfang. Sie hatten nicht vergessen, daß der größte Teil des moslemischen Imperiums aus Ländern bestand, die einst zur Christenheit gehört hatten, einschließlich des Heiligen Landes selbst, wo die christliche Religion geboren wurde. Die christliche Gegenoffensive gegen den Islam wurde von der offensichtlichen Schwäche und Uneinigkeit gefördert, die inzwischen von der moslemischen Welt Besitz ergriffen hatten. Andere machten sich diese Unordnung ebenfalls zunutze. Die ersten ernsthaften Breschen wurden von Völkern ins islamische Territorium geschlagen, die weder Christen noch Moslems, sondern Heiden waren: von den türkischen Chasaren im Osten und den Wikingern im Westen. Aber dabei handelte es sich nur um kurze Episoden, die rasch vorübergingen. Weit folgenreicher waren das Wiedererwachen der Macht des Christentums und die wachsende Entschlossenheit, die verlorenen Länder zurückzuerobern.

Die christliche Rückeroberung fing in den Außenbereichen an. In Spanien begannen die kleinen christlichen Fürstentümer, denen es gelungen war, eine unsichere Existenz im fernen Norden der iberischen Halbinsel aufrechtzuerhalten, ihre Gebiete zu konsolidieren und zu erweitern, wobei ihnen fränkische und später auch normannische Angriffe auf die moslemischen Länder halfen. Im Osten rebellierten christliche Völker, die Georgier und Armenier im Kaukasus, gegen ihre islamischen Oberherrscher. In der zweiten Hälfte des 10. Jahrhunderts waren sogar die Byzantiner in der Lage, kraftvolle militärische Offensiven gegen die Moslems in Mesopotamien, Syrien und auf den griechischen Inseln zu ergreifen und viele ihrer verlorenen Territorien wiederzugewinnen.

Während des 11. Jahrhunderts errangen die Kräfte der Christenheit wichtige Siege über den Islam. Im Osten widerstand das christliche Königreich Georgien moslemischen Unterjochungsversuchen und trat in ein großes Zeitalter der Expansion ein, in dessen Verlauf es die gesamte transkaukasische Brücke zwischen dem Schwarzen und dem Kaspischen Meer beherrschte. Im zentralen Mittelmeergebiet landeten christliche Invasoren in Sardinien und Sizilien und eroberten diese Inseln von ihren islamischen Herrschern zurück. Auf der iberischen Halbinsel schob sich die Reconquista stetig nach Süden vor und brachte Toledo in Spanien und Coimbra in Portugal wieder unter christliche Kontrolle.

Von 1098 an schließlich eroberten Gruppen von Christen aus Westeuropa die Küstenebenen von Syrien und Palästina und hielten sie eine Zeitlang durch eine Reihe von Feldzügen, die in der Geschichte der Christenheit als Kreuzzüge bekannt wurden.

Bei den Moslems kannte man diese Bezeichnung nicht. Die Worte »Kreuzzug« und »Kreuzfahrer« kommen in zeitgenössischen moslemischen Schriften nicht vor und scheinen im Arabischen oder anderen islamischen Sprachen nicht einmal eine Entsprechung gehabt zu haben, bis in den Werken christlicher Araber einige Zeit später solche Begriffe geprägt wurden. Für zeitgenössische moslemische Beobachter waren die Kreuzfahrer einfach die Franken oder die Ungläubigen, eine weitere Gruppe unter den vielen Heiden und Barbaren, welche die Welt des Islam angriffen; sie unterschieden sich von den anderen nur durch ihre kriegerische Wildheit und die Erfolge, die sie dadurch errangen. In dieser Hinsicht wichen die Moslems nicht sehr von den christlichen Europäern ab, die sich lange weigerten, den Islam als eine konkurrierende Religion anzuerkennen, die Moslems als Ungläubige und Heiden bezeichneten oder sie – höflicher – bei ihren ethnischen Namen wie Sarazene oder Maure, Türke oder Tatar nannten.

Die Erfolge der Kreuzfahrer waren zu einem nicht geringen Teil auf moslemische Schwäche zurückzuführen. In der Mitte des 11. Jahrhunderts zeigte die Zivilisation des Islam schon Verfallserscheinungen. Infolge seiner wachsenden inneren Probleme und politischen Zersplitterung waren seine Gebiete fast drei Jahrhunderte lang einer Reihe erfolgreicher Angriffe durch Kämpfer ausgesetzt, die von den Moslems als Barbaren – äußerlich und innerlich – angesehen wurden. In Afrika vereinigte eine neue religiöse Bewegung die Berberstämme Südmarokkos und des Senegal-Niger-Bereiches. Dadurch kam es zu einer Expansion, die ihren Höhepunkt in der Schaffung eines neuen Berberreiches fand, das den größten Teil Nordwestafrikas und des islamischen Spanien umfaßte. Aus dem Osten, aus Zentralasien und noch größerer Ferne, wurden die Länder des Islam von den Steppenvölkern – zuerst Türken und dann Mongolen – überfallen, deren Wanderungen und Eroberungen das gesamte ethnische, soziale und kulturelle Muster der mittelöstlichen Gesellschaft änderten. Sogar innerhalb des Reiches gestattete der Zusammenbruch der Zivilverwaltung den Beduinen und anderen Nomaden, in den einst bewässerten und bestellten Landstrichen frei umherzuziehen.

Aber es war keine dieser Kräfte, die der Welt des Islam den größten und bleibenden Schaden zufügte. Die Berber und Beduinen waren schließlich Moslems, und die Türken wurden bald darauf zu den mutigsten Streitern bekehrt, die der Islam je hatte. Die ersten lebensbedrohenden Aktionen gegen den Islam gingen von den ungläubigen Barbaren im Norden, das heißt von Europa, aus.

Der zeitgenössische Damaszener Chronist Ibn al-Qalānisī verzeichnet das Eintreffen der Kreuzritter im Jahre der Hijra 490, das dem Jahre 1096–1097 entspricht, folgendermaßen:

> Und in diesem Jahr erschien eine Reihe von Berichten über das Eintreffen der Heere der Franken aus Richtung des Meeres von Konstantinopel, so zahlreich, daß sie nicht geschätzt werden können. Diese Berichte folgten einander, und während sie verbreitet und bekanntgemacht wurden, wurden die Menschen besorgt und unruhig...[4]

Mehr als ein Jahrhundert später, im weit entfernten Mossul, sah der bedeutende Historiker Ibn al-Athīr diese Geschehnisse in einem größeren Zusammenhang:

Das erste Erscheinen des Reiches der Franken, ihr Aufstieg zur Macht, ihr Einmarsch in die Länder des Islam und ihre Besetzung einiger von ihnen vollzogen sich im Jahre 478 [1085–86], als sie die Stadt Toledo und andere im Lande Andalus einnahmen, wie schon dargestellt worden ist. Dann griffen sie im Jahre 484 [1091–92] die Insel Sizilien an und eroberten sie, und auch dies habe ich früher dargelegt. Dann bahnten sie sich einen Weg sogar bis zur Küste von Afrika, wo sie einige Orte einnahmen, die jedoch wieder von ihnen zurückgewonnen wurden. Dann eroberten sie andere Orte, wie ihr nun sehen werdet. Als das Jahr 490 [1096–97] kam, überfielen sie das Land Syrien . . .⁵

Und dort waren die Kreuzritter, die alles vor sich hertrieben, in der Lage, eine Reihe fränkischer, christlicher Feudalstaaten zu gründen, die sich von den Vorgebirgen des Taurus bis fast zum Sinai an der syrischen und palästinensischen Küste entlangzogen. Es sollte mehr als zwei Jahrhunderte dauern, bis die letzten Spuren dieser christlichen Fürstentümer auf moslemischen Boden durch den islamischen Heiligen Krieg hinweggefegt wurden.

Zunächst wurde das Vordringen dieser Neuankömmlinge von den Fürsten des Islam gleichgültig aufgenommen, und bald darauf fanden die lateinischen Staaten ihren Platz im sich vielfältig überschneidenden Muster der syrisch-palästinensischen Politik. Der ursprüngliche Jihād war längst beendet, und sogar der Geist des Jihād schien verloren und vergessen. Dies war ein Zeitalter der Gewalt und des Wandels, in dem die Länder des Islam von allen Seiten – von Zentralasien und dem berberischen Afrika ebenso wie von der Christenheit – attackiert wurden. Sogar in Aleppo, Damaskus und Kairo erregte der Verlust Palästinas und der syrischen Küste zunächst wenig Interesse. Anderswo nahm man ihn im Grunde gar nicht zur Kenntnis. Ibn al-Athīr schildert im frühen 13. Jahrhundert, wie die ersten Flüchtlinge aus dem von Kreuzfahrern besetzten Palästina in Bagdad eintrafen, von ihren Sorgen berichteten und um Hilfe baten. Sie blieb aus. Der Mangel an korrekten Informationen wird von einem irakischen Dichter jener Zeit deutlich gemacht, der den Fall Jerusalems und das islamische Unvermögen beklagt, sich zu seiner Verteidigung zu sammeln, und dabei die Eroberer als Rūm, das heißt als Byzantiner, bezeichnet.⁶ Im Westen wie im Osten waren islamische Herrscher bereit, mit ihren neuen Nachbarn Vereinbarungen zu treffen und gelegentlich sogar Bündnisse mit ihnen gegen die eigenen Glaubensgenossen zu schließen. Mehr als zweihundert Jahre lang hatten Franken und Moslems in Syrien und Palästina engen, täglichen Kontakt miteinander, oft im Kampf, aber häufig auch im Handel, in der Diplomatie und sogar in Bündnissen. Nach dem Ende der Kreuzzüge reisten westliche Kaufleute und Pilger jahrhundertelang durch Ägypten und die Levante, während moslemische Herrscher geschäftliche Verträge mit einem der westlichen Handelsstaaten nach dem anderen abschlossen.

Im fernen Westen errang die christliche Wiedereroberung einen vollständigen und endgültigen Sieg. Islamische Herrscher und dann sogar islamische Untertanen wurden aus Spanien und Portugal vertrieben, und kurz darauf verfolgten die triumphierenden Spanier und Portugiesen ihre früheren Herren bis nach Afrika. Im Osten waren die Kreuzritter dank wiederholter Verstärkungen aus Europa in der Lage, sich eine Zeitlang zu halten, doch sie wurden durch fortlaufende moslemische Angriffe geschwächt, bis die letzte Bastion lateinischer Macht in Palästina, der Hafen Akkon, im Jahre 1291 vom Sultan der Mameluken eingenommen wurde.

Einige schwache Überreste des Geistes der Kreuzzüge blieben in Europa noch eine Weile haften und trugen dazu bei, ein paar recht unsinnige Expeditionen gegen die Mameluken in Ägypten und die neue aufstrebende Macht der osmanischen Türken zu inspirieren. Aber im späteren Mittelalter hatte das christliche Europa sein Interesse verloren und beschäftigte sich mit anderen Dingen. Während die Christen die Kreuzzüge vergaßen, erinnerten sich die Moslems an den Jihād und leiteten wiederum einen heiligen Glaubenskrieg ein, um zunächst das wiederzugewinnen und zu verteidigen, was an die christlichen Eindringlinge verlorengegangen war, und dann, im Zuge des Sieges, die Botschaft und Kraft des Islam neuen Ländern und neuen Völkern mitzuteilen, die nie zuvor von ihnen erfahren hatten.

Der Einfluß der Kreuzfahrer auf die Länder, die sie bis zu zwei Jahrhunderte lang beherrscht hatten, war in den meisten Bereichen erstaunlich gering. In diesen Staaten hatten sie nie mehr als eine dominierende Minderheit westeuropäischer Katholiken – Ritter, Geistliche und Kaufleute mit ihren verschiedenen Gefolgsleuten und Untergebenen – gebildet. Die große Mehrheit der Bevölkerung bestand aus eingeborenen Moslems, Christen verschiedener östlicher Kirchen und einigen Juden. Nach dem Abzug der Kreuzfahrer wurden diese Länder der islamischen Gesellschaft und Politik mühelos wieder einverleibt.

Aber in zweifacher Hinsicht hinterließen die Kreuzzüge ein bleibendes Merkmal. Eines bestand darin, daß sich die Lage der nichtmoslemischen Untertanen des islamischen Staates verschlechterte. Die Verbitterung, die aus dem langen Kampf zwischen Islam und Christenheit resultierte, die Sicherheitsbedürfnisse in Gebieten mit gemischter moslemischer und christlicher Bevölkerung zu einer Zeit, als religiöse Loyalität Vorrang hatte, und, wie vielleicht hinzugefügt werden sollte, das Beispiel der Verfolgung, das christliche Könige und Prälaten gesetzt hatten, trugen alle schließlich zu einer strengeren Haltung von seiten der Moslems bei. Von dieser Periode an wurden die Beziehungen zwischen den Moslems und ihren christlichen und jüdischen Untertanen distanzierter und häufig schwieriger.[7]

Der zweite ständige Wandel betraf die Beziehungen zwischen dem Mittleren Osten und Europa. Vor dem 11. Jahrhundert waren sie sehr begrenzt gewesen. Die Kreuzfahrerstaaten bauten eine neue Struktur von Beziehungen auf, die zu bewahren ihre islamischen Nachfolger im großen und ganzen für ratsam hielten. Unter der Kreuzfahrerherrschaft hatten sich europäische Kaufleute, zumeist Italiener, in den levantinischen Häfen etabliert, wo sie organisierte Gemeinschaften bildeten, die ihre eigenen Oberhäupter besaßen und nach ihren eigenen Gesetzen regiert wurden. Die moslemische Wiedereroberung dieser Häfen beendete die Aktivitäten der europäischen Kaufleute nicht. Im Gegenteil, die moslemischen Herrscher achteten sorgsam darauf, sie nicht zu stören, und zogen es vor, diesen Handel zu fördern, der sowohl für sie selbst wie für seine Teilnehmer von Vorteil war. Das Geschäft europäischer Kaufleute blühte weiterhin in den früheren Hochburgen der Kreuzfahrer, und sie erschienen nun sogar in Ägypten und anderen Gebieten, welche die Kreuzfahrer nie erobert hatten.

Diese neuen Verbindungen zu Europa wirkten sich auch auf die christlichen Minderheiten aus, die im Mittleren Osten unter islamischer Herrschaft lebten. Von dieser Zeit an hatten sie immer stärkere Kontakte mit dem Westen, teils durch Geschäfte mit europäischen Händlern, teils durch religiöse Bande zwischen verschiedenen Gruppen arabisch sprechender Christen, die sich von den östlichen Kirchen gelöst hatten, um mit Rom unierte Gemeinden zu gründen. Diese kommerziellen und kirchlichen Kontakte halfen, einen kleinen Kern arabisch sprechender Leute zu schaffen, die gewisse Kenntnisse einer europäischen Sprache und einige Verbindungen mit Europäern hatten. In späterer Zeit sollten diese nach Westen ausgerichteten Christen des Mittleren Ostens eine bedeutende Rolle spielen. Lange jedoch war ihre Bedeutung und die der ansässigen westlichen Kaufleute in mittelöstlichen Städten streng eingeschränkt. Die soziale Isolierung, welche die örtlichen Nichtmoslems von der moslemischen Mehrheit der Bevölkerung seit den Zeiten der Kreuzzüge trennte, beeinflußte auch die ansässigen Gemeinschaften westlicher Kaufleute und reduzierte die Kontakte zwischen ihnen und der moslemischen Bevölkerung auf das Minimum, das für geschäftlichen und zuweilen auch politischen Umgang nötig war.

Im Jahre 1174 schrieb Saladin einen Brief an den Kalifen in Bagdad, um seine Politik zu rechtfertigen, durch die er christliche Händler in den wiedereroberten Gebieten ermunterte. Er hatte, wie er sagte, Arrangements mit ihnen getroffen und so die Handelsbedingungen zum Vorteil der Moslems verändert:

... die Venezianer, die Pisaner und die Genuesen pflegten alle hierher zu kommen, manchmal als Plünderer, deren Gier, Schaden anzurichten, nicht gezähmt, und deren böse Leidenschaft nicht ausgelöscht werden konnten, manchmal als Reisende, die versuchten, den Islam mit ihren Gütern zu überwältigen, und unsere vorsichtigen Erlasse konnten nicht mit ihnen fertig werden ... und nun gibt es keinen von ihnen, der seine Kriegs- und Schlachtwaffen nicht zu uns brächte und uns das Frleseneste dessen, was er herstellt und erbt, zukommen ließe ...[8]

Und dieses wünschenswerte Ergebnis sei, wie Saladin erklärt, dadurch erzielt worden, daß man Beziehungen zu ihnen aufgenommen und Bedingungen mit ihnen abgesprochen habe, »solche, die wir wollen und sie beklagen, solche, die wir bevorzugen und sie nicht«.

Die christliche Kirche war der gleichen Meinung, doch ihr Donner und ihre Exkommunikationserlasse konnnten die Wiederaufnahme und Erweiterung des Handels zwischen der christlichen und der islamischen Welt nicht verhindern. Ironischerweise ist diese Erneuerung des Handels mit dem Westen, von ein paar Burgen abgesehen, wahrscheinlich der einzige bleibende Effekt von Bedeutung, den die Kreuzfahrer im Osten hinterlassen haben.

Während der westliche Handel gedieh, erlitten westliche Waffen eine Reihe vernichtender Niederlagen. Die Kreuzritter wurden aus allen eroberten Gebieten vertrieben, und zum zweitenmal gingen große Flächen bis dahin christlichen Territoriums an moslemische Angreifer verloren. Wiederum begannen die Moslems, wie in den frühen Tagen des Islam, einen Heiligen Krieg gegen die Christenheit. Diesmal drangen ihre Armeen bis ins Herz Europas vor.

Der Heilige Krieg, der die Kreuzfahrer besiegte und schließlich aus ihrer Stellung warf, ging weder von den Ländern aus, die sie besetzten, noch von den Völkern, die sie überwältigt oder bedroht hatten. Der neue Impetus kam weiter von Osten her und von einer neuen Macht im Islam, jener der Türken, eines Volkes ostasiatischer Herkunft, das zwischen dem 9. und 11. Jahrhundert in die Länder des Kalifats eingezogen und zum militärischen und politischen Führer des Islam geworden war. Ihre Ankunft war den Kreuzzügen vorausgegangen, ihre Eroberung Syriens hatte sie sogar in gewisser Weise hervorgerufen.

Im Zeitalter der türkischen Hegemonie erlangte die islamische Welt neue Militanz und machte sich zu neuen Jihāds auf, die wichtige territoriale Gewinne, einige von ihnen permanenter Art, einbrachten. Die erste bedeutende türkische Eroberung zu Lasten der Christenheit war jene Ost- und Zentralanatoliens, der großen Bastion des Byzantinischen Reiches, die seit langem das Haupthindernis für den moslemischen Vormarsch dargestellt hatte. Im späten 11. und im 12. Jahrhundert verwandelten die Seldschuken Anatolien durch Eroberung und Ansiedlung in ein türkisches und moslemisches Land, das später zum Sprungbrett für eine zweite und weitaus gefährlichere islamische Invasion Europas wurde.

Doch in der Zwischenzeit wurden die Moslems selbst von einem neuen, tödlichen Feind aus dem Osten überfallen und besiegt. In den frühen Jahren des 13. Jahrhunderts gelang es einem mongolischen Führer, der später unter dem Namen Dschingis-Chan bekannt wurde, die einander bekriegenden Nomadenstämme der Mongolei nach heftigen Kämpfen zu vereinen und auf einen umfassenden Eroberungsfeldzug zu schicken. Bis 1220 war ganz Zentralasien in seiner Hand, und im folgenden Jahr überschritten die Mongolen den Amu-Darja und begannen die Eroberung des Iran. Der Tod des Dschingis-Chan im Jahre 1227 brachte nur eine kurze Atempause, und bald war sein Nachfolger, der neue Chan, bereit, den Angriff wiederaufzunehmen. Bis 1240 hatten die Mongolen den westlichen Iran erobert und waren in Georgien, Armenien und Nord-Mesopotamien eingefallen; im Jahre 1243 trafen sie auf die Streitmacht des türkischen Seldschuken-Sultans von Anatolien und überwältigten sie.

In der Mitte des 13. Jahrhunderts wurde eine neue Bewegung nach Westen von den Mongolen geplant und ausgeführt. Prinz Hülegü, ein Enkel des Dschingis-Chan, erhielt den Befehl vom Groß-Chan, alle Länder des Islam bis nach Ägypten zu erobern, und überschritt den Amu-Darja. Innerhalb einiger Monate donnerten die langhaarigen mongolischen Reiter durch Persien, fegten allen Widerstand beiseite und konzentrierten sich im Januar 1258 auf die Stadt Bagdad. Sie stürmten, plünderten und verbrannten die alte Kalifatshauptstadt, und am 20. Februar 1258 wurde der letzte Kalif mit allen Mitgliedern seiner Familie, die sich finden ließen, umgebracht. Zum erstenmal seit den Tagen des Propheten hatte ein nichtmoslemisches Volk das Kernland des Islam überfallen, die große historische Institution des Kalifats zerstört und eine heidnische Vorherrschaft über die Gläubigen errichtet. Nur in Ägypten widerstanden die Mameluken-Sultane und blockierten den Vormarsch der Mongolen auf den afrikanischen Kontinent.

Nach Norden hin ging der Vormarsch der Mongolen weiter. Ihre Reiter rückten aus Zentralasien nach Westen vor, bahnten sich sowohl im Norden wie im Süden des Kaspischen und Schwarzen Meeres einen Weg, eroberten den größten Teil des heutigen Rußland und erreichten die Grenzgebiete Polens, Ungarns und sogar Schlesiens. In den Ländern nördlich des Schwarzen Meeres schufen die mongolischen Eroberer zum erstenmal ein politisches System für die Steppenvölker – hauptsächlich Türken –, die durch dieses Gebiet schweiften. Relativ gering an Zahl, verließen die mongolischen Herrscher sich weitgehend auf ihre diversen türkischen Untertanen, die vor ihnen die Wanderung nach Westen unternommen hatten. Mit der Zeit gaben sie ihre eigene mongolische Sprache auf, begannen türkisch zu sprechen und verschmolzen mit den Türken. Dies war von besonderer Bedeutung in den Steppen Osteuropas, wo türkische Stämme einen erheblichen Teil der Bevölkerung ausmachten. Die so entstandenen Türkmongolen werden oft als Tataren bezeichnet – ein Begriff, der sich strenggenommen nur auf gewisse Gruppen unter den Türkmongolen bezieht, aber häufig ungenau gebraucht wird, um sie alle zu beschreiben. Die Periode ihrer Vorherrschaft ist in der russischen Geschichte als »das Tatarenjoch« bekannt. Nach dem Zusammenbruch des Reiches der Groß-Chane wurden seine Ländereien in eine Anzahl kleinerer Staaten geteilt, jeder von einem Chan-Geschlecht regiert, das behauptete, von Dschingis-Chan abzustammen. Der Mongolenstaat in Osteuropa wird im russischen und daher auch im europäischen Sprachgebrauch als das Chanat der Goldenen Horde bezeichnet. Nach der Türkisierung der Mongolen und der Bekehrung der Goldenen Horde zum Islam im späten 13. und frühen 14. Jahrhundert dominierte ein moslemisch-türkischer Staat über ganz Osteuropa von der Ostsee bis zum Schwarzen Meer und forderte den Fürsten von Rußland und anderen slawischen Herrschern Tribut ab. Im 15. Jahrhundert wurde das Chanat der Goldenen Horde schwächer; es wurde im Jahre 1502 schließlich zerstört und mußte kleineren Chanaten in Kasan, Astrachan und auf der Krim weichen. Dieser Vorgang markierte das Ende der moslemischen Hegemonie in Osteuropa und machte den Weg für den Aufstieg und schließlich die Vorherrschaft Rußlands frei.

Weiter südlich waren die Mongolen in der Lage, sich im Iran und Irak festzusetzen und die Oberhoheit über den Seldschukenstaat in Anatolien zu erringen. Sie waren jedoch außerstande, das überlebende islamische Reich der Mameluken-Sultane in Ägypten niederzuwerfen. In einen Kampf auf Leben und Tod mit Ägypten verkrallt, begannen die mongolischen Herrscher des Iran, wie sich verstehen läßt, im Westen nach Verbündeten gegen den gemeinsamen Feind zu suchen. In Europa reagierten die Fürsten der Christenheit mit lebhaftem, wenn auch vorsichtigem Enthusiasmus auf die Idee eines neuen Kreuzzugs, diesmal im Bündnis mit einer großen nichtmoslemischen Macht jenseits des islamischen Reiches, das so einem Krieg an zwei Fronten ausgesetzt werden konnte. Eine Zeitlang gab es vielfache diplomatische Aktivitäten zwischen den Höfen der mongolischen Chane und jenen des christlichen Europa. Mongolische Gesandte, die meisten von ihnen griechisch-orthodoxe Christen, kamen nach Rom, nach Frankreich und sogar nach England, wo König Eduard I. einiges Interesse an dem Projekt einer Allianz mit den Mongolen bekundete. Gleichzeitig besuchten europäische christliche Reisende – Kaufleute, Diplomaten und Missionare – die persischen Besitzungen des Groß-Chans. Manche von ihnen, wie der berühmte Marco Polo, machten sich die *Pax mongolica* zunutze und reisten über die Landroute durch Asien in die Mongolei und nach China.

Der nach Westen gerichtete Jihād der Seldschuken wurde mit dem Zerfall des Seldschuken-Sultanats von Anatolien, bekannt als Sultanat der Rūm, abgebrochen und erst von ihren Erben, den Osmanen, wiederaufgenommen. Der osmanische Staat begann als Fürstentum von Grenzkämpfern, als einer von mehreren Nachfolgerstaaten des Seldschuken-Sultanats in Anatolien. Die Bezeichnung »osmanisch« geht auf den Namen ihres ersten Herrschers Osman zurück, der, wie die Tradition besagt, von 1299 bis 1326 regierte.

Der erste osmanische Staat entstand an der Grenze zwischen dem Islam und der Christenheit in Anatolien. Sein Herrscher benutzte den Titel »Grenzoberhaupt« oder manchmal »Führer der Gazi«, der Frontkämpfer im Heiligen Krieg. Ein türkischer Dichter des 14. Jahrhunderts, dessen osmanische Saga die erste schriftliche osmanische Geschichtsquelle ist, nennt den Gazi »das Werkzeug von Gottes Religion... Gottes Reiniger, der die Erde vom Schmutz des Polytheismus säubert... Gottes zuverlässiges Schwert«[9]. Nach und nach, mit dem Vorrücken der osmanischen Waffen und der starken Ausweitung des osmanischen Macht, wurde das Fürstentum zu einem Staat und der Staat zu einem Reich. Aber das Osmanische Reich blieb ein Gemeinwesen, das aufgrund seiner Entstehung vom Sendungsbewußtsein für den Heiligen Krieg durchdrungen war.

In diesem Heiligen Krieg war Europa Neuland, das die Osmanen und auch viele andere Moslems fast genauso betrachteten, wie die Europäer Nord- und Südamerika vom 16. bis zum 18. Jahrhundert betrachten sollten. Jenseits der nördlichen und westlichen Grenzen lagen reiche, barbarische Länder, denen Religion und Zivilisation, Frieden und Ordnung zu bringen die heilige Aufgabe der Moslems war – während sie den üblichen Lohn des Pioniers und Grenzgängers ernteten. Das Ende der osmanischen Expansion – die Schließung der Grenze – brachte tiefgehende Änderungen sowohl innerhalb des Osmanischen Reiches wie in der osmanischen Vorstellung dessen mit sich, was jenseits der Grenze lag.

In ihrer imperialen Phase sahen die osmanischen Sultane sich als legitime Nachfolger der Kaiser von Byzanz, ein Anspruch, der sich sogar in dem Titel manifestierte, den sie gemeinhin benutzten: Sulṭān-i Rūm, Sultan von Rom. Mit der Einnahme von Konstantinopel im Jahre 1453 fügte Sultan Mehmed II., danach als »der Eroberer« bekannt, dem Gebäude seiner Siege den Schlußstein hinzu. Die beiden Teile des alten Reiches, Asien und Europa, waren in seiner Hand; die alte Reichshauptstadt war nun Sitz seiner Regierung.

Die türkischen Chronisten geben, was nicht überraschen dürfte, viele Berichte über die Eroberung von Konstantinopel. Die frühesten, die Erzählungen der Gazi und ihrer Sprecher, sind einfach und direkt. Der Gazi-Historiker Oruç beschreibt die Eroberung wie folgt:

In Edirne wurden Kanonen so groß wie Drachen gegossen und Musketen bereitgestellt. Sultan Mehmed begab sich aus Edirne nach Istanbul und brachte diese Kanonen mit. Als die Kanonen aufgestellt waren und von allen Seiten abgefeuert wurden, zerstörten sie die Türme und Mauern der Befestigungen von Istanbul, und die Ungläubigen im Inneren konnten nicht den Sieg erringen, für den sie kämpften. Der Herrscher von Istanbul war mutig und bat nicht um Schonung. Die Priester sagten, in den Evangelien stehe geschrieben, daß die Stadt nicht eingenommen werden könne. Er glaubte ihren Worten und postierte an allen Seiten Kanonen und Musketen, um die Türme zu verteidigen. Während seine Männer in den Turm hineingingen, redeten sie allen möglichen Unsinn. Gott behüte, sie lästerten gegen die Ehrfurcht vor dem Propheten und sprachen sinnlose Worte. Ihres Hochmuts wegen suchte der allmächtige Gott sie mit seinem Verderben heim. Sultan Mehmed, der Sohn von Sultan Murad, war von Eifer erfüllt, sagte »für die Sache Gottes« und befahl die Plünderung. Die Gazi drangen überall gewaltsam ein, bahnten sich einen Weg durch die Breschen in der Festung, welche die Kanonen gemacht hatten, und richteten die Ungläubigen in der Festung hin. Dann wurde den übrigen Soldaten der Weg freigegeben. Sie kamen durch die Gräben und stellten Leitern auf. Sie warfen diese gegen die Mauern der Türme und kletterten empor. Als sie den Turm bestiegen hatten, vernichteten sie die Ungläubigen im Inneren und drangen in die Stadt vor. Sie raubten und plünderten. Sie nahmen ihr Geld und ihren Besitz und machten ihre Söhne und Töchter zu Sklaven. Sultan Mehmed befahl auch, die Häuser zu plündern. So wurde alles genommen, was genommen werden konnte. Die Moslems machten so viel Beute, daß der in Istanbul angesammelte Reichtum, seit es 2400 Jahre vorher gebaut worden war, den Gazi zufiel. Sie plünderten drei Tage lang, und nach drei Tagen wurde die Plünderung verboten. Istanbul wurde am Dienstag, dem 21. Rebi ül-evvel des Jahres 857 [entspricht dem 29. Mai 1453] erobert.[10]

Diese Art Erzählung, in einfachem Türkisch für einfache Menschen geschrieben, spiegelt die Einstellung der Gazi zur Grenze wider. Die intellektuellere osmanische Historiographie des 16. Jahrhunderts präsentiert ein etwas anderes Bild.

Jenes weite Gebiet, jene starke und hochmütige Stadt . . . wurde vom Nest der Eule des Irrtums in die Hauptstadt des Ruhmes und der Ehre verwandelt. Durch das edle Bemühen des mohammedanischen Sultans wurde der lästerliche Mißklang der Glocken der schamlosen Ungläubigen vom moslemischen Ruf zum Gebet, vom süßen, fünfmal wiederholten Glaubensgesang der ruhmreichen Riten abgelöst, und die Ohren der Kämpfer des Heiligen Krieges waren von der Melodie des Rufes zum Gebet erfüllt. Den Kirchen innerhalb der Stadt wurden ihre scheußlichen Götzen genommen, und ihre ekelhaften und götzendienerischen Unreinheiten wurden weggefegt; und durch die Entstellung ihrer Bilder und die Errichtung der islamischen Gebetsnischen und Kanzeln hätten viele Klöster und Kapellen den Neid der Paradiesgärten erregen können. Die Tempel der Ungläubigen wurden zu Moscheen der Frommen gemacht, und die Lichtstrahlen des Islam verjagten die Heere der Finsternis von jenem Ort, der so lange der Wohnsitz der verächtlichen

Ungläubigen gewesen war, und die Lichtstreifen der Morgenröte des Glaubens vertrieben die gespenstische Schwärze der Unterdrückung, denn das Wort, unwiderstehlich wie das Schicksal, des vom Glück begünstigten Sultans wurde zum allerhöchsten in der Regierungsgewalt über dieses neue Besitztum ... [11]

Nachdem Konstantinopel zu seiner Hauptstadt geworden war, lag auf der Hand, daß der moslemische Erbe des heidnischen und des christlichen Rom plante, den nächsten Schritt nach Westen zu machen. Osmanische Streitkräfte rückten an beiden Enden des Adriatischen Meeres vor. Am Nordende unternahm die osmanische Kavallerie Plünderungszüge in Reichweite von Venedig. Am Südende konsolidierten die Osmanen ihre Stellung an der albanischen Küste und eroberten die benachbarten Inseln. Im August 1680 stieß eine osmanische Schiffsexpedition, befehligt von Gedik Ahmed Pascha, dem Kapudan (Großadmiral) der osmanischen Flotte, vom albanischen Valona in See und eroberte den italienischen Hafen Otranto. Im folgenden Frühjahr stellte der Pascha eine neue Expeditionsstreitmacht zusammen, um seinen Brückenkopf zu festigen und die osmanischen Eroberungen in Italien auszuweiten.

Im Jahre 884 [schreibt der Chronist] segelte Gedik Ahmed Pascha mit einer mächtigen Flotte zur Halbinsel Apulien. Dort eingetroffen, stürmte er mit Hilfe Gottes und der Anteilnahme des Sultans, des göttlichen Schattens, die Festung von Apulien, die der Festung von Konstantinopel ähnelt. Er eroberte weite Gebiete. Die Tempel der Götzen wurden Moscheen des Islam, und das fünffache Gebet, das Mohammeds – Friede sei mit ihm – Wachruf ist, ertönte. [12]

Aber Sultan Mehmed der Eroberer lag schon im Sterben, und sein Tod unterbrach die vielversprechenden Pläne des Paschas. Mit den Worten eines etwas späteren türkischen Historikers:

Bis der Sultan in eine andere Welt übertrat, blieb er [Gedik Ahmed] in Apulien und begann mit ungeheuren Eroberungen. Nach dem Tode des Sultans Mehmed fuhr Gedik Ahmed fort, um den Sultan Bayezid zu grüßen, und die Ungläubigen, die dort waren, bereiteten den Moslems viel Sorge. Es endete damit, daß die Ungläubigen Apulien wiedereinnahmen, und von den Moslems, die dort waren, starben manche, und manche entkamen nach tausend Heimsuchungen ... [13]

Im Laufe des Kampfes um die Erbfolge zwischen dem neuen Sultan Bayezid II. und seinem Bruder Jem wurden die osmanischen Truppen aus Otranto zurückgezogen, und der Plan, Italien zu erobern, wurde hinausgeschoben und schließlich aufgegeben. Die Leichtigkeit, mit der die Franzosen ein paar Jahre später, nämlich 1494–1495, einen italienischen Staat nach dem anderen, fast ohne auf Widerstand zu treffen, besiegten, läßt vermuten, daß die Türken den Großteil Italiens oder das ganze Land ohne große

Mühe erobert hätten, wenn sie bei ihren Plänen geblieben wären. Eine türkische Eroberung Italiens im Jahre 1480, als die Renaissance gerade begann, hätte die Weltgeschichte völlig umgestaltet. Doch obwohl Italien ausgespart wurde, blieb das imperiale Sendungsbewußtsein der Osmanen ungeschwächt, und die osmanischen Heere rückten weit ins Innere Europas vor.

Ihr Ziel war, noch weiter vorzudringen. Vom 16. Jahrhundert an gibt es in türkischen Quellen häufige Hinweise auf eine ferne, legendäre Stadt namens Kızıl-elma oder Roter Apfel. Der Name ging angeblich auf das Äußere der goldenen Kuppel einer großen Kirche in dieser Stadt zurück. Die Stadt des Roten Apfels ist das Endziel der türkisch-moslemischen Eroberung, und ihre Einnahme soll das Ende des Jihād und den endgültigen Triumph des Islam besiegeln. Sie wurde mit verschiedenen christlichen Hauptstädten identifiziert, auf die türkische Waffen gerichtet waren, zuerst mit Konstantinopel, dann mit Budapest und zu verschiedenen Zeiten mit Wien und Rom. Tatsächlich eigneten die Türken sich Konstantinopel an, hielten Budapest eineinhalb Jahrhunderte lang, belagerten Wien zweimal und schienen eine Zeitlang sogar Rom zu bedrohen.

Während der Herrschaft des Sultans Suleiman des Prächtigen (1520–1566) war das Reich auf dem Gipfel seiner Macht. In Europa rückten die osmanischen Armeen, schon Herren Griechenlands und der Balkanländer, durch Ungarn vor, um im Jahre 1529 Wien zu belagern. Im Osten forderten osmanische Kriegsschiffe die Portugiesen im Indischen Ozean heraus, während sich im Westen die moslemischen Herrscher Nordafrikas, abgesehen von Marokko, osmanischer Oberhoheit unterwarfen; dadurch schoben sich moslemische Flottenkräfte in die westlichen Meere und sogar bis zum Atlantik vor, wo Piraten aus Nordafrika Plünderungszüge bis hin zu den Britischen Inseln unternahmen.

Der Vormarsch des Islam schien von neuem, wie in den frühen Tagen, eine tödliche Bedrohung für die Christenheit darzustellen. Die Kreuzzüge waren tot, der Jihād war an ihre Stelle getreten. Richard Knolles, der elisabethanische Historiker, der sich mit den Türken beschäftigte, brachte ein in Europa weitverbreitetes Gefühl zum Ausdruck, als er das türkische Reich als »den gegenwärtigen Schrecken der Welt«[14] bezeichnete. Sogar im fernen Island wurde Gott im lutherischen Gebetbuch der Kirchen flehentlich ersucht, die Menschen vor »der List des Papstes und dem Schrecken des Türken« zu bewahren. Das letztere war keine müßige Sorge, wie 1627 das Auftauchen von berberischen Piraten in Island zeigte, von wo sie mehrere hundert Gefangene zu den Sklavenmärkten von Algier schleppten.

Die Siege Suleimans des Prächtigen markierten den höchsten Stand der türkischen Flut und den Beginn der Ebbe. Die osmanischen Heere zogen sich von Wien, die osmanische Flotte aus dem Indischen Ozean zurück. Für eine Weile verbarg die immer noch imposante Fassade der osmanischen Militärmacht den realen Verfall des osmanischen Staates und seiner Gesellschaft. In Ungarn fochten Türken und Christen weiterhin ergebnislose Schlachten aus, und noch 1683 waren die Türken in der Lage, einen zweiten Versuch zur Eroberung Wiens zu machen. Aber es war zu spät, und diesmal war ihre Niederlage endgültig. In manchen Teilen der Welt, vor allem im tropischen Afrika und in Südostasien, setzte der Islam seinen Vormarsch fort. Doch in Europa erlitt der Islam einen entscheidenden Rückschlag, den die osmanischen Siege eine Zeitlang vernebelt und verzögert hatten, aber nicht verhindern konnten.

Die Antwort der europäischen Christenheit auf den ersten großen Jihād waren die Wiedereroberung Spaniens und die Kreuzzüge gewesen. Die Antwort auf die zweite Welle des islamischen Vormarsches fand ihren Höhepunkt in der Expansion Europas, die man heute als Imperialismus bezeichnet. Sie begann verständlicherweise an den beiden extremen Enden Europas, in Ländern, die selbst unter moslemischer Herrschaft gelebt hatten: auf der Iberischen Halbinsel und in Rußland. Danach breitete sie sich aus, bis sie beinahe die gesamte Welt des Islam umfaßte.

Im Jahre 1492 wurde der letzte islamische Stützpunkt in Spanien von den Armeen Ferdinands und Isabellas erobert. Inzwischen hatte der europäische Gegenschlag längst Erfolge erzielt. Die Wiedereroberung Portugals war im Jahre 1267 vollendet worden, fast zweieinhalb Jahrhunderte vor jener Spaniens. Im Jahre 1415 nahmen die Portugiesen Ceuta an der Nordküste Marokkos ein und trugen den Krieg damit ins feindliche Lager. Während des 16. Jahrhunderts machten die Portugiesen einen entschlossenen Versuch, in Marokko Fuß zu fassen. Sie besetzten Tanger für kurze Zeit, vier Stützpunkte im Süden konnten sie dagegen länger halten. Doch die wichtigste portugiesische Unternehmung in Nordafrika endete mit ihrer Niederlage gegen die Marokkaner in der Schlacht von al-Qaṣr al-Kabīr im Jahre 1578.

Auch die Spanier, von einem ähnlichen Schwung der Wiedereroberung gepackt, folgten ihren besiegten früheren Herren aus Europa nach Afrika; sie eroberten zwischen 1497 und 1510 eine Anzahl von Orten an der nordafrikanischen Küste: von Melilla in Marokko östlich bis nach Tripolis. Diese Initiative blieb, wie jene der Portugiesen, ohne Ergebnis. Das Ziel beider war ohnehin begrenzt: Man wollte an Ort und Stelle alle Versuche einer moslemischen Gesundung und Rückkehr vereiteln sowie die eigenen Küsten und Schiffe vor moslemischen Piraten schützen. Als die osmanische Flottenmacht begann, im Mittelmeer zu dominieren, gaben die Spanier alle ernsten Bemühungen auf, in Nordafrika einzudringen, und fanden sich wie die Portugiesen damit ab, ein paar Stützpunkte mit kleinen Garnisonen zu unterhalten.

Der wirkliche Gegenschlag Westeuropas gegen den Osten kam aus einer ganz anderen Richtung. Als Vasco da Gama in Calicut eintraf, erklärte er, daß er gekommen sei, »um Christen und Gewürze zu suchen«. Es war keine schlechte Zusammenfassung der Motive, welche die Portugiesen nach Asien gebracht hatten, und vielleicht auch, mit entsprechenden Änderungen, der Motive des Jihād, auf den die Portugiesen mit ihren Seereisen gewissermaßen eine verspätete Antwort gaben. Der christlich motivierte Kampfgeist war bei den Portugiesen, die nach Osten segelten, stark ausgeprägt. Die großen Entdeckungsreisen wurden als Religionskriege gegen denselben Feind betrachtet, als Fortsetzung der Kreuzzüge und der Wiedereroberung. In östlichen Gewässern beendeten die Portugiesen die Vorherrschaft ihrer moslemischen Hauptgegner aus Ägypten, der Türkei, dem Iran und Indien. Den Portugiesen folgten die anderen seefahrenden Völker des Westens und etablierten zusammen mit ihnen eine westeuropäische Überlegenheit in Afrika und Südasien, die bis ins 20. Jahrhundert andauerte.

Die Überlegenheit der Europäer war so gefestigt, daß sie sogar in der Lage waren, auf östlichen Schlachtfeldern gegeneinander zu kämpfen – zum gelegentlichen Vorteil der örtlichen Mächte. Einer dieser Vorfälle wurde berühmt. Im Jahre 1622 wurden die Portugiesen, die den Hafen Hormuz am Persischen Golf erobert hatten, mit englischer Unterstützung von einer persischen Armee vertrieben. Der Sieg wird in einem persischen Epos gefeiert, und ein persischer Historiker jener Zeit rechtfertigt das kurzfristige Bündnis:

> Die Situation hatte sich jetzt geändert, weil eine Gruppe von Engländern sich kurz vorher am Safawiden-Hof eingefunden und gesagt hatte, daß sie bereit seien, dem Schah mit ihren Truppen zu helfen, wann immer er Hormuz wiedererobern wolle. Sie erklärten dem Schah, daß sie Feinde der Portugiesen seien und daß sich ihre gegenseitige Feindschaft teilweise von konfessionellen Unterschieden herleite. Nachdem Hormuz wiedererobert worden war, sagten sie, Schiffe aus anderen Häfen unter englischer Kontrolle würden dafür sorgen, daß die Portugiesen dort nicht wieder Fuß fassen könnten. Schah ʿAbbās beschloß, das Hilfsangebot der Engländer anzunehmen. Wie es in der Redensart heißt:
> »Obwohl das Wasser aus den christlichen Brunnen unrein ist, wäscht es doch nur einen toten Juden. Was gibt es also zu fürchten?«[15]

In einem Buch, das im Jahre 1580 geschrieben wurde, warnt ein osmanischer Geograph den Sultan vor den Gefahren für die islamischen Länder und die Beeinträchtigung des islamischen Handels, die sich aus der Ansiedlung von Europäern an den Küsten Amerikas, Indiens und des Persischen Golfs ergäben. Er riet dem Sultan:

Laß einen Kanal vom Mittelmeer nach Suez graben, und laß eine große Flotte im Hafen von Suez rüsten. Dann wird es nach der Einnahme der Häfen Indiens und des Sind leicht sein, die Ungläubigen zu vertreiben und die kostbaren Waren dieser Orte in unsere Hauptstadt zu bringen.[16]

Zum Unglück der Osmanen wurde sein Vorschlag, den die Venezianer schon früher gemacht hatten, nicht befolgt. Statt dessen schlossen der osmanische Sultan und sein wichtigster christlicher Rivale, der König von Spanien, einen Waffenstillstand ab, der beiden Monarchen freie Hand ließ, um gegen ihre eigenen Ketzer zu kämpfen: der Sultan gegen die Schiiten des Iran, der König gegen die Protestanten Nordeuropas. Der Suezkanal wurde erst Jahrhunderte später eröffnet und diente dann den Bedürfnissen eines anderen Reiches. Die osmanischen Flottenexpeditionen des 16. Jahrhunderts in den Indischen Ozean scheiterten an den überlegenen Schiffen und Waffen der Portugiesen.

Das gleiche Muster der Wiedergewinnung, Wiedereroberung und Gegenoffensive läßt sich in dem anderen europäischen Land ausmachen, das im Mittelalter von Moslems erobert und beherrscht wurde, das heißt in Rußland. Verglichen mit der Maurenherrschaft in Spanien, war die Unterwerfung Rußlands durch die Goldene Horde von geringer Dauer und beschränkter Wirkung. Trotzdem hinterließ das »Tatarenjoch« eine bleibende Spur im russischen Gedächtnis.

Die russische Wiedereroberung begann etwas später als die iberische, nämlich im Jahre 1380, als Dmitrij Donskoj, Großfürst von Moskau, die Tataren in offener Schlacht auf dem Feld von Kulikowo besiegte. Obwohl dieser Sieg in der russischen Geschichte und Legende gefeiert wird, war er nicht entscheidend, denn zwei Jahre später ritten die Tataren wieder nach Norden, verwüsteten russische Gebiete und nahmen Moskau ein, wo sie wieder Tributzahlungen einführten. Erst im Jahre 1480 gestatteten Zwistigkeiten unter den Moslems Iwan dem Großen von Moskau, sich von allen Tributen und jeder Abhängigkeit zu befreien.

Wie die Spanier und Portugiesen, doch mit unvergleichlich größerem Erfolg, machten sich die Russen, nachdem sie das Joch abgeworfen hatten, daran, ihren früheren Herren zuzusetzen. Ein langer und bitterer Kampf gegen die Wolgatataren endete mit der russischen Einnahme von Kasan im Jahre 1552. Nach diesem ausschlaggebenden Sieg konnten sie ohne größere Schwierigkeiten an der ganzen Wolga hinab vorrücken und die Hafenstadt Astrachan im Jahre 1556 erobern. Die Russen kontrollierten jetzt die Wolga und hatten das Kaspische Meer erreicht. Sie hatten die meisten ihrer moslemischen Gegner auf dem Weg nach Süden besiegt und stießen nun direkt gegen osmanisches und krimtatarisches Territorium vor.

Die Osmanen waren sich der Gefahr bewußt und versuchten, ihr zu begegnen. Eine umfassende Expedition wurde gegen Astrachan in Gang gesetzt, um es zu erobern und als Basis eines islamischen Verteidigungssystems zu benutzen. Ein Teil des Plans bestand darin, den Don und die Wolga durch einen Kanal zu verbinden, auf dem sich osmanische Flotten zwischen dem Schwarzen und dem Kaspischen Meer bewegen könnten. Dies hätte die Osmanen in die Lage versetzt, regelmäßige Kontakte mit den moslemischen Herrschern Zentralasiens aufrechtzuerhalten und so eine massive Schranke gegen alle weiteren russischen Vorstöße nach Süden oder Osten zu bilden.[17]

Das Projekt scheiterte und blieb ohne Folgen. Die tatarischen Chane der Krim konnten die russischen Angriffe für einige Zeit abwehren und ihre Verbindungen mit den osmanischen Sultanen aufrechterhalten, die sie als ihre Oberherrscher akzeptierten. Das Schwarze Meer blieb vorläufig unter türkisch-moslemischer Kontrolle, und zwischen der Krim und Istanbul gab es erheblichen Handel, besonders mit Lebensmitteln und Sklaven osteuropäischer Herkunft. Aber der Weg war jetzt frei für den großen russischen Vormarsch nach Asien.

Während die seefahrenden Kaufleute Westeuropas Afrika umrundeten und sich in den Küstenstädten Süd- und Südostasiens niederließen, zogen russische Soldaten und Verwaltungsbeamte, gefolgt von russischen Händlern und Bauern, über Land zum Schwarzen Meer, zum Kaspischen Meer, zum Pamir-Gebirge und weiter zum Pazifik. Ost- und Westeuropäer gleichermaßen wurden bei ihrer Expansion nach Asien und Afrika durch militärische und technologische Überlegenheit begünstigt. Die Russen trafen bei ihrem Vormarsch nach Osten auf keine größere Macht; die westeuropäischen Reiche, deren Schiffe den Atlantikstürmen widerstehen konnten, hatten, was Navigationsfertigkeiten und Flottenausrüstung betraf, einen Vorteil, dem kein asiatisches Land gewachsen war.

Nur an einer Stelle des europäischen Kontinents leistete ein moslemischer Staat, das Osmanische Reich, sogar während seines Verfalls noch die stärkste Macht des gesamten Islam, dem Vormarsch der Christen zum Balkan, der Ägäis und Konstantinopel hartnäckigen Widerstand. Doch sogar während sie sich den Europäern noch widersetzten, gerieten die Osmanen unwillkürlich immer mehr unter europäischen Einfluß und waren gezwungen, eine Reihe europäischer Sitten und Bräuche anzunehmen, um sich verteidigen zu können.

Diese Änderungen nötigten die Moslems, schmerzliche Anpassungen durchzuführen. Gewohnt, die übrige Welt aus der bequemen Höhe wahrer Religion und überlegener Macht zu betrachten, sahen sie sich nun in einer Situation, in der die bisher verachteten Ungläubigen immer stärker wurden. Nach ihrer eigenen Geschichtsauffassung waren die Moslems die Träger der göttlichen Wahrheit und hatten die heilige Pflicht, der übrigen Menschheit diese Wahrheit zu überbringen. Das Haus des Islam, zu dem sie gehörten, verkörperte Gottes Zielsetzung auf Erden. Ihre Herrscher waren die Erben des Propheten und die Hüter der Botschaft, die er von Gott erhalten hatte. Der islamische Staat war die einzige wirklich legitime Macht auf Erden, und die islamische Gemeinschaft, an allen Seiten von der äußeren Finsternis der Barbarei und des Unglaubens umringt, war das alleinige Behältnis von Wahrheit und Aufklärung. Gottes Gnade seiner eigenen Gemeinde gegenüber wurde durch die Macht und die Siege der Moslems in dieser Welt bewiesen. So war es seit den Tagen des Propheten selbst immer gewesen.

Diese Überzeugungen, aus frühen moslemischen Zeiten ererbt, waren durch die großen osmanischen Erfolge des 15. und 16. Jahrhunderts entscheidend gestärkt und durch die vergänglichen, aber wichtigen Siege wiederbelebt worden, die islamische Waffen noch bis ins 18. Jahrhundert hinein errangen. Es war schwer für die Moslems, sich einer Welt anzupassen, in welcher der Lauf der Ereignisse nicht von der Macht des Islam, sondern von ihrem christlichen Gegner bestimmt wurde und in der sogar das Überleben des moslemischen Staates zuweilen von der Hilfe, wenn nicht gar der Gunst mancher christlicher Herrscher abhängen konnte.

Während die Kosaken Rußlands und die portugiesischen Karavellen die Länder des Islam von Norden wie von Süden bedrohten, bewahrten die Kernländer, von Zentralasien über den Mittleren Osten nach Nordafrika, weiterhin ihre Unabhängigkeit. In der Periode der europäischen Ausweitung nach beiden Seiten, zwischen dem 16. und 19. Jahrhundert, waren fünf politische Machtzentren in der islamischen Welt entstanden: in Indien, Zentralasien, dem Iran, dem Osmanischen Reich und Nordafrika. In Indien hatten die Moslems, obwohl sie eine Bevölkerungsminderheit darstellten, seit einiger Zeit die politische Oberherrschaft behauptet. Im 16. Jahrhundert gründete ein Eindringling aus Zentralasien, der große Babar, eine neue Dynastie. Unter seiner Regierung und der seiner Nachfolger, der sogenannten Mogul-Kaiser, trat die islamische Herrschaft in Indien in ihre letzte und größte Phase ein.

Weiter im Norden, in Zentralasien, hinterließ der Zerfall der islamisierten mongolischen Chanate, die diese Länder beherrscht hatten, eine Reihe kleinerer moslemischer Staaten in dem riesigen Gebiet zwischen dem Kaspischen Meer und China. Auch diese Staaten machten mit den vorrükkenden Europäern, diesmal in Gestalt der Russen, Bekanntschaft, wurden im Laufe der Zeit von ihnen erobert und dem russischen Reich einverleibt.

Am entgegengesetzten Ende der islamischen Welt, in Nordafrika, überlebte Marokko einige Jahrhunderte lang als unabhängige Monarchie, während Algerien, Tunesien und Libyen sich der osmanischen Oberhoheit unterwarfen, jedoch von örtlichen Herrschern regiert wurden. Sie alle wurden während des 19. und frühen 20. Jahrhunderts von den französischen, spanischen und italienischen Reichen verschlungen.

Nur zwei Staaten gelang es, die Katastrophe zu überleben: der Türkei und dem Iran. Die Unabhängigkeit der beiden wurde manchmal bedroht und oft verletzt, ging jedoch nie ganz verloren.

Nach dem ersten portugiesischen Anstoß hatten die Aktivitäten der Westeuropäer in Asien hauptsächlich kommerziellen und seefahrerischen Charakter und führten erst allmählich zur Errichtung politischer Herrschaft. Auch dann war sie vor allem auf Süd-, Südostasien und Ostafrika beschränkt und beeinflußte den Mittleren Osten nur indirekt. In den Kernländern waren die politischen und strategischen Interessen der westlichen Mächte lange von weit geringerer Bedeutung als jene der zentral- und osteuropäischen Mächte.

Die Konsolidierung der portugiesischen sowie später der englischen und niederländischen Macht in Asien und Afrika bedeutete jedoch, daß der Mittlere Osten – der Iran wie das Osmanische Reich – im Grunde eingekreist war, mit den Russen an den nördlichen Grenzen und den Westeuropäern zu beiden Seiten. Es war eher diese Einkreisung als, wie man einst dachte, die frühere Umsegelung Afrikas durch die Portugiesen, die schließlich zur Abnahme und Umlenkung des Gewürzhandels führte. Dieser Handel, der jahrhundertelang durch das Rote Meer und den Persischen Golf zum Mittelmeer und nach Europa gelenkt worden war und unterwegs den Mittleren Osten bereichert hatte, wurde nun auf die Seerouten verlegt, die an beiden Enden unter der Kontrolle von Abendländern waren.

Diese Wandlungen vollzogen sich langsam, und ihre Wirkung wurde nicht sofort durchschaut. Ein so klarsichtiger Beobachter wie Ogier Ghiselin de Busbecq, Botschafter des Heiligen Römischen Reiches in Istanbul, klagte in einem Brief von 1555, daß die Europäer ihre Energie verschwendeten, indem sie in »Indien und den Antipoden über weite Meeresbereiche« nach Gewinn und Gold suchten, während die Existenz der europäischen Christenheit von den Türken bedroht werde.[18]

Noch im späten 17. Jahrhundert war die Bedrohung nicht geschwunden. Im Jahre 1683 unternahmen die Türken ihren zweiten und letzten Versuch, Wien zu erobern. Nach vielen Wochen waren die osmanischen Heere schließlich gezwungen, die Belagerung aufzugeben, und wurden bald zum ungeordneten Rückzug getrieben. Ein zeitgenössischer osmanischer Chronist erzählt die Geschichte mit typischer Prägnanz und Offenheit:

Ein Gefangener wurde eingebracht und sagte beim Verhör aus, der deutsche Kaiser habe nach allen Seiten hin an sämtliche Könige der Christenheit Briefe mit der dringenden Bitte um Hilfe ausgesandt, aber nur der König von Polen, dieser verfluchte Verräter namens Sobieski, sei in eigener Person und mit den Truppen und den Hetmanen von Groß-Litauen und Klein-Litauen sowie mit fünfunddreißigtausend Polengiauren zu Fuß und zu Pferd seinem Hilferuf gefolgt; der deutsche Kaiser sei mit seiner eigenen Streitmacht und mit dem Sukkurs, den er von den übrigen Staaten der Christen erhalten habe, nämlich mit fünfundachtzigtausend auserlesenen Deutschen zu Fuß und zu Pferd, im ganzen also mit hundertzwanzigtausend Giaurensoldaten, und zwar vierzigtausend Mann zu Pferd und achtzigtausend Mann zu Fuß, bereits in die Nähe herangerückt, und sie planten jetzt, die Truppen des Islams zu überfallen, während diese noch in den Gräben vor Wien stünden.[19]

Der osmanische Chronist macht keinen Versuch, die dann folgende Katastrophe zu beschönigen:

Alles, was sich sonst im großherrlichen Heerlager befunden hatte, blieb zurück und fiel den verdammten Giauren anheim. Diese Schurken bildeten nun zwei Kolonnen, von denen die eine längs der Donau vorrückte, die Festung erreichte und die Gräben stürmte, während die andere das großherrliche Heerlager einnahm. Die armen Teufel, die noch in den Gräben standen, wurden entweder getötet oder in die Gefangenschaft abgeführt; etwa zehntausend Mann, die vom Kampf um die Gräben völlig erschöpft und durch Schüsse aus Geschützen, Flinten und Mörsern oder durch Steinwürfe verwundet und kampfunfähig waren oder gar den Arm oder das Bein verloren hatten, wurden unverzüglich erschlagen. Die vielen tausend Gefangenen, die die Giauren vorfanden, befreiten sie von ihren Fesseln, und die Reichtümer, die sie erbeuteten, lassen sich gar nicht beschreiben. So dachten sie gar nicht weiter an eine Verfolgung der Krieger des Islams – ansonsten wäre es um diese schlimm bestellt gewesen!
Allah bewahre uns vor Unheil – es war das eine Niederlage und eine Katastrophe, wie sie das Reich seit seinem Bestande noch niemals erlitten hatte![20]

Der erste türkische Versuch, Wien im Jahre 1525 zu erobern, war zwar nicht erfolgreich gewesen, hatte aber in einer Pattsituation geendet, nach der die Osmanen immer noch eine starke Bedrohung für das Innere Europas darstellten. Die zweite Belagerung und der zweite Rückzug im Jahre 1683 waren von ganz anderer Art. Diesmal war das Scheitern klar und unzweideutig, dem Rückzug folgten vernichtende Niederlagen im Feld und der Verlust von Ländern und Städten. Die osmanischen Gefühle über diese Wandlungen werden in einem populären Lied jener Zeit ausgedrückt, einem Klagegesang über den Verlust von Buda, das im Jahre 1686 von den Christen wiedererobert wurde.

In den Moscheen gibt es kein Gebet mehr,
In den Brunnen keine Flüssigkeit.
Die volkreichen Orte sind öde geworden,
Der Österreicher hat unser schönes Buda genommen.[21]

Ein osmanischer Offizier, der Belgrad während seiner Besetzung durch die Österreicher besuchte, nahm mit Nüchternheit zur Kenntnis, daß die neuen Herren einiges in der Stadt verändert hatten. Sie hatten manche Moscheen zu Kasernen, andere zu Munitionsdepots gemacht. Die Minarette standen noch, doch einem hatte man die Spitze abgeschlagen und es in einen Uhrturm verwandelt. Auch die Bäder standen noch, waren aber zu Wohnhäusern gemacht worden. Nur ein Badehaus war noch in Betrieb. Die Häuser und Buden an der Donauseite waren alle zu Weinschänken geworden. Die Armen unter den Untertanen waren, wie der Offizier sagte, geschwächt und wurden von den Deutschen unterdrückt. [22]

Der Friedensvertrag von Karlowitz, unterzeichnet am 26. Januar 1699, kennzeichnete einen entscheidenden Umschwung nicht nur in den Beziehungen zwischen dem Osmanischen und dem Habsburger Reich, sondern – noch tiefergehend – zwischen der Christenheit und dem Islam. Seit einigen Jahrhunderten war das Osmanische Reich die führende Macht des Islam gewesen und hatte ihn in seinem tausendjährigen Kampf gegen seine christlichen Nachbarn im Westen vertreten. Zwar war die reale Macht des Islam, verglichen mit Europa, in vieler Hinsicht zurückgegangen, doch dieser Wandel blieb Christen wie Moslems gleichermaßen für eine Weile verborgen. Nach dem Rückzug von Wien und den militärischen und politischen Niederlagen, die ihm folgten, wurde die neue Beziehung jedoch beiden Seiten klar. Europa hatte immer noch ein Türkenproblem, aber es war jetzt das Problem der Ungewißheit, die sich aus türkischer Schwäche, nicht aus der Bedrohung durch die türkische Macht ergab. Der Islam, den die Kirchen schon seit langem nicht mehr als ernsthaften religiösen Rivalen betrachteten, war nun nicht einmal mehr eine militärische Gefahr. Auch auf türkischer Seite finden wir Zeichen einer neuen Einsicht, daß die Länder jenseits der Grenze nicht mehr eine Wildnis voll von unwissenden und ungläubigen Barbaren waren, die man besiegen und dann nach Laune bekehren oder unterdrücken konnte, sondern ein gefährlicher Feind, eine Bedrohung für die gesamte Zukunft des Reiches.

Die Gefahr der westlichen Flottenmacht war schon im frühen 16. Jahrhundert deutlich geworden. Lûtfi Pascha, der Großwesir Suleimans des Prächtigen, erzählt, daß Sultan Selim I. (1512–1520), Eroberer von Syrien und Ägypten, seinem Hauptberater eines Tages gesagt habe: »Mein Ziel ist die Eroberung des Frankenlandes.« Darauf habe der Ratgeber geantwortet: »Mein Kaiser, Ihr wohnt in einer Stadt, deren Wohltäter das Meer ist. Sobald das Meer nicht sicher ist, kommt kein Schiff; sobald kein Schiff kommt, ist Stambuls Blüte dahin.« Sultan Selim lag schon im Sterben, als dieses Gespräch stattfand, und er unternahm nichts. Lûtfi Pascha kam Suleiman gegenüber noch einmal auf das Thema zurück: »Unter den früheren Sultanen sind die Herrscher über das Festland zahlreich; die Herrscher über das Meer sind wenige. Und in der Organisation des Seekrieges sind uns die Ungläubigen über. Wir müssen über sie Sieger werden.«[23] Die Türken wurden nicht Sieger, und die Lektion wurde durch die katastrophale osmanische Niederlage in der großen Seeschlacht von Lepanto (1571) unterstrichen.

Die Osmanen hatten einen schweren Schlag hinnehmen müssen und machten, was typisch ist, keinen Versuch, dies zu bemänteln. Ein zeitgenössisches türkisches Dokument, das den Bericht des Beilerbeis von Algier zitiert, beschreibt das Ergebnis mit klassischer Kürze:

> Die Reichsflotte traf auf die Flotte der elenden Ungläubigen, und der Wille Gottes wandte sich ab.[24]

Während die Schlacht in der europäischen Geschichtsschreibung unter dem Namen des griechischen Hafens bekannt ist, in dessen Nähe sie ausgetragen wurde, wird sie in den türkischen Chroniken bezeichnenderweise einfach *singin* genannt, was im Türkischen »vernichtende Niederlage« oder »wilde Flucht« bedeutet. Aber die Schlacht war weniger ausschlaggebend, als es zuerst den Anschein gehabt hatte; die Osmanen waren in der Lage, einen großen Teil ihrer Flottenstärke im Mittelmeer wiederherzustellen und alle ihre Besitztümer vor Angriffen zu schützen. Ein türkischer Chronist berichtet, daß Sultan Selim II. (1566–1574) den Großwesir Sokollu Mehmed Pascha nach den Kosten für den Bau einer neuen Flotte gefragt habe, welche die bei Lepanto zerstörten Schiffe ersetzen könne, und der Großwesir habe erwidert: »Die Macht des Reiches ist solcher Art, daß wir in der Lage wären, die gesamte Flotte mit silbernen Ankern, Takelage aus Seide und Segeln aus Atlas auszustatten, wenn es gewünscht würde.«[25]

Die Niederlage der osmanischen Heere in Europa war weit ernster und leichter zu begreifen. Sie führte zum Verlust wichtiger Provinzen und zur Entstehung einer neuen Gefahr für die übrigen Besitztümer, vor allem aber zu einem radikalen Wandel in der Beziehung zwischen dem Reich und seinen Nachbarn und Feinden.

Bei dem Versuch, die Folgen dieser Niederlage zu mildern, nahmen die Türken zum erstenmal bei einer neuen Methode, der Diplomatie, Zuflucht und wandten eine neue Taktik an: Sie bemühten sich um die Hilfe westeuropäischer Länder, in diesem Fall England und Holland, die in ihrem Namen vermitteln und die feindliche Macht ihrer nächsten Nachbarn ausgleichen sollten.

Es hatte frühere Versuche zu solchen Verhandlungen mit westlichen Staaten gegeben. Suleiman hatte eine Art Vereinbarung mit Franz I. von Frankreich gegen das Haus Habsburg getroffen, welche die Franzosen – ebenso wie ihre europäischen Gegner – als Bündnis betrachteten.

Die Türken sahen die Situation etwas anders. Ein türkischer Autor des 16. Jahrhunderts schreibt:

Der Bei von Frankreich [ein Titel, der den Monarchen auf das Niveau eines osmanischen Provinzgouverneurs degradierte] hatte stets seine Verbundenheit [das türkische Wort ist *intisab*, das normalerweise im Zusammenhang von Vasall-Schutzherr-Beziehungen verwendet wird] mit der Schwelle des Nestes der Glückseligkeit erklärt und seine Treue zur Hohen Pforte, welche der Sitz der Macht ist, kundgetan ... da er sich bedrängt sah, befragte er seine Wesire und Ratgeber, die alle darin übereinstimmten, daß es der klügste und beste Weg sei, Schutz und Kontakt beim weltumspannenden Thron des Sultans zu suchen.

Der Bei von Frankreich habe daher einen Gesandten nach Istanbul geschickt, um Hilfe zu erbitten und diese Botschaft zu überbringen:

Ein unbarmherziger Feind hat uns mit Hilfe und Unterstützung des sündhaften Königs der unglückseligen Ungarn besiegt und überwältigt. Wenn der Sultan der Welt sich großzügig herablassen könnte, diesen verfluchten Helfer unserer Feinde zurückzutreiben, dann wären wir fähig, ihm zu begegnen und gegen ihn zu kämpfen und hätten die Macht, seine bösen Pläne zu durchkreuzen. Als dankbare Sklaven des Herrn der Majestät würden wir gern den Nacken beugen und den Kopf vor dem Joch seines Gehorsams senken.[26]

Der ruhmreiche und großherzige Sultan, von Mitleid für das Mißgeschick des unglücklichen Franzosen gerührt, schreibt der Historiker, habe beschlossen, ihm zu helfen, und so seien die osmanischen Heere ausgezogen, um die verfluchten und unnützen Ungarn zu züchtigen.

Im Jahre 1552 gab es sogar gemeinsame französische und türkische Operationen gegen spanische Häfen, die in manchen, aber nicht allen osmanischen Geschichtsdarstellungen am Rande erwähnt werden.

Gegen Ende des 16. Jahrhunderts kam es zu einer Korrespondenz mit Königin Elisabeth I. von England über eine Vielzahl von Themen, einschließlich gelegentlicher Hinweise auf eine mögliche geeinte Front gegenüber Spanien, dem gemeinsamen Feind. Aber es handelte sich um oberflächliche Verhandlungen, und die Initiative ging hauptsächlich von der westlichen Seite aus. Auf seiten der Türken fehlte ihnen Dringlichkeit, und sie blieben ohne Ergebnis. Im Anschluß an die zweite Niederlage von Wien bildete sich jedoch eine neue Diplomatie heraus, die über lange Zeit hinweg als Modell diente. Im Laufe des 18. Jahrhunderts werden sich die Osmanen langsam der Tatsache bewußt, daß sie nicht mehr das Reich des Islam im Kampf mit der Christenheit vertreten, sondern zu einem Staat unter mehreren anderen gehören, unter denen sowohl Verbündete wie Feinde sein können. Es war nicht leicht, sich an diese Idee zu gewöhnen, und sogar am Ende des 18. Jahrhunderts hatte sie noch mit Widerstand zu kämpfen. Die Türkei lag sowohl mit Rußland wie mit Österreich im Krieg. Ein recht zwingender Vorschlag wurde gemacht, daß es nützlich sein könne, Verträge mit Schweden, das ebenfalls Krieg gegen Österreich führte, und Preußen abzuschließen, das Österreich im Rücken fassen könne. Also wurden 1789 bzw. 1790 Verträge mit beiden Ländern unterzeichnet, was auf ein militärisches Bündnis hinauslief. Die Türken hatten sich seit langem an die Koexistenz mit europäischen Mächten gewöhnt, sogar an eine Beziehung, die sie gemeinhin als »freundlich« und »Freundschaft« bezeichneten. Europäer betrachten solche Beziehungen gelegentlich als Bündnisse, was die Türken nie taten. Die Idee eines Bündnisses mit christlichen Mächten, selbst gegen andere christliche Staaten, schien ihnen seltsam und manchen sogar abscheulich. Der Armeerichter Şanizade verurteilte ein solches Bündnis, weil es dem heiligen Gesetz widerspreche; er berief sich auf einen Vers aus dem Koran: »O Gläubige, nehmt euch nicht meinen und eueren Feind zum Freund.«[27] Der Armeerichter wurde von dem Obermufti Hamidizade Mustafa Efendi eines Besseren belehrt, der den Ausspruch des Propheten: »Gott wird der Sache des Islam mit Männern helfen, die nicht des Islam sind«, zitierte sowie andere Texte und Argumente anführte.[28] Diese Meinung setzte sich durch, wenn es auch viele gab, für die sie nicht akzeptabel war.

Nur in einer einzigen Gegend setzte sich der Jihād alten Stils noch fort: im westlichen Mittelmeer. In den Berberstaaten, dem unabhängigen Königreich Marokko und den drei Fürstentümern Algerien, Tunesien und Tripolitanien, war der immerwährende Heilige Krieg gegen die Christenheit wenigstens theoretisch noch im Gange. Der Heilige Krieg wurde weniger mit militärischen Mitteln als mit Hilfe der Seefahrt geführt und blieb ein dauerndes Problem für die Staaten der Christenheit. Die Europäer betrachteten die Meeresvagabunden der nordafrikanischen Staaten als Seeräuber. Sie selbst sahen sich als Kämpfer des Heiligen Krieges, die im schlimmsten Fall als Freibeuter bezeichnet werden konnten. Was für die Europäer Piraterie auf hoher See war, erschien den nordafrikanischen Staaten als Jihād der Meere gegen die Feinde des Glaubens. Er brachte reichen Lohn in Form von Preisgeldern für gekaperte Schiffe und ihrer Fracht sowie einen zusätzlichen Vorteil, der sich europäischen Freibeutern nicht bot. Unter dem Sharʿia-Recht wurden in einem Jihād gefangengenommene Ungläubige legal in die Sklaverei verkauft. Wenn sie sich – zu ihrem Marktpreis – selbst auslösen lassen konnten, hatten sie Glück gehabt. Wenn nicht, blieben sie als Sklaven im Besitz ihrer neuen Herren.

Die Freibeuterei der nordafrikanischen Staaten, toleriert und zu Zeiten durch die Rivalitäten der europäischen Mächte sogar gefördert, setzte sich das ganze 18. Jahrhundert hindurch fort. Die Revolutions- und Napoleonischen Kriege verliehen den nordafrikanischen Staaten eine neue Bedeutung, und der eifrige Wettbewerb der europäischen kriegführenden Länder um ihre Gunst und die Benutzung ihrer Hafenanlagen stärkte ihre Position ganz ungemein. Nach 1815 wurden sie jedoch nicht mehr benötigt, und die westlichen Mächte, zu denen inzwischen auch die Vereinigten Staaten gehörten, ergriffen entschlossene Maßnahmen, um diese Gefahr für die westlichen Verbindungen und Transportwege zu beenden.

Ein interessantes zeitgenössisches Bild einiger Aspekte der Beziehungen zwischen westlichen Regierungen und den berberischen Korsaren ersteht aus dem Bericht eines osmanischen Botschafters, der 1787 und 1788 in Madrid weilte. Als Vertreter des Sultans, der die nominelle Oberhoheit über den Bei von Algier hatte, machte er sich große Sorgen über ein neu unterzeichnetes Abkommen zwischen dem Bei und dem König von Spanien. Er fand eine Gelegenheit, die Sache mit dem Gesandten des Beis in Madrid zu besprechen, der ihn etwas beruhigen konnte:

Das Waffenstillstandsabkommen *(musalaha)*, das die Algerier mit Spanien abgeschlossen haben, ist ganz zu ihrem Vorteil. Diesem Abkommen gemäß sollten die Spanier ihre 1250 Gefangenen in Algier zu einem Preis von je 1000 Real freikaufen. Das Amüsante daran ist, daß die Algerier, als das Geld nach dem Abkommen Algier erreichte, die Gesamtsumme als Preis derjenigen kassierten, die in Gefangenheit gestorben waren, und die Spanier konnten nichts dagegen tun. Die Dokumente legen auch fest, daß der König von Spanien – neben den fünfhundert Börsen, Juwelen und anderen Gütern, die er dem Herrscher von Algier als Geschenke sendet – eine erhebliche Summe in bar für den Frieden zahlen und ihnen Materialien geben wird, die sie für die Flotte und die Waffenarsenale benötigen ... Es waren auch mehr als hundert algerische Gefangene in Spanien, welche die Algerier, dem Abkommen zufolge, freikaufen sollten. Statt dessen sagten sie: »Wir brauchen diese Verräter und Feiglinge nicht – wären sie es nicht gewesen, hätten sie nicht in Gefangenschaft geraten können.« Die Spanier waren verblüfft darüber und verbargen es vor den anderen Staaten. Schließlich sandten sie einen privaten Brief an den Herrscher von Marokko, in dem sie schrieben: »Wenn Ihr es wollt, werden wir sie Euretwegen freilassen.« Der letztere, von islamischer Solidarität erfüllt, stimmte zu, und die Gefangenen wurden ihm übergeben. Er teilte jedem von ihnen etwas Reisegeld und Kleidung zu und schickte sie zurück nach Algier. Die Spanier versuchten, ihr Gesicht zu wahren, indem sie ein Gerücht verbreiteten, daß sie auf eine Bitte des Herrschers von Marokko reagiert hätten. Kurz, die religiöse Standhaftigkeit von Algier hat die Ungläubigen beeindruckt und die Spanier zum Nachgeben gezwungen. Eines Tages führte ich in Madrid ein Gespräch mit einer bedeutenden algerischen Persönlichkeit und fragte: »Weshalb schließt ihr Frieden mit ihnen, wenn ihr aus ihnen so große Profite zieht?« Er erwiderte: »Unsere Profite sind tatsächlich enorm. Dieser Frieden wird höchstens drei Jahre dauern, in denen wir unsere früheren Gewinne beibehalten. Zur Zeit nehmen wir genug für zwei oder drei Jahre ein und erleiden keinen Verlust.« Damit meinte er, daß der Frieden nicht mehr ist als Schriftzeichen auf dem Wasser.[29]

Von gelegentlichen Erfolgen abgesehen, war das 18. Jahrhundert im großen und ganzen doch eine schlechte Periode für die islamischen Staaten, und die Tatsache, daß sich die Moslems ihrer veränderten Position bewußt waren, wird auf verschiedene Weise deutlich. Mehrere Faktoren kamen zusammen, um diesen Wandel zu veranlassen. Die mittelöstlichen Mächte wurden in ihrem Verkehr mit Europa dadurch beeinträchtigt, daß Waffen und Kriege immer komplizierter und dadurch teurer wurden. Die große Inflation des 16. und 17. Jahrhunderts hatte ihre Handels- und Binnenwirtschaft negativ beeinflußt. Diese Prozesse wurden durch die technologische Rückständigkeit oder, besser gesagt, den Mangel an Fortschritt in Landwirtschaft, Industrie und Transportwesen innerhalb der Länder des Mittleren Ostens beschleunigt.

Im zweiten Teil des 16. Jahrhunderts scheint eine maßgebliche Preisverschiebung begonnen zu haben. Dies war die mittelöstliche Widerspiegelung eines umfassenderen Prozesses, der aus dem störenden Effekt des Zustroms von amerikanischem Gold und Silber hervorging. Die Kaufkraft dieser Edelmetalle war im Osmanischen Reich größer als im Westen, doch geringer als im Iran und in Indien. Persische Waren, besonders persische Seide, erfreuten sich großer Nachfrage sowohl in den osmanischen Ländern wie in Europa, wo es jedoch keine Nachfrage von vergleichbarer Größe und Hartnäckigkeit nach osmanischen Produkten gab. Getreide und Textilien waren die beiden wichtigsten osmanischen Exportgüter für Europa. Die Textilien hatten einst vor allem aus Fertigwaren bestanden, doch dieser Handel wurde allmählich reduziert, und nur Baumwollstoff spielte noch etwas länger eine bedeutende Rolle unter den Exporten aus dem Mittleren Osten in den Westen. Der Handel verschob sich überwiegend in die andere Richtung: Europa schickte fertige Textilien, darunter indische Tuche, in den Mittleren Osten und importierte Rohstoffe wie Baumwolle, Mohair und besonders Seide, vieles davon aus dem Iran. Ungeachtet des Zustroms von Gold und Silber aus dem Westen enthüllen osmanische Aufzeichnungen, wie nicht überraschen kann, einen chronischen Mangel an Edelmetallen; der Vorrat reichte nicht einmal aus, um die Bedürfnisse der Münzprägung befriedigen zu können.

Zwar zog die Landwirtschaft einigen Nutzen aus der Einführung von zwei neuen Pflanzen, Tabak und Mais, aus dem Westen, doch die allgemeine Lage war durch technologische und ökonomische Stagnation gekennzeichnet. Die europäische landwirtschaftliche und industrielle Revolution blieb ohne Parallele und hatte keinen Einfluß auf die Länder des Mittleren Ostens. Die mittelöstliche Industrie beschränkte sich weiterhin auf Handwerke, die bis in den späteren Teil des 18. Jahrhunderts blühten, aber nur wenige Zeichen technologischen Fortschritts aufwiesen.

Diese Wandlungen beeinträchtigten auch die Fähigkeit der Osmanen, ihren militärischen Nachschub aufrechtzuerhalten, das heißt die Rohstoffe zu bekommen, die nötig waren, um Schiffe zu bauen, Kanonen zu gießen und sogar Schießpulver zu mischen. Hier liegt einer der Gründe für den stetigen Verfall der osmanischen militärischen Schlagkraft; dieser Verfall war selbst Teil eines umfassenderen Prozesses, in dessen Verlauf die Macht des Osmanischen Reiches, im Vergleich mit jener seiner Rivalen, verringert und geschwächt wurde. Die Entdeckung und Kolonisierung der Neuen Welt verlagerte den Schwerpunkt des Welthandels auf den Atlantischen Ozean und die offenen Meere um Südafrika und das südliche Asien. Die Regionen des Mittelmeers und des Mittleren Ostens waren zwar immer noch in mancher Hinsicht bedeutsam, verloren aber einen großen Teil ihres ökonomischen Ranges und insbesondere jene Vorteile, die durch ihre Mittellage zwischen den drei Kontinenten Europa, Asien und Afrika geschaffen wurden. Mit der Öffnung der Ozeanroute spielten das Mittelmeer und der Mittlere Osten eine geringere Rolle als früher. Das Osmanische Reich, eine mediterrane und mittelöstliche Macht, verlor entsprechend an Bedeutung.

Die wirtschaftliche Vorherrschaft Europas im Mittleren Osten wurde durch eine Reihe von Methoden gestärkt und aufrechterhalten. Während der Import mittelöstlicher Waren durch den Westen eingeschränkt und manchmal durch Schutzzölle unmöglich gemacht wurde, sah sich der westliche Handel mit dem Mittleren Osten durch das Kapitulationssystem abgeschirmt, das dem Recht auf freien und ungehinderten Import gleichzusetzen war. Der Begriff Kapitulationen (lateinisch *capitula* = »Kapitel«, das heißt ein detailliertes Dokument) wurde in osmanischen Zeiten für die Privilegien verwendet, die der osmanische und andere islamische Herrscher christlichen Staaten gewährten, indem sie deren Bürgern erlaubten, in den islamischen Gebieten zu wohnen und Handel zu treiben, ohne steuerliche und andere Nachteile auf sich nehmen zu müssen, die diese moslemischen Herrscher ihren eigenen nichtmoslemischen Untertanen auferlegten. Ursprünglich wurden diese Privilegien in einem Akt der Gnade und Herablassung – von einem mächtigen Monarchen an einen bescheidenen Bittsteller – gewährt. Dieses Verhältnis spiegelt sich in der Sprache der Dokumente wider, in denen Worte wie Treue, Unterwerfung und sogar Knechtschaft *(rıkkiyet)* benutzt werden, um die angemessene Reaktion des Empfängers zu beschreiben.[30] Mit dem fortschreitenden Machtverfall der islamischen Staaten und dem Wandel der gültigen Beziehungen zwischen ihnen und ihren christlichen Nachbarn erteilten die Kapitulationen schließlich Privilegien, die bei weitem über die ursprüngliche Absicht hinausgingen. Dazu gehörte Befreiung von der örtlichen Rechtsprechung und Besteuerung, da die Bürger der mit Kapitulationen ausgestatteten Mächte nur ihren eigenen konsularischen Gerichtshöfen verantwortlich waren. Im späten 18. Jahrhundert brachte die Protektion einer europäischen Macht schon wichtige kommerzielle und steuerliche Vorteile mit sich, und europäische diplomatische Missionen machten es zu ihrer Gewohnheit, *berats* – Protektionsdokumente oder -urkunden – zu verteilen, in denen ihre Kapitulationsrechte mißbräuchlich erweitert wurden. Zunächst hatten diese Urkunden nur den Zweck, an Ort und Stelle rekrutierte Beamte und Agenten der europäischen Konsulate zu schützen. Aber sie wurden durch Mißbrauch an eine steigende Zahl örtlicher Händler verkauft oder verteilt, die auf diese Weise einen privilegierten, besonders geschützten Status erlangten.

Zuerst sahen die Türken das Problem ihrer Schwäche und ihres Verfalls vom rein militärischen Standpunkt aus und schlugen militärische Abhilfe vor. Christliche Armeen hatten sich moslemischen Armeen im Feld als überlegen erwiesen, deshalb könnte es von Vorteil sein, sich die Waffen, Techniken und Ausbildungsmethoden der Sieger anzueignen.

Zahlreiche Memoranden, die diesen Punkt hervorhoben, wurden von osmanischen Beamten und anderen Autoren verfaßt. Eines von ihnen – geschrieben von Ibrahim Müteferrika, einem ungarischen Unitarier, der zum Islam konvertierte – wurde im Jahre 1731 in Istanbul gedruckt; es gehörte zu den ersten Büchern, welche die erste türkische Druckerei, von Ibrahim selbst gegründet, veröffentlichte. Das Buch ist vorgeblich Fragen der Verwaltung und der Taktik gewidmet und zerfällt in drei Abschnitte. Der erste macht auf die Bedeutung von wohlgeordneten Regierungssystemen aufmerksam und beschreibt die verschiedenen Typen, die in Europa existieren. Der zweite untersucht den Wert der wissenschaftlichen Geographie, den Schlüssel zur Kenntnis der eigenen und der Gebiete des Nachbarn, als notwendigen Teil der militärischen Kunst und als Hilfe der Verwaltung. Im dritten Teil beurteilt der Autor die verschiedenen Typen von Streitkräften der europäischen Staaten, ihre Ausbildungsmethoden, ihre Befehlsstruktur, ihre Kampfmethoden und ihre militärische Gesetzgebung. Ibrahim achtet sorgsam darauf, den angemessenen Abscheu auszudrücken, wenn er auf die fränkischen Ungläubigen und ihre Sitten eingeht. Gleichzeitig läßt er jedoch keinen Zweifel daran, daß die fränkischen Armeen stärker und besser sind und daß die Osmanen sie nachahmen müssen, wenn sie überleben wollen.[31]

Die Lektion wurde verstanden. Im Jahre 1729 traf ein französischer Adliger, der Comte de Bonneval, in der Türkei ein, wo er sich zum Islam bekannte, den Namen Ahmed annahm und in den osmanischen Dienst trat. Im Jahre 1731 wurde er beauftragt, das Artilleriekorps zu reformieren. Im Jahre 1734 wurde eine Schule für Militärtechnik gegründet, und im folgenden Jahr wurde Bonneval zum Pascha gemacht und erhielt den Rang und Titel eines »Chefartilleristen«. Dieses Experiment versandete, doch ein anderes begann im Jahre 1773 mit der Eröffnung einer Schule für Flottentechnik.

Die Hinzuziehung von militärischen Instrukteuren aus dem Westen, hauptsächlich aus Frankreich, aber auch aus anderen europäischen Ländern, um türkische Offiziere in der neuen Kunst der Kriegsführung auszubilden, hatte eine Reihe wichtiger Konsequenzen. Sie brachte ein neues Verhältnis zwischen ungläubigen Lehrern und moslemischen Studenten mit sich, die nun jene als Ratgeber und Anleiter respektieren mußten, die sie früher immer verachtet hatten. Sie mußten sich außerdem mit dem Unterricht in barbarischen Sprachen abfinden, deren Studium sie bis dahin nicht für nötig gehalten hatten. Sie mußten diese Sprachen lernen, um ihre Lehrer zu verstehen, um ihre Ausbildungsanleitungen und ihre Artilleriehandbücher zu lesen. Aber als sie einmal französisch gelernt hatten, fanden sie Lektüre über andere Themen interessanter und zündender.

Im selben Zeitraum kam es zu einer anderen Neuerung von vergleichbarer Wichtigkeit: der Einführung des Buchdrucks, für den Ibrahim Müteferrika eine so bedeutende Rolle gespielt hatte. Jüdische Flüchtlinge hatten vor dem Ende des 15. Jahrhunderts Druckerpressen aus Europa in die Türkei gebracht, und jüdische Druckereien wurden in Istanbul, Saloniki und anderen Städten eingerichtet. Den Juden folgten Armenier und Griechen, die ebenfalls Druckereien für ihre eigenen Sprachen in osmanischen Städten gründeten. Sie wurden jedoch nur unter der strikten Voraussetzung zugelassen, daß sie keine Bücher in türkischer oder arabischer Sprache druckten. Dieses Verbot blieb bis ins frühe 18. Jahrhundert wirksam, als es vor allem dank einer Initiative von Said Çelebi aufgehoben wurde; er war Sohn eines Botschafters, den man im Jahre 1721 nach Paris entsandte. Das erste Buch erschien im Februar 1729. Als die Druckerei im Jahre 1742 zwangsweise geschlossen wurde, hatte sie siebzehn Bücher hergestellt, von denen die meisten sich mit Geschichte, Geographie und Sprache beschäftigten. Die Druckerei wurde im Jahre 1784 wiedereröffnet, und seitdem hat sich der Buchdruck über den ganzen Mittleren Osten verbreitet.

Alles in allem blieb der westliche Einfluß jedoch über lange Zeit hinweg gering, hauptsächlich weil europäische Ideen nur zu einer kleinen Gruppe der Bevölkerung vordrangen. Sogar dieser begrenzte Einfluß wurde durch reaktionäre Bewegungen im Zaume gehalten und manchmal zurückgedrängt, zum Beispiel als die erste türkische Druckerpresse im Jahre 1742 zerstört wurde. Während militärische Niederlagen den Hauptanstoß gaben, westliche Ideen immer häufiger zu akzeptieren, blieb ihre Wirkung im frühen 18. Jahrhundert recht schwach, als die Osmanen eine Zeitlang imstande waren, sich zu behaupten und manchmal sogar Erfolge zu erringen. Doch der Anstoß wurde durch eine Reihe von Ereignissen am Ende des 18. Jahrhunderts mit eindeutiger Kraft erneuert. Der erste Schlag war der Vertrag von Küçük Kaynarja im Jahre 1774, der eine vernichtende osmanische Niederlage gegen die Russen ratifizierte und Rußland gewaltige territoriale, politische und kommerzielle Vorteile zuerkannte. Der zweite war die russische Annexion der Krim im Jahre 1783. Zwar war dies nicht der erste territoriale Verlust, doch er kennzeichnete einen wichtigen Wandel. Die früheren Verluste hatten eroberte Länder mit christlicher Bevölkerung und nur kleinen Gruppen türkischer Herrscher und Siedler betroffen. Im Falle der Krim sah es anders aus. Ihre Bevölkerung bestand aus türkisch sprechenden Moslems, deren Anwesenheit auf der Krim bis zu den mongolischen Eroberungen des 13. Jahrhunderts und vielleicht noch weiter zurück datierte. Dies war die erste Abtretung eines alten islamischen Gebietes, das von islamischen Menschen bewohnt wurde, und es war ein heftiger Schlag für den moslemischen Stolz.

Der dritte Schock ging von Frankreich aus, wo – zum erstenmal seit den Kreuzzügen – eine militärische Invasion gegen die Kernländer des mittelöstlichen Islam eingeleitet wurde. Im Jahre 1798 landete eine französische Expeditionsstreitmacht, befehligt von General Bonaparte, in Ägypten, das damals eine osmanische Provinz war, und besetzte es ohne große Schwierigkeit. Die französische Besatzung war von geringer Dauer, und Ägypten wurde später wieder dem moslemischen Herrschaftsbereich einverleibt. Die Episode hatte jedoch sowohl die strategische Bedeutung wie die militärische Schwäche der arabischen Länder gezeigt, die bis dahin von der Macht und – noch in größerem Maße – von der Autorität des Osmanischen Reiches geschützt worden waren.

Eine viel wichtigere Konsequenz dieses dritten Ereignisses war die Tatsache, daß die neuen Ideen der Französischen Revolution in die islamischen Länder vordrangen. Diese Bewegung europäischer Ideen durchbrach als erste die Schranke, welche die Welt der Ungläubigen von der Welt des Islam getrennt hatte, und übte tiefgehenden Einfluß auf die Gedankenwelt und die Aktionen der Moslems aus. Einer der Gründe für diesen Erfolg, nachdem alle früheren Bewegungen gescheitert waren, besteht zweifellos darin, daß die Französische Revolution säkularer Art war: Sie war die erste große soziale und intellektuelle Umwälzung in Europa, die ihren ideologischen Ausdruck in nichtreligiösen Begriffen fand. Frühere europäische Bewegungen wie die Renaissance, die Reformation, die wissenschaftliche Revolution und die Aufklärung waren ohne Wirkung auf die islamische Welt vergangen, waren nicht einmal zur Kenntnis genommen worden. Vielleicht war die Hauptursache, daß sie alle in ihrer Ausdrucksform mehr oder weniger christlich waren und deshalb von den intellektuellen Schutzmechanismen des Islam ferngehalten wurden. Der Säkularismus als solcher hatte natürlich keinen besonderen Reiz für Moslems, ganz im Gegenteil. Aber eine Ideologie, die nichtchristlich war, konnte von Moslems mit einer Distanz betrachtet werden, welche sie Doktrinen gegenüber, die mit dem Makel einer konkurrierenden Religion behaftet waren, nicht aufbringen konnten. In einer solchen säkularen oder, besser gesagt, religiös neutralen

Ideologie durften die Moslems sogar hoffen, den Talisman zu finden, der ihnen die Geheimnisse des westlichen Wissens und des westlichen Fortschritts erschließen würde, ohne ihre eigenen Traditionen und ihre Lebensweise zu gefährden.

Zunächst sahen die regierenden Eliten der Türkei die Geschehnisse nicht in diesem Licht. Während sich die Revolution von Frankreich auf die anderen europäischen Länder ausbreitete, betrachteten sie sie immer noch als innenpolitische Angelegenheit Frankreichs oder – allerhöchstens – der Christenheit. Sie meinten, das Osmanische Reich als islamischer Staat werde vom Chaos der Christenheit nicht berührt und sei immun gegen die Ansteckung durch diese christliche Krankheit. Manche sahen sogar potentielle Vorteile. Im Januar 1792 notierte Ahmed Efendi, Privatsekretär des Sultans, in seinem Tagebuch, daß die Revolution den Osmanen das Leben dadurch erleichtert habe, daß die Aufmerksamkeit der europäischen Mächte abgelenkt und ihnen ein neuer Köder für ihre Habgier hingeworfen worden sei. Er schloß frömmlerisch: »Möge Gott bewirken, daß sich der Aufruhr in Frankreich wie Syphilis *[firengi]* auf die anderen Feinde des Reiches verbreite, sie langem Streit miteinander aussetze und so für das Reich günstige Ergebnisse zeitige. Amen.«[32]

Zweifellos war es dieser Glaube an ihre Immunität, der die Türken veranlaßte, russische Avancen für gemeinsame Maßnahmen gegen Frankreich und sogar eine bescheidenere Bitte auszuschlagen, die österreichische, preußische und russische Gesandte zusammen vortrugen: daß Franzosen in der Türkei davon abgehalten werden sollten, Kokarden mit der Trikolore zu tragen. Der osmanische Historiker Jevdet Pascha führt ein Gespräch an:

Eines Tages kam der österreichische Oberdragoman zum Chefsekretär Raşid Efendi und sagte: »Möge Gott diese Franzosen bestrafen, wie sie es verdienen, denn sie haben uns viel Leid beschert. Um Himmels willen, wenn ihr ihnen nur diese Kokarden vom Kopf reißen würdet!« Auf diese Bitte erwiderte Raşid Efendi: »Mein Freund, wir haben euch mehrere Male gesagt, daß das Osmanische Reich ein islamischer Staat ist. Keiner unter uns widmet ihren Abzeichen irgendwelche Aufmerksamkeit. Wir erkennen die Kaufleute befreundeter Staaten als Gäste an. Sie tragen auf dem Kopf, was sie wollen, und legen die Abzeichen an, die ihnen gefallen. Und wenn sie sich Körbe mit Trauben auf den Kopf setzen, ist es nicht Sache der Hohen Pforte, sie zu fragen, weshalb sie es tun. Ihr beunruhigt euch ohne jeden Grund.«[33]

Im Oktober 1797 liquidierten die Franzosen durch den Vertrag von Campo Formio den Staat und die Republik von Venedig und teilten deren Besitztümer mit Österreich. Sie selbst annektierten die Ionischen Inseln und einige Landstriche an der benachbarten albanischen und griechischen Küste. Frankreich und die Türkei, seit Jahrhunderten befreundet, wurden nun Nachbarn, und die alte Freundschaft wurde unter der Belastung mürbe. Nun, da hellenische Bürger der Französischen Republik unmittelbar neben den *rayas* des osmanischen Griechenland lebten, konnte der Gegensatz nicht mehr überspielt und der Kontakt nicht mehr verhindert werden. Kurz darauf begann der osmanische Gouverneur von Morea, besorgniserregende Berichte nach Istanbul zu schicken. Die Franzosen schmiedeten, wie er sagte, trotz ihrer Freundschaftsbeteuerungen für die Hohe Pforte ernste Pläne gegen sie. Als Erben der Venezianer hätten sie sogar vor, die Rückgabe anderer früherer Besitztümer von Venedig, zum Beispiel der Insel Kreta und Moreas selbst, zu fordern. Und das sei nicht alles. Es gebe alarmierende Nachrichten über Treffen und Zeremonien, die direkt jenseits der Reichsgrenzen stattfänden und bei denen Reden über Freiheit und Gleichheit und sogar über die Wiederherstellung des alten Ruhms von Hellas gehalten würden.[34] Diesmal horchten die Paschas auf, als auch der neue russische Botschafter dieses Thema und die Gefahr ansprach, der alle etablierten Regime durch die Geschehnisse in Frankreich ausgesetzt seien. Ahmed Atif Efendi, der osmanische Chefsekretär, schrieb ein Memorandum für den hohen Staatsrat, in dem er die österreichische und russische Einladung an die Osmanen erläuterte, mit ihnen in eine Koalition gegen Frankreich einzutreten, um die Ausbreitung der Revolution zu verhindern. Eine so neuartige Idee bedarf einiger Erklärung, und Ahmed Atif Efendi lieferte sie aufs sorgfältigste:

In Anbetracht der vorhergehenden Bemerkungen muß folgende Frage untersucht werden: Ist das Reich derselben Gefahr ausgesetzt wie die anderen Staaten oder nicht? Obwohl das Reich seit Beginn dieses Konfliktes den Weg der Neutralität gewählt hat, hat es nicht darauf verzichtet, der Französischen Republik Freundschaft und Entgegenkommen zu zeigen und sich so zu verhalten, daß es ihr praktisch Hilfe leistete – in einem solchen Maße, daß wiederholte Proteste der anderen Mächte die Folge waren. Zu einer Zeit, da Frankreich in äußerster Bedrängnis und von Mangel und Hungersnot geplagt war, gestattete das Reich den Export üppiger Vorräte aus den gottbehüteten Landen und den Transport nach den Häfen von Frankreich und rettete sie so vor nagendem Hunger. Zum Lohn haben die Französische Republik und ihre Generäle sich nicht des Versuchs enthalten, die Untertanen des Reiches mit Wort und Tat unsicher zu machen. Insbesondere eroberten sie, zur Zeit der Teilung von Venedig, die Inseln und auf dem Festland in der Nähe von Arta die vier Städte Butrinto, Parga, Preveza und Vonitza. Ihre Handlung, durch die sie die Regierungsform der alten Griechen wiedererweckten und ein Regime der Freiheit an diesen Orten einsetzten, enthüllt, ohne daß ein Kommentar oder eine Erklärung nötig wären, die bösen Absichten, die sie hegen.[35]

Wiederum waren es die Griechen und andere christliche Untertanen des Reiches, die als ungeschützt galten, nicht die Moslems selbst. Aber am 11. Juli 1798 landete Bonapartes nach Ägypten geschickte Expeditionsstreitmacht in Alexandria und leitete eine neue Ära in der islamischen Geschichte ein.

Wie ahnungslos und unvorbereitet die Moslems damals waren, spiegelt sich in dem Bericht wider, den der ägyptische Historiker Jabartı in seiner Tageschronik dieser nie dagewesenen Ereignisse gibt:

Am Sonntag, dem 19. des heiligen Monats Ramadan dieses Jahres (1213/1798), trafen Briefe [in Kairo] ein, überbracht von Boten aus dem Seehafen Alexandria. Ihr Inhalt besagte, daß am Donnerstag, dem 8. jenes Monats, zehn englische Schiffe bei dem Hafen angekommen waren und von der Küste ab, in Sichtweite der Stadtbevölkerung, geankert hatten, und nach kurzer Zeit waren fünfzehn weitere Schiffe gekommen. Die Menschen des Hafens warteten, um zu erfahren, was sie wollten, und ein kleines Boot mit zehn Personen näherte sich der Küste. Sie landeten und trafen die Würdenträger der Stadt und al-Sayyid Muhammed Karim, das vom Herrscher autorisierte Oberhaupt (Ra ͨ īs). Sie wurden nach dem Zweck ihres Besuches gefragt und antworteten, daß sie Engländer seien und nach Franzosen suchten, die sich mit einer sehr großen Streitmacht zu einem unbekannten Ziel aufgemacht hätten. »Wir wissen nicht«, sagten sie, »was sie vorhaben, und fürchten, daß sie euch angreifen könnten und ihr nicht in der Lage wäret, euch gegen sie zu verteidigen und sie von der Landung abzuhalten.«
Al-Sayyid Muhammed Karim akzeptierte diese Erklärung nicht und argwöhnte, daß es sich um eine Falle handele. Er gab ihnen eine grobe Antwort, worauf die Abgesandten der Engländer erwiderten: »Wir werden in unseren Schiffen auf dem Meer warten und den Hafen beobachten. Wir erbitten nichts von euch außer Hilfe mit Wasser und Vorräten, wofür wir bezahlen werden.« Aber es wurde ihnen mit der Antwort verweigert: »Dies sind die Länder des Sultans, und weder die Franzosen noch andere haben hier etwas zu suchen. Geht deshalb von uns.« Daraufhin kehrten die englischen Abgesandten zurück und setzten Segel, so daß sie Vorräte an einem anderen Ort als Alexandria suchen könnten und Gott Seinen Ratschluß vollziehen möge... Am Mittwoch, dem 20. desselben Monats, trafen Nachrichten aus dem Seehafen Alexandria und auch aus Rosetta und Damanhur ein, die besagten, daß die französischen Schiffe am Montag, dem 18., in großer Zahl eingetroffen waren... Sie landeten ohne Wissen der Menschen des Seehafens mit Kriegswaffen und Soldaten und waren am nächsten Morgen wie Heuschrecken über die Stadt ausgeschwärmt.[36]

Jabartı und seine Zeitgenossen in Ägypten erörterten zwar recht ausführlich die Ankunft, die Aktivitäten und schließlich den Rückzug von Bonapartes Expeditionstruppen, zeigten aber kein Interesse an der inneren Geschichte Frankreichs und schon gar nicht an jener des übrigen Europa. Die Franzosen waren gekommen, eine Zeitlang geblieben, hatten verschiedenes getan und waren abgezogen. Niemand machte sich die Mühe, zu fragen oder gar nachzuforschen, weshalb sie gekommen und weshalb sie verschwunden waren. Das Eintreffen der Ungläubigen wurde als eine Art Naturkatastrophe, als wenig beeinflußbar, als kaum erklärenswert gesehen.

Nur einer, ein libanesischer Christ, der Nicola der Türke genannt wurde, versuchte sich an einem sehr knappen Bericht der Französischen Revolution – mit Sicherheit der erste in arabischer Sprache – als Einführung zu seiner Geschichte Ägyptens von 1789 bis 1804:

> Wir beginnen mit der Geschichte des Erscheinens der Französischen Republik in der Welt, nachdem sie ihren König getötet hatten, und dies zu Anfang des Jahres 1792 der christlichen Zeitrechnung, was dem Jahre 1207 der islamischen *hijra* entspricht. In diesem Jahr erhob sich das Volk des Königreichs Frankreich geschlossen gegen den König, die Fürsten und die Adligen und verlangte – im Gegensatz zu der Ordnung, die zur Zeit des Königs bestand – eine neue Ordnung und ein neues System. Die Menschen behaupteten und bekräftigten, daß die ausschließliche Macht des Königs große Zerstörungen in seinem Königreich verursacht habe und daß die Fürsten und Adligen sich aller guten Dinge dieses Königreichs erfreut hätten, während das übrige Volk in Elend und Erniedrigung lebte. Deshalb erhoben sie sich alle mit einer Stimme und sagten: »Wir werden keine Ruhe haben, bis der König abdankt und eine Republik gegründet wird.« Und es war ein großer Tag in der Stadt Paris, und der König und die übrigen Vertreter seiner Regierung, Fürsten und Adlige, hatten Angst, und das Volk kam zu dem König und unterrichtete ihn von seiner Absicht . . .[37]

Nicola fährt mit einer leidlich genauen Beschreibung der Ereignisse fort, die sich in Frankreich und im übrigen Europa anschlossen.

Das Vordringen der Franzosen in den Kern des moslemischen Mittleren Ostens und das Auftauchen der Briten als der einzigen Macht, die stark genug war, ihnen entgegenzutreten, rüttelte die Moslems heftig aus ihrer Selbstzufriedenheit auf. Es war nicht der einzige Schock. Während die Briten und Franzosen ihre Operationen auf das östliche Mittelmeer ausweiteten, setzten die Russen ihren Vormarsch über Land nach Süden fort. Im Jahre 1783 hatte mit der Annexion der Krim eine neue Phase begonnen. Von dort aus rückten die Russen schnell in beiden Richtungen an den nördlichen Küsten des Schwarzen Meeres vor, unterjochten und besiedelten Länder, die vorher von Türken, Tataren und anderen moslemischen Völkern beherrscht und bewohnt worden waren. Dies führte zu einem weiteren Krieg gegen die Türkei, an dessen Ende, im Jahre 1792, die Osmanen gezwungen waren, die russische Annexion der tatarischen Chanate anzuerkennen und den Fluß Kuban in Tscherkessien als Grenze zwischen dem Russischen und dem Osmanischen Reich hinzunehmen. Die Russen hatten die jahrhundertelange islamische Vorherrschaft über das Schwarze Meer beendet und bedrohten die Grenzen des Osmanischen Reiches sowohl an ihrem östlichen wie an ihrem westlichen Ende. Sie bedrohten auch den Iran, wo eine neu etablierte Dynastie, die Qājārs, versuchte, die an Rußland verlorenen kaukasischen Länder zurückzugewinnen, dabei jedoch scheiterte. Da ihnen eine persische Invasion bevorstand, baten einige Bewohner des alten christlichen Königreiches Georgien um russischen Schutz, und der Zar antwortete, indem er im Januar 1801 die Annexion Georgiens durch das russische Reich verkündete. Es folgten im Jahre 1802 die Umbildung Dagestans, des Landes zwischen Georgien und dem Kaspischen Meer, zu einem russischen Protektorat und kurz darauf die Einverleibung eines weiteren kleinen transkaukasischen Königreiches. Jetzt war der Weg für einen Angriff auf den Iran frei; er begann im Jahre 1804 und führte zur russischen Annexion Armeniens und des nördlichen Aserbaidshan.

Mittlerweile hatten die Franzosen Ägypten verlassen, aber die Furcht, daß sie zurückkehren könnten, war weit verbreitet. Die Anwesenheit ihrer britischen Rivalen war ein schwacher Trost. Nicolas Chronik spiegelt die moslemische Besorgnis über diese doppelte Bedrohung aus dem westlichen und östlichen Europa deutlich wider:

In diesem Monat (Februar 1804) trafen von anderswo Berichte in diesem Lande ein, daß die Franzosen eine große Streitmacht mit vielen Schiffen und zahlreichen Truppen auf dem Mittelmeer nach Osten geschickt hätten... Die Menschen im Osten hatten davor große Angst, und es gab Gerüchte, daß die Engländer ebenfalls mit Schiffen und Soldaten nach Alexandria kämen... um Ägypten vor den Franzosen zu schützen... Diese Gerüchte vervielfältigten sich, und die Ägypter wurden unruhig über diese europäischen Staaten, weil sie Zeugen ihrer kriegerischen Tatkraft und ihres Mutes geworden waren. Man sagte, daß der eine oder andere der fränkischen Könige das Land Ägypten bestimmt erobern werde, denn man sah die mangelnde Stärke der Männer des Islam in der Kriegführung und in der offenen Feldschlacht und ihre fehlende Standhaftigkeit...
Zu dieser Zeit gab es Gerüchte über den Bruder des russischen Sultans Alexander, den als al-Muskûb bekannten Sultan Konstantin, daß er das Königreich Georgien eingenommen und die Länder der Perser erobert habe und auf Bagdad zueile. Der osmanische Staat lebte in großer Furcht vor diesem Sultan, der den Spitznamen »Gelber Fels« oder »Gelber Barbar« erhielt. Der russische Staat führte viele Kriege und schlug viele Schlachten gegen den osmanischen Staat, von der Zeit des Sultans Ahmed, der im Jahre 1115 [1703] den Thron bestieg, bis zur Zeit des Sultans Selim, der im Jahre 1203 [1789] den Thron bestieg. Dieses Reich hat sich ohne Pause vergrößert und ausgeweitet, hat bis zu diesem Jahr 1218 [1804] Völker zermalmt, Länder erobert und Schlachten gewonnen. Es ist mächtig geworden – und wie mächtig! Und die Zeiten sind günstig für sie, und jener Staat hat die Länder der Tataren und der Georgier und der Perser an sich gerissen. Er hat begonnen, sich auszuweiten und zu wachsen, und dies wird fortdauern, solange Gott es wünscht.[38]

Die Franzosen kehrten jedoch nicht zurück. Bis zum Friedensschluß von 1802 hatten sie sich sowohl aus Ägypten wie von den Ionischen Inseln zurückgezogen. Da Frankreich kein Nachbar der Türkei mehr war, hatte es eher die Möglichkeit, den Türken seine Ideen mitzuteilen. Die Briefe von Halet Efendi, dem türkischen Botschafter in Paris von 1803 bis 1806, sind aufschlußreich:

Ich bitte Euch, für meine sichere Rückkehr aus diesem Lande der Ungläubigen zu beten, denn ich bin bis nach Paris gekommen, habe aber noch nicht das Frankenland gesehen, von dem manche Leute erzählen und das sie preisen. In welchem Europa diese wunderbaren Dinge und diese weisen Franken zu finden sind, weiß ich nicht...

Ruhm sei Gott, was für einen Verstand diese Leute haben, und was sie glauben! Es ist seltsam, daß wir dieses Frankenland, von dessen Lob unsere Ohren so lange widerhallten, nicht nur ganz anders, sondern sogar gegensätzlich gefunden haben...

Wenn jemand in der Absicht, Euch entweder einzuschüchtern oder irrezuleiten, das Frankenland preist, stellt ihm diese Frage: »Bist du in Europa gewesen oder nicht?« Wenn er sagt: »Ich bin allerdings eine Zeitlang dort gewesen, und es hat mir gefallen«, dann ist er bestimmt ein Parteigänger und Spion der Franken. Wenn er sagt: »Nein, ich bin nicht dort gewesen, ich kenne es aus Geschichtsbüchern«, dann ist er eines von zwei Dingen: entweder ein Esel, der dem Beachtung schenkt, was die Franken schreiben, oder er lobt die Franken aus religiösem Fanatismus.[39]

Im letzten Satz wird also angenommen, daß jeder, der die Franken lobt, selbst ein Christ – vermutlich ein osmanischer Christ – zu sein hat, der seine europäischen Religionsbrüder in ein gutes Licht rückt.

Halet Efendi war ein eingefleischter Reaktionär und haßte alles Westliche, doch seine Briefe enthüllen, wie stark der französische Einfluß geworden war. Die Verbreitung französischer Ideen, sogar in Istanbul, wurde durch den kaiserlichen Historiographen Ahmed Asim Efendi bestätigt, der eine Chronik der Jahre 1791–1808 schrieb und einiges über das französische Treiben in der Türkei zu sagen hat. Die Franzosen hätten sich als Freunde ausgegeben und intensive Propagandamaßnahmen durchgeführt. Sie hätten die Geister nicht nur der Großen des Staates, sondern auch des gemeinen Volkes verwirrt. Um ihre verderblichen Ideen zu verbreiten, hätten sie die Gesellschaft von Moslems gesucht, sie mit ihren Beteuerungen von Freundschaft und gutem Willen hintergangen und so durch vertraulichen und engen sozialen Umgang viele Opfer gefunden.

Gewisse sinnliche Menschen, des Tuches der Loyalität entkleidet, lernten zeitweilig Politik von ihnen. Manche, die ihre Sprache zu lernen wünschten, nahmen sich französische Lehrer, eigneten sich deren Ausdrucksweise an und waren stolz... auf ihr plumpes Gerede. Auf diese Weise konnten die Franzosen fränkische Bräuche in die Herzen schmuggeln und den Geist einiger Menschen von schwachem Verstand und seichtem Glauben für ihre Denkweise gewinnen. Die nüchtern Gesinnten und Weitsichtigen und die Botschafter der anderen Staaten sahen alle die Gefahr der Situation. Voller Unruhe und Mißbilligung schmähten und verdammten sie diese Dinge sowohl direkt wie indirekt und warnten vor den bösen Folgen, die aus ihrem Treiben erwachsen würden. Diese böswillige Gruppe und abscheuliche Bande war voller Hinterlist, säte den Samen ihrer Politik zuerst in die Herzen der Großen des Staates und untergrub dann durch Anstachelung und Verführung zu ihrer Denkweise – Gott schütze uns – die Prinzipien des Heiligen Gesetzes.[40]

Die Einwirkung des Westens auf den Mittleren Osten war in eine neue, gewalttätige Phase eingetreten.

II

Die islamische Weltsicht

Die westliche Welt hat im Lauf der Jahrhunderte eine Reihe von Methoden gefunden, um die Menschheit zu unterteilen. Die Griechen teilten die Welt in Griechen und Barbaren, Juden teilten sie in Juden und Nichtjuden. Später erfanden die Griechen auch eine geographische Klassifizierung, in der die Welt aus Kontinenten bestand: aus Europa, ihrem eigenen, und Asien, das auf der entgegengesetzten Seite des Ägäischen Meeres lag. Als schließlich ein größeres und ferneres Asien jenseits der ägäischen Küste auftauchte, wurde der ursprüngliche Kontinent zu Kleinasien, und der Name Asien wurde weitergefaßt. Mit der Zeit wurde auch Asien (das heißt Nichteuropa) unterteilt, und jener Teil, der an der südlichen Küste des Mittelmeers lag, erhielt neue griechische und lateinische Namen: zuerst Libyen, später Afrika. Die mittelalterliche Welt teilte sich für Europäer zuerst in Christenheit und Heidentum und dann, innerhalb der Christenheit, in Monarchien. Die moderne Welt hat sich den Nationalstaat als ihre Grundkategorie, den bestimmenden Faktor von Identität und Loyalität, ausgesucht.

Die islamische Sicht der Welt und ihrer Völker war anders aufgebaut. Bis zum 19. Jahrhundert wußten islamische Autoren, die über Geschichte und Geographie schrieben, nichts von den Namen, welche die Europäer den Kontinenten gegeben hatten. Asien war unbekannt, ein vage umrissenes Europa – buchstabiert Urūfa – wurde höchstens am Rande erwähnt, während Afrika – arabisiert zu Ifrīqiya – nur als Name des östlichen Maghreb erschien, der aus Tunesien und den angrenzenden Gebieten bestand. Moslemische geographische Schriftsteller teilten die Welt in »Klimas« *(iglim)*, abgeleitet vom altgriechischen *clima*, doch dabei handelt es sich um eine rein geographische Einstufung ohne jede der politischen oder gar kulturellen Untertöne, die in den Namen der Kontinente im modernen westlichen Sprachgebrauch mitschwingen. Islamische historische Schriften erwähnen die *iglim* fast gar nicht, und sie scheinen keinen Platz im gemeinsamen Selbstverständnis der islamischen Völker eingenommen zu haben.

Die Teilung der Welt in Länder und Nationen, die so wichtig für die Selbsteinschätzung des Westens und die Definition seiner Loyalitäten ist, spielt im Islam eine relativ geringe Rolle. Territoriale Bezeichnungen sind so unbedeutend, daß vielen Ländern sogar ein spezifischer Name fehlt. Ein bemerkenswert hoher Anteil der Namen der modernen Staaten, in die sich die islamische Welt teilt, besteht aus Neuschöpfungen. Manche von ihnen, wie Syrien, Palästina oder Libyen, wurden aus dem klassischen Altertum restauriert, andere, wie Irak oder Tunesien, sind die Namen mittelalterlicher Provinzen, und noch andere, wie Pakistan, sind ganz neu gebildet. Die Begriffe »Arabien« und »Türkei« sind – ungeachtet des Alters der Länder und natürlich auch der Völker, die sie bezeichnen – moderne Importe aus dem Westen. Das Arabische kennt keinen territorialen Begriff für Arabien, sondern ist gezwungen, Umschreibungen wie Land oder Halbinsel der Araber zu verwenden. Der Name Türkei, obwohl seit vielen Jahrhunderten im Westen benutzt, wurde erst im 20. Jahrhundert ins Türkische eingeführt und von ihm assimiliert, um ein Land zu bezeichnen, das vorher dynastische oder regionale Namen getragen hatte. Häufig dient derselbe Name im klassischen Sprachgebrauch für das Land oder die Provinz und deren Hauptstadt, das heißt, der Name der Stadt wird auf das sie umgebende Land ausgedehnt. Zu keinem Zeitpunkt vor dem 19. Jahrhundert wurde Souveränität in territorialen Begriffen definiert. Im Gegenteil, wenn einem Monarchen eine territoriale Bezeichnung zugeordnet wurde, so betrachtete man dies als Herabsetzung.

Das gleiche gilt, wenn auch in geringerem Maße, für ethnische Begriffe. Ethnische Klassifikationen wie »die Araber«, »die Perser« oder »die Türken« spielen eine herausragende Rolle in der islamischen Literatur, und die Zugehörigkeit zu der einen oder anderen dieser Gruppen, die durch Sprache, Kultur und zuweilen Abstammung definiert wurden, war ein wichtiger Faktor für das Selbstverständnis des einzelnen Moslems. Aber sie hatte selten irgendeine politische Bedeutung. Moslemische Monarchen definierten ihre Souveränität oder formulierten ihren Titel normalerweise nicht nach nationalen Vorstellungen, und die ethnische, sprachliche oder territoriale Nation wurde nicht als natürliche Grundlage der Staatlichkeit betrachtet.

In der islamischen Weltsicht teilt sich die Menschheit maßgeblich in das Haus des Islam *(Dār al-Islām)* und das Haus des Krieges *(Dār al-Ḥarb)*. Das eine besteht aus all jenen Ländern, in denen das Gesetz des Islam herrscht, umfaßt also weitgehend das moslemische Reich; das andere ist die übrige Welt. Wie es nur einen Gott im Himmel gibt, so kann es nur einen Herrscher und ein Gesetz auf Erden geben. Im Idealfall wird das Haus des Islam als einheitliche Gemeinschaft gesehen, regiert von einem einzigen Staat mit einem einzigen Souverän an der Spitze. Dieser Staat muß jene Ungläubigen tolerieren und schützen, die durch Eroberung unter seine Herrschaft gebracht werden, vorausgesetzt natürlich, daß sie nicht Polytheisten, sondern Anhänger einer der zugelassenen Religionen sind. Die Logik des islamischen Gesetzes erkennt jedoch die permanente Existenz irgendeines anderen Gemeinwesens außerhalb des Islam nicht an. Nach moslemischer Anschauung wird die ganze Menschheit irgendwann den Islam annehmen oder sich islamischer Herrschaft unterwerfen. Bis dahin ist es die religiöse Pflicht der Moslems, für dieses Ziel zu kämpfen.

Der Name, den die moslemischen Juristen diesem Kampf gegeben haben, ist *jihād* – ein arabisches Wort, das Bemühung oder Streben bedeutet. Jemand, der diese Pflicht erfüllt, heißt *mujāhid*. Das Wort kommt mehrere Male im Koran vor und beschreibt einen Mann, der gegen die Ungläubigen Krieg führt. In den frühen Jahrhunderten der islamischen Expansion war dies seine normale Bedeutung. Zwischen dem Haus des Islams und dem Haus des Krieges bestand – nach der *sharīˁa*, dem Heiligen Gesetz, wie es die klassischen Juristen formulierten – ein religiöser und in rechtlicher Hinsicht zwingender Kriegszustand, der erst mit der Bekehrung oder Unterwerfung der ganzen Menschheit enden könne. Ein Friedensvertrag zwischen einem islamischen und einem nichtislamischen Staat war also nach juristischer Theorie unmöglich. Der Krieg, der erst mit dem universellen Triumph des Islam aufhören würde, konnte nicht beendet werden; man konnte ihn nur aus Gründen der Notwendigkeit oder Zweckmäßigkeit durch eine Waffenruhe unterbrechen. Eine solche Waffenruhe durfte, den Juristen zufolge, nur befristet sein. Sie sollte zehn Jahre nicht überschreiten und konnte jederzeit einseitig von den Moslems aufgehoben werden, die jedoch durch das islamische Gesetz gezwungen waren, die andere Seite rechtzeitig zu unterrichten, bevor sie die Feindseligkeiten wieder aufnahmen.

Sogar in solchen Zeiträumen relativen Friedens wurde vom Umgang mit den Ungläubigen abgeraten. Die islamische Gesetzgebung unterscheidet zwischen Handlungen, die ausdrücklich verboten *(ḥarām)* sind, und solchen, die als verwerflich *(makrūh)* angesehen werden. Reisen in das Haus des Krieges gehörten in die zweite Kategorie, und die Juristen stimmten weitgehend darin überein, daß der einzig legitime Grund für die Reise eines

Moslems in das Haus des Krieges dann vorliege, wenn er Gefangene freikaufen wolle. Nicht einmal Handel wurde als Zweck akzeptiert, obwohl manche Autoritäten den Kauf von Lebensmitteln bei christlichen Ländern im Falle äußerster Notwendigkeit erlaubten.[1]

Das Gesetz, das sich auf den Jihād bezieht, bildete sich wie der größte Teil der *sharīᶜa* in seiner klassischen Form während der ersten eineinhalb Jahrhunderte der islamischen Ära aus, als die arabischen Heere gegen das Frankenreich, Byzanz, China und Indien vorrückten und als es, wie es schien, keinen Grund gab zu bezweifeln, daß der endgültige und universelle Triumph des Islams nicht nur unvermeidlich sei, sondern sogar bevorstehe. Danach begann in diesem und in anderen Punkten eine Kluft zwischen der gesetzlichen Doktrin und den politischen Tatsachen zu erscheinen – eine Kluft, die Herrscher und Soldaten außer acht ließen und Juristen so gut wie möglich verdeckten. Der einheitliche islamische Universalstaat, der in den ersten ein oder zwei Jahrhunderten im Prinzip und in der Realität existiert hatte, zerfiel in kleinere Staaten. Der unwiderstehliche und fortwährende Jihād ging zu Ende, und mit der Zeit entwickelte sich eine Beziehung gegenseitiger Toleranz zwischen der Welt des Islams und der übrigen Welt. Die letztere wurde immer noch als Haus des Krieges angesehen und bezeichnet, doch ihre Unterjochung wurde von der historischen auf die messianische Zeit verlegt. Nun wurden zwischen islamischen und nichtislamischen Staaten mehr oder weniger stabile Grenzen gezogen, an denen Frieden, nicht Krieg der Normalzustand war. Dieser Frieden konnte durch Überfälle verletzt, die Grenze konnte von Zeit zu Zeit durch Krieg verschoben werden, aber von der Zeit der Wiedereroberung und der Kreuzzüge an konnten solche Grenzverschiebungen ebenso oft den Rückzug wie die Expansion des islamischen Machtbereichs zur Folge haben.

Diese Wandlungen und die folgende Aufnahme diplomatischer und geschäftlicher Beziehungen zur Außenwelt stellten den Juristen neue Probleme. Sie reagierten auf diesem wie auf anderen Gebieten mit geschickten Interpretationen. Die Pflicht zum Heiligen Krieg wurde eingeschränkt und neu interpretiert. Die Unterbrechung der Feindseligkeiten gegen das Haus des Krieges könne tatsächlich nur durch eine begrenzte Waffenruhe erreicht werden, doch eine solche Waffenruhe könne so oft wie nötig erneuert und dadurch in der Praxis zu einem gesetzlich kontrollierten Friedenszustand werden.

Einige Juristen akzeptierten sogar einen mittleren Status, das Haus der Waffenruhe oder das Haus des Bündnisses (*Dār al-Ṣulḥ* oder *Dār al-ᶜAhd*), zwischen dem Haus des Krieges und dem Haus des Islam. Dazu gehörten gewisse nichtislamische Staaten, die mit dem islamischen Staat in eine Vertragsbeziehung eingetreten waren, die moslemische Oberhoheit anerkannten und Tribut zahlten, aber in ihrem eigenen Regierungssystem einige Autonomie behielten. Dadurch, daß moslemische Herrscher und ihre juristischen Ratgeber Geschenke als Tribut betrachteten, konnten sie den Bereich des Bündnisses (ᶜAhd) ausdehnen und eine große Vielzahl von Abkommen mit nichtislamischen Mächten über politische, militärische und kommerzielle Angelegenheiten abdecken. Ein Nichtmoslem aus dem Hause des Krieges durfte sogar die moslemischen Länder besuchen und erhielt sicheres Geleit, *amān* genannt. Wie die Juristen erklärten, konnte jeder freie erwachsene, männliche Moslem einer oder mehreren Personen einen *amān* gewähren. Das Oberhaupt des moslemischen Staates konnte einer größeren Einheit – etwa einer Stadt, den Untertanen eines Herrschers oder einer Handelsgesellschaft – einen kollektiven *amān* erteilen. Der Brauch, *amān* zu gewähren, erleichterte die Entwicklung des Handels und der diplomatischen Beziehungen zwischen islamischen und christlichen Staaten sehr und schuf einen gesetzlichen Rahmen für die Entstehung von Gemeinschaften ansässiger europäischer Händler in moslemischen Städten. Einer der entscheidenden Unterschiede zwischen den beiden Seiten bestand darin, daß es für moslemische Besucher, von ansässigen Besuchern gar nicht zu reden, im christlichen Europa keinen *amān* gab. *Amān* war eine rein islamische Gesetzesformel für den friedlichen Kontakt. Mit der immer stärkeren Verschiebung der realen Macht wurden diese Beziehungen jedoch in größerem Maße durch die europäischen Bräuche des Handels und der Diplomatie, nicht durch das islamische Gesetz geregelt.

Sowohl im idealen Sinne wie nach rechtlicher Auffassung war das Haus des Islams ein *einheitliches* Gebilde, und den vielen sektiererischen, regionalen, nationalen und anderen Unterschieden zum Trotz, die zwischen den Moslems entstanden, gab es immer und gibt es noch heute ein starkes Gefühl gemeinsamer Identität. Es war deshalb verständlich, daß die Moslems dazu neigten, dem Hause des Krieges eine ähnliche Einheit zuzumessen. Ein Ausspruch, der manchmal dem Propheten Mohammed zugeschrieben wird, besagt: »Der Unglaube ist eine einzige Nation.« Sowohl die Zuordnung wie der Inhalt der Aussage sind offensichtlich falsch, aber sie drückt eine verbreitete Haltung aus, die sich in moslemischen Schriften und Bräuchen widerspiegelt. Die wirklich wichtige Unterteilung der Menschheit sei die zwischen Moslems und Ungläubigen. Wenn die Gegensätze der Moslems von sekundärer Bedeutung seien, dann erschienen die engstirnigen Unterteilungen der Ungläubigen – besonders derer, die jenseits der islamischen Grenze lebten – noch weniger interessant oder maßgeblich.

In Wirklichkeit erkannten die Moslems natürlich bestimmte wichtige Unterteilungen in der allgemeinen Masse der Ungläubigen an. Eine betraf Menschen, die Offenbarungsreligionen besaßen, und solche, die sie nicht besaßen. Für Atheisten oder Polytheisten war die Alternative eindeutig:

Islam oder Tod. Für Juden und Christen, Anhänger von Religionen, die sich auf authentische, wenn auch überflüssig gewordene Offenbarungen gründeten, erweiterte sich die Wahl um eine dritte Möglichkeit: Islam, Tod oder Unterwerfung. Unterwerfung hatte zur Folge, daß Tribut gezahlt und die islamische Oberhoheit anerkannt werden mußte. Tod konnte in Sklaverei umgewandelt werden. Denjenigen, die sich unterwarfen, konnte nach islamischer Gesetzgebung und Praxis die Toleranz und Protektion des islamischen Staates gewährt werden. Diese Beziehung wurde durch einen Pakt geregelt, der im Arabischen *dhimma* heißt. Seine Nutznießer waren als *ahl al-dhimma*, Menschen des Paktes, oder kürzer als *dhimmī* bekannt. Dies war die Bezeichnung, mit der gewöhnlich Juden, Christen und einige andere belegt wurden, die Untertanen des islamischen Staates geworden waren. Nach den Vorschriften der *dhimma* durften sie ihre eigenen Religionen praktizieren, ihre eigenen Gotteshäuser behalten und, in vieler Hinsicht, ihre Angelegenheiten selbst regeln, vorausgesetzt, daß sie den Primat des Islam und die Oberhoheit der Moslems bedingungslos anerkannten. Diese Anerkennung kam in einer Reihe von Beschränkungen zum Ausdruck, die das Heilige Gesetz den *dhimmī* auferlegte; sie betrafen die Kleidung, die sie tragen, die Tiere, auf denen sie reiten, die Waffen, die sie mit sich führen durften, und ähnliches. Die meisten dieser Beschränkungen hatten eher sozialen und symbolischen als greifbaren praktischen Charakter. Die einzige reale wirtschaftliche Last, die Ungläubigen auferlegt wurde, war steuerlicher Art. Sie mußten höhere Steuern zahlen – ein System, das von den früheren Reichen des Iran und von Byzanz ererbt war. Vor allem hatten sie eine Kopfsteuer zu zahlen, die *jizya*, die für jeden erwachsenen männlichen Nichtmoslem erhoben wurde.

Die Bezeichnung *dhimmī* wurde nur für Juden und Christen verwendet, die in islamischen Gebieten lebten und der Herrschaft des islamischen Staates unterworfen waren. Jenseits der Grenze lebende Christen nannte man *ḥarbī*, das heißt Bewohner im Hause des Krieges. Jene, die aus dem Hause des Krieges als Besucher oder vorübergehend Ansässige mit sicherem Geleit ins Haus des Islam kamen, waren als *musta'min*, das heißt Besitzer des *amān* bekannt. Die in der islamischen Welt vorhandene Information über Nichtmoslems war, wie nicht überraschen kann, am umfangreichsten und genauesten, was die *dhimmī* betraf, viel geringer, was die *musta'min* anging, sowie begrenzt und unzuverlässig, soweit sie sich auf die Bewohner im Hause des Krieges bezog.

Die groben Umrisse waren jedoch zu erkennen. Die entscheidende Klassifizierung war, wie schon erwähnt, religiöser Art. Juden und Christen wurden wie der Islam selbst als religiös-politische, jedoch minderwertige Gemeinschaften angesehen. Es ist sogar behauptet worden, daß die Idee der Religion als einer Klasse oder Kategorie, deren individuelle Beispiele

Judaismus, Christentum und Islam sind, erst durch die Heraufkunft des Islam und die moslemische Fähigkeit entstanden sei, zwei unterschiedliche Vorläufer ihrer eigenen Form der religiösen Offenbarung und Regierung wahrzunehmen.[2] Eine solche Erkenntnis ist unter den früheren Christen oder Juden oder irgendeinem anderen Kult des Altertums nicht anzutreffen. Für einen Moslem sind das Erscheinen Mohammeds und die Offenbarung des Koran das letzte in einer Reihe ähnlicher Ereignisse, durch die Gottes Wille der Menschheit kundgetan wurde. Es hatte eine Anzahl von Propheten gegeben, die Gott der Menschheit als Träger eines Buches mit Offenbarungen gesandt hatte. Mohammed besiegelte die Reihe der Propheten, und der Koran war die endgültige und vollkommene Offenbarung. Er nahm alles in sich auf, was in früheren Offenbarungen von Wert war. Was er nicht enthielt, mußte auf die Verfälschung oder Entstellung früherer Offenbarungstexte zurückgehen.

Weder Juden noch Christen galten dem Islam als fremd. Beide Religionen waren im vorislamischen Arabien repräsentiert, beide waren dem Propheten bekannt, und beide spielen eine Rolle im Koran und in den ältesten Überlieferungen. Der Islam definierte sich selbst in gewisser Weise als Gegenteil der früheren Religionen; er setzte sich gegen den Judaismus und das Christentum ebenso ab wie gegen die heidnischen arabischen Kulte, mit denen Mohammed seine Hauptkämpfe austrug. Wenn der Koran (Sure 112) verkündet: »Allah ist der alleinige, einzige und ewige Gott . . . Er zeugt nicht und ist nicht gezeugt, und kein Wesen ist ihm gleich«[3], lehnt er die christliche Theologie ab. Wenn er sagt (Sure 16:115): »Eßt von dem Guten und Erlaubten, was euch Allah zur Nahrung gegeben hat, und seid dankbar für die Wohltaten Allahs . . .«, verwirft er einige jüdische Ernährungsvorschriften.[4] Das Prinzip der Abgeschiedenheit und Koexistenz wird gewöhnlich gerechtfertigt, indem man Sure 109 zitiert: »Sprich: O Ungläubige, ich verehre nicht das, was ihr verehrt, und ihr verehrt nicht, was ich verehre, und ich werde auch nie das verehren, was ihr verehrt, und ihr wollt nie das verehren, was ich verehre. Ihr habt eure Religion, und ich habe meine.«[5] Dies war eine neue Idee, die im Glauben und Brauchtum der Christen oder Juden ohne Beispiel war.

Nach den islamischen Eroberungen waren die Moslems zur herrschenden Minderheit unter überwiegend christlichen Bevölkerungen von Mesopotamien bis Spanien geworden. Deshalb hatten sie reichlich Gelegenheit, große Teile der christlichen Welt bei der Arbeit, beim Gottesdienst und bei der Muße zu beobachten. Gewisse Kenntnisse der christlichen Überzeugungen und Bräuche gingen ins Allgemeinwissen gebildeter Moslems über, und einige Aspekte der islamischen Doktrin und ihrer Anwendung wurden sogar durch christliche Beispiele beeinflußt. Ab und zu widmete sich ein islamischer Gelehrter dem Studium der Religion und der heiligen Schriften von Christen und Juden. Manchmal wurde beabsichtigt, sie zu widerlegen, doch dieses Motiv findet sich gewöhnlich nur bei neuen Konvertiten von diesen Religionen zum Islam. Zuweilen ist das Interesse eher wissenschaftlich als polemisch; einige Erläuterungen der heiligen Schriften und des Glaubens von Christen und Juden wurden in moslemische Bücher über die Klassifizierung von Religionen und Doktrinen aufgenommen – ein Thema und eine Literatur, die zum erstenmal im mittelalterlichen Islam auftauchten.

Während die Christen und Juden, die unter islamischer Herrschaft lebten, allmählich das Arabische anstelle ihrer früheren Sprachen annahmen, begannen sie, ihre eigene Literatur auf arabisch zu produzieren, darunter auch Übersetzungen der heiligen Schriften. Oft wurden diese christlichen und jüdischen Bücher zwar auf arabisch, aber in anderer Schrift – altsyrisch für die Christen, hebräisch für die Juden – abgefaßt und dadurch moslemischen Lesern unzugänglich. Aber sogar wenn sie mit arabischen Schriftzeichen geschrieben wurden, scheinen sie bei islamischen Gelehrten wenig Aufmerksamkeit erregt zu haben. Im allgemeinen gewährten sie Christen und Juden zwar ein gewisses Maß an Toleranz, ließen ihnen aber wenig Respekt zuteil werden. Für den Moslem, der von der Vollkommenheit des Islam und der Oberhoheit der moslemischen Macht überzeugt war, waren sie Anhänger veralteter Religionen und Mitglieder eroberter Gemeinschaften. Deshalb konnten sie ihm wenig bieten, was von Interesse oder Wert für ihn gewesen wäre.

Manche dieser Erwägungen bestimmten auch die moslemische Einstellung den Ungläubigen gegenüber, die jenseits der Grenze lebten. Aber hier waren auch andere Gesichtspunkte wirksam. In den frühen Jahrhunderten breiteten sich das islamische Reich und sein Gemeinwesen vor allem nach Osten und Westen aus. Die leeren Ebenen Eurasiens und die Dschungel und Wüsten Afrikas im Norden und Süden der moslemischen Länder waren wenig verlockend, und der Vormarsch des Islam in diese Regionen vollzog sich langsam und erst spät. Das Hauptstreben nach Eroberung und Bekehrung richtete sich auf volkreichere und lohnendere Gebiete, das heißt westlich nach Nordafrika und von dort nach Europa, östlich über den Iran nach Zentralasien und die Grenzgebiete von Indien und China. Zu beiden Seiten trafen die Moslems auf beachtliche Gegner: im Osten zuerst auf das Persische Reich, danach auf die kriegerischen Völker der Steppen und Wälder und die Großmächte Indien und China, im Westen auf das Reich von Byzanz und danach auf die ferneren Königreiche der Christenheit.

Vom moslemischen Standpunkt aus gab es einen entscheidenden Qualitätsunterschied zwischen dem Krieg gegen die Christen und den Kriegen an den anderen Fronten des Islam. Unter den Völkern der Steppe und der Dschungel, sogar in den großen Zivilisationen von China und Indien, über die sie wenig wußten und für die sie nur geringes Verständnis hatten, fanden die Moslems keine erkennbare Alternative zum Islam. Ein moslemischer Vormarsch in diese Regionen war Teil der unvermeidlichen Islamisierung der heidnischen Völker. Er traf auf keinen starken militärischen Gegner und auf keine ernsthafte religiöse Alternative. Der Kampf im Westen richtete sich, im Gegensatz dazu, gegen ein konkurrierendes religiöses und politisches System, das schon die Grundlage der universellen Mission des Islam leugnete, und zwar mit Argumenten, die sowohl vertraut wie verständlich waren. Die moslemische Überzeugung vom eigenen vorherbestimmten Endsieg ließ sie die Bedeutung und Ungewißheit dieses weitgespannten und lang hinausgezogenen Konfliktes zwischen den beiden Religionen und den beiden Gesellschaften nicht übersehen. In islamischen Schriften wird die christliche Welt zum Haus des Krieges schlechthin, und der Krieg gegen die Christenheit ist das Muster und Urbild des Jihād.

Zwischen dem 11. und dem 15. Jahrhundert brachten der Rückzug des Islam und der Vormarsch der christlichen Rückeroberung in Italien, Portugal und Spanien große und altetablierte islamische Bevölkerungen unter christliche Herrschaft. In all diesen Ländern folgte der Rückeroberung – manchmal nach einer Zwischenzeit der Toleranz – ein entschlossener Versuch der christlichen Herrscher, ihre islamischen Untertanen zu bekehren oder zu vertreiben. Diese Versuche waren auf die Dauer erfolgreich.

Im allgemeinen entsprach der christliche Widerwille, moslemische Untertanen zu tolerieren, dem moslemischen Widerwillen, sich mit der christlichen Herrschaft abzufinden. Die meisten islamischen Juristen waren der Auffassung, daß es für einen Moslem unmöglich sei, unter einer nichtislamischen Regierung zu leben. Wenn ein Ungläubiger in den Ländern der Ungläubigen zum Islam bekehrt werde, sei es seine Pflicht, seine Heimat und sein Land zu verlassen und in einen Staat zu ziehen, wo Moslems herrschten und das islamische Gesetz gültig war. Die religiöse Bestätigung dieser Doktrin war die Wanderung *(hijra)* des Propheten Mohammed und seiner Gefährten von Mekka nach Medina – ein Ereignis, das die Geburt des islamischen Staates und den Beginn der islamischen Ära markierte. Wo der Prophet ein Beispiel gesetzt hatte, mußten andere folgen.

Der Verlust islamischer Länder an die christlichen Eroberer warf die Frage in neuer und brennender Form auf. Mit diesem Problem beschäftigten sich als erste die Juristen der Mālikī-Richtung, die in Nordafrika, im islamischen Spanien und in Sizilien dominierte. Die Mālikī-Juristen waren uneins bei ihren Diskussionen über die rechtlichen Fragen, die sich durch den Verlust von islamischem Gebiet an die Ungläubigen stellten. Einige meinten, daß es Moslems erlaubt sei zu bleiben, wenn ein christlicher

Herrscher die freie Ausübung der islamischen Religion gestatte und die Moslems nicht hindere, nach den Vorschriften des Heiligen Gesetzes zu leben. Manche gingen noch weiter und wollten Moslems, die intoleranten Ungläubigen unterworfen waren, gestatten, ihre eigene Religion zu verbergen, damit sie überleben könnten. Die überwiegende Meinung besagte jedoch, daß wenigstens einige, möglichst aber alle Moslems eines Landes, das von Ungläubigen erobert war, dem Beispiel ihrer Ahnen in Mekka folgen und eine *hijra* von den heidnischen Ländern zum Islam vollziehen sollten. Eine klassische Formulierung entstammt einer Entscheidung des marokkanischen Juristen al-Wansharisi, der die Auffassung vertrat, daß es die Pflicht aller Moslems sei, eher zu emigrieren als unter ungläubiger Herrschaft zu verharren. Wenn die Ungläubigen tolerant seien, werde die Notwendigkeit auszuwandern nicht geringer, sondern sogar größer, weil die Gefahr der Abtrünnigkeit entsprechend wachse. Sogar islamische Tyrannei, sagt al-Wansharisi, sei besser als christliche Gerechtigkeit.[6]

In den meisten Fällen wurde christliche Gerechtigkeit jedoch nicht geboten. Es gab Ausnahmen. Moslems blieben eine Zeitlang unter der relativ toleranten Herrschaft der Normannen im wiedereroberten Sizilien und in jenen Teilen Spaniens, die von den Christen wiedereingenommen worden waren. Aber ihr Überleben hing von der Weiterexistenz der islamischen Staaten im Süden ab, die dem christlichen Norden gegenseitige Toleranz abnötigten. Nach dem endgültigen christlichen Sieg im Jahre 1492 war solche Toleranz nicht mehr nötig, und der Ausweisungserlaß folgte kurz darauf.

Das Problem stellte sich wieder im östlichen Europa, als die Russen die islamischen Länder nördlich und östlich des Schwarzen Meeres erobert hatten und eine osmanische Provinz nach der anderen auf dem Balkan verlorengegangen war. Neue Gruppen von Moslems gerieten unter christliche Herrschaft, und etliche hatten dieselbe Antwort: Emigration. Aber im Zeitalter der europäischen imperialen Ausweitung konnte dies nicht mehr die Lösung sein. Mit dem Aufstieg des russischen, britischen, französischen und holländischen Reiches wurde die christliche Herrschaft schließlich bis zu den Hauptzentren der islamischen Welt ausgedehnt, und viele Moslems blieben nun unter ungläubiger Herrschaft.

Obwohl sie so wichtig für sie war, zeigten die Moslems bemerkenswert wenig Interesse an der Welt der Christenheit. Der Teil, den sie am besten kannten, war natürlich das griechisch-orthodoxe Reich von Byzanz. In islamischen Annalen war dieses Reich, Rūm genannt, der Hauptgegner des islamischen Staates. Es wird häufig in der Geschichte der islamischen Kriege erwähnt, und seine Provinzen, besonders die unmittelbar jenseits der Grenze, werden recht detailliert in moslemischen geographischen und historischen Schriften behandelt.

Im Jahre 1068 – das heißt zwei Jahre nach der Schlacht von Hastings und dreißig Jahre vor dem Eintreffen der Kreuzfahrer in Palästina – schrieb ein gewisser Sāʿid ibn Aḥmad, Kadi der moslemischen Stadt Toledo, ein Buch in arabischer Sprache über die Kategorien der Nationen. In seiner Einleitung teilt er die Nationen der menschlichen Rasse in zwei Gruppen: jene, die sich mit Wissenschaft und Bildung befaßt haben, und jene, die es nicht getan haben. Die Nationen, die zur Förderung des Wissens beigetragen haben, sind acht an der Zahl: Inder, Perser, Chaldäer, Griechen, Römer (ein Begriff, der die Byzantiner und östlichen Christen allgemein umfaßte), Ägypter, Araber (alle Moslems eingeschlossen) und Juden. Diese Nationen sind im weiteren das Thema des Buches. Unter der übrigen Menschheit hebt er die Chinesen und die Türken als »die edelsten der ungebildeten Völker hervor, die Respekt für ihre Leistungen auf anderen Gebieten verdient hätten: die Chinesen für ihr Geschick in Handwerk und Malerei und für ihre Ausdauer; die Türken für ihren Mut, ihr Geschick in den Kriegskünsten, ihre Reitkunst und ihr Können im Gebrauch des Speers, des Schwertes und des Bogens. Was von der Menschheit noch bleibt, tut Sāʿid verächtlich als nördliche und südliche Barbaren ab. Über die ersteren bemerkt er:

> Die anderen Völker dieser Gruppe, welche die Wissenschaften nicht gepflegt haben, gleichen eher Tieren als Menschen. Für jene von ihnen, die am weitesten nördlich liegen, zwischen dem letzten der sieben Klimas und den Grenzen der bewohnten Welt, läßt die übermäßige Entfernung von der Sonne im Verhältnis zur Zenitlinie die Luft kalt und den Himmel wolkig werden. Ihr Charakter ist deshalb kühl, ihr Humor primitiv, ihre Bäuche sind fett, ihre Farbe ist bleich, ihr Haar lang und strähnig. So mangelt es ihnen an Verstandesschärfe und Klarheit der Intelligenz, und sie werden von Unwissenheit und Apathie, fehlender Urteilskraft und Dummheit überwältigt ...[7]

Mit diesen Bemerkungen drückte Sāʿid die allgemeine Auffassung der islamischen Gelehrten seiner Zeit aus. Das Zentrum der Welt waren die Länder des Islam, die sich von Spanien über Nordafrika bis zum Mittleren Osten erstreckten und fast alle Völker und Schwerpunkte der alten Zivilisation umfaßten. Das christliche Reich von Byzanz im Norden stellte ein früheres, zum Stillstand gekommenes Stadium jener auf göttliche Offenbarung gegründeten Zivilisation dar, die ihre endgültige und vollkommene Gestalt im Islam erreicht hatte. Nach Osten hin, jenseits von Persien, lagen Länder, die eine Stufe des zivilisierten Lebens, wenn auch von minderwertiger und götzendienerischer Art, erreicht hatten. Daneben gab es nur die weißen und schwarzen Barbaren der äußeren Welt im Norden und Süden. Wir wollen nun auf das Wachsen des moslemischen Wissens über einige dieser nördlichen Barbaren eingehen.

III

Sprache und Übersetzung

In einem persischen Werk des 14. Jahrhunderts über die Weltgeschichte bemerkt der Autor, während er sich Europa widmet: »Bei den Franken gibt es 25 Sprachen, kein Volk versteht jedoch das Idiom des anderen, nur die Zeitrechnung, die Schrift und das Zahlensystem haben sie alle gemeinsam.«[1] Es war ein verständlicher Kommentar für einen Moslem des Mittelalters, der an die linguistische Einheit der islamischen Welt gewöhnt war, in der zwei oder manchmal drei Hauptsprachen nicht nur den Bedürfnissen einer engen Klasse von Geistlichen dienten (wie das Lateinische in Westeuropa), sondern als wirksames Mittel universeller Kommunikation, das örtliche Sprachen und Dialekte auf allen Ebenen, abgesehen von der niedrigsten, ersetzte.

Zuerst benutzten die Moslems nur eine Sprache: Arabisch, die Sprache des Koran und der arabischen Eroberer. Eine Zeitlang war Arabisch im Grunde die einzige Sprache von Regierung, Handel und Kultur in den islamischen Ländern, nachdem es mit erstaunlicher Geschwindigkeit frühere Kultursprachen wie Lateinisch, Griechisch, Koptisch, Syrisch und Persisch ablöste, die in den nun zum islamischen Reich gehörenden Territorien geblüht hatten.

Lateinisch und Griechisch verschwanden fast ganz, Koptisch und Syrisch überlebten als liturgische, doch nicht als Gebrauchssprachen der christlichen Minderheiten. Nur das Persische trat in eine neue Phase seiner Entwicklung ein. Mit der Islamisierung des Iran entstand eine neue Form des Persischen; es wurde mit arabischen Zeichen geschrieben, hatte einen ungeheuren arabischen Lehnwortschatz und unterschied sich vom vorislamischen Persisch etwa so wie das Englische vom Angelsächsischen. Schließlich wurde das Persische die zweitwichtigste Kultursprache der islamischen Welt, und man benutzte es nicht nur im Iran selbst, sondern auch weithin in Zentralasien, Indien und der Türkei.

Die Ankunft der Türken aus Zentralasien im Mittleren Osten und die Errichtung einer tausendjährigen türkischen Vorherrschaft in den moslemischen Ländern brachte die dritte islamische Hauptsprache mit sich. Vor ihrem Eintritt in die islamische Welt hatten die Türken einer Reihe von Religionen angehört und mehrere Schriftsysteme für ihre Sprachen benutzt. Sie wurden in ihrer großen Mehrheit islamisch, und verschiedene Turksprachen machten die gleichen Prozesse wie das Persische durch. Ein neues moslemisches Türkisch entstand, geschrieben mit arabischen Zeichen und mit einem umfangreichen Lehnwortvokabular arabischer und nun auch persischer Wörter. Später erschienen andere islamische Sprachen in Süd- und Südostasien und in Schwarzafrika. Aber in den Kernländern des Islam und in den alten Schwerpunktgebieten der moslemischen Zivilisation in Zentral- und Südwestasien, in Nordafrika und Europa wurden nur drei Sprachen – Arabisch, Persisch und Türkisch – weithin verwendet.

Im allgemeinen kannten sogar die gebildetsten Araber nur die arabische Sprache. Gebildete Perser beherrschten Arabisch und Persisch, gebildete Türken kannten Arabisch, Persisch und Türkisch. Persisch wurde zu einer klassischen Sprache; Arabisch war sowohl klassisch wie die Sprache der religiösen Schriften und damit ein wesentlicher Teil der Erziehung gebildeter Moslems, unabhängig von ihrem ethnischen und sprachlichen Hintergrund. Persisch und Türkisch, wie andere von den Moslems benutzte Sprachen, wurden mit arabischen Zeichen geschrieben und bezogen ihr intellektuelles und begriffliches Vokabular fast völlig aus arabischen Quellen.

Die Verbindung zwischen der religiösen Zugehörigkeit und der Schrift war absolut. Juden benutzten hebräische Schriftzeichen, nicht nur für das Hebräische, sondern auch für andere Sprachen, deren sie sich bedienten. Christen verwendeten syrische Zeichen, nicht nur für das Syrische, sondern auch für das Arabische. Und Moslems schrieben ausschließlich mit arabischen Zeichen. Um die Schriftzeichen von Ungläubigen zu lernen, hätten sich Moslems sozusagen einer gewissen Gottlosigkeit, wenn nicht sogar Entweihung schuldig machen müssen; daher gab es nur wenige unter ihnen, die je versuchten, eine fremde Sprache zu lernen. Nichtislamische Sprachen waren unbekannt, abgesehen von früheren Kenntnissen, die neue Konvertiten zum Islam in die Gemeinschaft einbrachten.

Diese Situation stand in auffälligem Gegensatz zu jener Europas, das in viele Länder und Nationen, alle mit ihrer eigenen Sprache, zersplittert war. Europäer waren schon in einem frühen Stadium darauf angewiesen, Fremdsprachen zu lernen und Hilfsmittel zu diesem Zweck herzustellen. In der islamischen Welt waren Grammatiken und Wörterbücher lange Zeit allein dem Arabischen gewidmet und dienten der religiösen Aufgabe, nichtarabische Konvertiten zum Islam zu befähigen, die heiligen Schriften zu lesen und zu verstehen.

Das allgemeine Desinteresse an Fremdsprachen fand sich sogar in Grenzgebieten wie dem islamischen Spanien, wo die romanische Mundart, die sich später zum Spanischen entwickelte, in den Jahrhunderten der islamischen Herrschaft weithin verwendet wurde und mit Sicherheit den Moslems und Juden ebenso wie den Christen bekannt war. Dies wird durch einen Brauch belegt, dem moslemische wie jüdische Dichter folgten: Sie fügten ihren arabischen oder hebräischen Versen einen Refrain in romanischer Mundart an. Diese Art von Refrain, *kharja* genannt und entweder mit arabischen oder hebräischen Zeichen geschrieben, ist eine wichtige Informationsquelle für die frühe Geschichte der spanischen Sprache und Literatur. Trotzdem scheint er unter den Moslems kein tieferes Interesse an der Gesellschaft gefördert zu haben, aus der er hervorging. Die *kharja* ist bloß eine stilistische Mode – ein der gesprochenen Sprache entnommener Refrain, der wahrscheinlich auf eine populäre Melodie hinweisen sollte. Er wurde für einen bestimmten Typ der dichterischen Improvisation benutzt und sonst nirgends. Es gibt ein literarisches Genre, in dem spanisch-arabische Autoren den Ruhm von al-Andalus – das war der arabische Name für das islamische Spanien – preisen und es über den älteren islamischen Osten stellen. Sie haben viel über die Schönheiten der spanischen Landschaft, den Reichtum seiner Städte und die Leistungen seines moslemischen Volkes zu erzählen, halten frühere oder andere Bewohner jedoch nicht für erwähnenswert. Aus den gesamten acht Jahrhunderten der moslemischen Anwesenheit in Spanien hat nur ein einziges Dokument überlebt, das irgendein Interesse an einer europäischen Sprache nachweist. Es ist ein sehr spätes Fragment, nicht mehr als ein Blatt Papier, das ein paar deutsche Wörter mit ihren arabischen Entsprechungen enthält.[2] Von den zahllosen Gelehrten und Philologen, die erfolgreich im islamischen Spanien wirkten, soll nur einer – ein gewisser Abū Ḥayyān aus Granada, der im Jahre 1344 starb – sich für fremde Sprachen interessiert haben. Er lernte Türkisch und Äthiopisch.

Dies heißt nicht, daß die Kunst der Übersetzung im mittelalterlichen Islam unbekannt gewesen wäre. Im Gegenteil, das Arabische war wahrscheinlich die Sprache, in die und aus der vor der Neuzeit am häufigsten übersetzt wurde. Religiöse, juristische und später einige andere Texte wurden zur Anleitung der Gläubigen ins Persische, Türkische und andere moslemische Sprachen übertragen; wissenschaftliche und philosophische Texte wurden zur Belehrung von Juden und Christen ins Hebräische und Lateinische übersetzt und dadurch im Laufe der Zeit der westlichen Welt zugänglich gemacht.[3]

Von unmittelbarer Bedeutung sind die Übersetzungen, die aus früheren Literaturen ins Arabische gemacht wurden. Nach arabischer Überlieferung begannen diese Maßnahmen an der Wende des 7. und 8. Jahrhunderts, als ein Prinz des herrschenden Omaijaden-Geschlechts die Übersetzung einiger griechischer Schriften über Alchimie veranlaßte. Der Übersetzer war ein gewisser Stefan, seinem Namen nach eindeutig ein Christ. Die frühesten Übersetzungen wurden wohl für den Privatgebrauch angefertigt, und von ihnen hat fast nichts überlebt. Die Auswahl wurde von praktischen Überlegungen bestimmt und konzentrierte sich auf zwei Gebiete: Medizin und Alchimie. Auch einige religiöse Stoffe wurden zugänglich gemacht, da die Kenntnis der jüdischen und der christlichen Religion zu einem besseren Verständnis des Koran beitragen konnte.

Die Übersetzungsbewegung nahm unter den Abbasiden-Kalifen zu, die den Omaijaden in der Mitte des 8. Jahrhunderts folgten. Die Verlegung der Hauptstadt aus Syrien in den Irak führte zur Stärkung des Mittleren Ostens und zur Schwächung der Mittelmeereinflüsse. Einige Arbeiten, die sich hauptsächlich mit Staatskunst und Hofzeremoniell beschäftigten, wurden aus dem Mittelpersischen, andere – über Mathematik – aus den Sprachen Indiens ins Arabische übersetzt. Doch die große Mehrheit der Übersetzungen war griechischer Herkunft; diese Werke wurden entweder direkt aus dem Griechischen oder indirekt über syrische Versionen übertragen. Die Übersetzer waren ausnahmslos Nichtmoslems oder neu Bekehrte. Die meisten waren Christen, ein paar waren Juden, und die übrigen gehörten zur mandäischen Gemeinschaft.

Die Auswahl der Werke, die übersetzt werden sollten, ist aufschlußreich. Die arabischen Übersetzungen aus dem Griechischen betreffen vor allem zwei Themen: Philosophie und Wissenschaft. Der eine Bereich umfaßt die philosophischen Werke der Klassiker Plato und Aristoteles und einer Reihe anderer alter Philosophen, darunter okkultistische, gnostische und neoplatonische Schriften. Der zweite Bereich schloß Medizin, Astrologie und Astronomie, Alchimie und Chemie, Physik und Mathematik ein. Einige Aufmerksamkeit widmete man auch technischer Literatur, besonders Arbeiten über die Landwirtschaft. Zwei Abhandlungen zu diesem Thema – je eines aus dem Aramäischen und Griechischen – wurden im 10. Jahrhundert übersetzt.

Zu der Zeit, als die Moslems die Länder des östlichen Mittelmeergebietes erreichten, waren diese schon überwiegend christlich, und das hellenische Erbe, mit dem die Moslems bekannt wurden, hatte weitgehend den Filter der christlichen Ostkirchen durchlaufen. Dies erklärt zweifellos zum Teil die Auswahl griechischer Texte durch die Moslems und ihre Übersetzer. Es ist jedoch nicht die ganze Erklärung. Manche Arbeiten, welche die griechisch-orthodoxen Christen hochschätzten, wurden von den Moslems verworfen; andere, welche die östlichen Kirchen vernachlässigten, wurden direkt aus alten Texten oder durch die klassischen Gelehrten von Byzanz wiedererweckt.

Das wichtigste Auswahlkriterium war Zweckmäßigkeit, was allerdings auch, wie der Übergang von Astrologie zu Astronomie und von Alchimie zu Chemie zeigt, allmählich zu einer distanzierteren wissenschaftlichen Neugier führen konnte. Das Kriterium der Zweckmäßigkeit galt für die Philosophie nicht weniger als für die Wissenschaft. Zweckmäßigkeit ist nicht in einem eng utilitaristischen Sinn zu verstehen. Damit sind auch Werke gemeint, deren Aufgabe es war, dem Menschen die Fähigkeit zu dem zu geben, was die islamischen Philosophen *saʿāda*, Glückseligkeit, nannten und was der griechischen Vorstellung der Eudämonie entspricht. Diese Rechtfertigung der Philosophie wird zwar mit abstrakten Begriffen ausgedrückt und beschäftigt sich mit abstrakten Ideen, gründet sich aber auf das Streben nach gewissen spezifischen Vorteilen geistiger wie materieller Art. Während die Wissenschaft sich der Gesundheit und dem Wohlbefinden des Menschen auf dieser Welt widmet, hilft die Philosophie, ihn auf die nächste Welt vorzubereiten. Die Übersetzung und das Studium philosophischer Texte erschienen im wesentlichen als religiöse Tätigkeit, und der Einfluß des griechischen Geistes auf die islamische Theologie war sehr nachhaltig.

Man machte keinen Versuch, griechische Dichtung, dramatische oder historische Werke zu übersetzen. Literatur schafft eine persönliche und kulturabhängige Erfahrung. Es ist schwierig, eine fremde Ästhetik zu würdigen; deshalb sind literarische Übersetzungen in der Vergangenheit äußerst selten gewesen und nur vorgenommen worden, wenn eine enge kulturelle Symbiose bestand. Es gibt Übersetzungen aus dem Griechischen ins Lateinische, aus dem Arabischen ins Persische, aus dem Chinesischen ins Japanische. Wo eine solche Verbindung fehlt, werden wissenschaftliche und sogar philosophische Arbeiten zuweilen übersetzt, Literatur jedoch fast nie. Die Übernahme von Dichtung über die Grenze von einer Zivilisation zur anderen hinweg beginnt im Europa der frühen Neuzeit. Den Moslems des Mittelalters konnte die Literatur einer fremden und heidnischen Gesellschaft weder ästhetischen Anreiz noch moralische Belehrung bieten. Die Geschichte dieser fernen Völker ohne Propheten oder heilige Schriften stellte sich als bloße Aneinanderreihung von Ereignissen ohne Ziel oder Bedeutung dar. Der Moslem verstand unter Literatur die Dichtung und Rhetorik seiner eigenen reichen Kulturtradition. Geschichte war die Verwirklichung von Gottes Ziel für die Menschheit, wie es sich im Leben seiner eigenen islamischen Gemeinde darstellte. Die Geschichte der vorislamischen Zeit war nur insoweit von Bedeutung, als sie sich die islamische Offenbarung ausmalte und mithalf, das Erscheinen der islamischen Gemeinde vorzubereiten. Erst im Europa der Renaissance und danach entwickelte eine menschliche Gesellschaft genug intellektuellen Anspruch, Objektivität und vor allem Neugier, um die literarischen Werke fremder und sogar feindlicher Gesellschaften zu studieren und zu würdigen.

Zwei andere Arten des Schrifttums waren von begrenztem Wert und wurden nur in Maßen übersetzt: geographische und politische Werke. Aus den Übersetzungen griechischer geographischer Arbeiten bezogen die Moslems ihre erste Information über die Struktur der Welt, in der sie lebten; griechischen Werken über Politik entnahmen sie gewisse grundlegende Ideen über den Charakter des Staates und die Beziehung zwischen Herrschern und Beherrschten. Die politische Philosophie der Griechen hatte jedoch nur beschränkten Einfluß, und moslemische Autoren, die sich nach griechischem Vorbild mit Politik beschäftigen, weichen von der Hauptströmung des Islam ab, in welcher der Koran und die Traditionen der frühen Moslems die dominierenden Faktoren waren.

Die Übersetzungsbewegung aus dem Griechischen ging im 10. Jahrhundert zu Ende, als schon eine beachtliche Fülle an Material übertragen worden war. Danach wurde diese Bewegung aus einer Vielzahl von Gründen eingestellt. Mangel an Material spielte gewiß keine Rolle, da sehr viel Stoff zugänglich und unübersetzt blieb. Das Reich von Byzanz war immer noch eine große Fundstätte griechischer Literatur, deren Existenz in den islamischen Ländern bekannt war. Es gibt sogar schriftlich bekundete Fälle, in denen Sonderbeauftragte von moslemischen Herrschern nach Byzanz geschickt wurden, um zur Übersetzung benötigte griechische Texte zu finden. Das Ende der Bewegung kann auch nicht allein auf den Mangel an Übersetzern zurückgeführt werden. Zweifellos machte die fortschreitende Arabisierung der christlichen Minderheiten es immer schwieriger, Gelehrte mit den erforderlichen Griechischkenntnissen zu finden. Aber einige waren vorhanden, und innerhalb der christlichen Gemeinden wurden weiterhin Übersetzungen für den eigenen Gebrauch angefertigt. Sie gingen jedoch nicht mehr in den allgemeinen Bestand der arabischen Kultur über, die gegen solche äußeren Einflüsse inzwischen resistent geworden war.

Die aus dem Griechischen übersetzten Texte sind sehr umfassend und reichten aus, dem moslemischen Leser einen weiten Überblick über die klassische griechische Philosophie, Medizin und Wissenschaft sowie über die späteren hellenischen Ergänzungen zu geben. Im Gegensatz zu der Fülle der aus dem Griechischen übersetzten Werke wurde in dieser Zeit nur ein einziges Buch aus dem Lateinischen übertragen. Es handelte sich um die späte Chronik des Orosius, die nicht nur eine Ausnahme darstellte, weil sie in lateinischer Sprache geschrieben war, sondern auch weil sie sich mit einem historischen Thema befaßte. Dieser kurze Abriß der römischen Geschichte wurde ins Spanische übersetzt und diente als Grundlage für spätere Abhandlungen moslemischer Autoren über die Geschichte Roms.[4]

Das Interesse für das klassische Rom war gering, doch das Interesse für das mittelalterliche Europa und seine Sprachen war noch geringer. Als ein Botschafter aus Italien im Jahre 906 in Bagdad mit einem vermutlich lateinisch abgefaßten Brief eintraf, hatte man einige Mühe, ihn zu lesen. Ein zeitgenössischer arabischer Bericht erläutert:

> Der Brief war aus weißer Seide, in einer Schrift, die der griechischen ähnelte, doch geradliniger ... die Behörden suchten jemanden, der den Brief übersetzen könne, und im Kleiderlager, bei Bishr dem Eunuchen war ein Franke, der die Schrift jenes Volkes lesen konnte. Der Eunuch brachte ihn zu dem Kalifen, und er las den Brief und übersetzte ihn ins Griechische. Dann wurde Isḥāq ibn Ḥunayn [einer der großen Wissenschaftsübersetzer] gerufen, und er übersetzte ihn aus dem Griechischen ins Arabische.[5]

Die Geschichte macht deutlich, wie fern und wenig vertraut der lateinische Westen den Hofkreisen in Bagdad war. Als der große arabische Gelehrte Ibn al-Nadīm später im selben Jahrhundert einen umfassenden bibliographischen Überblick über die wissenschaftliche Literatur »sowohl von Arabern wie von Nichtarabern« zusammenstellte, führte er sechzehn Sprachen auf, von denen einige sehr ausführlich präsentiert werden. Nur drei – von einer Randbemerkung über das Russische abgesehen – lassen sich als europäisch bezeichnen. Die erste ist das Griechische, über das Ibn al-Nadīm sehr viel Informationen besitzt. Die zweite ist »die Schrift der Lombarden und Sachsen, eines Volkes zwischen Rom und Franja, in der Nähe des Herrschers von Andalus. Ihr Alphabet besteht aus zweiundzwanzig Buchstaben. Es heißt ›apostolisch‹ [das Wort ist arabisch transkribiert], und sie schreiben von links nach rechts ...« Die dritte ist die fränkische Sprache, und alles, was Ibn al-Nadīm von ihr weiß, entnimmt er dem oben zitierten Bericht über die Gesandtschaft von 906. Das Lateinische wird nicht namentlich erwähnt; die »lombardisch-sächsische« Schrift geht vielleicht auf einen fernen Anklang an die Feldzüge des sächsischen Kaisers Otto in Italien zurück.[6]

Während die islamische Welt das Studium nichtmoslemischer Sprachen ablehnte und kein Interesse an Werken zeigte, die in ihnen abgefaßt waren, mußten die Moslems nichtsdestoweniger aus einer Vielzahl nichtkultureller Gründe mit Menschen aus dem Abendland verkehren. Noch vor den Kreuzzügen war der Handel zwischen dem Islam und der westlichen Christenheit über das Mittelmeer hinweg wiederaufgenommen worden, und von der Zeit der Kreuzzüge an wuchsen sein Ausmaß und Umfang stetig. Irgendeine Art der Verständigung muß offenbar zwischen europäischen Händlern und den mittelöstlichen Käufern, Verkäufern oder Mittelsmännern, mit denen sie zu tun hatten, existiert haben. Auch die Diplomatie führte zu Gesprächen und dem gelegentlichen Austausch von Briefen und Dokumenten. Die islamische Welt führte erst in den letzten Jahren des 18. Jahrhunderts den europäischen Brauch ständiger diplomatischer Beziehungen durch ansässige Botschaften ein. Es gab jedoch von frühen Zeiten an eine Form des diplomatischen Kontaktes.

Während des 18. Jahrhunderts kam zum Handel und zur Diplomatie ein dritter wichtiger Kommunikationsweg hinzu: die Schulung, vor allem militärischer und seemännischer Art. Die Modernisierung der osmanischen Armee und Flotte machte es notwendig, daß europäische Armee- und Marineoffiziere hinzugezogen wurden, um an türkischen Militärakademien zu unterrichten und manchmal sogar in den türkischen Streitkräften zu dienen. Wie sich versteht, war eine gemeinsame Sprache erforderlich.

Für all diese Unternehmungen wurden Übersetzer und Dolmetscher als Vermittler zwischen den beiden Seiten beschäftigt. Irgend jemand mußte sich die Mühe machen, die Sprache des anderen zu lernen. In der großen Mehrheit waren es die Europäer, nicht die Moslems, die diese Anstrengung auf sich nahmen. Zuerst in Spanien, dann in Italien, später in nördlicheren Ländern gab es Europäer, die durch die Umstände ihres Lebens oder ihres Berufes Gelegenheit gehabt hatten, sich in einer arabisch oder türkisch sprechenden Umgebung aufzuhalten und sich wenigstens funktionelle Kenntnisse der gesprochenen Sprache anzueignen. Während steigende Zahlen europäischer Kaufleute in islamischen Städten wohnten, gab es wenige freiwillig in Europa ansässige Moslems; deshalb hatten die Moslems weder die Gelegenheit noch den Wunsch, irgendeine der Sprachen Europas zu lernen.

An den europäischen Grenzen des Osmanischen Reiches herrschte wahrscheinlich recht große sprachliche Vielseitigkeit, und die Chroniken erwähnen gelegentlich den Einsatz von Dolmetschern, die vermutlich örtliche Sprachen benutzten, bei Verhören, Unterredungen und sogar Verhandlungen während der Kriege des 16. und 17. Jahrhunderts. Diese Sprachen waren zweifellos auch den zahllosen balkanischen Christen und Moslems bekannt, die aus diesem oder jenem Grunde Istanbul besuchten, so daß die osmanisch-türkische Sprache, besonders im fiskalischen und bürokratischen Bereich, ein erhebliches Maß an Wörtern balkanischen und sogar ungarischen Ursprungs aufnahm. All das hatte jedoch nur geringen oder überhaupt keinen Einfluß auf die türkische Sicht des Westens.

Die wenigen Informationen, die wir über Dolmetscher im islamischen Dienst besitzen, weisen darauf hin, daß es sich entweder um Abtrünnige, das heißt westliche Christen, die sich in einem moslemischen Land niedergelassen und zum Islam bekannt hatten, oder um *dhimmi* handelte, das heißt um nichtmoslemische Untertanen des islamischen Staates. Zu ihnen gehörten sowohl Christen wie Juden; die letzteren waren in osmanischen Zeiten häufig kurz vorher aus Europa eingewandert und verfügten daher über nützliche Kenntnisse europäischer Sprachen und Lebensbedingungen.

Sehr selten hören wir von einem als Moslem geborenen Dolmetscher, dem das Glück – oder, was wahrscheinlicher war, das Unglück – die Gelegenheit geboten hatte, eine Fremdsprache zu lernen. Ein solcher Mann war Osman Ağa, ein türkischer Kavallerieoffizier aus Temeschwar im osmanischen Ungarn, der elf Jahre als österreichischer Kriegsgefangener verbrachte und dadurch in die Lage versetzt wurde, sich umfangreiche Kenntnisse der deutschen Sprache anzueignen. Seine Memoiren deuten darauf hin, daß er vorher schon das Serbische und Ungarische beherrschte, für die er Beispiele, transkribiert mit türkisch-arabischen Zeichen, anführt. Nach seiner Flucht diente er als Dolmetscher des Paschas von Temeschwar und hatte mit seinen Kollegen an der mitteleuropäischen Grenze zwischen dem Habsburger und dem Osmanischen Reich zu tun.[7]

Von der Grenzdiplomatie abgesehen, wurden Dolmetscher auch im Handel beschäftigt, und ein osmanisches Steuerverzeichnis in Tripolis erwähnt sogar eine »Dolmetschersteuer«, die *terjumāniyya*.[8] Der Begriff leitet sich vom arabischen *tarjumān* – Übersetzer oder Dolmetscher – ab. Die westliche Bezeichnung Dragoman, mit der diese Dolmetscher gewöhnlich belegt werden, ist daraus hervorgegangen.

Die wichtigsten Dolmetscher waren natürlich jene, die direkt im Dienst islamischer Herrscher standen. Über die Dragomane des Mameluken-Sultans von Ägypten und anderer islamischer Herrscher des Mittelalters ist wenig bekannt, aber das vorliegende Material deutet an, daß sie meistenteils Überläufer aus Europa waren. Ein interessanter Fall ist der von Taghri Berdi, der dem Mameluken-Sultan zuerst als Dolmetscher und dann als Botschafter in Venedig diente, wo er im Jahre 1506 eintraf. Sein Name ist türkisch und bedeutet »Gott gab«. Sein Vatersname wird als ibn ʿAbdallah angeführt, eine Form, die Konvertiten zum Islam weithin benutzten, weil ihre tatsächlichen Vatersnamen zu fremdartig gewesen wären.

Taghri Berdi war offensichtlich europäischer Herkunft, wenn seine frühere Religion und Nationalität auch ungewiß sind. Manche zeitgenössischen Autoren beschreiben ihn als früheren Christen, andere als früheren Juden. Ein christlicher Reisender berichtet, daß er als Jude geboren und später zuerst zum Christentum und dann zum Islam bekehrt worden sei. Meshullam da Volterra, ein italienischer Jude, der Ägypten besuchte, sagt, daß Taghri Berdi jüdischer Abkunft gewesen, aber »ein Christ für die

Christen und ein Jude für die Juden« gewesen sei. Allgemeine Übereinstimmung scheint darüber zu bestehen, daß er in Spanien zur Welt kam, wenn es in manchen Quellen auch heißt, daß er in Sizilien geboren wurde.[9]

Ein früher osmanischer Dolmetscher, über den wir einiges wissen, war ein Ungar, der nach seiner Bekehrung zum Islam Murad genannt wurde. Obwohl er erst siebzehn Jahre alt war, als die Türken ihn in der Schlacht von Mohács im Jahre 1526 gefangennahmen, scheint er eine gute lateinische Bildung gehabt zu haben und war deshalb in der Lage, im türkischen Dienst als Dolmetscher Karriere zu machen. Im Namen seiner neuen Religion verfaßte er eine missionarische Abhandlung in türkischer und später in lateinischer Sprache, und zwischen 1559 und 1560 stellte er auf Wunsch des venezianischen Gesandten in Istanbul eine türkische Fassung von Ciceros *De senectute* her, die Sultan Suleiman dem Prächtigen geschenkt wurde. Wir hören wieder von ihm, als er wegen hartnäckigen Weinkonsums von seinem Posten als Dolmetscher bei der Hohen Pforte entlassen wurde. Da seine Mittel sehr knapp waren, nahm er den Auftrag eines Europäers an, ausgewählte türkische Werke über die osmanische Geschichte ins Lateinische zu übersetzen.[10]

Unter den Osmanen war der Posten des offiziellen Dolmetschers oder Dragomans ein wesentlicher Bestandteil des Regierungsapparats für die Durchführung der Außenpolitik. Der Dolmetscher gehörte zum Stab des Chefsekretärs (*Reis ül-Küttab* oder *Reis Efendi*), der innerhalb des Großwesirats für den Umgang mit ausländischen Regierungen verantwortlich war. Vom 16. Jahrhundert an haben wir eine recht vollständige Liste von Dolmetschernamen. Die frühesten sind alle Konvertiten zum Islam und meist europäischer Herkunft, darunter Polen, Österreicher, Ungarn und Griechen. Im 17. Jahrhundert wurde das Amt unter der Bezeichnung Großdragoman *(Terjüman-başi)* zu einer Institution und war lange ausschließlich einer Gruppe von griechischen Familien vorbehalten, die im Phanar-Distrikt von Istanbul lebten. Sie wurden nicht zum Islam bekehrt, errangen aber durch dieses Amt und andere unter der Autorität des Sultans eine Position von großer Macht und erheblichem Einfluß im osmanischen System. Die Eröffnung der ersten ansässigen osmanischen Botschaften in europäischen Hauptstädten am Ende des 18. Jahrhunderts erweiterte ihr Tätigkeitsfeld. Nahezu jeder dieser Botschafter wurde von einem griechischen Dolmetscher begleitet, der einen wesentlichen Teil der osmanischen Botschaftsgeschäfte abzuwickeln schien und zweifellos dem Großdragoman in Istanbul Bericht erstattete.

Andere islamische Staaten gingen etwas wahllos vor und scheinen sich vor allem auf Nichtmoslems, die zuweilen nicht einmal ihre eigenen Untertanen waren, verlassen zu haben. Zum Beispiel mußte ein marokkanischer Botschafter in Spanien am Ende des 17. Jahrhunderts einen arabisch sprechenden syrischen Christen hinzuziehen, der als Dolmetscher im spanischen Dienst stand. Noch im frühen 19. Jahrhundert wurde ein persischer Gesandter von einem Christen nach Europa begleitet, wahrscheinlich einem Armenier aus dem Iran, der seine einzige Verbindung mit der Außenwelt darstellte.

Das europäische Interesse beschränkte sich nicht auf die praktischen Bedürfnisse des Handels und der Diplomatie, und nicht einmal diese Bedürfnisse waren durch Dolmetscher zu befriedigen, die ihren Beruf erst im direkten Einsatz gelernt hatten. Das systematische Studium des Arabischen und die Herstellung wissenschaftlicher Hilfsmittel zu diesem Zweck begannen sehr früh. Das erste lateinisch-arabische Wörterbuch wurde im 12. Jahrhundert produziert. Im 13. Jahrhundert gab es eine Anzahl europäischer Gelehrter, die sich dem Studium des Arabischen widmeten, und man unternahm sogar Versuche, Teile des Korans ins Lateinische zu übersetzen. Darauf wurden weitere Glossare und Wörterbücher veröffentlicht, und im Jahre 1538 folgte die erste lateinische Abhandlung über die arabische Grammatik.

Dies war der Ausgangspunkt einer breiten Welle von Arabischstudien an europäischen Universitäten während der großen intellektuellen Expansion des 16. und 17. Jahrhunderts. In denselben Zeitraum fiel die Veröffentlichung von Grammatiken und Wörterbüchern des Persischen und Türkischen sowie kritischer Ausgaben, basierend auf Manuskripten, von Texten in diesen Sprachen. Der Zweck dieser Aktivitäten war teils praktischer Art und diente den Bedürfnissen von Handel und Diplomatie, teils war er wissenschaftlicher Art, um die grenzenlose intellektuelle Neugier zu befriedigen, die von der Renaissance ausgelöst worden war. Eine typische Gestalt ist William Bedwell (1561–1632), der erste bedeutende englische Arabist. In einem Aufsatz über die wichtige Rolle des Arabischen und die Notwendigkeit, es zu lernen, beschreibt er es als die »einzige Sprache der Religion und die Hauptsprache von Diplomatie und Geschäftsleben zwischen den Kanarischen Inseln und den Chinesischen Meeren«. Er geht ausführlich auf seinen Wert für Literatur und Wissenschaft ein.

Obwohl an europäischen Universitäten eine Reihe von Lehrstühlen für Arabisch gegründet wurde und die wissenschaftliche Literatur über das Thema wuchs, reichten die Absolventen dieser Lehranstalten nicht aus, um die Bedürfnisse der westlichen Diplomatie und des westlichen Handels im Mittleren Osten zu befriedigen. Über lange Zeit hinweg verließen sich die westlichen Staaten auf örtliche Christen, die sie als Dragomane anwarben und in Konsulaten und Botschaften beschäftigten. Im 18. Jahrhundert verfielen die Franzosen auf eine neue Methode: Sie wählten frühzeitig junge Männer aus und lehrten sie die benötigten Sprachen. Mehr als ein Jahrhundert lang wurden die französischen Dragomane in der Levante auf diese Weise ausgebildet, und französische Regierungen hatten einen Bestand von Beamten zur Verfügung, die einerseits gebildete, aus den Metropolen stammende Männer waren und andererseits sowohl theoretische wie praktische Kenntnisse des Mittleren Ostens und seiner Sprachen besaßen. Sie spielten besonders während der Revolutions- und der Napoleonischen Kriege eine beachtliche Rolle.

Auf moslemischer Seite gab es kein vergleichbares Interesse. Zwar scheinen einige Moslems, vor allem in Nordafrika, sich brauchbare Kenntnisse der französischen, spanischen und italienischen Umgangssprache angeeignet zu haben, doch dieses Wissen diente rein praktischen Zwecken und beschränkte sich in erster Linie auf eine niedrigere Gesellschaftsschicht mit geringem oder gar keinem kulturellen Einfluß. Die Beherrschung von Fremdsprachen war keine geachtete Qualifikation – eher im Gegenteil – und führte nicht in hohe Ämter. Es war eine spezielle Fertigkeit, die den nichtislamischen Gemeinden zugeordnet wurde und der – wie einigen anderen Beschäftigungen dieser Art – das Stigma sozialer Minderwertigkeit anhaftete. Kaufleute mochten gezwungen sein, mit Europäern zu sprechen, aber Kaufleute konnten Dolmetscher anstellen und waren oft selbst Ausländer oder Nichtmoslems. Seeleute mußten sich mit anderen Seeleuten oder mit Hafenbeamten verständigen können, doch dazu genügte der im ganzen Mittelmeergebiet verbreitete Jargon, lingua franca genannt. Ohnehin dienten die Seeleute des Osmanischen Reiches und seiner Nachbarn nicht als Vermittler kultureller Einflüsse.

Es gibt nicht das geringste Zeichen für intellektuelles Interesse an westlichen Sprachen und den in ihnen abgefaßten Literaturen. Wir wissen von keinem islamischen Gelehrten oder Literaten vor dem 18. Jahrhundert, der sich bemüht hätte, eine westliche Sprache zu lernen, ganz zu schweigen von Versuchen, Grammatiken, Wörterbücher oder andere sprachliche Hilfsmittel herzustellen. Übersetzungen sind dünn gesät. Die uns bekannten betreffen Werke, die aus praktischen Gründen ausgewählt wurden, und die Arbeiten wurden von Konvertiten oder Nichtmoslems angefertigt.

Nur ein einziger osmanisch-moslemischer Schriftsteller, der große stets wißbegierige Reisende Evliya Çelebi, zeigt ein gewisses Interesse an europäischen Sprachen und bietet seinen Lesern sogar ein paar Beispiele an. Im Laufe eines langen Berichtes über seinen Besuch in Wien notiert Evliya, daß die Bewohner Österreichs zwei Hauptsprachen, Ungarisch und Deutsch sprächen, wovon die letztere, im Türkischen Nemçe genannt, wichtiger sei. Evliya schreibt: »Das Deutsche ist eine sehr schwere Sprache, in der sich übrigens sehr viele persische Wörter finden.« Der Grund für diese seltsame Tatsache ist nach Evliya, daß »die Nemçe« mit den »Nachkommen des Manûçchir« aus Persien gekommen seien. Eine wahrscheinlichere Erklärung ist, daß Evliya gewisse lexikalische Ähnlichkeiten bemerkt hatte, zum

Beispiel deutsch »Tochter«, persisch *dukhtar*, deutsch »Bruder«, persisch *birader*, die auf den gemeinsamen indoeuropäischen Ursprung der beiden Sprachen zurückgehen. Evliya gibt dann ein paar ausführlichere Beispiele der deutschen Sprache: einige Verse, die mit türkisch-arabischen Zeichen transkribiert sind, und ein Verzeichnis von Zahlen, Wörtern und einfachen Ausdrücken. Er merkt an, daß die Nemçe zwar Katholiken seien und die Autorität des Papstes in Rom anerkennen, ihre Sprache sich jedoch von der des römischen Papstes, die Spanisch sei, unterscheide.[11] Der Name Nemçe, den osmanische Autoren gewöhnlich für Österreich und die Österreicher benutzen, ist von dem slawischen Wort *nemoj*, »stumm«, abgeleitet und bezieht sich in den meisten slawischen Sprachen auf die Deutschen. Evliya hat eine andere Erklärung: »In der ungarischen Sprache bedeutet das Wort *NEM* soviel wie ›Ich bin nicht‹. Demnach soll also *NEMÇEH* soviel wie *NEM ÇEH* besagen, nämlich ›Ich bin kein Tscheche, sondern ein Nemçe.‹«[12] Evliyas Entfaltung linguistischer Kenntnisse beschränkt sich nicht auf seine deutschen Verse und Vokabeln. Er führt auch einige Beispiele, gesammelt unter den sephardischen Juden im osmanischen Palästina, aus einer Sprache an, die er »Jüdisch« nennt. Dabei scheint ihm völlig unklar zu sein, daß es sich in Wirklichkeit um Spanisch handelt.[13]

Im allgemeinen hat die islamische Welt offenbar kaum Anstrengungen unternommen, um sich über die Identität der Sprachen der Christenheit zu informieren, geschweige denn sie zu lernen. Die große Zahl der in Europa gesprochenen Sprachen scheint moslemische Beobachter verständlicherweise verwundert und verwirrt zu haben. Ein paar Jahre vor Evliya legte Kâtib Çelebi, einer der größten moslemischen Gelehrten seiner Zeit, seinen Lesern den folgenden Überblick über die linguistische Karte Europas vor. In früheren Zeiten, sagt er, habe »diese verdammte Bande« Griechisch gesprochen, das nicht nur die Sprache der Gelehrten und Klassiker gewesen, sondern immer noch benutzt worden sei. Aber dann habe sich die Zahl ihrer Sprecher verringert, und danach sei die lateinische Sprache aufgetaucht. Diese, vom Griechischen abgeleitet, sei zu einer geachteten Sprache geworden. Aber auch die Zahl ihrer Sprecher habe sich verringert. Diese beiden seien die Sprachen der Wissenschaftler Europas geblieben, und die meisten gelehrten Bücher seien in ihnen abgefaßt worden. Aber später hätten die Menschen jeder Region begonnen, ihre eigene Sprache zu benutzen (ein Schicksal, dem die islamische Welt entging), und eine große Zahl verschiedener Sprachen sei in den allgemeinen Gebrauch übergegangen. So gebe es in England drei Sprachen: Hibernia, Anglia und Scosia *[sic!]*. Auch in Spanien und Portugal habe man viele Sprachen, ebenfalls in Frankreich, wo zum Beispiel an der Mittelmeerküste *[sic!]* gaskonisch und provençalisch, an der Atlantikküste bretonisch und im Inneren französisch gesprochen würden. In ähnlicher Weise spreche man in Österreich tschechisch und ungarisch und österreichisch (Nemçe). Es gebe, sagt Kâtib Çelebi, auch noch andere Sprachen, wie Moskowitisch und Holländisch. In der Mitte Italiens benutze man die schweizerische und die italienische Sprache, die außerdem auch von Juden in der Türkei gesprochen werde. Das Italienische werde auch als fränkische Sprache bezeichnet. In Osteuropa habe man Sprachen wie Slawisch, Albanisch, Bosnisch, Griechisch (Rūmī), Bulgarisch und Serbisch. All diese Sprachen seien unabhängig und unterschieden sich nicht nur voneinander, sondern differierten auch in ihrem eigenen Bereich. Zum Beispiel bezeichne man das beste und deutlichste Italienisch als Toskanisch, und die Sprache von Venedig werde als schlecht verurteilt. Die reinste in Frankreich gesprochene Sprache sei das Französische. Kâtib Çelebi bemerkt, daß Latein immer noch die Sprache der Erziehung und Bildung und in der Christenheit den gleichen Platz habe wie das Arabische unter den Moslems. Eine ähnliche Beobachtung machte ein marokkanischer Botschafter des 17. Jahrhunderts, der die Bedeutung des Lateinischen in der spanischen Erziehung zur Kenntnis nahm und es als »das Äquivalent der Formenlehre und Syntax [das heißt der klassischen arabischen Sprache] bei uns« beschreibt.[14] Kâtib Çelebis Überblick über die Sprachen Europas verblüfft ebenso durch seine Ausführlichkeit wie durch seine Ignoranz. Er hat von örtlich begrenzten Sprachen wie Bretonisch und Baskisch gehört, unterscheidet jedoch nicht zwischen ihnen und so wichtigen Sprachen wie Französisch und Deutsch. Da er besser informiert ist als Evliya, weiß er, daß die von den Juden in der Türkei gesprochene Sprache nicht die »jüdische«, sondern eine europäische Sprache ist, identifiziert sie jedoch nicht als Spanisch, sondern als Italienisch. Seine Vorstellungen von den romanischen Sprachen sind ohnehin etwas verworren. Kâtib Çelebi bezog seine Informationen offenbar von irgendeinem europäischen Reisenden. Seine Tonlage bei der Erläuterung dieser barbarischen und unbedeutenden Idiome hat erstaunliche Ähnlichkeit mit der späterer europäischer Forscher, die die Stammesdialekte des Schwarzen Kontinents vorstellten.[15]

Einige Moslems machten sich jedoch die Mühe, eine europäische Sprache zu lernen, und in spätosmanischen Zeiten stieg ihre Zahl. Die Einführung von Druckereien im frühen 18. Jahrhundert und die Anstellung von europäischen Lehrern in osmanischen und später auch anderen moslemischen Militäranstalten boten neue Möglichkeiten und Anreize.

Welche Sprachen lernten die Moslems, wenn überhaupt? Die wohl früheste Erklärung zu diesem Thema entstammt einer Passage in dem Text des deutschen Kreuzzugschronisten Arnold von Lübeck. Er zitiert einen deutschen Gesandten, der Syrien und Palästina im Jahre 1175 besuchte. Im Zusammenhang mit der geheimnisvollen Sekte der Assassinen berichtet er, daß ihr Führer junge Männer von früher Kindheit an aufziehen und speziell für ihre schreckliche Aufgabe ausbilden lasse. Unter anderem »läßt er ihnen verschiedene Sprachen beibringen, zum Beispiel Lateinisch, Griechisch, Roman, Sarazenisch und viele andere«.[16] Roman bezieht sich vermutlich auf die romanischen Mundarten, die im Lager der Kreuzfahrer gesprochen wurden. Sein Bericht über die Ausbildung der jungen Assassinen ist wahrscheinlich aus der Luft gegriffen, deutet aber doch an, welche Sprachen man für nützlich halten mußte. Im allgemeinen beziehen sich die einzigen Hinweise, die uns aus dem Mittelalter über den Gebrauch von Fremdsprachen durch Moslems vorliegen, auf die Muttersprachen neu Bekehrter.

Erst aus osmanischen Zeiten wurden uns ausführlichere Informationen überliefert. Mehmed II., der Eroberer Konstantinopels, soll nach Aussage eines zeitgenössischen venezianischen Besuchers griechisch und slawisch sowie türkisch gesprochen haben. Er soll auch italienische Humanisten eingeladen und Interesse an ihrer Arbeit gezeigt haben, und sein griechischer Biograph erkennt ihm den Titel »Philhellene« zu. Es ist sehr unwahrscheinlich, daß der Sultan irgendeine nichtislamische Sprache beherrschte, doch das Griechische wurde unter den frühen Osmanen zweifellos weithin benutzt, und die Kenntnis slawischer Sprachen war unter den neuen Mitgliedern und Konvertiten verbreitet, die einen so großen Teil der osmanischen Oberschicht ausmachten. Es gibt sogar Dekrete in griechischer Sprache, erlassen von der Kanzlei Mehmed des Eroberers, in denen der Sultan selbst *O Megas Authentes*, »der große Herrscher«, genannt wird.[17] Der italienische Titel *il Gran Signor* und das türkische Wort *efendi* sind wahrscheinlich beide davon abgeleitet. Verschiedene Formen des Italienischen, darunter die Mischsprache lingua franca, wurden im zentralen und östlichen Mittelmeergebiet weithin verwendet, und es ist wahrscheinlich, daß türkische Seeleute, von denen viele aus diesen Gebieten stammten oder christlicher Herkunft waren, wenigstens ausreichende Kenntnisse hatten.[18]

Bis zum 16. Jahrhundert hatte die türkische Seefahrtssprache schon eine beträchtliche Zahl italienischer Wörter, manche direkt und andere über das Griechische, entlehnt. Dazu gehören Wörter wie *kapudan* für Schiffskapitän und, daraus weitergebildet, die Form *Kapudan Pascha* für den Großadmiral der osmanischen Flotte; *lostromo* oder *nostromo*, eine im Mittelmeer verbreitete Bezeichnung für den Bootsmann eines Schiffes, die wahrscheinlich aus dem Slang spanischer oder portugiesischer Galeerensklaven entstand und »unser Boß« bedeutet; *fortuna*, das im Türkischen die Bedeutung »Sturm« annimmt; *mangia*, ein türkischer Seemannsbegriff von offenkundig italienischer Herkunft, der für »Essen« steht (im Sinne von »Futter«). Die meisten dieser seemännischen Lehnwörter waren italienischer, vor allem venezianischer Herkunft, aber einige kamen aus dem Spanischen, Katalanischen oder sogar Portugiesischen. Die Menge solcher Lehnwörter in der türkischen Umgangssprache und besonders bei allem, was mit dem

Meer zu tun hat – Schiffbau, Navigation und Fischfang – läßt auf einen gewissen westlichen Einfluß schließen. Bedeutsam ist, daß es bis in relativ moderne Zeiten keine vergleichbare Entlehnung westlicher Wörter in anderen Bereichen der türkischen Sprache und praktisch überhaupt keine im Arabischen oder Persischen gibt.

Das Italienische scheint recht lange die bei den Türken bekannteste europäische Sprache geblieben zu sein, und noch im 19. Jahrhundert erscheinen europäische Lehnwörter im Türkischen fast ausschließlich in italienischer Form. Dazu gehörten politische, mechanische und modische Begriffe, die benötigt wurden, um die aus Europa übernommenen Kleidungsstücke, Apparate und Institutionen zu benennen.[19] Dokumente zwischen türkischen und europäischen Partnern wurden lateinisch abgefaßt, solange dies die förmliche, juristische, diplomatische Sprache Europas war. Deshalb liegen die Verträge von Karlowitz von 1699 und Passarowitz von 1718 in lateinischer und natürlich in türkischer Sprache vor. Das Italienische kam jedoch immer stärker zur Geltung, und spätere Verträge des 18. Jahrhunderts, etwa der Vertrag von Küçük Kaynarca von 1774, wurden in dieser Sprache aufgezeichnet.

Im 18. Jahrhundert ist zum erstenmal von einem türkischen Diplomaten die Rede, der französisch sprach. Dieser Mann namens Said Efendi hatte seinen Vater begleitet, der im Jahre 1721 als Botschafter nach Paris ging, und unternahm später selbst mehrere diplomatische Missionen. Ein osmanischer Chronist jener Zeit schreibt, daß Said »Latein studierte und beherrscht«. Es ist im höchsten Grade unwahrscheinlich, daß ein osmanischer Beamter des 18. Jahrhunderts seine Zeit damit zugebracht hätte, eine tote Sprache der Ungläubigen zu lernen. Ein zeitgenössischer französischer Beobachter berichtet, daß der betreffende Diplomat »ausgezeichnet französisch« sprach, »wie ein Einheimischer«, und vermutlich spielte der Chronist hierauf an.[20] Selbst zu dieser Zeit waren die osmanischen Vorstellungen von der sprachlichen Einteilung Europas noch bemerkenswert vage.

Der Aufstieg des Französischen scheint im 18. Jahrhundert mit der Beschäftigung französisch sprechender Offiziere an militärischen Ausbildungsanstalten begonnen zu haben; seine Position wurde im späten 18. und frühen 19. Jahrhundert durch die wachsende Beteiligung Frankreichs an den inneren Angelegenheiten des Reiches untermauert. Die Zunahme des österreichischen und russischen Einflusses wirkte sich zugunsten der französischen Sprache aus, da die diplomatische Korrespondenz des russischen und – im 19. Jahrhundert – auch des österreichischen Außenministeriums mit ihren Botschaften in Konstantinopel vor allem in dieser Sprache abgefaßt war. Vom 19. Jahrhundert an haben türkische Lehnwörter europäischer Herkunft eher französische als italienische Gestalt. Wörter wie *senato* und *parlamento* waren eindeutig frühere Entlehnungen und haben sich im modernen Türkischen in dieser italienisierten Form erhalten. Die Türken hörten in einem relativ frühen Stadium von Senaten und Parlamenten im fernen Europa. Senatoren begegneten sie erst etwas später, und diese heißen im Türkischen folgerichtig *senatör*. Zuweilen wird eine italienische Form von ihrer französischen Entsprechung abgelöst. Zum Beispiel trug die Heldin in der türkischen romantischen Literatur zunächst eine *roba di camera*, die sie später gegen eine *robe de chambre* austauschte. Das Englische kam erst viel später zum Zug. Im Jahre 1809 erklärte der britische Botschafter in Konstantinopel seinem Außenminister Canning, weshalb er einen Vertrag mit den Türken in französischer Sprache aufzeichnen mußte: »Sogar wenn die Verhandlungen in Konstantinopel geführt worden wären, hätte ich keinen Dragoman im Dienste der Pforte gefunden, der die englische Sprache ausreichend beherrscht hätte, um die Verantwortung dafür zu übernehmen, daß die Unterschrift des türkischen Bevollmächtigten unter eine Urkunde von so großer Bedeutung gesetzt werde.«[21] Erst im Zeitalter des Sports, der Technologie und der Flugreisen machte das Englische sich bemerkbar.

Ein paralleler Prozeß läßt sich in den Ländern Nordafrikas beobachten, wo Italienisch und Spanisch zuerst die bekanntesten und gebräuchlichsten europäischen Sprachen waren, nur um dann im Laufe der Zeit dem Französischen weichen zu müssen. Im Iran und in Indien hatte das Italienische wenig Einfluß. Die Portugiesen scheinen nur schwache Spuren hinterlassen zu haben, und den meisten persischen und indischen Moslems stellte sich der Westen überwiegend in englischer oder französischer Gestalt dar. Die weite Verbreitung französischer Begriffe läßt sich an dem persischen Namen für die Vereinigten Staaten ablesen: *Etāz Ūnī*.

Die nach westlichem Vorbild ausgerichteten Militäranstalten, welche die reformerischen Sultane und Paschas gründeten, und die gleichzeitige Ausbildung junger Zivilisten für den modernen diplomatischen Dienst schufen ein neues Element in der islamischen Gesellschaft: eine Klasse junger Offiziere und Beamter, die mit einer westlichen Sprache, in der Regel Französisch, vertraut waren, sich berufsmäßig für das Studium mancher Aspekte der westlichen Zivilisation interessierten und gelernt hatten, zu christlichen Experten des Westens als ihren Lehrern und Mentoren aufzublicken. Ein im Jahre 1803 in Üsküdar (Skutari) veröffentlichter Text, wahrscheinlich die Arbeit eines griechischen Dragomans der Hohen Pforte, legt einem jungen osmanischen Pionieroffizier diese Worte in den Mund:

Als ich von den Wundern der europäischen Wissenschaft erfuhr, faßte ich die Idee, mich ihnen zu nähern. Ohne Zeit zu verlieren, widmete ich mich dem Studium der französischen Sprache, da sie die universellste und am ehesten fähig war, mich zur

Kenntnis der Autoren zu führen, die über die Wissenschaften schreiben . . . Ich war trunken vor Freude, mein Heimatland in dem Zustand zu sehen, nach dem ich mich so leidenschaftlich sehnte, Tag um Tag heller erleuchtet von der Fackel der Wissenschaften und der Künste.[22]

Der Übergang von der alten Verachtung für die barbarischen Dialekte der Ungläubigen zu einer neuen Haltung des Respekts vor dem Hilfsmittel zu überlegenen Fertigkeiten und Kenntnissen war keineswegs leicht. In den frühen Jahren des 19. Jahrhunderts waren die Osmanen immer noch sehr stark von griechischen Mitarbeitern abhängig, was die Beherrschung westlicher Sprachen und deshalb auch weitgehend ihre Informationen über aktuelle Ereignisse und Angelegenheiten in Europa betraf. Die Gefahren dieser Situation für die Hohe Pforte wurden im Jahre 1821 dramatisch sichtbar, als der Aufstand in Griechenland zum Krieg gegen die Türken führte. In der – wahrscheinlich falschen – Annahme, daß Stavraki Aristarchi, dem letzten der griechischen Oberdragomane, nicht zu trauen sei, beschloß die Regierung des Sultans, ihn zu hängen und an seiner Stelle einen Moslem zu ernennen.

Das war leichter gesagt als getan. Die Reformen am Ende des 18. Jahrhunderts und zu Beginn des 19. Jahrhunderts hatten einige Türken hervorgebracht, die westliche Sprachen beherrschten, doch die meisten von ihnen waren mittlerweile tot, und die wenigen Überlebenden hatten ihre Fertigkeiten entweder verborgen oder vergessen. Ein zeitgenössischer türkischer Historiker berichtet uns, daß sich zwei oder drei Wochen lang Papiere in griechischer oder »fränkischer« Sprache im Büro des Oberdragomans an der Hohen Pforte ansammelten. Um diese Notsituation zu beheben, wandte sich der Sultan an die einzige andere Stelle, die Fremdsprachen benötigte und verwendete: die militärische Lehranstalt. Ein Befehl wurde erlassen, und Yahya Efendi, damals Lehrer an der Pionier-Lehranstalt, wurde ins Amt des Dragomans versetzt. Der zeitgenössische Historiker unterstreicht sehr deutlich die Wichtigkeit dieses Vorgangs, der das Geschäft der Übersetzung und damit die praktische Durchführung der Außenpolitik zum erstenmal in moslemische Hände legte, wodurch es zu einem geachteten islamischen Beruf wurde, Fremdsprachen zu kennen und zu benutzen.[23] Yahya Efendi war ein Konvertit zum Islam und den Quellen zufolge entweder bulgarischer, griechischer oder jüdischer Herkunft. Er begründete eine Dynastie von Dragomanen und Botschaftern, die in der Türkei des 19. Jahrhunderts eine bedeutende Rolle spielten. Nach seinem Tode im Jahre 1823 oder 1824 nahm Hoja Ishak, ein ebenfalls von der Pionier-Lehranstalt versetzter Lehrer, seinen Posten ein; er war ein zum Islam bekehrter Jude und hatte das Amt bis 1830 inne, als er zu seiner Unterrichtstätigkeit zurückkehrte.[24]

Die Tatsache, daß man sich auf Konvertiten verlassen mußte, zeigt, daß es noch viele Schwierigkeiten und beträchtlichen Widerstand gab. Noch im Jahre 1838 mußte sich der reformerische Sultan Mahmud II. in einer Eröffnungsrede vor den Studenten seiner neuen medizinischen Fakultät für die Aufnahme des Französischen in den Lehrplan entschuldigen:

> Ihr werdet wissenschaftliche Medizin in französischer Sprache studieren... bei eurem Französischunterricht ist es nicht mein Ziel, euch in der französischen Sprache auszubilden; es besteht vielmehr darin, euch wissenschaftliche Medizin zu lehren und sie allmählich in unsere Sprache zu übernehmen... gebt euch deshalb Mühe, medizinisches Wissen von euren Lehrern zu erwerben, und strebt danach, es mit der Zeit ins Türkische zu überführen und es in unserer Sprache geläufig zu machen...[25]

Mit diesen Bemerkungen hatte der Sultan eines der Zentralprobleme im gesamten Prozeß der Verwestlichung angesprochen. Noch im Jahre 1838, als die Rede gehalten wurde, war die Zahl der Türken, die gründliche Kenntnisse einer westlichen Sprache besaßen, unendlich klein. Ein großer Teil des Unterrichts an den Lehranstalten, sogar der Befehle von technischen Beratern in den Streitkräften wurde durch das Prisma der Übersetzung gebrochen. Die Übersetzer waren meist immer noch als Christen geboren worden, und ihre Anwesenheit ließ die Schranke nicht niedriger, sondern eher höher werden. Es war schlimm genug, von einem Franken unterrichtet oder befehligt zu werden, doch es wurde noch schlimmer, wenn seine Anweisungen oder Befehle durch einen griechischen oder armenischen Dolmetscher vermittelt wurden, dessen vertraute Erscheinung und dessen Akzent bei den türkischen Zuhörern keinen Respekt hervorrufen konnten.

Aus vielen Gründen war es erforderlich, daß islamische Studenten Fremdsprachen lernten. Der Zweck war, sie nützliche Kenntnisse medizinischer, technischer, wissenschaftlicher und militärischer Art erwerben zu lassen – mehr nicht.

Aber es ist schwierig, solche Grenzen zu ziehen. Die Kadetten und später die Studenten lernten Französisch und gewöhnten sich daran, zu Franzosen und anderen Europäern als Lehrern aufzublicken. Bis zur Mitte des 19. Jahrhunderts war die Kenntnis einer europäischen Sprache ein wesentliches Instrument für ehrgeizige junge Moslems geworden, die sich auf eine Karriere im Regierungsdienst Hoffnung machten, und der Weg zu Beförderung und Einfluß führte jetzt nicht mehr nur durch die Armee und den Palast, sondern auch durch das Übersetzungsamt.

IV

Medien und Vermittler

Die Moslems waren enge Nachbarn der Europäer am Mittelmeerbecken und anderswo. Die meisten der älteren islamischen Länder waren lange ein Teil des Römischen Reiches gewesen und hatten wie Europa das Erbe der griechisch-römischen und judäisch-christlichen Vergangenheit sowie der ferneren Antike empfangen.[1] In kultureller, rassischer, sogar religiöser Hinsicht hatten sie weit mehr mit der europäischen Christenheit gemeinsam als mit den entfernteren Zivilisationen von Asien und Afrika, und man hätte vermuten können, daß sie besser über den Westen unterrichtet wären. In Wirklichkeit jedoch scheint der mittelalterliche Eiserne Vorhang zwischen Islam und Christenheit den kulturellen Austausch auf ein Minimum eingeschränkt und sogar den kommerziellen und diplomatischen Verkehr stark eingeengt zu haben. Die islamische Welt hatte ihre eigenen inneren Verbindungswege zu Lande und zu Wasser und war dadurch von westlichen Routen und Dienstleistungen unabhängig. Die islamische Zivilisation, stolz und von ihrer Überlegenheit überzeugt, konnte sich leisten, die barbarischen Ungläubigen in den kalten und jämmerlichen Ländern des Nordens zu verachten. Für den Moslem in den mediterranen Ländern des Mittelalters war der Europäer, wenigstens im Norden und Westen, eine fernere und rätselhaftere Gestalt als der Inder, der Chinese oder sogar der Bewohner des tropischen Afrika.

Im Prinzip wurden Reisen von Moslems in die Länder der Ungläubigen nicht gebilligt, doch ein gewisser Austausch ließ sich nicht vermeiden. Ein moslemischer geographischer Autor des 10. Jahrhunderts beschreibt Rom und bezieht sich auf eine Reihe von Berichten nicht namentlich genannter Reisender, die er einfach als einen Juden, einen christlichen Mönch und einen Kaufmann bezeichnet – dies waren wahrscheinlich die drei Gruppen, die am ehesten von der christlichen in die islamische Welt reisten.[2] Christliche und jüdische Pilger besuchten Jerusalem, und christliche Geistliche zogen von Osten her nach Rom. Die letzteren wurden mit der Aufnahme engerer Beziehungen zwischen der römischen Kurie und den verschiedenen unierten Kirchen des Ostens immer zahlreicher. Es gab sogar ein paar unerschrockene Moslems, die sich bis ins finsterste Europa vorwagten. Manchmal war die Reise unfreiwillig. Einer der interessantesten frühen Berichte stammt von einem arabischen Kriegsgefangenen namens Hārūn ibn Yaḥyā, der im 9. Jahrhundert im Osten gefangen, dann nach Konstantinopel gebracht, dort eine Zeitlang festgehalten und darauf über Land nach Rom geschickt wurde.[3]

Solche islamischen Gefangenen in christlicher Hand gab es in osmanischen Zeiten häufiger, oder wenigstens wurde ihre Anwesenheit besser dokumentiert. Die jahrhundertelangen Kriege zwischen den Osmanen und ihren Gegnern in Südost- und Zentraleuropa sowie die ständigen Konflikte im Mittelmeer zwischen den berberischen Piraten und ihren christlichen Widersachern brachten moslemische wie christliche Gefangene in Feindeshand. Von Zeit zu Zeit hören wir von diplomatischen Gesandtschaften der Moslems nach Spanien und anderswo, um für die Freilassung dieser Gefangenen zu sorgen. Während jedoch die Christen, die aus der Türkei oder Nordafrika zurückkehrten, eine umfassende Literatur über ihre Erfahrungen und die Völker hervorbrachten, bei denen sie gelebt hatten, hinterließen moslemische frühere Gefangene, die aus Europa zurückkamen, praktisch keine Aufzeichnungen. Nur zwei Ausnahmen von einiger Bedeutung sind aus der Zeit bis zum Ende des 18. Jahrhunderts bisher zutage gefördert worden. Die eine betraf einen türkischen Kadi, der im April 1597 von den Johanniterrittern gefangengenommen wurde, während er unterwegs war, um einen Posten in Zypern anzutreten; man hielt ihn mehr als zwei Jahre in Malta fest. Sein kurzer Bericht dieser Gefangenschaft wurde nach dem einzigen Manuskript veröffentlicht.[4] Die zweite betrifft Osman Ağa, einen türkischen Kriegsgefangenen, der Dolmetscher in osmanischen Diensten wurde. Osman Ağa ist der Autor von zwei autobiographischen Werken – geschrieben 1724 und 1725 – über seine Gefangenschaft und seine darauffolgende Karriere. Obwohl sie interessant und lehrreich sind, scheinen sie unter seinen Landsleuten wenig Aufsehen erregt zu haben und werden nie von osmanischen Autoren zitiert oder von osmanischen Biographen auch nur erwähnt. Beide sind in einzelnen handschriftlichen Manuskripten erhalten, das eine in London, das andere in

Wien, und waren fast unbekannt, bis die moderne Wissenschaft sie entdeckte.[5] Deshalb ist unwahrscheinlich, daß die Berichte zurückkehrender Gefangener als bedeutsame Quelle neuer Informationen angesehen wurden.

Kaufleute und Diplomaten bildeten die wohl wichtigsten Gruppen von Reisenden. Beide Kategorien haben ausführlichere Behandlung verdient. In den frühen Jahrhunderten der Entwicklung zeigten Moslems einen erstaunlichen Widerwillen, auf das Gesetz wie auf die Tradition gegründet, ins christliche Europa zu reisen. Dies steht in auffallendem Gegensatz zu ihrer Einstellung gegenüber den nichtislamischen Ländern Asiens und Afrikas, die genaugenommen auch zum Hause des Krieges gehörten und deshalb demselben Bann unterlagen. Trotzdem unternahmen Moslems in diesen Ländern umfassende Reisen und bildeten manchmal sogar ansässige Gemeinden. Die Gründe sind nicht schwer zu finden. Ein offensichtlicher Unterschied besteht darin, daß Westeuropa, verglichen mit Asien und Afrika, nur wenige Anreize bot. Aus Indien, Südostasien und China importierte die islamische Welt eine große Zahl wichtiger Güter, darunter Seide und andere Textilien, Gewürze und aromatische Substanzen, Bauholz, Metalle und Keramikgegenstände. Aus Schwarzafrika kamen zwei Hauptartikel – Gold und Sklaven –, die ein weitgespanntes Handelsnetz entstehen ließen. Der Handel mit dem Byzantinischen Reich, das sich auf eine vergleichbare Wirtschaft stützte, war begrenzt, doch aus Ost- und Nordeuropa wurden eine Zeitlang beträchtliche Mengen von Pelzen, Bernstein und Fischprodukten eingeführt. Auch Sklaven gehörten zu den Importen aus Europa, doch sie kamen meist aus Zentral- und Osteuropa und in viel geringerer Zahl als aus Afrika oder Zentralasien. Alles in allem hatte Westeuropa außer seinen eigenen Menschen nicht viel zu verkaufen. Ein paar zweitrangige Produkte werden gelegentlich in den mittelalterlichen Quellen der Moslems erwähnt. Das einzige westeuropäische Erzeugnis von Bedeutung war, neben Waffen und Sklaven, englische Wolle. Davon abgesehen, erhielt Europa erst am Ende des Mittelalters und zum Beginn der Neuzeit durch die Entwicklung der Produktion und die Kolonisierung der Neuen Welt eine Reihe von Gütern, die sich in die Länder des Islam exportieren ließen.

Ein anderer Faktor, der die Moslems mit Sicherheit davon abhielt, durch Westeuropa zu reisen, war die grimmige Intoleranz seiner Herrscher und Völker. In allen Gebieten, die von den Heiden erobert oder vom Islam wiedererobert wurden, führte man das Christentum mit Gewalt ein, und Moslems waren früher oder später gezwungen, zwischen Bekehrung, Exil und Tod zu wählen. Das Schicksal der Juden im mittelalterlichen Europa konnte Anhänger anderer nichtchristlicher Religionen nicht ermutigen, sich in diesen Ländern niederzulassen oder sie auch nur zu bereisen.

Deshalb gab es keine ansässigen islamischen Gemeinden im christlichen Europa. Dies wiederum erschwerte die Situation erheblich für moslemische Besucher, deren spezielle Bedürfnisse – etwa Moscheen, Badehäuser, nach islamischem Brauch verarbeitetes Fleisch und andere Voraussetzungen der islamischen Lebensweise – nicht befriedigt werden konnten.

Der moslemische Abscheu davor, sich unter Ungläubige zu begeben, wird lebendig von Usāma ibn Munqidh beschrieben, einem syrischen Moslem des 12. Jahrhunderts, der einen Band Memoiren hinterließ. Einer seiner Nachbarn in Syrien war ein fränkischer Ritter, mit dem er »Bande des Einvernehmens und der Freundschaft« anknüpfte. Als der Ritter sich anschickte, Syrien zu verlassen und nach Europa zurückzukehren, schlug er – wohl in bester Absicht – vor, daß Usāmas vierzehnjähriger Sohn ihn in sein Land begleiten solle, »um unter den Rittern zu leben und Weisheit und Ritterlichkeit zu erlernen«. Dem Franken muß dieser Vorschlag zumindest als Geste der Freundschaft und der Gefälligkeit erschienen sein. Für Usāma war er ungeheuer absurd: »Worte drangen an mein Ohr, wie sie dem Mund eines Mannes von Weisheit nie hätten entspringen können. Wenn mein Sohn in Gefangenschaft geraten wäre, hätte ihm kein größeres Unglück widerfahren können, als ins Land der Franken gebracht zu werden.« Usāma fand einen höflichen Weg, die Einladung abzulehnen: »Ich sagte zu ihm: ›Bei deinem Leben, genau das habe ich auch gedacht. Aber meine Zustimmung wird dadurch verhindert, daß seine Großmutter ihn liebt und ihn nicht mit mir kommen ließ, bis ich ihr versprochen hatte, daß ich ihn zu ihr zurückbringen werde.‹ Er fragte mich: ›Ist deine Mutter noch am Leben?‹ Ich antwortete: ›Ja‹, und er sagte: ›Dann mußt du ihr gehorchen.‹ «[6]

Unter diesen Umständen überrascht es nicht, daß islamische Herrscher, wenn eine Reise nach Europa entweder aus geschäftlichen oder diplomatischen Gründen unumgänglich war, es vorzogen, einen ihrer christlichen oder jüdischen Untertanen zu senden, der in der Lage war, jenseits der Grenze Kontakt mit Gemeinden seiner eigenen Glaubensbrüder aufzunehmen und so seine Reise und die Erfüllung seiner Aufgabe zu erleichtern. Derselbe Gesichtspunkt machte es relativ leicht für Christen oder Juden aus Europa, die islamischen Länder zu bereisen.

Die fränkischen Chroniken erzählen die berühmte Geschichte eines Austausches von Gesandtschaften durch Karl den Großen und Hārūn al-Rashīd zwischen 797 und 807. Diesen Chroniken zufolge wurden in den Jahren 797 und 802 zwei Gesandtschaften von Karl dem Großen zu Hārūn al-Rashīd und zwischen 801 und 807 zwei von Hārūn al-Rashīd zu Karl dem Großen geschickt. Außerdem soll der fränkische König im Jahre 799 und vielleicht auch im Jahre 802 eine oder möglicherweise zwei Gesandtschaften zu dem christlichen Patriarchen von Jerusalem geschickt und zwischen 799 und 807 seinerseits vier von dem Patriarchen empfangen haben.[7]

Erhebliche Zweifel sind daran geäußert worden, daß dieser Austausch je stattfand. Wenn es der Fall war, war das Ereignis nicht bedeutend genug, um die Aufmerksamkeit der arabischen Chronisten zu erregen, denn sie erwähnen es nicht. Sie sprechen jedoch von einer späteren Gesandtschaft aus dem Westen, und zwar von einer fränkischen Königin namens Bertha im Jahre 906 zum Kalifen al-Muktafi in Bagdad. Der arabische Chronist beschreibt die Ankunft der Gesandtschaft folgendermaßen:

Bertha, Tochter Lothars, Königin von Franja und dessen Besitzungen, schickte al-Muktafi Billah durch ʿAli den Eunuchen, einen der Eunuchen von Ziyādatallāh ibn Aghlab, im Jahre 293 [= 906], ein Geschenk: fünfzig Schwerter und fünfzig Schilde und fünfzig fränkische Speere; zwanzig mit Gold gewobene Kleider; zwanzig slawische Eunuchen und zwanzig schöne und anmutige Sklavinnen; zehn Hunde, die so groß waren, daß weder wilde Tiere noch irgendein anderes ihnen widerstehen konnten; sieben Habichte und sieben Falken; ein Seidenzelt mit allem Zubehör; zwanzig Kleidungsstücke aus einer Wolle, die aus einer Muschelart im Meeresboden jener Gegend kommt, wie ein Regenbogen alle Farben annimmt und die Farbe jede Stunde des Tages wechselt; drei Vögel, wie sie im Lande der Franken zu finden sind, solcher Art, daß sie ein seltsames Kreischen ausstoßen, wenn sie vergiftete Speisen erblicken, und mit den Flügeln schlagen, bis dies bekannt wird; und Perlen, die schmerzlos Pfeil- und Lanzenspitzen hervorziehen, sogar wenn das Fleisch über ihnen zusammengewachsen ist.
ʿAli der Eunuch brachte das Geschenk und den Brief der Königin von Franja zu al-Muktafi Billah und auch eine weitere Botschaft, die nicht in dem Brief enthalten war, damit niemand außer dem Kalifen von ihr erfahre... Die Botschaft war ein Gesuch an al-Muktafi, in dem er um die Ehe und um seine Freundschaft gebeten wurde...[8]

Diese Gesandtschaft scheint wenig Folgen gehabt zu haben, weder was die Freundschaft noch was die Ehe angeht.

Der früheste diplomatische Bericht, der von islamischer Seite vorliegt, betrifft eine Gesandtschaft, die aus Spanien in den fernen Norden geschickt wurde. Dies ereignete sich zu Beginn des neunten Jahrhunderts, als die Wikingerüberfälle in Andalusien, wie anderswo in Westeuropa, Verwüstung und Zerstörung angerichtet hatten. In einem Stadium wurde mühsam eine Waffenruhe geschlossen, Gesandte der Wikinger wurden zu dem moslemischen Emir ʿAbd al-Raḥmān II. von Cordoba geschickt, was durch eine moslemische Gesandtschaft beantwortet wurde. Der Gesandte war ein gewisser Yaḥya ibn al-Ḥakam al-Bakrī aus Jaen, seiner Schönheit wegen als al-Ghazāl, die Gazelle, bekannt. Er erzählte seine Geschichte einem Freund namens Tammam ibn ʿAlqama, dessen Bericht Ibn Dihya, ein Chronist des frühen 13. Jahrhunderts, zitiert. Die Gesandtschaft könnte um das Jahr 845 zu einem der Wikingerhöfe in Irland oder Dänemark geschickt worden sein.

Die moderne Wissenschaft ist sich uneins, ob der Bericht authentisch oder eine literarische Fiktion ist.

Al-Ghazāls Darstellung seiner Mission verrät uns sehr wenig über das Volk, das er besuchte. Er erzählt jedoch von seinem Eintreffen an dem Wikingerhof und bemüht sich zu zeigen, wie er – trotz der Versuche seiner Gastgeber, ihn zu demütigen – seine Ehre und die des Islam bewahrte:

> Nach zwei Tagen ließ sie der König zur Audienz laden und al-Ghazāl stellte ihm die Bedingung, daß er sich nicht vor ihm niederzuwerfen brauche (allâ jas-dschuda lahu) und er ihn und seine Begleiter nicht nötige, in irgend etwas von ihren Bräuchen abzuweichen, was er ihnen zusagte. Als sie aber nun beide zu ihm gingen, saß er zu ihrem Empfang in seinem schönsten Schmuck und hatte angeordnet, den Eingang, durch welchen man zu ihm gelangte, so niedrig zu machen, daß niemand zu ihm eintreten konnte, ohne sich zu verbeugen. Als nun al-Ghazāl zum Eingang kam, setzte er sich auf die Erde, streckte seine Füße vor und rutschte auf seinem Hintern; wie er aber die Tür passiert hatte, richtete er sich auf. Der König hatte sich für ihn in Positur gesetzt (aʿadda lahu) und sich reichlich mit Waffen und vollständigem Ornat geschmückt; aber nicht imponierte das dem al-Ghazāl . . . vielmehr blieb er aufrecht (mâthilan) vor ihm stehen und sagte: »Friede sei über dir, o König und über die, welche dein Thronsaal vereint, und hochachtungsvoller Glückwunsch sei dir (dargebracht). Mögest du unaufhörlich genießen der Macht, der Fortdauer und des Edelsinns, der dich zum Gipfel der irdischen Welt führt . . .« Darauf erklärte ihm der Dolmetscher, was er gesagt hatte. Der König bewunderte die Rede und sagte: »Dieser ist ein Weiser und Kluger seines Volkes«, und er bewunderte, wie er sich beim Eintritt auf die Erde gesetzt und seine Füße vorgestreckt hatte und sagte: »Wir wollten ihn demütigen, aber er kehrte unseren Gesichtern seine Schuhsohlen zu, und wäre er nicht ein Gesandter, so hätten wir fürwahr dieses ihm nicht ungerügt durchgehen lassen!«[9]

Diese Passage erinnert auffallend an ähnliche Berichte früher europäischer Gesandter in die barbarischen Länder des Ostens. Der Historiker, der al-Ghazāls Mission wiedergibt, fährt fort: »Al-Ghazāl hatte mit ihnen erwähnenswerte Sitzungen und berühmte Wettstreite; in einigen von ihnen diskutierte er mit ihren Gelehrten und brachte sie zum Schweigen, und in anderen schoß er mit ihren Helden um die Wette und stach sie ab.«

Nach einer etwas oberflächlichen und recht unwahrscheinlichen Beschreibung von al-Ghazāls Tätigkeit unter den Wikingern, folgt das, was offenbar für al-Ghazāl oder seinen Erzähler das Wichtigste an der Mission war: ein Flirt mit der Wikingerkönigin.

Al-Ghazāls Mission, wenn sie überhaupt stattfand, gehörte zu einer Reihe diplomatischer Kontakte zwischen islamischen und christlichen Staaten in Spanien und im Norden, die, von der gelegentlichen Erwähnung in Chroniken abgesehen, nicht belegt sind. Die einzige islamische Gesandtschaft des Mittelalters, die ausführlich dokumentiert ist, wurde in der Mitte des 10. Jahrhunderts vom Kalifen von Cordoba zum Heiligen Römischen Kaiser geschickt. Eine Gruppe von moslemischen Freibeutern hatte sich auf den Alpenpässen festgesetzt und durch Überfälle auf Reisende nach und von Italien viel Unruhe verursacht. Im Jahre 953 schickte Kaiser Otto I. eine Gesandtschaft nach Cordoba und bat den Kalifen, sie zurückzurufen. Die Diskussionen scheinen sich über mehrere Jahre hingezogen zu haben, und dann schickte der Kalif unter nicht deutlich gewordenen Umständen seinerseits eine Gesandtschaft nach Deutschland.

Ein Angehöriger dieser Mission war ein gewisser Ibrāhīm ibn Yaʿqūb al-Isrāʿīlī al-Ṭurṭūshī, das heißt Abraham, der Sohn Jakobs, des Juden aus Tortosa, einer Kleinstadt an der katalonischen Küste nicht weit von Barcelona.[10] Ob er selbst der Gesandte oder nur ein Begleiter war, ist nicht bekannt, ebensowenig wie sein Beruf, obwohl Anzeichen darauf hindeuten, daß er Arzt war. Er reiste durch Frankreich, Holland und Norddeutschland, besuchte Böhmen und Polen und kehrte wahrscheinlich über Norditalien zurück. Er scheint einen Bericht über seine Reisen durch Europa geschrieben zu haben, der aber leider verlorenging. Detaillierte Auszüge daraus wurden jedoch von den beiden spanisch-arabischen Geographen des 11. Jahrhunderts Bakrī und ʿUdhrī zitiert. Bakrī bewahrt die Schilderung der slawischen Völker im heutigen Polen, der Tschechoslowakei und Ostdeutschland; sie ist eine wichtige Quelle für die frühe Geschichte dieser Länder. ʿUdhrīs Arbeit ist verlorengegangen, aber Auszüge daraus, fragmentarische Beschreibungen Deutschlands und Westeuropas, werden von einem noch späteren Autor zitiert, dem persischen Geographen des 13. Jahrhunderts Qazvīnī, der sich hauptsächlich für Wunder und Phantastisches interessierte. Bakrī gibt seine Quelle als Ibrāhīm ibn Yaʿqūb al-Isrāʿīlī an, Qazvīnī nennt seine einfach al-Ṭurṭūshī, und man glaubte lange, daß es sich um zwei verschiedene Autoren – einen Juden und einen Moslem – handele. Georg Jacob, ein deutscher Gelehrter, der diese Texte untersuchte, sah sich sogar imstande, berufliche und ethnische Unterschiede zwischen den beiden festzustellen. Die Tatsache, daß der eine Bericht länger als der andere ist und den Kaiser als Gewährsmann nennt, zeige, wie Jacob bemerkte, einen charakteristischen Unterschied zwischen der Zurückhaltung des arabischen Diplomaten und der Prahlerei des jüdischen Händlers.[11] Der verstorbene Tadeus Kowalski wies jedoch schlüssig nach, daß die beiden identisch sind und die Passagen bei Bakrī und Qazvīnī auf dieselbe Quelle zurückgehen.

Es ist nicht ganz klar, ob Ibrāhīm ibn Yaʿqūb ein praktizierender Jude oder ein Moslem jüdischer Herkunft war. Seine Namensform läßt beide Möglichkeiten als denkbar erscheinen. Auch über das genaue Datum und den Zweck seines Besuches bei Otto gibt es einige Ungewißheit. Das wahrscheinlichste Datum liegt um das Jahr 965, und man darf vermuten, daß er als Angehöriger einer Gesandtschaft reiste, die der Kalif von Cordoba zu Otto I. geschickt hatte und die vielleicht von der Gesandtschaft des Kaisers nach Spanien im Jahre 953 inspiriert worden war. [12]

Ibrāhīms Bericht über Westeuropa ist denen seiner Vorgänger bei allen Einschränkungen weit überlegen und würde wahrscheinlich einen noch besseren Eindruck machen, wenn er nicht nur in Form von Auszügen überliefert worden wäre, die ein berufsmäßiger Sammler von unglaublichen Geschichten zusammengestellt hat.

Aber wenn der Prophet nicht nach Europa kommen wollte, war Europa bereit, zum Propheten zu kommen. Im Zeitalter der Reconquista und der Kreuzzüge hatten christliche Heere islamische Gebiete von Spanien bis Palästina erobert und regiert, und die Moslems hatten Gelegenheit gehabt, die fränkische Kultur und fränkische Bräuche zu beobachten, ohne ihre eigene Heimat zu verlassen. Die Ergebnisse sind erstaunlich karg, obwohl die arabischen Chroniken uns von Missionen zu Königen und Fürsten der Kreuzfahrer und sogar von Gesandtschaften zu christlichen Höfen erzählen, die in der Ferne Siziliens und Süditaliens lagen. Einer von ihnen, beauftragt von dem ägyptischen Sultan Baybars, besuchte im Jahre 1261 den sizilianischen Herrscher Manfred; an der Spitze dieser Gesandtschaft stand der bekannte syrische Historiker Jamāl al-Dīn ibn Wāṣil (1207–1298), der sie in seiner Chronik beschrieb.

Ibn Wāṣil besuchte Manfred in Barletta, einer Stadt auf dem italienischen Festland in einer Gegend, die nicht lange zuvor vom Islam zurückerobert worden war. Er beschreibt Manfred als »einen Mann von Würde, einen Liebhaber der theoretischen Wissenschaften, der zehn Lehrsätze aus dem Buch des Euklid über die Geometrie auswendig kannte«. Er spricht beifällig von Manfreds freundlicher Einstellung gegenüber den Moslems unter seiner Herrschaft und merkt an, daß dies ihm Schwierigkeiten mit dem Papst bereite. [13]

Ein Grund, weshalb dieser kurze Bericht sich erhalten hat, besteht zweifellos darin, daß der Botschafter selbst ein eminenter Historiker war und deshalb ein persönliches Interesse neben Informationen aus erster Hand einbrachte. Aber dieser Grund allein reicht nicht aus, denn es gab andere Historiker, die Missionen unternahmen. Kein geringerer Historiker als der große Ibn Khaldun machte sich in den Jahren 1363–1364 mit einer Gesandtschaft zu Pedro I. von Kastilien auf. In seinen Lebenserinnerungen erwähnt er diese Mission nur ganz am Rande. [14] Der wahrscheinlichste Grund dafür, daß Ibn Wāṣil seine eigene Mission aufzeichnete, ist in dem Material zu sehen, das sie über das Überleben und die Ausübung der islamischen Religion in den verlorengegangenen Gebieten Italiens lieferte.

Die allgemeine Gleichgültigkeit wird von ein paar anderen Ausnahmen durchbrochen. Zu den besonders bemerkenswerten gehören die oben angeführten Memoiren von Usāma ibn Munqidh (1095–1188), eines der ganz wenigen persönlichen Dokumente, welche die Einwirkung der Kreuzfahrer auf den mittelöstlichen Islam illustrieren. Usāma beschreibt ein langes und abwechslungsreiches Leben und hat viel über seine fränkischen Nachbarn zu sagen. Er ist zwar voller Verachtung für die Barbarei der Franken, meint aber nicht, daß ihre Erlösung ganz unmöglich sei, und räumt mehrere Male ein, daß sie durch längere Ansässigkeit im Osten und Anpassung an islamische Sitten einen Hauch von Zivilisation erwerben könnten. Die Abenteuer eines Agenten, den er geschäftlich in die christlich besetzte Stadt Antiochia entsandte, belegen seine Ansicht:

Unter den Franken gibt es manche, die sich in diesem Lande niedergelassen und sich mit Moslems zusammengetan haben. Diese sind besser als die Neuankömmlinge, aber sie sind Ausnahmen von der Regel, und aus ihrem Verhalten lassen sich keine Schlußfolgerungen ziehen.

Hier ist ein Beispiel. Einmal schickte ich einen Mann geschäftlich nach Antiochia. Zu jener Zeit war Vorsteher Theodor Sophianos [ein griechisch-orthodoxer Christ] dort, und er und ich waren Freunde. Er war damals allmächtig in Antiochia. Eines Tages sagte er zu meinem Abgesandten: »Einer meiner fränkischen Freunde hat mich eingeladen. Komm mit mir und sieh, wie sie leben.« Mein Agent erzählte mir: »Ich ging also mit ihm, und wir kamen zu dem Haus eines der alten Ritter, die mit der ersten fränkischen Expedition eingetroffen waren. Er war schon aus dem Staats- und Militärdienst ausgeschieden und hatte ein Vermögen in Antiochia, von dem er lebte. Sein Tisch war reich gedeckt, die Speisen waren appetitlich und wurden sauber aufgetragen. Er sah, daß ich zögerte, etwas zu essen, und sagte: ›Iß nach Herzenslust, denn ich esse keine fränkischen Speisen. Ich habe ägyptische Köchinnen und esse nur, was sie zubereiten, und Schweinefleisch kommt mir nie ins Haus.‹ Ich aß also, doch mit einiger Vorsicht, und dann verabschiedeten wir uns.

Später ging ich über den Markt, als mich plötzlich eine fränkische Frau festhielt und in ihrer Sprache zu schnattern begann, aber ich konnte nicht verstehen, was sie sagte. Eine Menge von Franken sammelte sich um mich, und ich war sicher, daß mein Ende gekommen war. Dann erschien plötzlich derselbe Ritter, erblickte mich, kam auf jene Frau zu und fragte sie: ›Was willst du von diesem Moslem?‹ Sie erwiderte: ›Er hat meinen Bruder Hurso getötet.‹ Dieser Hurso war ein Ritter aus Afamiya, der von jemandem aus dem Heer von Hama getötet worden war. Da schrie der Ritter sie an: ›Dieser Mann ist ein *burjāsī* [Bourgeois], das heißt ein Kaufmann. Er kämpft nicht und zieht nicht in den Krieg.‹ Und er brüllte die Menge an, und sie löste sich auf; dann nahm er meine Hand und ging davon. Die Mahlzeit, die ich gegessen hatte, führte also dazu, daß ich vor dem Tod gerettet wurde.«[15]

Usāmas Memoiren gehören einem literarischen Genre an, das in der Welt des Islam leider äußerst selten ist. Es gibt jedoch einige andere Schriften, die eine Art persönlichen Eindruck vom Kontakt mit europäischen Christen beschreiben. Eine stammt von einem Verfasser, der fast genau zur selben

Zeit wie Usāma lebte, doch am entgegengesetzten Ende der islamischen Welt. Abū Ḥāmid (1081–1170), ein Gelehrter und Geograph, wurde in der islamischen Stadt Granada in Spanien geboren. Er machte eine lange Reise durch Nordafrika in den Mittleren Osten und von dort zog er in den Norden, nach Rußland. Von Rußland aus drang er in westliche Richtung nach Europa vor, bis ins heutige Ungarn, wo er sich drei Jahre lang aufhielt.[16]

Die meisten Äußerungen Abū Ḥāmids beziehen sich auf Osteuropa. Seine Beschreibung Roms ist zwar ausführlich, doch nicht so interessant und scheint auf früheren literarischen Quellen zu beruhen. Obwohl er seiner Herkunft nach Andalusier war, reiste er von Osten her nach Zentraleuropa und scheint nicht weiter westlich als bis zur ungarischen Ebene gekommen zu sein. Aber bei allen Einschränkungen ist sein Bericht ein Markstein in der Geschichte des moslemischen Wissens über Europa, denn er ist von dem Diplomaten Ibrāhīm ibn Yaʿqūb bis hin zu den ersten osmanischen Autoren, also vom 10. bis zum späten 15. Jahrhundert, der einzige Europareisende aus den Ländern des Islam, dessen Name bekannt ist und dessen Schriften sich erhalten haben.

Seinen Eindruck von den Kreuzfahrern gibt ein anderer Reisender aus dem fernen Westen der moslemischen Welt wieder. Ibn Jubayr, der aus Valencia stammte, besuchte Syrien im Jahre 1184 und bereiste die fränkischen wie die moslemischen Besitzungen. Unter anderem kam er durch Akkon, den Haupthafen der Kreuzritter:

Die Stadt Akkon, möge Gott sie zerstören und dem Islam zurückgeben. Dies ist die wichtigste Stadt der Franken in Syrien ... der Sammelpunkt von Schiffen und Karawanen, der Treffpunkt von moslemischen und christlichen Kaufleuten aus allen Richtungen. Auf ihren Straßen und Wegen drängen die Menschen sich so dicht, daß man kaum vorwärtskommt. Aber es ist ein Land des Unglaubens und der Gottlosigkeit, wimmelnd von Schweinen und Kreuzen, voll von Schmutz und Kot, ganz und gar erfüllt von Unreinheit und Exkrementen ...[17]

Ibn Jubayr meint dies wahrscheinlich nicht wörtlich, sondern bezieht sich auf Weinkrüge, Schweine, Musikinstrumente, Kirchen und andere Dinge, die moslemische Augen beleidigen, aber man darf anmerken, daß islamische Maßstäbe damals sehr viel höher waren als jene der europäischen Christen, und moslemische Besucher in Europa äußern sich bis ins frühe 19. Jahrhundert hinein kritisch über den europäischen Mangel an persönlicher Hygiene.

Nicht alles, was er in den fränkischen Städten sah, mißfiel ihm. Er war erfreut über das Schauspiel einer christlichen Hochzeit in Tyros und besonders über die Schönheit der Braut:

Sie schritt voll Anmut und Würde dahin, wiegte ihre Juwelen und anderen Schmuckstücke, schwebte wie eine Taube oder eine vorbeiziehende Wolke – und Gott möge mich vor den bösen Gedanken bewahren, die ein solcher Anblick hervorrief.[18]

Aber Ibn Jubayr wurde von anderen Dingen ernsthafter beunruhigt als von dieser schönen fränkischen Braut. Er notiert bestürzt, daß die Franken ihre moslemischen Bauern human und gerecht behandeln und daß es diesen besser ergeht als ihren Nachbarn, die noch unter moslemischer Herrschaft leben:

Aufrührerische Gedanken haben die Herzen der meisten Moslems verzagen lassen, wenn sie den Zustand ihrer Brüder auf islamischem Gebiet und unter islamischer Herrschaft betrachten und feststellen, daß die Art und Weise, wie jene behandelt werden, im Gegensatz zu der Freundlichkeit und Nachsicht ihrer eigenen fränkischen Herren steht. Es ist eine der Unbilden, welche die Moslems heimsuchen, daß das islamische gemeine Volk über die Bedrückung durch seine eigenen Herrscher klagt und das Verhalten seiner Gegner und Feinde lobt, der Franken, von denen sie besiegt und von deren Gerechtigkeit sie gezähmt wurden. Sie sollten sich bei Gott über diese Dinge beklagen. Wir mögen ausreichenden Trost in den Worten des Koran finden: »Wahrlich, das ist nur eine Prüfung von dir, durch welche du in den Irrtum führst, wen du willst, und recht leitest, wen du willst.«[19]

Die Beobachtungen Ibn Jubayrs sind, wie jene Usāmas und Abū Ḥāmids, isolierte Phänomene und scheinen sich auf die Entwicklung des moslemischen Wissens über den Westen kaum ausgewirkt zu haben.

Größere Bedeutung und weiterreichende Folgen hatte das Wachstum der diplomatischen Beziehungen zwischen europäischen – besonders westeuropäischen – Mächten und den Ländern des Mittleren Ostens und Nordafrikas. Zwei wichtige Faktoren trugen zur Verstärkung dieser Beziehungen bei. Einer von ihnen war der Aufstieg des europäischen Handels. Europäische Kaufleute – zunächst vor allem aus den italienischen Staaten, später aus Spanien, Frankreich, den Niederlanden und England – wurden in den moslemischen Häfen immer aktiver und dehnten ihren Tätigkeitsbereich sogar auf einige der Städte im Inneren aus. Der fränkische Kaufmann, der manchmal für lange Zeit ansässig war, wurde zu einer vertrauten Gestalt. Die Ausdehnung des europäischen Handelsbereiches machte auch eine Intensivierung der diplomatischen Kontakte notwendig. Die Kaufmannsgemeinschaften erwarben zu einem frühen Datum das Recht, Konsuln in moslemischen Staaten zu unterhalten. Vom Standpunkt der westlichen Staaten aus kamen sie gleichsam diplomatischen Aufgaben nach und repräsentierten diese Staaten bei Verhandlungen mit der Gastgeberregierung und anderen Behörden. Von moslemischer Seite wurden sie als

Oberhäupter ihrer jeweiligen Gemeinden betrachtet und waren der islamischen Obrigkeit für sie verantwortlich. Ein arabischer Autor des 15. Jahrhunderts läßt keinen Zweifel: »Die Konsuln sind die Häupter der Franken und Geiseln für jede Gemeinschaft. Wenn irgendeine Gemeinschaft etwas tut, um den Islam zu entehren, ist der Konsul dafür haftbar.«[20]

Die Bedürfnisse des Handels führten zu häufigen diplomatischen Gesprächen zwischen europäischen und moslemischen Staaten: Privilegien verschiedener Art wurden gewährt, Geschäftsverträge wurden verhandelt und unterzeichnet. Diese Verhandlungen scheinen fast ausschließlich von europäischen Konsuln und Gesandten in islamischen Länder geführt worden zu sein. Besucher aus dem Islam kamen weiterhin nur sehr selten in christliche Länder.

Der zweite Anstoß zu engeren diplomatischen Beziehungen kam aus einer ganz anderen Richtung. Seit sich Ägypten als unabhängiges Machtzentrum innerhalb der islamischen Welt herausgebildet hatte, war es immer wieder zu Rivalitäten zwischen der östlichen und der westlichen Hälfte des Mittleren Ostens gekommen: zwischen den aufeinanderfolgenden Regimen, die im Niltal herrschten und häufig auch über Syrien und Palästina dominierten, und den Systemen, die ihre Hauptunterstützung aus dem Irak und Iran bezogen. Das Eintreffen der Mongolen im 13. Jahrhundert verlieh dieser Rivalität neue Schärfe. Die Etablierung einer konkurrierenden Macht im Osten des traditionellen islamischen Gegners der Christenheit ließ in Europa Hoffnungen auf ein Bündnis und eine zweite Front aufkommen, die durch die Bekehrung der Chane von Persien zum Islam nicht unmittelbar zerstreut wurden. Daraus ergab sich ein Wirbel diplomatischer Aktivität,[21] der ein paar beiläufige Bemerkungen in der islamischen Literatur hervorbrachte.

Die Verbindungen zwischen Europa und den mongolischen Beherrschern von Persien scheinen nicht zu bemerkenswerten Ergebnissen geführt zu haben. Vielleicht ermunterten sie die Mameluken-Herrscher Ägyptens jedoch, Europa und ihren diplomatischen Beziehungen zu den verschiedenen Staaten des Christentums mehr Aufmerksamkeit zu widmen. Um das Jahr 1340 verfaßte der ägyptische Beamte Shibāb al-Dīn al-ʿUmarī ein Handbuch der diplomatischen Korrespondenz für den Gebrauch der Sekretäre in den ägyptischen Kanzleien.[22] Es enthält Verzeichnisse der Staatsoberhäupter, mit denen der Sultan von Ägypten in Briefwechsel stand, und der anerkannten Titel und Anredeformen für jeden einzelnen. Die meisten der genannten Souveräne sind Moslems, aber es gibt einen Abschnitt über »die Könige der Ungläubigen« unter denen Potentaten wie der Kaiser von Byzanz, die Könige von Georgien und Klein-Armenien, von Serbien, Sinope und Rhodos aufgeführt sind. Von den westlichen Herrschern werden nur zwei genannt: Alfons, König von Andalus, und der Rīd Frans.

Der zweite Begriff entstammt einer romanischen Mundart und steht offensichtlich für den König von Frankreich, obwohl es keinen Hinweis darauf gibt, was der Verfasser des Handbuches unter dieser Bezeichnung verstand. Eine später überarbeitete Version von 'Umāris Buch, als *Tathqīf* bekannt, fügt einige Namen hinzu; etwas mehr als ein halbes Jahrhundert später führt Qalqashandī, ein anderer Kanzleisekretär, in einem viel umfangreicheren Werk mit ähnlicher Thematik eine erheblich längere Liste an, die den Papst, die Herrscher von Genua, Venedig und Neapel sowie die Regenten einiger kleinerer Staaten des christlichen Spanien einschließt.

Abschnitt II. Über die Anredeformen, die nach etablierten Protokollsitten im Briefwechsel der Könige der ägyptischen Gebiete mit den Königen der Ungläubigen zu benutzen sind.
Wisset, daß die ungläubigen Könige, denen Briefe aus diesem Reich gesandt werden, alle Christen sind, zum Beispiel die Griechen, die Franken, die Georgier, die Äthiopier und andere...[23]

Qalqashandī spricht nun über die christlichen Könige des Orients, des Balkans und Spaniens und kommt danach zu:

Abschnitt IV. Über den Briefwechsel mit den Königen der Ungläubigen im Norden Roms und Frankreichs, je nach ihrer Art. Die Religion aller ist jene der melkitischen Christen.
1. Die Form der Anrede für den Papst.
2. Die Form der Anrede für den König der Römer, den Herrscher von Konstantinopel...
3. Die Form der Anrede für die Herrscher von Genua...
4. Die Form der Anrede für die Herrscher von Venedig...
11. Die Form der Anrede für die weibliche Herrscherin von Neapel...[24]

Aus Qalqashandīs Bericht und ein paar Bemerkungen in den Chroniken läßt sich der einleuchtende Schluß ziehen, daß die Korrespondenz mit europäischen Monarchen etwas Seltenes war. Was Missionen nach Europa betraf, so teilten die Moslems wahrscheinlich in gewissem Grade die Anschauung der Mongolen, die Verbrecher, welche des Todes für wert befunden wurden, dadurch bestraften, daß sie sie als Botschafter in fremde Gebiete schickten, wo das Klima ungesund und von wo ihre Rückkehr zweifelhaft war.[25]

Das Zeitalter der Renaissance und der großen Entdeckungen ließ das europäische Interesse an der islamischen Welt rasch und heftig wachsen. Zwar wurde der Islam nicht mehr als ernster Rivale der christlichen Religion betrachtet, doch das Osmanische Reich war immer noch ein respekteinflößender Gegner, und sein Vormarsch in den Kern Europas schien zuweilen sogar die Existenz der Christenheit zu bedrohen. Das Auftauchen einer neuen und feindlichen islamischen Macht im Iran, unter den schiitischen Schahs der Safawiden-Dynastie, schien zu Beginn des 16. Jahrhunderts wieder die Möglichkeit zu bieten, an der entfernteren Seite des Osmanischen Reiches eine zweite Front oder wenigstens eine Ablenkung zu schaffen. Aus diesen Gründen waren zuverlässige und präzise Informationen sowohl über den osmanischen wie über den persischen Staat von großer Bedeutung für die Mächte Europas, und eine Anzahl von Besuchern reiste in verschiedenen Funktionen nach Osten, um solche Informationen ausfindig zu machen.

Aber das war nicht alles. Es gab noch andere Motive, die Europäer veranlaßten, in immer größerer Zahl in den Orient zu reisen und sich dort sogar für längere Zeit niederzulassen. Die Epoche der großen Entdeckungen, die europäische Forscher in die fernsten Teile Asiens, Afrikas, Nord- und Südamerikas brachte, trieb sie auch in die europäischen sowie asiatischen und afrikanischen Grenzgebiete der Welt des Islams, wo sich ihnen neue Gelegenheiten und neue Anreize boten. Die intellektuelle Neugier der Renaissance griff bald auf den großen Nachbarn der europäischen Christenheit über. Die Ausweitung der europäischen Produktion und das wachsende Angebot von Gütern, die aus den europäischen Kolonien in der Neuen Welt exportiert werden konnten, ermunterten europäische Händler, den islamischen Orient als Absatzmarkt für ihre Waren ins Auge zu fassen. Die daraus entstehenden geschäftlichen und politischen Rivalitäten zwischen den verschiedenen europäischen Mächten führten zu einem direkteren und intensiveren westlichen Engagement in mittelöstlichen Ländern.

Eine durchaus nicht unwichtige Entwicklung bestand darin, daß ein mittlerweile in Europa entstandener Brauch auf Istanbul, die osmanische Hauptstadt, ausgedehnt wurde: die Praxis der fortwährenden Diplomatie mit Hilfe fester Botschaften. Am Ende des 16. Jahrhunderts schickten die meisten Staaten sowohl Ost- wie Westeuropas häufig und regelmäßig Gesandte nach Istanbul; einige von ihnen, darunter Venedig, Frankreich, England und das Heilige Römische Reich, hatten schon permanente Missionen eingerichtet. Im Laufe des 17. und 18. Jahrhunderts folgten die meisten der übrigen europäischen Staaten diesem Beispiel. Dadurch wurde in der osmanischen Hauptstadt eine beachtliche ansässige Gemeinschaft von Europäern der Mittel- und Oberschicht geschaffen; sie verfügten über eine noch größere Zahl von örtlichen Gehilfen und Untergebenen, die hauptsächlich unter den nichtmoslemischen Bewohnern der Stadt angeworben wurden. Zu den drei lokalen Gemeinschaften von Griechen, Armeniern und Juden kam eine neue hinzu. Ihre Angehörigen waren der Religion nach überwiegend katholisch, entstammten verschiedenen Nationen und Völkern, benutzten viele Sprachen, am häufigsten jedoch die italienische und griechische; sie besaßen – oder erhoben Anspruch auf – die Staatsbürgerschaft des einen oder anderen europäischen Landes, zu dem ihre Beziehungen oft recht dürftig waren. Diese Leute wurden schließlich in Europa als Levantiner, in der Türkei als *tath su Frengi* – Süßwasserfranken – bekannt, um sie von den Salzwasserfranken zu unterscheiden, die tatsächlich aus Europa gekommen waren.

Die Aufnahme diplomatischer Beziehungen zum Iran und zu Marokko erwies sich als etwas schwieriger. Es kam nicht selten vor, daß Gesandte diese Länder besuchten, doch die Einrichtung fester Missionen wurde bis zu einem sehr späten Zeitpunkt hinausgeschoben.

Das wachsende Interesse und die zunehmende Aktivität der Europäer in den islamischen Ländern können schwerlich unbemerkt geblieben sein. Handel und Diplomatie vergrößerten die Zahl der in islamischen Städten ansässigen Europäer stetig, ebenso wie die Zahl der Einheimischen, die auf die eine oder andere Art mit ihnen in Berührung kamen. Die letzteren waren zwar meist Nichtmoslems, unterhielten ihrerseits jedoch weiterhin eine gewisse Beziehung zu den größeren mittelöstlichen Gesellschaften, zu denen sie, wenn auch abgetrennt und isoliert, immer noch gehörten. Sogar das Anwachsen der Orientalistik in Europa muß sich irgendwie ausgewirkt haben. Vom 16. Jahrhundert an produzierten europäische Druckereien Ausgaben von arabischen Büchern, die billiger waren und sich leichter handhaben ließen als die Manuskripte, auf die Leser in islamischen Ländern immer noch angewiesen waren. Tatsächlich finden wir in den moslemischen Quellen gelegentlich Klagen darüber, daß diese europäischen Ausgaben arabischer Texte importiert wurden.

Aber insgesamt bleibt die Reaktion auf all diese Tätigkeiten gering. Die Gemeinschaften der Europäer – Kaufleute, Diplomaten und andere – waren weiterhin isoliert. Ihr örtlicher Kreis von einheimischen Mitarbeitern trug eher dazu bei, sie von der moslemischen Bevölkerung abzuschirmen als sie mit ihr in Kontakt zu bringen. Darin sahen die Moslems offenbar auch die Aufgabe dieser Mitarbeiter. Es war eine schmutzige und gefährliche Angelegenheit, sich mit ungläubigen Ausländern abzugeben; deshalb überließ man es am besten anderen Ungläubigen.

Bei dieser Einstellung kann nicht überraschen, daß der alte Widerwille, das Haus des Krieges zu besuchen, anhielt. Was den notwendig scheinenden Umgang mit der ungläubigen Welt betraf, genügte es den meisten moslemischen Herrschern, sich auf den Besuch von Ungläubigen bei ihnen zu verlassen – ein natürlicher Tribut eines niedrigeren an einen höheren Stand – und sogar zu Hause Vermittler einzusetzen, die sie von zu engem Kontakt abschirmen sollten.

Über einen langen Zeitraum hinweg wurden die osmanischen Beziehungen zu Europa fast ausschließlich durch solche Vermittler gepflegt. Zum einen verlangte diese Aufgabe Fertigkeiten, welche die Moslems entweder nicht besaßen oder deren Erwerb ihnen gleichgültig war. Zum anderen zog sie Pflichten nach sich, die den Moslems wenig reizvoll schienen. Wie in den meisten menschlichen Gesellschaften betraute die dominierende Gruppe andere mit unangenehmen Arbeiten. Deshalb sind Nichtmoslems, besonders in den späteren Jahrhunderten, zahlreich in den »schmutzigen Berufen« vertreten. Dazu gehörte der für einen strengen Moslem schmutzigste Beruf, nämlich der Umgang mit Ungläubigen. So fanden sich manchmal recht viele Juden und Christen in der Diplomatie, im Bankwesen und der Spionage. Im allgemeinen wurden Verhandlungen mit ausländischen Vertretern in Istanbul von nichtmoslemischen Bediensteten der Hohen Pforte durchgeführt; auch Auslandsreisen, ob aus diplomatischen oder geschäftlichen Gründen, wurden normalerweise Nichtmoslems überlassen. Nur gelegentlich machte sich ein osmanischer Würdenträger zu einer Mission auf, wobei er in der Regel von einem nichtmoslemischen Dolmetscher begleitet wurde.

Das 16. Jahrhundert brachte einen bedeutsamen Wandel der türkischen Einstellung mit sich. Unter den frühen Sultanen spielten Südosteuropäer – Griechen, Slawen und Albaner – eine prominente Rolle in der osmanischen Regierungsschicht, nicht nur als Konvertiten zum Islam, sondern auch als praktizierende Christen. Osmanische Fürsten schlossen dynastische Ehen mit christlichen Prinzessinnen, und mehrere der ältesten und angesehensten osmanischen Aristokratenfamilien waren byzantinischer Herkunft. In den osmanischen Archiven erhaltene Verzeichnisse von Lehnsmännern führen viele christliche Namen auf, was belegt, daß der christliche Adel in die militärische Herrscherklasse der Osmanen aufgenommen wurde. Die Entwicklung des osmanischen Staates aus einem Grenzfürstentum in ein islamisches Reich mußte Regierung wie Gesellschaft umgestalten. Dieser Prozeß wurde durch die Übernahme der arabischen Kernländer, besonders der islamischen heiligen Stätten in Arabien, beschleunigt, und das Gewicht von Territorium, Bevölkerung und Tradition verschob sich nach Osten. Konvertiten vom Balkan und aus anderen Gegenden spielten noch ungefähr ein Jahrhundert lang eine wichtige Rolle, aber sie wurden immer mehr von Männern aus den alten moslemischen Familien in den Schatten gestellt, während nichtbekehrte Christen allmählich aus dem Machtapparat hinausgedrängt wurden und sich auf ihre korrekte gesetzliche Position als *dhimmi* beschränken mußten.

Der Umgang mit der nicht besiegten christlichen Welt ging jedoch weiter, und hier standen die Türken im Vordergrund. Vom 16. bis ins frühe 19. Jahrhundert hingen die östlichen Araber, was ihre politischen Kontakte zu Europa betraf, fast völlig von den Osmanen ab, und den noch weiter östlich gelegenen Iran erreichten nur spärliche Informationen, die häufig durch osmanische Kanäle gefiltert waren.

In der Entwicklung der osmanischen Beziehungen zu Europa und in der Rolle der Vermittler, die sie im Grunde gestalteten, können zwei Stadien unterschieden werden. Im ersten waren die Vermittler meistenteils Männer, die aus Europa gekommen waren; im zweiten Stadium waren es Einheimische, die Schritte nach Europa machten. In der ersten Phase handelte es sich bei den Vermittlern vor allem um Überläufer und Flüchtlinge meist europäischer Herkunft. Von den spanischen Morisken abgesehen, die rasch in der islamischen Gemeinde aufgingen, waren die Flüchtlinge hauptsächlich, wenn auch nicht ausschließlich Juden. Die Verfolgung der Juden in Spanien und Portugal und in den Gebieten unter spanischem Einfluß war für die Osmanen ein unverhoffter Glücksfall. Vom späten 15. Jahrhundert an und während des 16. Jahrhunderts strömten europäische Juden in großer Zahl in die osmanischen Länder. Sie brachten nützliche Fertigkeiten, die Kenntnis europäischer Sprachen und Verhältnisse sowie einiges an technischem Wissen mit. Der westliche Reisende Nicholas de Nicolay, der die Türkei im Jahre 1551 besuchte, macht ein paar interessante Bemerkungen über die Bedeutung der spanischen und portugiesischen Marranen, die zwangsweise getauft wurden und in die Türkei flüchteten, um zum Judaismus zurückzukehren:

>Sie [die Türken] haben bei sich ganz ausgezeichnete Praktiker aller Techniken und Handwerker, besonders Marranen, die vor nicht langer Zeit aus Spanien und Portugal verbannt und vertrieben wurden; sie haben die Türken zum großen Schaden und zur Kränkung der Christenheit mit mehreren militärischen Erfindungen, Kunstfertigkeiten und Maschinen bekannt gemacht, etwa wie Geschütze, Arkebusen, Schießpulver, Kugeln und andere Waffen herzustellen sind. Ebenso haben sie eine Druckerei eingerichtet, wie man sie in diesen Gegenden noch nie gesehen hat, aber es ist ihnen nicht gestattet, etwas in türkischer oder arabischer Sprache zu drucken.«[26]

Vom moslemischen Standpunkt aus hatten Juden gegenüber Christen einen wichtigen Vorzug. Sie wurden nicht der Komplizenschaft mit den europäischen Hauptgegnern des Islam verdächtigt. Das hatte zur Folge, daß die Türken häufig lieber Juden als Christen für politisch oder wirtschaftlich heikle Aufgaben einsetzten. Unmittelbar nach der türkischen Eroberung Zyperns, das vor allem von griechisch-orthodoxen Christen und einer kleinen Minderheit italienischer Katholiken bewohnt war, erscheinen in den osmanischen Archiven Anweisungen, jüdische Familien auf die Insel zu schicken. Ein Befehl erwähnt fünfhundert, ein anderer tausend »wohlhabende jüdische Familien«, die »im Interesse der besagten Insel« nach Zypern zu entsenden seien.[27] Dies bedeutete, daß die Osmanen sich auf der Insel ein produktives industrielles und geschäftliches Element wünschten, das nicht griechisch oder italienisch oder christlich war und vermutlich nicht mit dem christlichen Europa sympathisieren würde. Sie konnten sich bei ihrem Handel mit dem Westen auf die Juden verlassen, nicht jedoch auf die Griechen oder Armenier. Ähnliche Erwägungen führten zu den Anfängen dessen, was sich schließlich zu einer gewaltigen Ansiedlung von Juden in Saloniki entwickelte, nachdem die Osmanen es erobert hatten. Diese Ansiedlung war teilweise auf bewußte osmanische Politik zurückzuführen, die das Ziel hatte, in diesem strategisch wichtigen Seehafen eine wirtschaftlich nützliche und politisch zuverlässige Bevölkerung zu schaffen.

Während des 16. Jahrhunderts übernehmen europäische Juden im osmanischen Dienst eine Reihe von Funktionen. Wir finden sie im Zolldienst, wo die Juden schon im Ägypten der Mameluken zahlreich vertreten waren und wo ihre Kenntnis europäischer Sprachen und Verhältnisse ihren Herren sehr zustatten kam. Wir finden sie in diplomatischen Tätigkeiten verschiedener Art, manchmal auf hohem Niveau, sowie als Kaufleute, die unter osmanischer Protektion reisten und arbeiteten. Und schließlich wird durch spanische Archive belegt, daß der osmanische Spionagedienst im christlichen Europa bis zu einem gewissen Grade von jüdischen Agenten abhing.[28]

Die Griechen, obwohl dem Westen nicht sehr freundlich gesonnen, mochten immer noch Hoffnungen auf ein wiederhergestelltes Byzantinisches Reich hegen. Die Armenier, die immer noch hauptsächlich im südlichen und östlichen Kleinasien lebten, waren fast so sehr vom Westen isoliert wie die Türken selbst. Die Juden waren in einer besseren Position, um diese Dienste zu leisten, und die Türken bevorzugten sie.

Neben den Juden gab es andere Flüchtlinge, die zu verfolgten christlichen Gruppen wie etwa den Unitariern gehörten, und eine erhebliche Zahl von Überläufern oder, wie sie in der moslemischen Geschichte genannt werden, *muhtadī* – jene, die den richtigen Pfad gefunden haben.

Bis zum 17. Jahrhundert war der Zustrom sowohl an Überläufern wie an Flüchtlingen stark zurückgegangen. Zum einen verbesserten sich die Bedingungen in Europa. Nach den Religionskriegen hatte Europa sich endlich eine gewisse Toleranz in religiösen Dingen zugelegt, und ketzerische Christen und sogar Juden hatten weniger Grund, aus ihrer Heimat zu fliehen und sich in ferne Länder zu begeben. Zum anderen boten die großen europäischen Entdeckungen und die Kolonisierung der Neuen Welt jenen abenteuerlustigen Geistern, die vorher im Osmanischen Reich Ruhm und Geld gesucht hatten, bessere Gelegenheiten, und viele, die vielleicht einst im osmanischen oder einem anderen moslemischen Dienst Karriere gemacht hätten, schlugen sich jetzt zu den neuerworbenen Kolonialgebieten Amerikas durch.

Während Europa und seine überseeischen Besitzungen interessanter wurden, verloren der Mittlere Osten und die islamische Welt im allgemeinen an Reiz und boten, zu Beginn einer Periode des wirtschaftlichen und politischen Niedergangs, immer weniger Versuchungen. Die Bewegung der Überläufer setzte sich jedoch fort. Die letzte bedeutende Gruppe bestand aus Piraten, die im frühen 17. Jahrhundert aus Westeuropa nach Nordafrika zogen und ihre seemännischen und räuberischen Fertigkeiten den berberischen Korsaren zur Verfügung stellten.

Juden, die einst so wichtig waren, kamen nicht mehr aus Europa. Jene, die sich schon in der Türkei befanden, verloren allmählich ihre Kenntnisse und Kontakte. Flüchtlinge und Abenteurer suchten nur noch selten in der Türkei Sicherheit oder Reichtum, aber von ihnen leistete nur eine einzige Gruppe einen erwähnenswerten Beitrag. Dies waren die Ungarn und einige Polen, die nach der erfolglosen Erhebung von 1848 aus Ungarn flohen und eine Heimat und eine Karriere im Osmanischen Reich fanden. Die Flüchtlinge von 1848, von denen ein paar zum Islam konvertierten und im osmanischen Dienst bis in hohe Positionen aufstiegen, spielten keine unbedeutende Rolle für die Modernisierung der türkischen Verwaltung und des Militärapparats in der Mitte des 19. Jahrhunderts.

Da keine Überläufer und Flüchtlinge mehr eintrafen und die schon im Reich vorhandenen ihre nützlichen Eigenschaften verloren, wurden sie von anderen ersetzt. Immerhin gab es einige, die nicht aus Europa kamen, doch dorthin gingen, vor allem Griechen. In der Mitte des 17. Jahrhunderts hatten sie ihre Hoffnung, das Byzantinische Reich wiederherzustellen, aufgegeben und ihre frühere Feindschaft der westlichen Christenheit gegenüber verdrängt. Griechische Christen aus den osmanischen Gebieten begannen, ihre Söhne zum Studium nach Europa, gewöhnlich nach Italien, zu schicken, und griechische Absolventen italienischer Universitäten, besonders der medizinischen Fachrichtung, spielten eine Rolle von wachsender Bedeutung. Den Griechen folgten andere osmanische Christen, vor allem solche, die den mit Rom in Religionsgemeinschaft stehenden östlichen Kirchen angehörten. Vom späten 16. Jahrhundert an war der Vatikan unter den Christen des Mittleren Ostens immer aktiver geworden. Die Mönchsorden schickten Missionare in den Libanon und in andere Regionen, und für die östlichen Gemeinden wurden in Rom Kollegien eingerichtet. Katholische und unierte Christen der griechischen, armenischen, koptischen, maronitischen, chaldäischen und syrischen Religionsform wurden in immer stärkerer Zahl von diesen europäischen Kontakten beeinflußt, die manchmal sogar ihre orthodoxen und sogar ihre moslemischen Nachbarn berührten. Die Schule und der Orden, die der katholische Armenier Mekhitar in Venedig gegründet hatte, wurden eine Zeitlang zum Zentrum des armenischen Geisteslebens im ganzen Orient; die Verwestlichung der arabisch sprechenden Maroniten vom Libanon-Gebirge wirkte sich schließlich in diesem oder jenem Grade auf ganz Syrien und andere Gebiete aus. Im

Gegensatz zu den Juden waren die Griechen imstande, ihre Beziehungen zu Europa aufrechtzuerhalten, auszuweiten, zu institutionalisieren und damit den Macht- und Einflußpositionen, zu deren Erwerb dieses neue Wissen sie im osmanischen Staat befähigte, eine permanente Gestalt zu geben. Die jüdischen Ärzte aus dem Westen, die einst den Sultanen und den Großwesiren gedient hatten, wurden von osmanischen Griechen mit italienischen Universitätsabschlüssen ersetzt. Sie waren in jeder Hinsicht besser gestellt als die Juden. Als Einheimische kannten sie die Türken und deren Sprache besser, als Christen hatten sie tiefergehende Kontakte zu Europa und erfreuten sich der Protektion dortiger christlicher Regierungen und Handelsgesellschaften, die natürlich dazu neigten, einheimischen Christen gegenüber Juden den Vorzug zu geben. Dies wurde besonders wichtig in einer Zeit, als es eher auf die Wünsche der christlichen Europäer denn auf jene der islamischen Türken ankam.

Während diplomatische Beziehungen zwischen christlichen und islamischen Staaten fast ausschließlich durch christliche Gesandte an moslemischen Höfen gepflegt wurden, ließen sich doch gelegentliche Reisen in die Territorien der Ungläubigen nicht vermeiden, und vom 16. Jahrhundert an schickten die drei islamischen Länder, die am meisten mit Europa zu tun hatten – die Türkei, der Iran und Marokko –, immer häufiger Gesandte oder Kaufleute in verschiedene europäische Länder.

Zunächst wurden diese Reisenden meist in den örtlichen nichtmoslemischen Gemeinschaften oder sogar unter Überläufern und Abenteurern aus Europa angeworben. Wenn Moslems entsandt wurden, waren sie in der Regel gerade zum Islam konvertiert und besaßen deshalb noch nützliche Kenntnisse über Europa, seine Völker, seine Regierungen und Sprachen. Die Bräuche der europäischen Diplomatie waren der islamischen Welt so neu, daß moslemische Herrscher manchmal sogar Ausländer, die zu ihnen gekommen waren, mit Botschaften in ihre eigenen Länder zurückschickten. Dies widerfuhr zum Beispiel den Brüdern Antony und Robert Sherley, die im Jahre 1598 aus England in den Iran reisten. Antony Sherley war vom Earl of Sussex entsandt worden, um persische Unterstützung für ein Bündnis gegen die Osmanen zu gewinnen, und war geblieben, um persische Truppen in der europäischen Kriegskunst zu unterweisen. Im Jahre 1599 schickte der Schah Antony Sherley als seinen eigenen Gesandten nach Europa, doch die Mission hatte keinen Erfolg. Sein Bruder Robert Sherley blieb im Iran zurück, wo ihm der Schah im Jahre 1607 die Tochter eines Tscherkessenführers zur Frau gab und ihn im Jahre 1608 ebenfalls zu einer diplomatischen Mission nach Europa entsandte, welche die Aufnahme diplomatischer und geschäftlicher Beziehungen zwischen England und dem Iran zur Folge hatte. Die Tatsache, daß solche Missionen Ausländern und Ungläubigen anvertraut wurden, zeigt, wie wenig Bedeutung man ihnen zumaß.

Ab und zu wurden auch moslemische Beamte nach Europa geschickt. Der türkische Sultan Bayezid II. entsandte einen Botschafter namens Ismail mit Briefen und Geschenken an verschiedene europäische Höfe, darunter Florenz, Mailand und Savoyen. Wir hören von einem marokkanischen Botschafter, der in Shakespeares Tagen in London war und vielleicht die Gestalt des Othello inspiriert hat, und von türkischen Missionen nach Wien, Paris und anderen Hauptstädten im späten 16. und frühen 17. Jahrhundert. Im Jahre 1581 erreichten nicht weniger als zwei türkische Gesandte Paris. Der erste hatte den Auftrag, dem französischen König Heinrich III. eine Einladung des türkischen Sultans Murad III. zur Beschneidungszeremonie seines jungen Sohnes Mehmed zu überbringen. Die Gesandtschaft bestand aus vier çaşnigirs – wörtlich »Abschmecker«, der Titel eines hohen Beamten an islamischen Höfen. Die zweite Mission wurde von einem gewissen Ali Çelebi durchgeführt, der Heinrich III. ein Exemplar der gerade erneuerten Kapitulationen und einen Brief überbrachte. Bei dieser Episode zeigten die Franzosen erheblichen Widerwillen, die Gesandtschaft zu empfangen. Man ließ die türkischen Emissäre drei Monate in Venedig warten, bevor man ihnen gestattete, nach Frankreich weiterzureisen. Sogar der französische Botschafter in Venedig war, wie er seinem König schrieb, nicht geneigt, die Türken zu empfangen, »da das Ziel dieser Gesandtschaft ganz im Gegensatz zur christlichen Religion steht«. Es sei vertretbar, christliche Gesandtschaften zu den Souveränen des Islam zu schicken, es sei nicht vertretbar, moslemische Gesandte in den Hauptstädten der Christenheit zu empfangen. Später besann sich der französische Botschafter jedoch eines Besseren, und der König wurde überredet, den Türken die Weiterreise nach Paris zu erlauben, wo sie offenbar herzlich willkommen geheißen wurden. Eine weitere türkische Mission nach Frankreich wurde im Jahre 1607 verzeichnet, als ein çauş, ein osmanischer Unterherold, König Heinrich IV. ein Schreiben des Sultans, anscheinend mit einer rein zeremoniellen Mitteilung, überbrachte.[29]

Ein çauş war kaum mehr als ein Bote – er wurde routinemäßig mit Befehlen zu den Provinzgouverneuren geschickt –, und die Wahl zeigt, wie gering die Osmanen diese »diplomatischen« Beziehungen achteten. Erst einige Zeit später begannen die Sultane, Emissäre mit dem Titel eines Botschafters – elçi – zu entsenden, zunächst nach Wien und dann in andere europäische Hauptstädte.

Im allgemeinen scheinen Europäer wie Türken ihre Geschäfte lieber in Istanbul als in europäischen Hauptstädten abgewickelt zu haben. Gespräche in Istanbul konnten insgeheim geführt werden, und die Anwesenheit europäischer Gesandter ließ sich mit Handelsfragen in Verbindung bringen. Die Besuche türkischer Gastarbeiter in Europa weckten den Verdacht, daß ein christlicher Staat versuchte, ein Bündnis mit den Türken gegen seine christlichen Rivalen zu schließen. Während die meisten dazu bereit waren, wollten sie sich jedoch nicht bei dem Versuch beobachten lassen. Infolge dieser Zurückhaltung auf beiden Seiten blieb die Zahl der Missionen in Europa gering. Man berichtete von einem türkischen Gesandten, der im Jahre 1640, und einem weiteren, der im Jahre 1669 nach Paris kam; sein Erscheinen soll die türkische Zeremonienszene in Molières Stück *Le bourgeois gentilhomme* inspiriert haben.

Missionen aus anderen islamischen Ländern waren sogar noch seltener. Ein persischer Gesandter in Paris zur Zeit Ludwigs XIV. erweckte beträchtliche Aufmerksamkeit.[30] Auch marokkanische Gesandtschaften trafen bei verschiedenen Gelegenheiten ein. Einige Missionen hatten offenbar das Ziel, über den Freikauf von Gefangenen zu verhandeln, die im Mittelmeer gemacht worden waren. Dazu gehörte die erste osmanische Mission nach Den Haag im Jahre 1614. Der Gesandte war ein gewisser Ömer Ağa, der den Rang eines Çauş und Müteferrika besaß; er wurde von zwei Dragomanen begleitet, einem Katholiken aus Naxos, dessen Name als Gian Giacomo Belegro angegeben wird, und anscheinend von einem spanischen Juden, dessen Name – Abraham Abensanchio – die gemischte Kultur der Iberischen Halbinsel widerspiegelt. Zweifellos hatten die beiden Dragomane – der eine Christ, der andere Jude – sich gegenseitig zu kontrollieren.[31].

Bemerkenswert ist, daß uns all diese frühen Missionen aus islamischen Ländern nach Europa nur aus westlichen Quellen bekannt sind. Die Entsendung und die Tätigkeit solcher Missionen galten nicht als so wichtig, daß die Aufmerksamkeit eines moslemischen Chronisten erregt wurde. Die erste Gesandtschaft, von der islamische Berichte überliefert sind, ist die des türkischen Botschafters Kara Mehmed Pascha, der im Jahre 1665 nach Wien reiste.[32] Den Anlaß bot die Unterzeichnung des Vertrages (oder der Waffenruhe) von Vasvar zwischen dem osmanischen und dem österreichischen Herrscher; der Zweck war angeblich, freundschaftliche Beziehungen aufzunehmen. Dies scheint die erste osmanische Gesandtschaft von so großem Umfang gewesen zu sein. Den Gesandten begleitete ein Gefolge von hundertfünfzig Personen, von denen nicht weniger als ein Drittel spezifische Ämter innegehabt haben sollen. Dolmetscher war ein bekannter europäischer Gelehrter, François de Mesgnien Meninski, damals Chefdolmetscher des österreichischen Kaisers. Ein ausführlicher Bericht Meninskis in italienischer Sprache, mit dem Titel *Relazione di Cio, che e passato circa l'ambasciata solenne Turchesca nell' anno 1665 e 1666*, wird in den Archiven von Wien verwahrt und scheint als Anleitung für die Feierlichkeiten und Verhaltensweisen gedient zu haben, der man folgte, als spätere osmanische Gesandtschaften in der Stadt begrüßt wurden. Zwei türkische Beschreibungen der Mission haben sich erhalten, eine davon ist der offizielle Bericht des Botschafters selbst.[33]

Obwohl die Gesandtschaft sich neun Monate in Wien aufhielt, ist Kara Mehmed Paschas Bericht kurz und trocken; er beschränkt sich auf eine Darstellung seiner eigenen offiziellen Tätigkeit und schreibt fast nichts über das Land, das er besuchte. Immerhin bot seine Mission einem anderen, viel berühmteren türkischen Reisenden und Schriftsteller die Möglichkeit, die österreichische Hauptstadt zu beschreiben. Evliya Çelebi war zwar ein großer Reisender, aber leider auch ein großer Phantast. Er verhehlt seinen Lesern nicht, daß er lieber unterhalten als belehren möchte, und wenn eine Geschichte amüsant war, spielte es keine große Rolle, ob sie auch der Wahrheit entsprach. In den zehn Bänden seines *Seyahatname* – Buch der Reisen – beschreibt er die zahlreichen Länder, die er besuchte, und viele mehr, die er nie betrat. Neben dem, was er selbst sah, erzählte er von Dingen, die ihm verläßliche und unzuverlässige Gewährsleute mitgeteilt haben, und er macht keinen Versuch, zwischen ihnen zu unterscheiden. Im sechsten Band seiner Reisen schildert er eine offensichtlich mythische Expedition, bei der er mit 40 000 tatarischen Reitern durch Österreich, Deutschland und Holland zur Nordsee geritten sei. Im siebten Band beschreibt er Wien und Österreich, die er als Mitglied von Kara Mehmed Paschas Gesandtschaft besucht habe. Evliya Çelebis etwas komplizierte Einstellung zur Wahrheit macht es schwer, die Glaubwürdigkeit seiner Aussagen einzuschätzen. Einmal wurde vermutet, daß er gar nicht in Wien gewesen sei, sondern seine Erzählung nur aus Informationen der zurückgekehrten Gesandtschaftsmitglieder, für seine eigenen Zwecke umgestaltet und ausgeschmückt, konstruiert habe. Dieser Vorwurf ist jetzt durch ein zeitgenössisches Dokument widerlegt worden, das Evliyas Anwesenheit in Wien bezeugt.[34] Der größte Teil seiner Erzählung deutet auf direkte Beobachtungen hin, aber sein Stil und seine Darstellung sind nicht immer durch übertriebenen Ernst gekennzeichnet.

Seine Beschreibung des österreichischen Kaisers mag als Beispiel für seinen literarischen Stil dienen:

Man möchte aber fast bezweifeln, daß mit ihm der Herrgott wirklich einen Menschen hat erschaffen wollen:

Er ist ein junger Mann von Mittelgröße, ohne Kinnbart, mit schmalen Hüften, nicht gerade fett und beleibt, aber auch nicht eben hager.

Nach Allahs Ratschluß hat er einen flachen Kopf, oben zugespitzt wie die Mütze eines Mevlevî-Derwisches oder wie ein Birnenkürbis, mit einer Stirne, flach wie ein Brett, und dichten, schwarzen Augenbrauen, die aber weit auseinanderstehen und unter denen seine von schwarzen Wimpern umrandeten, kreisrunden und hellbraunen Augen wie die Lichter eines Uhus funkeln.

Sein Gesicht ist lang und spitz wie das des Meisters Reineke, mit Ohren, groß wie Kinderpantoffel, und einer roten Nase, die wie eine unreife Weinbeere leuchtet und groß ist wie die Hälfte eines zerbrochenen Münzenbrettes oder wie eine

Aubergine aus Morea. Aus den weiten Nasenlöchern, in die er je drei Finger auf einmal hineinstecken könnte, hängen ihm Haare, lang wie die vom Schnurrbart eines dreißigjährigen Haudegens, heraus und vermischen sich im dichten Wirrwarr mit dem Bart auf seiner Oberlippe und mit seinem schwarzen Backenbart, der ihm bis zu den Ohren hinanreicht. Seine Lippen sind wulstig wie die eines Kamels, und in seinen Mund würde ein ganzer Laib Brot auf einmal passen. Auch seine Zähne sind groß und weiß wie die eines Kamels. Immer wenn er spricht, spritzt und trieft ihm der Speichel aus seinem Mund und von seinen Kamellippen, als ob er sich erbrechen würde. Da wischen ihm dann die strahlend schönen Pagen, die ihm zur Seite stehen, mit riesigen roten Mundtüchern ständig den Geifer ab. Er selber kämmt seine Locken und Kringeln dauernd mit einem Kamm. Seine Finger sehen aus wie die Langa-Gurken.

Nach dem Willen Allahs des Allerhabenen sind übrigens sämtliche Kaiser aus diesem Geschlecht von so garstigem Äußeren. Und in all ihren Kirchen und Häusern sowie auf den Talerstücken wird der Kaiser mit solch häßlichem Gesicht abgebildet; ja, wenn ihn einer mit hübschem Antlitz malt, dann läßt er diesen Mann hinrichten, weil er, wie er meint, ihn entstellt hat! Denn daß sie so häßlich sind, dessen rühmen und brüsten sich diese Kaiser.[35]

Solcher offensichtlichen Karikaturen ungeachtet war Evliya Çelebi der erste, der mit dem traditionellen Muster unwissender Verachtung brach. Seine Beschreibung Österreichs gewährt einen kurzen Einblick in eine Gesellschaft, die sich nicht nur von jener der Osmanen unterschied, sondern in mancherlei Hinsicht sogar besser war. Von ein oder zwei Ausnahmen abgesehen – etwa, wenn er europäische Zeitmesser den bei den Osmanen gebräuchlichen gegenüberstellt oder wenn er von der großen und gut ausgestatteten Bibliothek des Stephansdoms in Wien spricht –, ist Evliya bemüht, jeden Vergleich zwischen dem, was er in Österreich sah, und den Verhältnisssen, die seine Leser in der Heimat kennen, zu vermeiden. Aber in den allzu phantasievollen Geschichten, mit denen er sein Publikum unterhält, lassen sich wichtige Merkmale ausmachen: ein diszipliniertes Heer, ein gutorganisiertes Rechtsprechungssystem, eine blühende Landwirtschaft, eine wohlhabende Bevölkerung und eine vorzüglich angelegte, von Ordnung bestimmte und florierende Hauptstadt.

Ein ähnliches Bemühen, Unterschiede eher anzudeuten als herauszustellen, besonders jene, bei denen die Bräuche der Ungläubigen überlegen erscheinen könnten, kennzeichnet einige spätere Besucher. Von dieser Zeit an wurde es zu einer Gewohnheit türkischer Botschafter in Europa, nach ihrer Rückkehr Berichte zu schreiben und darzustellen, was sie gesehen und – insbesondere – was sie getan hatten. Eine Anzahl dieser Berichte, im Türkischen als *sefaretname*, Botschaftsbuch oder Botschaftsbrief, bekannt, hat sich aus dem späten 17. und 18. Jahrhundert erhalten. Bei weitem am interessantesten ist der Bericht von Mehmed Said – genannt Yirmisekiz Çelebi, Herr Achtundzwanzig (er hatte als Offizier in der 28. Kompanie des

Janitscharenkorps gedient) –, der in den Jahren 1720 und 1721 als osmanischer Botschafter am Hofe des Kindkönigs Ludwig XV. in Paris weilte. Mehmed Said war ein Mann von einiger Bedeutung: Bei den Verhandlungen, die im Jahre 1718 zur Unterzeichnung des Vertrages von Passarowitz führten, war er Bevollmächtigter gewesen. Danach hatte er als Botschafter in Wien und als Hauptschatzmeister des Reiches gedient. Seine Mission bestand französischen Quellen gemäß darin, dem Regenten mitzuteilen, daß der Sultan sein Einverständnis zu notwendigen Reparaturen an der Grabeskirche in Jerusalem geben werde. Er erörterte ebenfalls die Raubzüge der Malteser, die Auslösung ihrer Gefangenen und einige andere diplomatische und politische Angelegenheiten. Über seine unmittelbare Mission hinaus hatte er den Auftrag, »die Mittel der Zivilisation und Ausbildung gründlich zu studieren und über jene Bericht zu erstatten, die in der Türkei anwendbar sind«. Diese zusätzliche Aufgabe spiegelt sich in seinem Botschaftsbrief wider, der von ungewöhnlicher Länge und Faszination ist.[36]

Mehmed Said Çelebi war seit langem der erste osmanische Botschafter in Paris, und ihm wurden, wo er sich auch zeigte, Neugier und großes Interesse zuteil. Während er auf den Kanälen nach Paris reiste, sammelten sich Menschenmengen an den Ufern, um ihn zu betrachten. Einige der Neugierigen fielen ins Wasser, manche wurden sogar von den Wächtern angeschossen. In Bordeaux wurde er Zeuge eines wahrhaft bemerkenswerten Schauspiels, wie er es noch nie gesehen hatte:

An diesem Ort konnten wir Ebbe und Flut sehen, wovon wir gehört hatten. Sie steigt und fällt im Ozean zweimal in 24 Stunden ... Ich persönlich beobachtete mit eigenen Augen, wie das Wasser des Flusses um mehr als eine Elle stieg und fiel ... niemand, der dies nicht mit eigenen Augen gesehen hat, könnte es glauben.[37]

In Paris wurde er standesgemäß von König und Hof empfangen, und wiederum belästigte ihn die Neugier sowohl des gemeinen Volkes wie des Adels:

Sie standen zitternd bis 3 oder 4 Uhr nachts in Kälte und Regen und wollten sich nicht entfernen. Wir waren erstaunt über ihre Neugier.[38]

Zur gegebenen Zeit präsentierte der Botschafter dem französischen Regenten seine Beglaubigung:

Ich erklärte ihm, daß wir in der Freude, einer so erhabenen Persönlichkeit wie ihm zu begegnen, alle Sorgen unserer Reise vergessen hätten, aber dies sagte ich aus Höflichkeit. Tatsächlich, wenn ich von all den Qualen zu erzählen hätte, die wir zwischen Toulon und Paris erleiden mußten, würde der Himmel nicht genug Platz bieten ...[39]

Während seiner langen und interessanten Beschreibung dessen, was er in Frankreich sah, unternimmt Mehmed Said an keiner Stelle einen direkten Vergleich mit der osmanischen Gesellschaft. Aber er war kein unaufmerksamer Mann, und Vergleiche sind häufig implizit. Seine Schilderungen des Observatoriums mit den wissenschaftlichen Instrumenten, des Krankenhauses mit dem Sezierraum, solcher kulturellen Einrichtungen wie Theater und Oper, der französischen Industrie und Fabrikation, der Architektur und der Bauweise von Palästen und Gärten, der Straßen und Kanäle, der Brücken und Schleusen, die er hinter sich ließ – all das gab das Bild einer neuen, vielleicht schöneren Welt wieder. Ein moderner türkischer Historiker meinte dazu: Als Mehmed Said sich im Jahre 1720 zu seiner Mission aufmachte, konnte er Paris nicht mehr »mit dem stolzen Auge eines Frontkämpfers« sehen, wie Evliya Çelebi Wien gesehen hatte. Evliyas Einstellung war immer noch von den ruhmreichen, nicht weit zurückliegenden Erinnerungen an die Zeit Suleimans des Prächtigen beherrscht. Mehmed Said dagegen hatte Niederlagen und Erniedrigungen erlebt: das zweite Scheitern bei Wien, den Rückzug aus Ungarn, die Friedensverträge von Karlowitz und Passarowitz. Die Osmanen wichen nicht nur aus Zentraleuropa zurück, sondern sie hatten es nun auch mit einer neuen und schrecklichen Gefahr zu tun, die im Jahrhundert zuvor kaum wahrgenommen worden war – der Gefahr, die sich aus dem Vormarsch Rußlands ergab.

Der Herzog von St. Simon, der dem türkischen Botschafter während seines Aufenthaltes in Paris offenbar begegnete, schreibt, daß »er mit Geschmack und Urteilskraft alles beobachtete, was Paris ihm bieten konnte... er schien Maschinen und Produktionsweisen zu begreifen, besonders Münzen und Druckereien. Er schien sehr viel zu wissen und große Kenntnis der Geschichte und guter Bücher zu haben«.[40] St. Simon notiert auch, daß der türkische Botschafter beabsichtigt habe, nach seiner Rückkehr nach Istanbul eine Druckerei und eine Bibliothek einzurichten, und daß er dieses Ziel verwirklicht habe. Tatsächlich scheint das letztere Vorhaben von seinem Sohn Said Efendi realisiert worden zu sein, der ihn nach Paris begleitete, und später selbst als Diplomat und für kurze Zeit sogar als Großwesir eine hervorragende Karriere durchlief.

Andere osmanische Botschafter besuchten London, Paris, Berlin, Wien, Madrid sowie St. Petersburg und erstatteten pflichtgemäß Bericht über ihre Tätigkeiten. Diese Botschaftsbriefe sind oft recht stilisiert, und es wurde sogar zu einem kleinen literarischen Genre, solche Berichte zu verfassen. Ihr politischer Gehalt ist enttäuschend. Sie verraten uns sehr wenig über die Verhandlungen, welche die Botschafter führten, und nicht sehr viel von den allgemeinen politischen Verhältnissen in Europa; statt dessen werden sie zu stereotypen Schriftstücken mit einer nahezu vereinheitlichten Folge von Aktivitäten und Themen. Einer der Gründe für diesen Mangel an politischen Kommentaren mag darin bestehen, daß die Berichte keineswegs vertrauliche Dokumente waren. Als Mehmed Said Efendi im Jahre 1721 aus Paris nach Istanbul zurückkehrte, schickte er aus Höflichkeit eine Kopie seines Berichtes an den französischen Botschafter in Istanbul, der ihn von seinem Dragoman ins Französische übersetzen und später in beiden Hauptstädten veröffentlichen ließ. Es war, wie sich versteht, unwahrscheinlich, daß der osmanische Botschafter in einem Bericht, der so weite Verbreitung erfuhr, etwas von politischer Bedeutung sagen würde. Man darf wohl annehmen, daß die osmanischen Botschafter ihren Herren neben den Botschaftsbriefen noch weitere Berichte über das vorlegten, was sie vollbracht hatten. Doch nach dem Informationsgrad zu schließen, über den die osmanische Kanzlei auch noch im späten 18. und frühen 19. Jahrhundert verfügte, kann es mit diesen zusätzlichen Berichten nicht allzuviel auf sich gehabt haben.

Es kam jedoch zu einem gewissen Wandel, und von etwa der Mitte des 18. Jahrhunderts an sehen wir eine deutliche Verbesserung in der Qualität der Berichte türkischer Botschafter, die aufmerksamer waren und besser informiert wurden. Sie zeigen eine gründlichere Kenntnis der europäischen Politik und versuchen zuweilen eine Analyse diplomatischer Schachzüge und sogar, wenn auch selten, langfristiger historischer Trends. Wenigstens zwei türkische Gesandte benutzen die Prolegomena des großen arabischen Historikers Ibn Khaldūn als analytisches Instrument; dieses Werk war seit einiger Zeit in der Türkei wohlbekannt gewesen, und ein großer Teil davon war nicht lange zuvor ins Türkische übersetzt worden. Interessanterweise erklären sie die Ereignisse in Europa nach dem Begriffsmuster Khaldūns. Resmi Efendi, der im Jahre 1757 als Botschafter nach Wien und im Jahre 1763 nach Berlin ging, erörtert die Veränderungen der Lage in Europa nach der Diplomatischen Revolution und nimmt das Wachstum der preußischen Macht und die Siege Preußens über seine Feinde zur Kenntnis. »Nach den Worten Khaldūns hängt der vollständige Sieg eines neugeschaffenen Staates über einen altetablierten Staat von der Länge der Zeit und der periodischen Folge von Ereignissen ab.«[41] Ein paar Jahrzehnte später, im Jahre 1790, schreibt Azmi Efendi, ein anderer osmanischer Botschafter in Berlin, die europäischen Vorliebe für Bequemlichkeit und Ruhe dem Verlust der Virilität zu, der für das, was Ibn Khaldūn die Epoche des Verfalls nennt, charakteristisch sei. Beider Aufzeichnungen über deutsche Politik und Zustände zeigen Kenntnis und Scharfsinn, obgleich Resmi sich wohl in der Vermutung irrte, daß die Berliner kurz davorstünden, den Islam anzunehmen.[42]

Einer der bekanntesten dieser osmanischen Diplomaten des späten 18. Jahrhunderts war Vasif Efendi, der sich von 1787 bis 1789 in Madrid aufhielt.[43] Er war ein führender Literat seiner Zeit und hatte einige Jahre lang den Posten des Historiographen des Reiches inne. Später wurde er Chefsekretär *(Reis Efendi)* des Großwesirs – eine Position, in welcher der Außenpolitik einige Aufmerksamkeit gewidmet werden mußte. Während seines Aufenthaltes in Spanien machte er die Bekanntschaft des englischen Schriftstellers William Beckford, der ihn in seinem Tagebuch erwähnt. Sein eigener Bericht über seine Abenteuer deutet auf eine gewisse Ernüchterung über die Spanier hin. Er beginnt mit den üblichen Schwierigkeiten, auf die osmanische Besucher in Europa stießen, weil sie eine Quarantäne durchlaufen mußten – die Barriere, welche die meisten europäischen Regierungen errichtet hatten, um sich vor Infektionen durch Besucher aus dem Osten zu schützen. Er landete in Barcelona und reiste von dort weiter nach Valencia, wo der Austausch von Geschenken mit dem spanischen Kommandanten ihn sehr verärgerte. Er hatte »dem General« in Barcelona »eine reich gefüllte Börse« gegeben und fühlte sich deshalb verpflichtet, dem Kommandanten von Valencia, den er als »den zweiten Mann nach dem Premierminister« beschreibt, das gleiche Geschenk zu bieten. Vasif war mit dem Ergebnis nicht zufrieden: »Als Gegenleistung schickte er mir zwei Flaschen Olivenöl. Dies allein genügt, um den geizigen und gemeinen Charakter des Volkes von Spanien beurteilen zu können.«[44]

Eine andere Schlüsselfigur war Ebu Bekir Ratif Efendi, der in den Jahren 1791 und 1792 als Botschafter nach Wien entsandt wurde. Seine Botschaftsberichte wurden nicht veröffentlicht, aber spätere Autoren zitieren häufig aus ihnen und spielen auf sie an. Er schreibt recht ausführlich sowohl über politische wie militärische Angelegenheiten, schildert detailliert den Aufbau der österreichischen Regierung, die Organisation der österreichischen Streitkräfte und fügt sogar einige Kommentare über die österreichische Gesellschaft hinzu. Unter den vielen osmanischen Autoren des päten 18. Jahrhunderts, die das Problem osmanischer Rückständigkeit und Schwäche behandelten, ist er einer der ersten, die vorbringen, das Problem könne weniger darin bestehen, daß die Osmanen zurückgefallen seien, als darin, daß die Christen vorangestürmt seien, wobei zwischen den Zeilen zu lesen ist, daß die Bräuche des christlichen Europa ein gründlicheres Studium und vielleicht Nachahmung verdienen könnten.[45]

Der osmanische Sultan war nicht der einzige moslemische Souverän, der das Bedürfnis verspürte, Emissäre nach Europa zu senden. Die Sultane von Marokko schickten gelegentlich Gesandte nach Europa, von denen manche Berichte über ihre Reisen und ihre Tätigkeit verfaßten. Ihr Ziel war gewöhnlich, moslemische Gefangene in christlichen Ländern freizukaufen; dies könnte allerdings auch eine legale Methode gewesen sein, um ihre Mission nach der Mālikī-Gesetzgebung zu rechtfertigen.[46] Einer der ersten, die ausführliche Aufzeichnungen hinterließen, war al-Wazīr al-Ghassānī, marokkanischer Botschafter bei König Karl II. von Spanien, der in den

Jahren 1690 und 1691 in Madrid weilte. Der maurische Sultan hatte gerade das spanische Besitztum Larache in Nordafrika erobert und schlug nun vor, die Garnison im Austausch gegen fünfhundert moslemische Gefangene in Spanien und fünftausend arabische Manuskripte aus der Escorial-Bibliothek freizulassen. Schließlich verzichtete der Botschafter mit Billigung des Sultans auf die Manuskripte und erklärte sich statt dessen mit weiteren fünfhundert Gefangenen einverstanden. Nach dieser Rechnung wäre ein Gefangener zehn Manuskripte wert.

Ghassānī war ein Mann von Intelligenz und Scharfsinn, und seine Beschreibung Spaniens – die erste von einem maurischen Besucher verfaßte, die sich seit Abschluß der Wiedereroberung erhalten hat – ist ganz außergewöhnlich interessant. Er äußert sich, wenn auch nicht sehr eingehend, über den verlorenen Ruhm des maurischen Spanien und den tragischen Fall Granadas, konzentriert sich jedoch hauptsächlich auf jüngere und zeitgenössische Verhältnisse und Angelegenheiten nicht nur in Spanien, sondern allgemein in Europa.[47]

Andere marokkanische Botschafter folgten Ghassānī nach Europa, vor allem nach Spanien, dem Land, das sie am stärksten beschäftigte. Ihre Berichte sind oft von Interesse, obwohl solche Botschaftsbriefe in Marokko wie in der Türkei zu einem literarischen Genre – mit einer bestimmten Folge von Themen, Orten und Ereignissen – geworden zu sein scheinen. Trotzdem muß dem Leser der marokkanischen und osmanischen Botschaftsberichte aus dem 17. und 18. Jahrhundert die überlegene Qualität der marokkanischen Schriften über Europa auffallen. Die marokkanischen Gesandten zeigen eine Teilnahme an europäischen Angelegenheiten, die über die oberflächlichen Bewegungen von Persönlichkeiten und Ereignissen hinausgehen. Sie suchen und erlangen oft nützliche Informationen über politische und religiöse sowie geschäftliche und militärische Dinge, und zwar nicht nur in den Ländern, wohin sie entsandt wurden, sondern auch in anderen europäischen Ländern; sie sind nicht nur über sie unmittelbar berührende und aktuelle Ereignisse unterrichtet, sondern vertiefen sich manchmal auch in die Geschichte des vorhergehenden Jahrhunderts. Mit ihnen verglichen scheinen osmanische Besucher im wesentlichen desinteressiert. Ihre Beobachtungen europäischer Politik sind selten, und wenn sie überhaupt vorkommen, dann sind sie meist oberflächlich und häufig ungenau. Ihre Berichte beschränken sich in der Regel auf die Orte und Personen, mit denen sie zu tun hatten, und sie machen fast nie den Versuch, diese in einen größeren zeitlichen oder geographischen Rahmen zu stellen. Erst gegen Ende des 18. Jahrhunderts beginnen osmanische Gesandte in Europa, die europäische Politik ernsthaft zu erörtern.

Der Unterschied ist nicht schwer zu erklären. In der Welt des Islam war Marokko – auf arabisch al-Maghrib al-Aqṣā, der Ferne Westen – ein entlegener, isolierter Außenposten, dazu ein relativ kleines und schwaches Land. Außerdem blieb den Marokkanern nichts anderes übrig, als sich der Bedrohung durch Europa zutiefst bewußt zu sein. Sie hatten den Verlust Spaniens und Portugals an die christliche Wiedereroberung erlebt und viele ihrer Opfer aufgenommen. Noch beunruhigender war, daß sie Zeugen wurden, wie die Spanier und Portugiesen den Prozeß der Wiedereroberung fortsetzten und die Banner der Christenheit über die Meerenge auf den nordafrikanischen Kontinent trugen. In gewissem Sinne stießen sie im 16. Jahrhundert auf einige der Probleme, denen sich die Türken und Ägypter im 19. Jahrhundert konfrontiert sahen. Sie waren sich über die europäische Ausweitung sowie über die militärische und wirtschaftliche Macht im klaren, welche diese Expansion ermöglichte. Es war deshalb nur natürlich, daß die Marokkaner verläßliche Informationen über die Länder, von denen die wahrgenommene Bedrohung ausging, suchten und erlangten.

Die osmanische Situation war ganz anders. Im Gegensatz zu Marokko war das Osmanische Reich kein einzelnes Land, sondern eine ganze Welt. Zudem lag es nicht an der fernen Peripherie, sondern umfaßte die Kerngebiete des Islam. Die einzigen Europäer, die der Osmane gut kannte, waren jene, die er besiegt und unterjocht hatte. In jüngerer Vergangenheit waren andere Europäer hinzugekommen, die als Bittsteller für die Förderung ihrer geschäftlichen und diplomatischen Interessen an seinem Hof eintrafen. Die osmanische Welt war weit, mannigfaltig und in wirtschaftlicher Hinsicht nahezu unabhängig. Die ferneren Länder Europas, besonders Westeuropas, schienen weder Gewinn noch Risiko zu bieten und verdienten deshalb keine größere Aufmerksamkeit. Erst in der zweiten Hälfte des 18. Jahrhunderts, als eine Reihe militärischer Niederlagen der regierenden Elite der Osmanen endgültig den Wandel verdeutlichte, der in den Machtverhältnissen stattgefunden hatte, begannen sie, nach Informationen über diese äußere Welt zu suchen, die immer noch geheimnisvoll, immer noch verachtenswert, aber nun auch gefährlich war.

Die Schahs des Iran waren weit weniger interessiert daran, Gesandtschaften nach Eruopa zu schicken, als ihre Gefährten in der Türkei oder in Marokko. Der erste persische Diplomat, der England besuchte, war Naqd ʿAlï Beg, der Sir Robert Sherley offenbar im Jahre 1626 begleitete.[48] Der einzige, der überhaupt Aufmerksamkeit auf sich zog, war Muḥammad Riżā Beg, den der Schah im Jahre 1714 nach Paris schickte. Seine Tätigkeit führte zur Unterzeichnung eines französisch-persischen Vertrages im folgenden Jahr. Die Persönlichkeit und die Unternehmungen des Botschafters machten Furore in Frankreich, wo sie beachtliche Werke der darstellenden Kunst und Literatur anregten und dazu beitrugen, Montesquieus *Lettres Persanes* zu inspirieren.[49] Es gibt keine Belege darüber, daß die Gesandtschaft im Iran auch nur das geringste Interesse hätte aufkommen lassen.

Die diplomatische Tätigkeit Persiens in Europa begann, strenggenommen, erst im 19. Jahrhundert, als die Ausweitung der Napoleonischen Kriege einerseits und der Vormarsch Rußlands andererseits sogar die introvertierten Herrscher des Iran zwang, nach außen, nach Westen, zu schauen. Die erste beachtenswerte Gestalt unter diesen iranischen Besuchern des Westens war Ḥajjī Mīrzā Abu'l–Ḥasan Khān ibn Mīrzā Muḥammad ʿAlī Shīrāzī, gewöhnlich als Abu'l–Ḥasan Shīrāzī bekannt. Er war der Neffe und Schwiegersohn des verstorbenen Chefministers und verließ Teheran am 7. Mai 1809, um in Begleitung des berühmten James Morier, Autor des unsterblichen *Hajji Baba of Isfahan*, nach London zu reisen. Hauptzweck seiner Mission war, die Zahlung der Beihilfe sicherzustellen, die Großbritannien Persien nach dem vorläufigen Vertrag vom März 1809 versprochen hatte, und sich über die Art ihrer Leistung zu unterrichten. Er verließ London am 18. Juli 1810, um in Gesellschaft von James Morier und Sir Gore Ouseley, einem Orientalisten, zurückzureisen. Im Jahre 1815 ging er als Sonderbeauftragter nach St. Petersburg, und im Jahre 1818 kam er mit einer besonderen Mission zurück nach England. Später wurde er mit der Aufgabe betraut, sich um die Beziehungen zu ausländischen Mächten zu kümmern, und hatte dieses Amt bis 1834 inne, dem Jahr, in welchem Fatḥ ʿAlī Schah starb. Neben einer Anzahl englischer Berichte gibt es ein unvollendetes und unveröffentlichtes Tagebuch, das Shīrāzī selbst über seine Mission von 1809/1810 in England schrieb.[50]

Ein zweiter persischer Gesandter im Westen war Ḥusayn Khān Muqaddam Ājūdān-Bāshī, ein Offizier, der bis zum Rang eines Generaladjutanten aufstieg, woher sich sein Titel ableitet. Im Jahre 1838 wurde er von Muḥammad Schah zu einer Mission nach Europa geschickt; der Zweck war anscheinend, für den Rückruf des britischen Gesandten in Teheran, Sir John McNeill zu sorgen. Er reiste über Istanbul und Wien nach Paris und dann nach London, das er im April 1839 erreichte. Ḥusayn Khān selbst scheint keinen Bericht über seine Abenteuer hinterlassen zu haben, aber seine Mission wurde von einem Mitglied seines Stabes dargestellt.[51]

Hier erkennt man eine gewisse Einsicht in die Notwendigkeit, daß die Beziehungen zur westlichen Welt besser vorbereitet werden müßten:

Während wir in Paris waren, versuchte ich, ein Buch zu bekommen, das eine Beschreibung aller Länder der bewohnten Welt und ihrer wahren Verhältnisse enthalten sollte, damit ich daraus Auszüge über jedes Land auf diesen Seiten zitieren könnte. Als wir Paris verließen, um in den Iran zu reisen, brachte M. Jouannin, Dolmetscher der französischen Regierung, als Geschenk ein Geographiebuch, das die ganze Welt beschrieb... Ich ließ eine vorläufige Übersetzung von Herrn Jabrā'il anfertigen, einem Christen, welcher der erste Dolmetscher unserer Mission war...

Da die Europäer sich stets über die wahre Situation aller Länder der Welt informieren wollen, schicken sie seit langem Experten in alle Richtungen, um die Situation zur Kenntnis nehmen und aufzeichnen zu lassen; diese Information haben sie in dem Geographiebuch zusammmengestellt ... Wenn Seine Majestät, der Schahinschah ... die Übersetzung dieses Buches in die persische Sprache anordnen könnte, wäre dies von bleibendem Wert für das Reich des Iran und für alle Völker des Islam.[52]

Diese moslemischem Diplomaten waren natürlich nicht die einzigen Besucher des Westens aus den islamischen Ländern. Wie im Mittelalter reisten Angehörige der christlichen und jüdischen Minderheiten weiterhin aus religiösen oder geschäftlichen Gründen nach Europa. Einer von ihnen, der Chaldäerpriester Ilyās ibn Ḥannā aus Mosul, besuchte im Jahre 1668 Italien, Frankreich und Spanien und schiffte sich von dort zu den amerikanischen Kolonien ein. Er war mit einiger Sicherheit der erste Reisende des Nahen Ostens, der die Neue Welt besuchte und beschrieb; er sah sich gründlich in Peru, Panama und Mexiko um.[53]

Die Juden übernahmen, wie sich erwarten läßt, die allgemeine Haltung der Gesellschaften, denen sie angehörten. Im gesamten Mittelalter und bis in moderne Zeiten hinein waren die Juden in den Ländern der Christenheit geringer an Zahl, weniger kultiviert und von minderer Bedeutung als ihre Religionsgenossen in den Ländern des Islam. Aber obwohl wir eine Reihe von Berichten jüdischer Reisender aus Europa in den Mittleren Osten besitzen, haben wir kaum einen von Juden, die aus dem Mittleren Osten nach Europa reisten. Da war natürlich die Anziehungskraft des Heiligen Landes, die gebildete und fromme Juden veranlaßte, nach Osten zu pilgern. Sie neigten eher dazu, schriftliche Reiseberichte zu hinterlassen, als Diplomaten und Kaufleute. Trotzdem ist erstaunlich, wie wenige Reisebücher von westwärts ziehenden levantinischen Juden es gibt. Außer den erhaltenen Auszügen der Reisen Ibrāhīm ibn Yaʿqubs – der möglicherweise vom Islam konvertierte – liegt nur ein einziges Werk von Bedeutung vor; es wurde von einem Jerusalemer Rabbi namens Haim David Azulay verfaßt, der weite Reisen in Westeuropa unternahm, um Mittel für das rabbinische Seminar in Hebron zu sammeln. Er machte insgeheim drei Reisen: die erste zwischen 1753 und 1758 nach Italien, Deutschland, Holland, England und Frankreich; die zweite im Jahre 1764 in dieselben Länder; die dritte im Jahre 1781 nur nach Italien, wo er bis zu seinem Tode – im Jahre 1806 in Livorno – blieb. Er schrieb ein Buch über seine erste Reise, das vor wenigen Jahren nach dem handschriftlichen Manuskript – es befindet sich heute am Jüdischen Theologischen Seminar in New York – veröffentlicht wurde.[54]

Es gab auch Kaufleute, sogar moslemische Kaufleute, die nach Europa reisten, wenn ihre Zahl auch – aus gutem Grunde – sehr klein war, verglichen mit jener der Europäer in den Ländern des Islam. Zumindest in Venedig spielten sie eine recht wichtige Rolle und erreichten sogar etwas, das für christliche Besucher islamischer Länder üblich, für Moslems in Europa jedoch im Grunde einzigartig war: eine permanente Niederlassung. Ein arabisiertes Wort griechischer Herkunft, *funduq*, wird benutzt, um die Gasthäuser mit Unterkünften für Menschen und Tiere sowie Lagerraum für Handelsgüter zu beschreiben, die in der moslemischen Welt verbreitet waren. Im späteren Mittelalter gestattete man den verschiedenen Gruppen europäischer Händler in moslemischen Ländern, ihre eigenen *funduqs* zu unterhalten, die unter ihren nationalen oder regionalen Namen bekannt wurden. Es gab zum Beispiel venezianische, genuesische, französische und andere *funduqs* in moslemischen Städten.

Die einzige Parallele in Europa bietet der Fondaco dei Turchi in Venedig. Venezianische Quellen belegen die Existenz einer kleinen Kolonie osmanischer Kaufleute im Venedig des späten 16. Jahrhunderts. Bei Ausbruch des Krieges zwischen Venedig und der Türkei im Jahre 1571 erhielt der venezianische Senat eine Nachricht, daß der venezianische Bailo – oder Gesandte – Marcantonio Barbaro zusammen mit einigen Kaufleuten in Istanbul verhaftet worden sei, und beschloß, »in Venedig das gleiche mit türkischen Untertanen und ihren Waren zu tun, die sich in der Stadt befanden, so daß diese Personen und ihr Eigentum jedenfalls die Rückgabe unserer eigenen Männer und ihres Besitzes erleichtern würden«.[55] Es gibt keinen Hinweis auf die Zahl der Kaufleute oder den Wert und die Menge ihrer Güter. Sie müssen jedoch beträchtlich gewesen sein, da Mehmed Pascha im Frühjahr 1571 Venedig den Vorschlag unterbreitete, sie gegen die in Istanbul zurückgehaltenen Venezianer und ihre Güter auszutauschen. Einige dieser in Venedig festgehaltenen »türkischen Kaufleute« könnten Juden gewesen sein. Im Mai 1571 wurden die Häftlinge, einem venezianischen Bericht gemäß, freigelassen und durften wieder ihre geschäftliche Tätigkeit am Rialto aufnehmen. Dies war wahrscheinlich Teil einer Vereinbarung, die den Venezianern gestattete, an ihre Arbeit in Istanbul zurückzukehren.

Ein anderer Bericht über türkische Bürger in Venedig bezieht sich auf die Zeit des westlichen Flottensieges über die Türken bei Lepanto, als die türkische Gemeinschaft, einem italienischen Historiker zufolge, sich »lauten Szenen der Verzweiflung, typisch orientalisch in ihrer Theatralik« hingab. Die »türkischen Kaufleute« seien vom Rialto geflüchtet und hätten sich vier Tage lang in ihren Häusern eingeschlossen, da sie fürchteten, von Kindern gesteinigt zu werden.[56]

Nach dem Friedensschluß zwischen Venedig und der Türkei im März 1573 wurden die Geschäfte wie früher fortgesetzt. Die Zahl osmanischer Geschäftsleute in Venedig vergrößerte sich und umfaßte nun mit Sicherheit wenigstens einen Teil Moslems. Im Jahre 1587 beschloß der venezianische Senat, die Zahl türkischer Dragomane in seinem Dienst von einem auf zwei zu erhöhen. Die praktischen Bedürfnisse einer ansässigen Kolonie von Moslems veranlaßte die venezianischen Behörden letzten Endes, den Türken einen *funduq* zu gewähren, der denen christlicher Kaufleute in islamischen Ländern glich. Dafür gab es schon einen Präzedenzfall mit dem berühmten *funduq*, der den Deutschen in Venedig eingeräumt wurde: der Fondaco dei Tedeschi. Einer italienischen Quelle gemäß baten die Türken schon im August 1573, das heißt kurz nach der Unterzeichnung des Friedensvertrages, »zur Erleichterung des Handels um einen eigenen Ort, wie die Juden ihn mit ihrem Getto besitzen«. Diese Parallele dürfte eher einem Venezianer als einem Türken eingefallen sein. Im folgenden Jahr schickte ein in Venedig ansässiger Grieche, der Kenntnis türkischer Sitten und Bräuche für sich beanspruchte, dem Dogen einen Brief, in dem er die Nachteile hervorhob, die sich aus der Verstreuung der Türken über die ganze Stadt ergäben. Die türkischen Kaufleute, sagte er, verzichteten nicht darauf, »zu rauben, Knaben zu verführen und christliche Damen zu mißbrauchen«. Gleichzeitig würden sie selbst häufig beraubt und ermordet. Deshalb schlägt er vor, nach dem Beispiel der Einrichtungen für christliche Kaufleute im Osten, »der türkischen Nation ihre eigene Zuflucht und Herberge« zur Verfügung zu stellen.

Der Vorschlag wurde vom venezianischen Senat am 16. August 1575 angenommen. Am 4. August 1579 wurde die Osteria del Angelo – Gaststätte des Engels – ausgewählt, die einige Jahre als Fondaco dei Turchi diente. Schon kurz darauf war sie zu klein, um so zahlreiche Kaufleute mit großen Dienerscharen und umfangreichen Handelsgütern aufzunehmen. In den Quellen ist verzeichnet, daß dieses Quartier nur ausreiche, um »bosnische und albanische« Türken zu beherbergen, während »asiatische« Türken, damals recht gering an Zahl, immer noch in anderen Gaststätten oder Privathäusern Unterkunft suchen mußten. Anscheinend setzte der Mob den Türken weiterhin so zu, daß die Rechtsbehörden, die Avogadori di Comun, im August 1594 eine Proklamation herausgaben, die jeden, der sich durch Wort oder Tat an den Türken verging, mit Exil, Haft oder den Galeeren bedrohte. Es sei der Wunsch der Republik, daß sie »in der Lage sind, ruhig und zu aller Zufriedenheit zu leben und Geschäfte zu machen, wie sie es bis jetzt getan haben«.[57]

Die Einrichtung des Fondaco dei Turchi lief nicht ohne Widerstand ab. Eine anonyme Bittschrift, die der Regierung von Venedig im April 1602 präsentiert wurde, führt heftige Argumente dagegen an, die sowohl religiöser wie politischer wie wirtschaftlicher Art sind. Die Sammlung einer großen Zahl von Türken an einem Ort werde gefährlich sein. Sie könne zum Bau einer Moschee und zur Anbetung Mohammeds führen – ein noch größerer Skandal als jener, der schon durch die Gegenwart von Juden und protestantischen Deutschen verursacht werde. Das sittenlose Verhalten der

Türken werde den Fondaco in »eine Lasterhöhle und einen Sündenpfuhl« verwandeln. Ihre Anwesenheit werde auch dem politischen Ehrgeiz des türkischen Staates dienen, der – im Besitz einer großen Seestreitmacht und mit einem mächtigen Sultan an der Spitze – eine weit größere Gefahr für Venedig darstellen könne als die verachteten und führerlosen Juden. Eine solche Einrichtung könne keinen geschäftlichen Vorteil mit sich bringen, da die von den Türken aus Istanbul entsandten Güter von geringem Wert seien. Diesen und anderen Einwänden zum Trotz wurde das Projekt weiterentwickelt, und der Fondaco dei Turchi erhielt ein neues und geräumigeres Zentrum, wohin er im März 1621 verlegt wurde. Der großzügigere Wohnraum ermöglichte es, die »Asiaten« aus ihren Unterkünften in der Stadt in dieses neue Zentrum zu bringen. Unter den »Asiaten« gab es offenbar manchen Einwand gegen diese Verlegung, und man scheint im Fondaco dei Turchi eine Trennung zwischen den beiden Gemeinschaften »asiatischer und konstantinopolitanischer Türken« und »bosnischer und albanischer Türken« aufrechterhalten zu haben.

Im Laufe des 17. und 18. Jahrhunderts gingen die Aktivitäten des Fondaco etwas zurück. Von Zeit zu Zeit wurde er wegen des Ausbruchs von Feindseligkeiten zwischen der Republik Venedig und dem Osmanischen Reich geschlossen. Die Wiedereröffnung wurde häufig lange hinausgezögert, und die osmanischen Kaufleute konnten nur langsam und in begrenzter Zahl zurückkehren. Berichten zufolge wurden Beschwerden an die Eigentümer des Gebäudes gerichtet, weil es baufällig werde. Sie lehnten wiederholte Bitten um Reparaturen und Instandsetzungen ab, da die beschränkte Zahl der Besucher solche Anstalten unprofitabel mache. Erst im Jahr 1740 wurden einige Reparaturen durchgeführt. Eine von fünfzig Gästen unterzeichnete Petition klagte über unmäßige Mieten und immer schlechter werdende Zustände; nach langen Diskussionen und einer öffentlichen Untersuchung erklärten sich die Eigentümer des Gebäudes schließlich bereit, einige minimale Reparaturen zu veranlassen.

Das vorliegende Material deutet darauf hin, daß die osmanische Kaufmannsgemeinschaft in Venedig vom Ende des 17. Jahrhunderts an stetig abnahm – zweifellos als Folge des Verfalls, der im Laufe des 17. und 18. Jahrhunderts sowohl die venezianische wie die osmanische Wirtschaft heimsuchte. Der osmanische Export, nun fast ausschließlich auf Rohstoffe beschränkt, wurde besonders beeinträchtigt. Nach der Unterzeichnung des Vertrages von Karlowitz im Jahre 1669 kehrten die türkischen Kaufleute nur langsam nach Venedig zurück, und die meisten zogen es vor, ihre Waren mit Hilfe von Korrespodenten oder Agenten zu verschicken, wodurch sie die Notwendigkeit vermieden, sich in den Ländern der Ungläubigen aufzuhalten. Als die osmanischen Kaufleute, später im 18. Jahrhundert, wieder in Venedig auftauchen, hat sich ihre Zusammensetzung geändert. Die sogenannten »Asiaten«, von jeher eine Minderheit, sind fast verschwunden. Die meisten der Besucher, die in der Mitte und am Ende des 18. Jahrhunderts erwähnt werden, kamen vom Balkan. Auch die soziale Stellung der Besucher hat sich geändert. Im Jahre 1750 notiert der Verwalter des Fundaco, daß unter den türkischen Neuankömmlingen mehr Diener als Kaufleute seien.[58]

Die Sicherheit dieser Besucher vor dem Fanatismus oder der Feindseligkeit der Venezianer bereitete weiterhin Sorge. Ein Gesetz des Jahres 1612 legte jedem strenge Strafen auf, der ausländische Kaufleute, die in der Stadt arbeiteten, durch Wort oder Tat angriff. Wiederholte Hinweise auf dieses Problem zeigen, daß der Schutz moslemischer Reisender oder Ansässiger vor Beleidigung oder Schädigung nicht leicht war. Wenn Venedig, das vom Handel mit der Levante lebte, Mühe hatte, Moslems in seinen Grenzen zu dulden, darf nicht überraschen, daß es für andere unmöglich war. Von Spanien bis Schweden verboten königliche und örtliche Edikte den Einlaß von Juden und Moslems – die letzteren wurden gewöhnlich als Mauren oder Türken bezeichnet – und ihre Niederlassung. Im Vertrag von Utrecht von 1713, durch den die spanische Regierung ihren Anspruch auf Gibraltar zugunsten Englands aufgab, erkannten die Spanier die britische Souveränität nur unter der Bedingung an, daß »Ihre Britannische Majestät auf Bitten des katholischen Königs einwilligt und zustimmt, daß weder Juden noch Mauren, unter welchem Vorwand auch immer, gestattet werden soll, in besagter Stadt Gibraltar zu wohnen oder ihren Wohnsitz zu haben«. Die Gouverneure Ihrer Britannischen Majestät kümmerten sich, wie zu erwähnen ist, fast von Anfang an nicht um diese Verpflichtung.[59]

In anderen Gebieten ging der Widerwille der Europäer, moslemische Besucher zu empfangen, mit dem Widerwillen der Moslems und sogar anderer Menschen aus dem Mittleren Osten einher, nach Europa zu reisen. Ein paar levantinische Juden ließen sich aus geschäftlichen Gründen in Italien oder Wien nieder, hielten aber ihre Kontakte mit der osmanischen Heimat aufrecht. Abgesehen von den Bewohnern des Fondaco dei Turchi in Venedig und kleinen Gruppen von Türken, über deren Anwesenheit später in Marseille und Wien berichtet wurde, hielten sich nur wenige Moslems – ob aus geschäftlichen oder anderen Gründen – für längere Zeit in christlichen Ländern auf. Ein gutes Merkmal für das Verhältnis zwischen den beiden Welten ist die Bewegung von Flüchtlingen. Während große Zahlen von Juden und Angehöriger christlicher Minderheitskonfessionen in die Länder des Islam flohen, gab es nur sehr wenige, die es in die entgegengesetzte Richtung zog. Eine begrenzte Zahl griechischer Christen wanderte während des Niedergangs und Falls des Byzantinischen Reiches aus Griechenland nach Italien aus; später ließen sich kleine Gruppen maronitischer Christen aus dem Libanon und einige Armenier und Griechen, meist

Unierte, in Rom, Venedig und anderen europäischen Städten nieder. Im allgemeinen war es für östliche Christen bequemer, als Ungläubige in der moslemischen Türkei denn als Schismatiker im christlichen Europa zu leben.

Nur eine einzige Gruppe von Flüchtlingen von Ost nach West hatte eine gewisse Bedeutung. Es handelte sich um ein paar osmanische Prinzen, die, erfolglos bei dynastischen Streitigkeiten in der Heimat, in Europa Zuflucht und manchmal Unterstützung suchten, allerdings stets vergeblich.[60] Der berühmteste unter ihnen war Prinz Jem, ein Sohn Mehmed des Eroberers und ein Bruder Bayezids II.[61] Nach einer erfolglosen Bemühung um die Thronfolge flüchtete Jem auf die Insel Rhodos, die damals von den Johannitern regiert wurde, und im Jahre 1482 segelte er von dort nach Frankreich. Er versuchte – ohne Erfolg – Unterstützung bei den europäischen Herrschern zu gewinnen, die ihn wohl eher als Geisel oder als Faustpfand gegen den türkischen Sultan betrachteten. Eine Zeitlang war er in Frankreich unter der Obhut der Johanniter praktisch interniert. Ihn begleitete eine kleine Gruppe türkischer Gefährten, von denen einer, wahrscheinlich ein gewisser Haydar, einen Bericht hinterließ, welcher der früheste noch erhaltene erzählende Text eines türkischen Besuchers im christlichen Europa sein könnte. In seinen kurzen Notizen über Orte und Menschen in Frankreich und Italien mischen sich auf charakteristische Art Überraschung, Abneigung und Gleichgültigkeit.

Der Prinz wohnte vier Monate lang in Nizza und scheint sich recht gut amüsiert zu haben. Ein Teil seiner Unterhaltung bestand darin, Bälle zu besuchen, wo der Verfasser des Berichts, wie viele spätere moslemische Reisende, zutiefst entrüstet über folgenden seltsamen Brauch der Europäer war:

Sie brachten die schönen Jungfrauen der Stadt, und sie hüpften herum wie Hähne. Nach ihrer Sitte bedecken die Frauen sich nicht schicklich, sondern sind im Gegenteil stolz darauf, Küsse und Umarmungen zu verteilen. Wenn sie von ihren Spielen ermüden und sich ausruhen müssen, setzen sie sich fremden Männern auf die Knie. Ihre Hälse und Ohren sind unbedeckt. Bei ihnen hatte der Prinz Beziehungen zu vielen schönen Mädchen. Während er in Nizza war, dichtete der Prinz folgendes Couplet:
Nizza – welch eine Perle der Welt
Hier kann jeder tun, was ihm gefällt.[62]

Später hielten die Johanniter und Papst Innozenz VIII. es »zum allgemeinen Wohl der Christenheit« für ratsam, Prinz Jem nach Rom zu befördern, das er am 4. März 1489 erreichte. Der Papst empfing ihn vier Tage später mit gebührendem Zeremoniell, doch wurde er zum Objekt der Manipulationen und des Schachers unter seinen christlichen Hütern. Im Jahre 1494 kam der französische König Karl VIII. nach Rom und übernahm Jem vom Papst. Jem begleitete den König bei dessen Feldzug gegen Neapel, erkrankte jedoch unterwegs und starb in Neapel am 25. Februar 1495. Ein Gerücht besagt, daß er auf Befehl des Papstes oder, einigen späteren Versionen zufolge, des Sultans vergiftet worden sei. Der exilierte osmanische Prinz hinterließ ein Testament, in dem er bat, seinen Tod bekanntzumachen, damit die Ungläubigen seinen Namen nicht für ihre Angriffspläne gegen den Islam verwenden könnten. Er ersuchte auch darum, daß sein Bruder seine Leiche in die osmanischen Länder zurückbringen lassen, seine Schulden bezahlen und sich um seine Mutter, seine Tochter und andere Angehörige seines Hauses kümmern möge. Sein Wunsch wurde erfüllt.

Jems Abenteuer bei den Franken blieben bei den Türken nicht unbeachtet. Schließlich war er ein osmanischer Prinz, dazu ein Dichter von einigem Rang, dessen Gedichte in zwei Sammlungen – eine in persischer, die andere in türkischer Sprache – zusammengefaßt wurden. Neben den oben zitierten Erinnerungen hat sich eine Reihe von Dokumenten, darunter ein paar von Jems eigenen Briefen, in türkischen Archiven erhalten, und man findet sogar einen kurzen Bericht über die Meldung eines osmanischen Spions, der von Istanbul ausgesandt wurde, um Jems Tätigkeit im Auge zu behalten.

Ein anderer, jedoch weniger berühmter Verbannter war der libanesische Prinz Fakhr al-Dīn Ma'n. Er war ein anpassungsfähiger Mann und wurde bald als Moslem, bald als Druse, bald als Christ bezeichnet. Nach einem vergeblichen Versuch, sich den Osmanen zu widersetzen, mußte er den Libanon verlassen und verbrachte die Jahre 1613 bis 1618 in Italien. Er traf in Livorno ein, lebte einen großen Teil dieser Zeit hindurch in Florenz, zog nach Sizilien und schließlich nach Neapel, bevor er heimkehrte. Ein Bericht seiner Reisen und Eindrücke, wahrscheinlich nach seinen eigenen Aussagen verfaßt, wurde durch seinen Biographen überliefert. Die Wirkung seines Aufenthalts in Europa wurde in mehrfacher Hinsicht deutlich: Er baute einen Palast italienischen Stils in Beirut, holte toskanische Experten verschiedener Gebiete zur Arbeit in den Libanon und – eine interessante Neuerung – zahlte für seine Kinder Geld in eine florentinische Bank ein.[63]

Aber von den Botschaftsberichten abgesehen sind dies die einzigen gehaltvollen Aufzeichnungen, die sich von osmanischen Reisenden in Europa erhalten haben. Die türkische Gemeinschaft in Venedig kann anhand von venezianischen Dokumenten und Chroniken zurückverfolgt werden; in den türkischen Quellen, die bisher zutage gefördert wurden, wird sie praktisch nicht erwähnt. In den Kreisen, aus denen die Verfassung türkischer Chroniken rekrutiert wurden, wären die Bewegungen und Aktivitäten kleiner Gruppen balkanischer Kaufleute allerdings auch nicht von Interesse gewesen. Nur gelegentliche Interventionen der osmanischen

Macht zum Schutz osmanischer Untertanen im Ausland werden am Rande erwähnt.

Neben Diplomaten, Kaufleuten und Pilgern muß es eine weitere Kategorie von Gewährsleuten über den Westen gegeben haben: Spione. Es liegt in der Natur der Sache, daß wenig Information über ihre Unternehmungen verfügbar ist. Ein Geheimdienst, der nicht geheim ist, leistet keine Dienste, und die Tätigkeit von Spionageorganisationen wird normalerweise nicht öffentlich dokumentiert. Es gibt jedoch einige Hinweise in Quellen, aus denen sich erstens schließen läßt, daß die moslemischen Staaten tatsächlich gewissen Spionagetätigkeiten in der Christenheit nachgingen und daß diese zweitens, verglichen mit den christlichen Aktivitäten im Islam, geringfügig und unwirksam waren.

Zuweilen gewährt uns ein glücklicher Zufall Erkenntnisse darüber, welche Spione entsandt wurden und welche Arbeit sie verrichteten. Ein Beispiel wurde schon erwähnt: der Bericht eines osmanischen Geheimagenten, der im Jahre 1486 nach Frankreich geschickt wurde, um den verbannten Prinzen Jem zu beobachten. Die Ankunft eines osmanischen Prinzen – Bruder des regierenden Sultans und ein besiegter Bewerber um das Sultanat – stellte eine offensichtliche Verlockung und eine günstige Gelegenheit für die christlichen Herrscher dar. Während seines zwölfjährigen Aufenthalts in Europa stand Prinz Jem im Mittelpunkt einer ganzen Serie von Verschwörungen und Intrigen, die den Zweck hatten, ihn gegen den osmanischen Staat einzusetzen. Der Sultan war natürlich darauf bedacht, seinen Rivalen im Auge zu behalten, und es gibt viele Hinweise auf osmanische Bemühungen, den verbannten Prinzen – sowohl auf diplomatischem Wege wie durch Spionage – zunächst zu finden und dann entweder wiederzuergreifen oder zu beseitigen. Unter den zahlreichen Dokumenten in den Archiven des Topkapi-Palastes, die Jem gewidmet sind, ist der Bericht eines gewissen Barak, eines türkischen Schiffskapitäns, der nach Italien und dann nach Frankreich entsandt wurde, wo er den verschollenen Prinzen entdeckte. In allen verschiedenen Sparten des türkischen Staatsdienstes verfügte ein Seemann noch am ehesten über oberflächliche Kenntnisse einer europäischen Sprache und ein Grundwissen um europäische Verhältnisse. Er konnte auch leichter in Europa umherreisen, ohne übermäßige Aufmerksamkeit zu erregen. Das Dokument liest sich wie ein Aussageprotokoll und betrifft hauptsächlich Baraks Reise bis zu seinem Ziel. Vermutlich erstattete er einen vollständigeren mündlichen Bericht über den Zweck seiner Mission.[64]

Eine andere interessante Gestalt ist der erste osmanische Emissär, von dem man weiß, daß er England besuchte. Sein Name taucht in verschiedenen Formen auf; der gebräuchlichste war Gabriel de Frens. Gabriel war zwar Franzose von Geburt, hatte aber mittelöstliche Verbindungen, da sein

Vater französischer Konsul in Alexandria gewesen war. Noch als junger Mann war er von dalmatinischen Piraten gefangengenommen und als Sklave an die Türken verkauft worden. Er trat zum Islam über, legte sich den Namen Mahmud Abdullah zu und trat in den Dienst des Sultans ein, wo er sich besonders dadurch nützlich machte, daß er für osmanische Interessen Spionageunternehmen leitete und organisierte.[65]

Die Staaten der Christenheit waren in jeder Hinsicht in einer besseren Lage, was diesen Zweck betraf. Ihnen standen Personen zur Verfügung, die mittelöstliche Sprachen beherrschten. Schon sehr früh besaßen sie in mittelöstlichen Ländern ansässige Gemeinschaften, und es gab – was vielleicht am wichtigsten war – große Gruppen von möglichen Sympathisanten und Mitarbeitern in den einheimischen christlichen Gemeinden der islamischen Staaten. Aus gelegentlichen bruchstückhaften Informationen in den Quellen läßt sich schließen, daß die europäischen Gegner der Reiche des Islam – von den byzantinischen Kaisern bis zu den Staaten der modernen Christenheit – umfangreiche Spionage betrieben.

Die Moslems hatten zweifellos gleichartige Bedürfnisse, doch ihnen fehlten gleichartige Möglichkeiten. Es gab keine islamischen Gemeinden im christlichen Europa. Die Moslems, die in den wiedereroberten Gebieten wie Spanien, Portugal und Süditalien zurückblieben, wurden bald entfernt. Zu belegen ist, daß die Osmanen sich im 16. Jahrhundert jüdischer Sympathisanten im spanischen Reich bedienen konnten, doch es ist nicht bekannt, in welchem Maße. Kein Moslem war in Europa ansässig, nur wenige besuchten es, und so fehlten ihnen im Grunde jede direkte Kenntnis europäischer Sprachen und Verhältnisse. Die kargen Informationen, die sie besaßen, schienen hauptsächlich aus zwei Quellen zu stammen: von Juden, besonders solchen, die gerade aus Europa eingetroffen waren, und von christlichen Abtrünnigen oder Abenteurern, die in den Dienst des einen oder anderen moslemischen Staates eintraten.

Ein paar noch existierende Texte deuten an, um was für Personen es sich handelte und was für Kenntnisse sie anbieten konnten. 'Umarī, der ägyptische Autor des 14. Jahrhunderts, bringt in seinem oben schon zitierten Werk eine Beschreibung der christlichen Staaten Europas; er bezog sie nach seinen eigenen Worten von einem Genuesen, den er Balban nennt und als freigelassenen Sklaven schildert. Balban identifiziert sich selbst als Domenichino, Sohn des Taddeo (die Lesart steht nicht fest) aus der großen Genuesenfamilie Doria. 'Umarī beginnt seine Beschreibung mit dem Kaiser und dem König von Frankreich, er geht recht ausführlich auf die Provence und die Staaten Italiens ein, verzeichnet die Ankunft und den Abzug der Franken in Syrien und endet mit einer Entschuldigung dafür, daß er solche Dinge angeführt habe.

Wir haben diesen kurzen Bericht über die Verhältnisse der Franken nur deshalb gegeben, weil er in den Rahmen dessen fällt, was wir schon über die Klimaeinteilung in den Ländern der Franken gesagt haben. Sonst hätte er nicht in den Rahmen dieses Buches gepaßt, wenn er auch nicht ganz nutzlos ist . . .[66]

Es gab sowohl praktische wie ideologische Schranken für die Reisen von Moslems nach Europa. Schon im 14. Jahrhundert begannen zuerst Venedig und Ragusa, später Marseille und andere christliche Seehäfen, Maßnahmen zu treffen, um sich vor der Pest zu schützen. Diese Maßnahmen entwickelten sich zu einem System, das als Quarantäne bekannt wurde – so genannt nach der Wartezeit von vierzig Tagen, welche die Behörden von Venedig im 15. Jahrhundert allen Besuchern aus osmanischen Ländern auferlegten. Mit den größer werdenden Unterschieden zwischen West und Ost, was die Normen von Volksgesundheit und Hygiene betraf, wurde die Quarantäne zu einer ständigen Einrichtung, die als notwendig galt, um Europa vor Ansteckung zu schützen. Sie wurde mit äußerster Strenge angewandt, ohne Rücksicht auf Religion oder Nationalität, Status oder Position. Botschafter und reiche Kaufleute waren ihr ebenso unterworfen wie einfache Pilger, zurückkehrende Würdenträger ebenso wie moslemische Besucher. Die meisten islamischen Botschafter äußern sich über die Quarantänestationen, die sie verständlicherweise für beleidigend und lästig hielten. Ein Teil des Problems bestand darin, daß ihre Einsperrung in Quarantäne der örtlichen Bevölkerung Gelegenheit bot, herbeizukommen und sie anzustarren. Mehmed Said wurde eine Zeitlang in Cette, einer Quarantänestation im Süden Frankreichs, festgehalten, wo »große Scharen von Männern und besonders von Frauen kamen, um mich anzuschauen, wenn ich meinen Spaziergang machte . . . die Frauen erschienen zuerst in Gruppen von zehn und ließen erst fünf Stunden nach Sonnenuntergang ab, denn alle Damen von Stand aus der Umgebung . . . hatten sich in Cette versammelt, um einen Blick auf mich zu werfen«.[67] Vasif Efendi schildert: »Das Lazaretto war von einer Palisade umgeben, und Zuschauer aus der Umgebung grüßten uns von weitem. Da sie die Menschen oder die Gewandung unseres Reiches nie gesehen hatten, waren sie sehr erstaunt.«[68] Manchmal wurden diesen Botschaftern scheinbare Entschuldigungen für die unwürdige Behandlung dargeboten. Azmi berichtete zum Beispiel im Jahre 1790 aus Berlin: »Der General selbst kam zu unserem Haus und sagte: ›Für Sie wäre es nicht nötig gewesen, die Quarantäne abzuwarten, aber wenn wir Sie keiner Quarantäne unterzogen hätten, würde es viel Gerede unter der Bevölkerung geben.‹ Mit diesen Worten versuchte er, sich zu entschuldigen.«[69] Mit der Zeit wurde die Quarantäne zu einer entscheidenden Schranke für den engeren Umgang und Austausch zwischen den beiden Welten der Christenheit und des Islam. Ein Engländer, der im frühen 19. Jahrhundert nach Osten reiste, beschreibt die materielle und psychologische Auswirkung dieser Barriere sehr anschaulich:

Die beiden Grenzstädte sind weniger als eine Schußweite voneinander entfernt, doch ihre Bewohner pflegen keinen Umgang miteinander. Der Ungar im Norden und der Türke und der Serbe an der Südseite der Save sind so stark voneinander getrennt, als lägen zwischen ihnen fünfzig weite Provinzen. Unter den Männern, die in den Straßen von Semlin geschäftig um mich herum hasteten, war vielleicht kein einziger, der sich je aufgemacht hätte, um sich die Fremdlingsrasse anzusehen, die unter den Mauern jenes gegenüberliegenden Schlosses wohnt. Es ist die Pest – und die Furcht vor der Pest –, die das eine Volk vom anderen trennt. Jedes Kommen und Gehen wird durch die Schrecken der gelben Fahne verboten. Wenn du es wagst, die Quarantänegesetze zu brechen, wirst du mit militärischer Eile verurteilt: Das Gericht brüllt dir deine Strafe von einem rund fünfzig Meter entfernten Tribunal zu; der Priester flüstert dir nicht sanft die süße Hoffnung der Religion ins Ohr, sondern tröstet dich aus Duellabstand; und danach wirst du sorgfältig erschossen und nachlässig im Boden des Lazaretto begraben.
Als alles für unsere Abreise bereit war, gingen wir hinunter zum Bereich der Quarantäneanstalt und warteten hier auf den »kompromittierten«* Beamten der österreichischen Regierung, dessen Pflicht es ist, die Grenzüberschreitung zu überwachen, und der zu diesem Zweck im Zustande fortwährender Exkommunikation lebt. Die Boote mit ihren »kompromittierten« Ruderern waren ebenfalls bereit.
  Wenn wir mit irgendeinem Lebewesen oder Gegenstand des Osmanischen Reiches in Berührung kämen, könnten wir nur dann auf österreichisches Gebiet zurückkehren, wenn wir uns einer Haft von vierzehn Tagen im Lazaretto unterzögen. Wir meinten daher, es sei, bevor wir uns festlegten, wichtig sicherzugehen, daß keine der erforderlichen Reisevorbereitungen vergessen worden war; und in unserem Streben, ein solches Unglück zu vermeiden, machten wir uns fast so feierlich an die Abreise aus Semlin, als nähmen wir von diesem Leben Abschied. Einige höfliche Personen, die uns während unseres kurzen Aufenthaltes an diesem Ort Gefälligkeiten erwiesen hatten, kamen herunter, um am Flußufer Lebewohl zu sagen; und nun, da wir zusammen mit ihnen drei oder vier Meter von dem »kompromittierten« Beamten entfernt standen, fragten sie uns, ob wir ganz sicher seien, daß wir all unsere Angelegenheiten in der Christenheit erledigt hätten, und ob wir keine letzten Bitten äußern wollten. Wir wiederholten die Warnung für unsere Diener und dachten gründlich nach, ob wir nicht durch irgendeinen Zufall von einem uns werten und teuren Gegenstand getrennt sein könnten: Waren sie gewiß, daß nichts vergessen worden war, daß es kein wohlriechendes Toilettenkästchen mit Gold verheißenden Kreditbriefen gab, von

* Eine »kompromittierte« Person ist jemand, der mit Menschen oder Dingen Kontakt gehabt hat, die fähig sein sollen, Infektionen zu übertragen. Eine allgemeine Regel besagt, daß das ganze Osmanische Reich ständig unter diesem entsetzlichen Bann liegt. Die »gelbe Flagge« ist das Zeichen der Quarantäneanstalt. (A. W. Kinglake)

dem wir für immer Abschied nehmen könnten? Nein, jeder unserer Schätze war
sicher im Boot verstaut, und wir – wir waren bereit zu folgen. Deshalb schüttelten
wir unseren Freunden aus Semlin nun die Hände, und sie wichen sofort drei oder
vier Schritte zurück, so daß wir genau zwischen ihnen und dem »kompromittierten« Beamten blieben. Der letztere trat darauf heran, erkundigte sich noch einmal,
ob wir mit der zivilisierten Welt abgeschlossen hätten, und streckte die Hand aus.
Ich reichte ihm meine, und damit hatten wir manchen Tag lang nichts mehr mit der
Christenheit zu tun.[70]

Die erste wirklich ausführliche Beschreibung Westeuropas durch einen
moslemischen Reisenden stammt nicht aus einem der Länder des Mittleren
Ostens oder Nordafrikas, sondern aus größerer Ferne: aus Indien. Während
die Herrscher der Türkei und des Iran ein verzweifeltes, doch im ganzen
erfolgreiches Rückzugsgefecht führten, um die moslemischen Kernländer
des Mittleren Ostens vor dem Vormarsch Europas – Rußlands vom Norden
und der Mittelmeermächte vom Süden her – zu bewahren, hatten die
ferneren Länder des Islam den Kampf verloren und waren unter fremde
Oberhoheit geraten. Das Vordrängen des russischen und britischen Reiches
im nördlichen und südlichen Asien brachte Millionen von Moslems unter
ihre Kontrolle. Zum erstenmal begegneten Moslems nun Europäern nicht
bloß als Nachbarn oder Besuchern, sondern als Herren. Es war eine
demütigende Erfahrung, doch einige von ihnen machten sich daran, die
Heimatländer dieser neuen und seltsamen Wesen zu entdecken, die aus dem
Westen zu ihnen gekommen waren.

Zwei moslemische Besucher, die aus Indien nach Großbritannien reisten,
sind besonders interessant. Der erste war Scheich I'tiṣām al-Dīn, ein
bengalischer Moslem, der im Jahre 1765 in England eintraf und der erste
Inder sein soll, der je London besuchte. Er hinterließ einen Reisebericht in
persischer Sprache. Dieser Bericht enthält eine Beschreibung der Orte, die
er in England und Schottland sah, und einige Bemerkungen über religiöse
und gesellschaftliche Institutionen und Bräuche, über Erziehung, Gesetzgebung, militärische Angelegenheiten und Stätten der Unterhaltung. Er
enthält auch eine Schilderung von St. James's Palace und der Parlamentsge-
bäude. Scheich I'tiṣām al-Dīn reiste über Frankreich nach England und gibt
auch ein paar Kommentare zu den Sitten und Bräuchen des französischen
Volkes.[71]

Der zweite und eindrucksvollere Besucher war Mīrzā Abū Tālib Khān,
der im Jahre 1752 in Lucknow als Sohn einer Familie persisch-türkischer
Herkunft geboren wurde und als Finanzbeamter für die Briten arbeitete.
Zwischen 1799 und 1803 bereiste er Europa ausgiebig, und er schrieb, nach
Indien zurückgekehrt, ein Buch über seine Abenteuer. Obwohl er in
persischer Sprache schrieb, scheint er an mögliche englische Leser gedacht
zu haben; als Untertan einer europäischen Regierung und als Beamter im

europäischen Dienst vertrat er einen recht unterschiedlichen Standpunkt von dem anderer moslemischer Autoren. Abū Tālib Khān begann seine europäischen Reisen in Irland und verbrachte den größten Teil seiner Zeit in London. Er kehrte über Frankreich, Italien und den Mittleren Osten zurück. Im Gegensatz zu den meisten anderen Reisenden aus den Ländern des Islam versuchte er eine ausführliche Darstellung der Nationen und Staaten, die er besuchte.[72]

Im späten 18. Jahrhundert begann mit dem von Sultan Selim III. veranlaßten Reformprogramm eine völlig neue Phase für die Reisen von Moslems. Im Jahre 1792 beschloß der Sultan – im Rahmen einer allgemeinen Reform, welche die Türkei den europäischen Bräuchen angleichen sollte –, ständige osmanische Botschaften in **den w**ichtigsten europäischen Hauptstädten einzurichten. Die erste osmanische Botschaft wurde im Jahre 1793 in London etabliert. Darauf folgten Wien, Berlin und Paris, wo Seyyid Ali Efendi im Jahre 1796 als erster Botschafter des osmanischen Sultans in der französischen Republik eintraf. Von ihren normalen diplomatischen Pflichten abgesehen, hatten diese Botschafter den Auftrag, die Institutionen der Länder, in die sie abgeordnet waren, zu studieren und sich »Sprachen, Kenntnisse und Wissenschaften, die für die Diener des Reiches nützlich sind«,[73] anzueignen.

Die meisten dieser ersten in Europa ansässigen osmanischen Diplomaten waren Beamte des Palastes oder der Kanzlei, die, nach alter Sitte erzogen und ausgebildet, nichts über westliche Sprachen oder Verhältnisse wußten und überwiegend konservativ eingestellt waren. Nach ihren Berichten zu urteilen, lernten sie wenig über die Länder, in die sie entsandt waren, und das, was sie lernten, machte keinen positiven Eindruck auf sie.

Aber es gab Ausnahmen. Einer der interessantesten dieser osmanischen Diplomaten war Ali Aziz Efendi, gebürtig aus Kreta und Sohn eines hohen osmanischen Beamten. Er selbst hatte verschiedene Posten in der osmanischen Verwaltung inne und wurde schließlich zum Botschafter in Preußen ernannt. Er traf im Juni 1797 in Berlin ein und starb dort im Oktober des folgenden Jahres. Ali Aziz Efendi sprach französisch und sogar etwas deutsch und war bis zu einem gewissen Grade mit der westlichen Literatur vertraut. Während seines Aufenthalts in Berlin begegnete er dem deutschen Orientalisten Friedrich von Diez, mit dem er über verschiedene wissenschaftliche und philosophische Themen korrespondierte. Nur ein Teil der Korrespondenz ist noch erhalten, aber er genügt, um zu zeigen, daß der osmanische Botschafter fast nichts über die experimentellen Wissenschaften oder die Vernunftphilosophie der Aufklärung wußte. Dafür kannte er sich in einem anderen Genre westlicher Literatur aus. Er verfaßte einige mystische Schriften, aber sein berühmtestes Buch ist eine Sammlung von Märchen, die im letzten Jahre seines Lebens geschrieben wurden.

Dieses Buch ist zum Teil eine Übersetzung, zum Teil eine freie Umarbeitung eines Werkes mit dem Titel *Les mille et un Jours*, verfaßt von dem französischen Orientalisten Pétis de la Croix und zuerst zwischen 1710 und 1712 gedruckt. Pétis de la Croix' Buch ist eine Art Nachahmung von *Tausendundeine Nacht* (nicht lange zuvor ins Französische übersetzt), basierte wenigstens teilweise auf persischen oder anderen islamischen Originalstoffen und war deshalb einem mittelöstlichen Leser zugänglicher als jedes andere westliche Werk.[74]

Diese Botschafter reisten nicht allein. Neben den griechischen Dragomanen, den wichtigsten Vermittlern, nahmen sie auch junge türkische Sekretäre mit, deren Hauptaufgabe darin bestand, Sprachen, vor allem Französisch, zu lernen und etwas über die westliche Gesellschaft zu erfahren. Diese Missionen boten also einer Reihe von jungen Türken aus der gebildeten Elite zum erstenmal Gelegenheit, sich eine Zeitlang in einer europäischen Hauptstadt aufzuhalten, eine westliche Sprache zu erlernen und sich einige Grundideen der europäischen Zivilisation anzueignen. Nach ihrer Rückkehr in die Türkei wurden die meisten von ihnen Regierungsbeamte, und zusammen stellten sie eine neue und bemerkenswert unterschiedliche Gruppe innerhalb der bürokratischen Hierarchie der Osmanen dar, da sie eine gewisse westliche Ausbildung genossen hatten und Interesse am Westen besaßen. Damit waren sie in vieler Hinsicht das zivile Gegenstück zu den neuen verwestlichten Offizieren, welche die reformierten Militär- und Flottenakademien absolvierten.[75]

Einer dieser Zivilisten war Mahmud Raif, der als Chefsekretär des ersten permanenten osmanischen Botschafters Yusuf Agah Efendi nach London ging und zwischen den Jahren 1800 und 1805 als Chefsekretär (Reis ülküttab) des Großwesirs diente. Mahmud Raif wurde zu einem solchen Englandexperten, daß man ihn nach seiner Rückkehr in die Türkei Ingiliz Mahmud nannte. Er schrieb eine Darstellung Englands und seiner Institutionen, die sich in der Serai-Bibliothek in Istanbul erhalten hat. Kurioserweise war sie in französischer Sprache abgefaßt – ebenso wie ein anderes Buch, das er über die geplanten osmanischen Reformen schrieb und das im Jahre 1797 in Üsküdar (Skutari) gedruckt wurde. Seine sehr bescheidene Verwestlichung nützte ihm wenig, und im Jahre 1808 wurde er von aufrührerischen Janitscharen umgebracht.[76]

Offiziersanwärter und angehende Diplomaten saßen als Studenten zu Füßen europäischer Lehrer. Es dauerte nicht lange, bis moslemische Herrscher bereit waren, einen Schritt weiter zu gehen und Studenten nach Europa zu schicken, damit sie die dort angebotenen formalen Ausbildungsmöglichkeiten nutzen konnten. Der erste, der diesen entscheidenden Schritt machte, war Muḥammad ʿAlī Pascha, der Gouverneur Ägyptens, der seine ersten ägyptischen Studenten im Jahre 1809 nach Italien entsandte. Bis 1818 waren etwa 28 Studenten dorthin gereist, und im Jahre 1826 schickte er die erste große Gruppe von ägyptischen Studenten nach Frankreich. Sie bestand aus 44 Mitgliedern, begleitet von einem Scheich der großen Moschee-Universität al-Azhar, der ihnen als religiöser Lehrer dienen sollte. Viele der aus Ägypten entsandten Studenten waren Türken und andere osmanische Untertanen. Aber einige waren einheimische arabisch sprechende Moslems, ebenso wie ihr Lehrer Scheich Rifāaᶜ Rāfiᶜal-Tahṭāwī (1801–1873), der rund fünf Jahre in Paris blieb, die französische Sprache meisterte und wohl mehr erreichte als irgendeiner seiner Schutzbefohlenen. Durch seine Bücher und Lehren wurde er eine Schlüsselfigur für die neue geistige Öffnung dem Westen gegenüber, die im 19. Jahrhundert begann.[77] Der osmanische Sultan Mahmud II. folgte dem Beispiel seines ägyptischen Vasallen in diesem wie in vielen anderen Punkten und schickte im Jahre 1827 die erste türkische Gruppe von 150 Studenten in verschiedene europäische Länder. Sein Ziel war, sie als Lehrer ausbilden und an den neuen Schulen arbeiten zu lassen, die er in der Türkei gründen wollte. Kleine Gruppen von Studenten wurden auch in den Jahren 1811 und 1815 aus dem Iran nach Europa entsandt. Einer von ihnen, Mīrzā Muḥammad Ṣāliḥ Shīrāzī, hinterließ einen Reisebericht von erheblichem Interesse.[78]

Es versteht sich, daß diese Maßnahmen auf starken Widerstand aus konservativen religiösen Kreisen stießen. Trotzdem gewann die Bewegung an Stärke, und in den frühen Jahrzehnten des 19. Jahrhunderts erschienen immer größere Zahlen von Studenten aus den moslemischen Ländern des Mittleren Ostens an europäischen Generalstabsakademien und sogar an Universitäten. Für viele von ihnen waren es Jahre der Isolation, aus denen sie nur zu gern zurückkehrten, um sich wieder ihren traditionellen Bräuchen hinzugeben. Aber dies galt nicht für alle. Wie es bei Studenten oft der Fall ist, lernten sie mehr von ihren Kommilitonen als von ihren Lehrern. Einige der Lektionen, die sie lernten, sollten die Geschichte des Mittleren Ostens umgestalten.

V

Moslemische Forschungen über den Westen

Im Jahre 1655 sah sich der osmanische Geograph und Universalgelehrte Kâtib Çelebi veranlaßt, ein Büchlein mit dem Titel *Anleitung für die Verwirrten über die Geschichte der Griechen und der Römer und der Christen*[1] zu schreiben. Er erklärt seine Motive im Vorwort. Die Christen seien sehr zahlreich geworden und beschränkten sich nicht mehr auf jenen Teil der bewohnten Welt, in dem sie früher gelebt hätten. Obwohl die Sekten der Christen nur ein *Hirsekorn* seien, hätten sie sich ausgebreitet und seien so stark geworden, daß sie viele Teile der Welt erfaßten. Sie seien mit ihren Schiffen über die östlichen und westlichen Meere gesegelt und Herren einer Reihe von Ländern geworden. Zwar seien sie nicht fähig gewesen, in das Osmanische Reich vorzudringen, doch hätten sie Siege in der Neuen Welt errungen, sich in den Häfen Indiens durchgesetzt und die Kontrolle über sie gewonnen. Dadurch rückten sie näher an die osmanischen Gebiete heran. Im Angesicht dieser wachsenden Bedrohung biete die islamische Geschichtsschreibung nichts anderes über diese Menschen als offenkundige Lügen und absurde Legenden. Deshalb sei es notwendig, bessere Informationen zu liefern, damit das Volk des Islam nicht länger völlig unwissend über die Angelegenheiten dieser für die Hölle bestimmten Menschen, nicht ahnungslos und uninformiert über diese feindseligen Nachbarn sei, sondern im Gegenteil aus dem Schlaf der Nachlässigkeit erwache, der diesen Verfluchten schon erlaubt habe, den Händen der Moslems gewisse Staaten zu entreißen und so islamische Länder in das Haus des Unglaubens zu verwandeln.

Um diese Information zu liefern, sagte Kâtib Çelebi, stütze er sich auf den fränkischen *Atlas Minor* und andere Werke, die er habe übersetzen lassen.

Der erste, einleitende Teil des Buches besteht aus zwei Abschnitten. Der eine skizziert die christliche Religion auf der Grundlage von Werken, die mittelalterliche Konvertiten vom Christentum zum Islam in arabischer Sprache geschrieben hatten; er ist offen feindselig im Ton und verfolgt polemische Zwecke. Im zweiten Abschnitt der Einleitung werden die europäischen Regierungssysteme in groben Zügen dargestellt. Dies geschieht mit Hilfe einer Reihe von Definitionen und Erklärungen verschiedener politischer Begriffe Europas, zum Beispiel Kaiser *(imperator)*, König *(kiral)* usw. Es folgt eine Vielfalt von Rängen in Kirche und Staat, unter denen er sorgfältig unterscheidet; dazu gehören Papst, Kardinal und Patriarch ebenso wie Graf und andere weltliche Titel. Die Einleitung schließt mit einer kurzen Zusammenfassung der Sprachen ab, die »diese verworfene Bande« verwendet. Kâtib Çelebi gibt einen Kommentar über die große Zahl der in Europa benutzten Sprachen und ihre gegenseitige Unverständlichkeit ab.

Der Rest des Buches besteht aus neun Kapiteln, die das Papsttum, das Heilige Römische Reich, Frankreich, Spanien, Dänemark, Siebenbürgen, Ungarn, Venedig und die Moldau behandeln – offenbar die Länder Europas, auf die Kâtib Çelebi glaubte aufmerksam machen zu müssen. Die Information beschränkt sich fast ganz auf numerierte Verzeichnisse von Päpsten oder Herrschern, durchsetzt mit bruchstückhaften Mitteilungen unterschiedlicher Herkunft. Das einzige Regierungssystem, das ausführlich erörtert wird, ist jenes von Venedig. Über zwei Länder – Frankreich und Spanien – konnte er auch begrenzte historische und geographische Informationen liefern.

Kâtib Çelebi hatte die beste Absicht. Davon zeugen seine Schriften über Geographie und Kartographie; sie zeigen, welche Mühe er sich gab, Informationen von seinen wenigen Gewährsleuten zu beziehen. Seine Beschreibung der früheren Literatur, der gegenüber seine eigenen Schilderungen Europas einen erheblichen Fortschritt darstellen, trifft zweifellos zu. Jedenfalls steht bis zum 19. Jahrhundert nichts Vergleichbares in arabischer oder persischer Sprache zur Verfügung. Trotzdem scheint seine Darlegung der europäischen Geschichte und Politik, geschrieben im Jahre 1655, naiv und trivial, wenn man sie mit dem Bild vergleicht, das die Europäer von den Osmanen hatten. Mehr als ein Jahrhundert bevor Kâtib Çelebi seine Abhandlung schrieb, konnte sich der europäische Leser einer breiten Auswahl detaillierter und fundierter Darstellungen von Geschichte und Institutionen der Osmanen bedienen; darunter waren Übersetzungen, die nach Manuskripten einiger der bedeutendsten frühen osmanischen Chroniken angefertigt worden waren. Das Interesse der Europäer beschränkte sich auch nicht auf die osmanischen Türken, die den Westen vor recht drängende aktuelle Probleme stellten. Die Europäer hatten sich seit einiger Zeit mit der früheren Geschichte und Kultur des Islam beschäftigt und schon eine umfangreiche Literatur geschaffen, zu der Ausgaben und Übersetzungen arabischer Texte sowie Untersuchungen der moslemischen Historie, Philosophie und Belletristik gehörten. Zu Kâtib Çelebis Zeit gab es schon Lehrstühle für Arabisch an einer Reihe westeuropäischer Universitäten, Gelehrte wie Jacob Golius in Holland und Edward Pococke in England legten die Grundlagen der klassischen Orientalistik. Als der Franzose Bartholomé d'Herbelot seine *Bibliothèque orientale* vorbereitete, ein alphabetisches Wörterbuch der orientalischen Zivilisation, konnte er eine beachtliche Menge von veröffentlichten wissenschaftlichen Daten in lateinischer Sprache und in mehreren europäischen Landessprachen heranziehen. Ein Teil der Information stammte von geflohenen oder freigekauften Gefangenen, ein Teil von reisenden Diplomaten oder Geschäftsleuten. Doch in immer größerem Umfang ging sie von einem neuen Schlag von Gelehrten aus, die auf die Sprachen und Literaturen des Islam jene Methoden anwandten, welche Europa für die Wiederherstellung und das Studium der klassischen und biblischen Texte vervollkommnet hatte. Etwas auch nur entfernt mit alledem Vergleichbares existierte unter den Moslems nicht, bei denen sich die Forschung, ob philologischer oder anderer Art, mit den Denkmälern ihrer eigenen Religion, Gesetzgebung und Literatur zu begnügen hatte.

Einiges war jedoch über den Westen bekannt, und es mag nützlich sein, sich die Quellen mit ihrem Inhalt von »Lügen und Legenden« anzusehen, die Kâtib Çelebi mit Recht so überlegen verurteilt.

Die ersten ernsthaften Berichte in arabischer Sprache über Westeuropa, die sich erhalten haben, erschienen im 9. Jahrhundert. Sie sind weitgehend aus griechischen Quellen abgeleitet, besonders aus der ptolemäischen Geographie, die offenbar mehrere Male ins Arabische übersetzt wurde. Der erhalten gebliebene Text ist eine Überarbeitung, die der berühmte zentralasiatische Mathematiker und Philosoph Muḥammad ibn Mūsā al-Khwarezmī zu Beginn des 9. Jahrhunderts anfertigte.[2] Sein Name liegt der Bezeichnung »Algorithmus« zugrunde, einem mittelalterlichen europäischen Begriff für die Dezimalrechnung. Al-Khwarezmī war nicht damit zufrieden, Ptolemäus nur zu übersetzen, sondern nahm in seine Version eine Reihe von Korrekturen und Zusätzen auf, die auf dem geographischen Wissen der Perser und Araber beruhten. Dies gilt sogar für die kurze Darstellung Westeuropas, wenn auch weit weniger als für die Beschreibungen anderer Teile der Welt. Unglücklicherweise sind die europäischen Ortsnamen in dem einzigen noch erhaltenen Manuskript so sehr entstellt, daß manche von ihnen nicht wiederzuerkennen sind.

Aus diesem und vielleicht aus anderen übersetzten Werken, darunter syrischen und griechischen Schriften, konnten sich moslemische Wissenschaftler eine gewisse Vorstellung von der geographischen Gestalt Westeuropas und sogar von einigen Ortsnamen machen. Bald begannen sie, eigene geographische Arbeiten zu schreiben, die zwar im allgemeinen einem so fernen und unwichtigen Gebiet wie Westeuropa wenig Platz widmen, aber trotzdem als Illustrationen dafür dienen können, wie sich das Wissen allmählich ausweitete.[3]

Der erste moslemische Geograph, dessen Werk uns überliefert ist, war ein gewisser Ibn Khurradādhbeh, ein Perser, der um die Mitte des 9. Jahrhunderts in arabischer Sprache schrieb. Er war höherer Beamter im staatlichen Postwesen. Sein Buch wurde – wie viele geographische Werke des mittelalterlichen Islam – wenigstens zum Teil von den Bedürfnissen des Postwesens angeregt und enthält Material aus dessen Akten. Natürlich beschäftigt es sich vor allem mit den Gebieten unter islamischer Herrschaft, aber es widmet auch dem Byzantinischen Reich einige Aufmerksamkeit, dessen Postwesen mit dem des Kalifats verbunden war, und bringt sogar einen kurzen Überblick über die ferneren Teile Europas.

»Die bewohnte Welt«, sagt Ibn Khurradādhbeh, »besteht aus vier Teilen: Europa, Libyen, Äthiopien und Skythien.« Diese Klassifizierung kommt in einigen wenigen anderen frühen arabischen Texten vor, die griechische Quellen zitieren, und verschwindet bald vollkommen aus der islamischen geographischen Literatur. Ibn Khurradādhbehs Europa, buchstabiert »Urūfa«, setzt sich – etwas überraschend – zusammen aus »Andalus [das heißt dem moslemischen Spanien], den Ländern der Slawen, der Römer und Franken und dem Gebiet von Tanger bis zur Grenze Ägyptens«.[4]

Über das moslemische Spanien, das zum Hause des Islam gehörte, ist Ibn Khurradādhbeh recht gut unterrichtet. Die Länder jenseits der moslemischen Grenze beschreibt er folgendermaßen:

Im Norden von Andalus liegen Rom, Burjan [Burgund] und die Länder der Slawen und Awaren.
Vom westlichen Meer kommen slawische, griechische, fränkische und lombardische Sklaven, griechische und andalusische Sklavinnen, Biberpelze und andere Felle, an Parfümen Styrax und an Arzneimitteln Mastix. Vom Meeresboden, nahe den Küsten des Landes der Franken, holen sie *bussadh* empor, welches das gemeine Volk Koralle *[marjan]* nennt. An dem Meer jenseits des Landes der Slawen liegt die Stadt Tūliya [Thule]. Kein Schiff oder Boot fährt dorthin, und nichts kommt von dort.[5]
Es gibt jüdische Kaufleute . . . die arabisch, persisch, griechisch, fränkisch, andalusisch und slawisch sprechen. Sie reisen von West nach Ost und von Ost nach West, zu Lande und zu Wasser. Aus dem Westen bringen sie Eunuchen, Sklavenmädchen und -jungen, Brokat, Biberpelze, Leim, Zobel und Schwerter.[6]

Ibn Khurradādhbehs jüdische Kaufleute haben den Anstoß zu einer erheblichen Zahl wissenschaftlicher Werke gegeben, und man hat viele Versuche gemacht, sie zu identifizieren, sie einzuordnen und ihre Bedeutung abzuschätzen. Es ist wahrscheinlich, daß sie nicht westlicher, sondern mittelöstlicher Herkunft waren.

Ähnliche Passagen lassen sich in den Schriften zwei anderer moslemischer Geographen jener Zeit finden. Einer von ihnen, Ibn al-Faqīh (gest. 903) folgt seinem Vorgänger, fügt aber hinzu:

Im sechsten Klima sind Frankenland und andere Völker. Dort gibt es Frauen, deren Brauch es ist, ihre Brüste, während sie klein sind, abzuschneiden und auszubrennen, damit sie nicht groß werden.[7]

Der andere, Ibn Rusteh (gest. 910) erzählt fast das gleiche, bringt aber ein neues und verblüffendes Detail:

Im nördlichen Teil des Ozeans sind zwölf Inseln, die Inseln von Baraṭiniya heißen. Danach verläßt man bewohntes Land, und niemand weiß, wie es ist.[8]

Alle drei erwähnen den Namen der Stadt Rom, über die sie ein paar recht seltsame Geschichten vortragen.

Im 10. Jahrhundert hatten die moslemischen Leser Zugang zu vollständigeren Informationen. Bei weitem der bedeutendste geographische Schriftsteller seiner Zeit war Masʿūdī (gest. 956). Seine Bemerkungen über die Völker Europas spiegeln einige geographische Vorstellungen der Griechen wider, aber mit interessanten Zusätzen:

Was die Menschen des nördlichen Quadranten betrifft, so sind es diejenigen, für welche die Sonne fern vom Zenit ist, während sie nach Norden vordringen, zum Beispiel die Slawen, die Franken und jene Nationen, die ihre Nachbarn sind. Die Kraft der Sonne ist der Entfernung wegen bei ihnen geschwächt; Kälte und Feuchtigkeit herrschen in ihren Gebieten, und Schnee und Eis reihen sich endlos aneinander. Der warme Humor fehlt ihnen; ihre Körper sind groß, ihr Charakter derb, ihre Sitten schroff, ihr Verständnis stumpf und ihre Zungen schwer. Ihre Farbe ist so extrem weiß, daß sie blau aussehen. Ihre Haut ist dünn und ihr Fleisch rauh. Auch ihre Augen sind blau und entsprechen ihrer Hautfarbe; ihr Haar ist der feuchten Nebel wegen glatt und rötlich. Ihren religiösen Überzeugungen fehlt Beständigkeit, und das liegt an der Art der Kälte und dem Fehlen von Wärme. Je weiter nördlich sie sich aufhalten, desto dümmer, derber und primitiver sind sie. Diese Eigenschaften verstärken sich in ihnen, wenn sie weiter nach Norden ziehen ... Diejenigen, die mehr als sechzig Meilen jenseits dieser Breite leben, sind Gog und Magog. Sie befinden sich im sechsten Klima und werden den Tieren zugerechnet.[9]

Derselbe Autor schreibt in einer anderen Arbeit:

Franken, Slawen, Lombarden, Spanier, Gog, Magog, Türken, Chasaren, Bulgaren, Alanen, Galizier und andere Völker, die, wie wir erwähnt haben, das Gebiet des Steinbocks, das heißt den Norden, besetzen, stammen nach der einhelligen Meinung der Männer mit Sachverstand und Einsicht unter den Doktoren des göttlichen Rechtes sämtlich von Japhet, dem Sohn Noahs, ab . . . Die Franken sind das mutigste dieser Völker, mit der besten Verteidigung, der reichsten Ausrüstung, den weitesten Ländern und den zahlreichsten Städten, am besten organisiert und ihrem König gegenüber am ergebensten und gehorsamsten – nur, daß die Galizier sogar noch kühner und bösartiger als die Franken sind, denn ein Galizier kann es mit einer Reihe von Franken aufnehmen.

Die Franken sind alle einem einzigen König untertan, und in dieser Angelegenheit gibt es keinen Streit oder Zwietracht unter ihnen. Der Name ihrer Hauptstadt zur gegenwärtigen Zeit ist Bārīza, welches eine große Stadt ist. Sie haben etwa hundertfünfzig Städte, Orte auf dem Lande und Dörfer nicht mitgerechnet.[10]

Aus diesen und anderen arabischen und persischen geographischen Schriften jener Zeit läßt sich ein gewisses Bild der europäischen Szenerie rekonstruieren, wie sie sich in moslemischen Augen darstellte. Im Norden der zivilisierten Länder des moslemischen Andalusien, in den Bergen des nördlichen Spanien und den Ausläufern der Pyrenäen lebten wilde und primitive christliche Völker, die Galizier und Basken hießen. In Italien, nördlich der Gebiete unter islamischer Kontrolle lag das Territorium Roms, beherrscht von einem Priesterkönig, welcher der Papst genannt wurde. In dem Land dahinter war das Reich eines wüsten Volkes namens Lombarden. An der Ostseite des Mittelmeers, nördlich der islamischen Grenzen, war das Gebiet von Rūm, das griechisch-orthodoxe Reich, und daran schlossen sich die weiten Länder der Slawen an, einer großen Rasse, unterteilt in viele Völker, von denen einige moslemischen Kaufleuten und Reisenden recht gut bekannt waren. Westlich der Slawen, bis hin zu den nördlichen Vorhügeln der Alpen und der Pyrenäen, erstreckte sich das riesige Königreich Franja, das Land der Franken. Unter ihnen unterscheiden manche, wenn auch nicht alle Experten ein weiteres Volk mit Namen Burjān oder Burgunder. Noch weiter im Norden, jenseits der Franken, lebten die feueranbetenden Majūs oder Magier – ein Name und eine Beschreibung, welche die Araber ganz willkürlich von den alten Persern auf die Nordländer übertragen hatten.[11] Ein paar Namen dieser ferneren nördlichen Länder tauchen in islamischen Schriften auf: Britannien, zuweilen Irland und sogar Skandinavien.

Gelegentlich benutzten moslemische Autoren den Begriff Rūm sogar für Zentral- und Westeuropa, wodurch sie ihn mehr oder weniger mit der Christenheit gleichsetzten. Häufiger jedoch gilt ein anderes Begriffssystem für die Westeuropäer. Ihre am weitesten verbreitete Bezeichnung ist *Ifranj* oder *Firanj*, die arabische Form des Namens »Franken«. Dieser Name erreichte die Moslems wahrscheinlich über Byzanz und wurde von ihnen ursprünglich für die Bewohner des westlichen Reiches von Karl dem Großen verwendet. Später dehnte man ihn auf ganz Europa aus. Im mittelalterlichen Sprachgebrauch wurde er normalerweise nicht für die spanischen Christen, die Slawen oder die nordischen Völker benutzt, sonst aber in einem losen und allgemeinen Sinne auf Kontinentaleuropa und die Britischen Inseln angewandt. Das Land der Franken war im Arabischen als Franja oder Ifranja, im Persischen und später im Türkischen als Frangistan bekannt.

Eine Bezeichnung, mit der manchmal in mittelalterlichen Texten die Völker Europas belegt werden, ist Banu'l-Aṣfar, was »Söhne des Gelben« bedeuten könnte. Die alten Araber gaben zunächst nur den Griechen und Römern diesen Namen, doch er wurde später auch für die Einheimischen Spaniens und dann für alle Europäer benutzt. Moslemische Genealogen leiten diese Bezeichnung gewöhnlich von einem Personennamen ab: von Aṣfar, dem Enkel Esaus und Vater Rūmīls, der als Ahnherr der Griechen und Römer (Rūm) gilt. Manche Wissenschaftler haben versucht zu erklären, daß der Begriff sich auf die hellere Hautfarbe der Europäer beziehe, die im Vergleich zum Braun und Schwarz Asiens und Afrikas als gelb, das heißt hell, gesehen werde. Diese Erklärung ist unwahrscheinlich. Arabische und persische Autoren nennen Weiße in der Regel weiß, nicht gelb. Ohnehin sprechen sie nur selten von der Rasse oder Hautfarbe der Europäer. Während sie sich ihres eigenen Kontrastes zu den dunkelhäutigeren Nachbarn im Süden und Osten manchmal sehr deutlich bewußt sind, messen sie der etwas helleren Hautfarbe ihrer Nachbarn im Norden viel weniger Bedeutung zu. Gelegentliche Hinweise, meist abschätziger Art, über den gebleichten oder aussätzigen Teint der nördlichen Rassen galt Slawen, Türken und anderen Steppenvölkern genauso wie den Franken, ja sogar noch öfter. In osmanischen Zeiten wird der Begriff Banu'l-Aṣfar hin und wieder für die slawischen Völker Zentral- und Osteuropas verwendet, aber besonders für die Russen, deren Zar manchmal al-Malik al-Aṣfar, der gelbe König, genannt wird.[12]

Was waren die Quellen des moslemischen Wissens über Europa? Die literarischen Quellen, die sie heranzogen, waren hauptsächlich griechischer Herkunft; syrische und persische Schriften lieferten spärliche Ergänzungen. Jedenfalls erfuhren sie nicht viel aus westlichen Büchern. Soviel wir wissen, wurde nur ein einziges westliches Buch im Mittelalter tatsächlich ins Arabische übersetzt.

Ein oder zwei andere Bücher könnten auf indirektem Wege bekannt geworden sein. Zum Beispiel bezieht sich Masʿudi bei einer kurzen

Übersicht über die Könige der Franken von Chlodwig bis Ludwig IV., wie er sagt, auf ein Buch, das ein fränkischer Bischof im Jahre 939 zur Unterrichtung al-Ḥakams, des Emirs von Cordoba, geschrieben hatte:

In Fusṭāṭ in Ägypten stieß ich im Jahre 336 [947] auf ein Buch, das Godmar, Bischof in der Stadt Gerona, einer der Städte der Franken, im Jahre 328 für al-Ḥakam ibn ʿAbd al-Raḥmān ibn Muḥammad verfaßt hatte, den Thronfolger seines Vaters ʿAbd al-Raḥmān, des damaligen Herrschers von Andalus... Diesem Buch gemäß war der erste König der Franken Kludieh. Er war ein Heide, und seine Frau, die Ghartala hieß, bekehrte ihn zum Christentum. Nach ihm kamen sein Sohn Ludric, dann sein Sohn Dakoshirt, dann sein Sohn Ludric, dann sein Bruder Kartan, dann sein Sohn Karla, dann sein Sohn Tebin und sein Sohn Karla. Er regierte sechsundzwanzig Jahre lang und lebte zur Zeit al-Ḥakams, des Herrschers von Andalus. Seine Söhne kämpften nach ihm gegeneinander, und der Zwist unter ihnen erhitzte sich so sehr, daß sich die Franken dabei beinahe selbst vernichteten. Dann wurde Ludric, der Sohn Karlas, ihr Herrscher und regierte für achtundzwanzig Jahre und sechs Monate. Er war es, der gegen Tortosa vorrückte und es belagerte. Nach ihm kamen Karla und dann der Sohn Ludrics, und er war es, der Geschenke an Muḥammad ibn ʿAbd al-Raḥmān ibn al-Ḥakam sandte, der als al-Imām angesprochen wurde. Er regierte neununddreißig Jahre und sechs Monate lang, und nach ihm herrschte sein Sohn Ludric für sechs Jahre. Dann erhob sich der fränkische Graf Nusa gegen ihn und eroberte das Reich der Franken und herrschte dort acht Jahre lang. Er war es, der sein Land für sieben Jahre gegen 700 Ratl Gold und 600 Ratl Silber, an sie zu zahlen durch den König der Franken, von den Normannen loskaufte. Nach ihm herrschte Karla, der Sohn Takwiras, vier Jahre lang; dann ein anderer Karla, der einunddreißig Jahre und drei Monate an der Macht blieb; dann Ludric, der Sohn Karlas, und er ist zu dieser Zeit, das heißt im Jahre 336, der König der Franken. Er herrscht nun – laut den Mitteilungen, die uns erreicht haben – seit zehn Jahren über sie.[13]

Von den sechzehn Namen in Masʿūdīs Verzeichnis können die letzten zehn, von Karl Martell bis Ludwig IV., mit einiger Sicherheit identifiziert werden. Unter den ersten sechs Namen bieten Chlodwig, seine Frau Klothilde und sein Ururenkel Dagobert kein Problem; die übrigen lassen sich unter der Menge der Merowinger und Karolinger Monarchen nicht identifizieren.

Interessant an der Passage ist jedoch nicht das eigentliche Namenverzeichnis, in dem es nur so wimmelt vor Entstellungen, Irrtümern und Auslassungen. Ihre Bedeutung liegt in ihrer bloßen Existenz. Die klassische Historiographie der islamischen Welt ist von enormem Umfang, wahrscheinlich größer als die aller Staaten des mittelalterlichen Europa zusammen und auf einem weit höheren intellektuellen Niveau. Um so bemerkenswerter ist, daß – trotz der langen Konfrontation von Islam und Christenheit über das Mittelmeer hinweg, von Spanien über Sizilien bis zur

Levante – moslemische Gelehrte bar jeden Interesses und jeder Neugier waren, was die Geschehnisse jenseits der islamischen Grenzen in Europa betraf. Aus dem ersten Jahrtausend des Islam haben sich nur drei Schriften erhalten, die dem moslemischen Leser die geringste Information über die Geschichte Westeuropas bieten. Ma'sūdīs Verzeichnis ist die erste dieser Schriften.

Während die Geschichte Westeuropas beinahe völlig vernachlässigt wurde, widmete man seiner Geographie weiterhin einige Aufmerksamkeit. Die moslemische Forschung konzentrierte sich sehr stark auf die Geographie und brachte eine riesige, umfassende Literatur zu dem Thema hervor. Sie begann mit Überarbeitungen und Erweiterungen griechischer Schriften, wurde durch eine Anzahl von Reisebüchern bereichert, und schließlich produzierten moslemische Gelehrte systematischere Darstellungen, manche in Form von Abhandlungen über die Geographie, andere in Form von alphabetisch geordneten geographischen Wörterbüchern. Diese enthalten oft einige europäische Namen.

Der mächtige Name Roms war natürlich auch der islamischen Welt bekannt, wo man ihn allerdings meist mit Byzanz verwechselte, das häufiger mit der Bezeichnung Rūm belegt wurde. Einige Gelehrte wußten jedoch, daß sich auch in Italien ein Rom befand. Ein früher arabischer Autor gibt ein ausführliches Zitat von Hārūn ibn Yaḥyā wieder, einem arabischen Kriegsgefangenen, der gegen 886 für kurze Zeit in Rom gewesen zu sein scheint. Hārūn beschreibt die Stadt und die Kirchen auf ziemlich kuriose Weise und fährt dann fort:

Von dieser Stadt sticht man in See und segelt drei Monate, bis man das Land des Königs der Burjā [Burgunder?] erreicht. Von dort reist man einen Monat lang über Berge und durch Täler, bis man das Land Franja erreicht, und von dort macht man sich auf und reist noch vier Monate, bis man die Stadt Baraṭīniya [Britannien] erreicht. Dies ist eine große Stadt an der Küste des westlichen Meeres, und sie wird von sieben Königen beherrscht. Am Tor der Stadt steht ein Götzenbild, und wenn ein Fremder einzutreten versucht, schläft er ein und kann nicht eintreten, bis die Bewohner der Stadt ihn ergriffen und festgestellt haben, welchen Zweck und welches Ziel er beim Betreten der Stadt hat. Sie sind Christen, und ihr Land ist das letzte von Rūm. Jenseits ihres Landes liegt kein bewohntes Gebiet.[14]

Offensichtlich drang Hārūn nicht weit über Rom hinaus. Beachtenswert ist, daß er von Britannien und der angelsächsischen Heptarchie gehört hatte und sogar fähig war, die wahrscheinlich erste Beschreibung des angelsächsischen Einwanderungsverfahrens zu geben. Seine Mitteilung ist allerdings nicht mehr ganz aktuell, da die Heptarchie rund dreißig Jahre zuvor aufgehoben worden war.

Vieles von Hārūns Kenntnissen stammt eindeutig aus Sammlungen seltsamer Geschichten über Rom, die in der mittelalterlichen Literatur in Umlauf waren. Einige wurden von Ibn al-Faqīh zusammengestellt und von Yāqūt zitiert, einem der größten moslemischen Geographen, der im Jahr 1229 starb. Yāqūt hat ernste Zweifel an manchen Geschichten, die er wiedergibt. In seinem geographischen Wörterbuch beginnt er unter dem Stichwort »Rom« folgendermaßen:

> Rūmiya. Dies ist die Aussprache, die von vertrauenswürdigen Experten festgestellt wurde. Al-Aṣmaʿī [ein berühmter Philologe] sagt: »Der Name ist nach demselben Muster gebildet wie Anṭākiya [Antiochia] und Afāmamiya und Nīqiya [Nikaia] und Salūqiya [Seleukeia] und Malaṭiya. Solche Namen sind in der Sprache und im Lande der Rūm zahlreich.«
>
> Es gibt zwei Roms, eines von ihnen in Rūm und das andere in Madāʾin, das von einem König gebaut und nach ihm benannt wurde. Jenes im Lande Rūm ist das Zentrum ihrer Souveränität und ihrer Gelehrsamkeit... Der Name in der Rūmi-Sprache ist Romanus. Dieser Name wurde dann in eine arabische Form gebracht, und jene, die dort lebten, wurden Rūmi genannt.
>
> Die Stadt liegt nordwestlich von Konstantinopel, in einer Entfernung von fünfzig Tagen oder mehr. Heutzutage ist sie in der Hand der Franken, und ihr König wird König von Almān genannt. In ihr lebt der Papst...
>
> Rom ist eines der Weltwunder, was seine Gebäude, seine Größe und die Zahl seiner Bewohner betrifft. Bevor ich über sie zu sprechen beginne, lehne ich jedem gegenüber, der in mein Buch blicken mag, die Verantwortung für das ab, was ich über diese Stadt erzählen werde, denn es ist wirklich eine sehr große, außergewöhnliche Stadt, und sie kann nicht ihresgleichen haben. Aber ich bin einer Reihe derer begegnet, die Ruhm durch die Übermittlung von Wissen errungen haben, und sie berichteten, was ich erzählen werde. Ich folge ihrer Aussage, und Gott weiß am besten, was die Wahrheit ist.[15]

Nach diesem vorsichtigen und, man könnte sagen, gelehrtenhaften Vorbehalt zitiert Yāqūt ausführlich aus mittelalterlichen Erzählungen – zumeist wahrscheinlich europäischer Herkunft – über die Wunder und Sensationen Roms; er schließt:

> Alles, was ich hier gesagt habe, um diese Stadt zu beschreiben, ist dem Buch von Aḥmad ibn Muḥammad al-Hamādānī, bekannt als Ibn al-Faqīh, entnommen. Der schwierigste Teil der Geschichte ist, daß die Stadt von so enormer Größe sein soll, daß ihre Umgegend für die Entfernung von mehreren Reisemonaten nicht genug Lebensmittel produziert, um ihre Bevölkerung zu ernähren. Viele berichten jedoch von Bagdad, daß es nach Größe und Weite und Bevölkerungsdichte und der Zahl der Bäder genauso gewesen sei, doch solche Dinge sind schwer für jemanden zu akzeptieren, der ihresgleichen nie gesehen hat, und Gott weiß am besten, was wahr ist. Dies ist meine Entschuldigung dafür, daß ich nicht alles, was gesagt wurde, abschrieb, sondern einiges davon kürzte.[16]

Es ist leicht, Verständnis für Yāqūts Standpunkt aufzubringen.

Die meisten mittelalterlichen islamischen Beschreibungen Westeuropas leiten sich direkt oder indirekt von dem Bericht ab, den der Botschafter Ibrāhīm ibn Yaʿqūb in der Mitte des 10. Jahrhunderts vorlegte. Zwei Beispiele von Yaʿqūbs Darstellungen sollen genügen:

Irland ist eine Insel im Nordwesten des 6. Klimas ... die Normannen (Madschûs) haben keinen festen Wohnsitz außer dieser Insel auf der ganzen Welt. Ihr Umfang ist 1000 Meilen. Die Bewohner haben normannische Sitte und Kleidung. Sie tragen Burnuse, von denen der Wert eines einzelnen 100 Goldstücke beträgt, und die Vornehmen (aschrâf = Scherifen) tragen Burnuse mit Perlen besetzt. Man erzählt, daß sie an ihren Küsten junge Walfische jagen, und das ist ein großer Fisch. Sie jagen ihre Jungen und essen sie als Zukost. Diese Jungen, sagt man, werden im Monat September geboren, und man fängt sie im Oktober, November, Dezember und Januar, in diesen vier Monaten. Später dagegen ist ihr Fleisch zäh und taugt nicht zum Essen. Über die Art ihres Fanges [wird] berichtet ... daß die Jäger sich auf Schiffen sammeln. Sie haben eine große eiserne Klinge (neschîl) mit scharfen Zähnen, und an der Klinge befindet sich ein großer starker Ring, und an dem Ring ein starkes Tau. Wenn sie nun ein Junges erreichen, schlagen sie in ihre Hände und lärmen. Dann amüsiert sich das Junge über das Händeklatschen und nähert sich zutraulich den Schiffen. Einer der Schiffer macht sich nun an es heran und kraut seine Stirn heftig, was dem Jungen angenehm ist. Dann legt er die Klinge mitten auf den Kopf desselben, nimmt einen starken eisernen Hammer und schlägt mit ihm aus vollen Kräften dreimal auf die Klinge. Den ersten Schlag spürt es nicht, aber beim zweiten und dritten gerät es in große Erregung, und bisweilen trifft es mit seinem Schwanze etwas von den Schiffen und zerschellt sie, und es bleibt in heftiger Bewegung, bis Ermattung es überkommt. Dann zieht es die Schiffsmannschaft mit vereinten Kräften bis an den Strand. Bisweilen bemerkt die Mutter des Jungen seine Erregung und verfolgt sie. Dann halten sie eine große Quantität von pulverisiertem Knoblauch in Bereitschaft und mischen damit das Wasser. Wenn sie den Geruch des Knoblauchs riecht, findet sie ihn abscheulich, macht kehrt und tritt den Rückzug an. Dann zerschneiden sie das Fleisch des Jungen und pökeln es ein. Und sein Fleisch ist weiß wie Schnee und seine Haut schwarz wie Tinte.[17]

Ibn Yaʿqūbs Beschreibung der Walfängerei in der Irischen See gründet sich offensichtlich auf gewisse Tatsachen und enthüllt das Wissen, daß Wale Mütter haben und mit Harpunen gefangen werden. Allerdings ist zweifelhaft, daß er je den Fuß auf irischen Boden setzte, und sein Bericht stammt wahrscheinlich aus zweiter Hand. Dagegen beruht seine Beschreibung Böhmens offensichtlich auf eigener Erfahrung:

Was das Land des Bûîslâw anlangt, so erstreckt es sich in seiner Länge von der Stadt Prag bis zur Stadt Krakau, eine Reise von 3 Wochen, und es grenzt der Länge nach an das Land der Türken. Die Stadt Prag ist aus Steinen und Kalk erbaut, und sie ist der größte Handelsplatz jener Länder. Zu ihr kommen aus der Stadt Krakau die

Rûs und die Slawen mit Waaren, und es kommen zu ihnen aus den Ländern der Türken Muhammedaner, Juden und Türken gleichfalls mit Waaren und gangbaren Münzen und führen von ihnen Sklaven, Zinn und verschiedene Felle aus. Ihr Land ist das beste von den Ländern des Nordens und das reichste an Lebensunterhalt. Für einen Pfennig verkauft man ihnen so viel Weizen, daß ein Mann daran für einen Monat genug hat, und man verkauft bei ihnen an Gerste für einen Pfennig das Futter von 40 Nächten für ein Reittier, und man verkauft bei ihnen 10 Hühner um einen Pfennig. In der Stadt Prag verfertigt man Sättel, Zäume und dicke Schilde, die in ihren Ländern im Gebrauch sind. Auch verfertigt man im Lande Böhmen dünne lockergewebte Tüchlein (munaidilât) wie Netze, die man zu nichts anwenden kann. Ihr Preis ist bei ihnen wertbeständig: 10 Tücher für 1 Pfennig. Mit ihnen handeln sie und verrechnen sich untereinander. Davon besitzen sie ganze Truhen. Die sind ihr Vermögen, und die kostbarsten Dinge kauft man dafür: Weizen, Sklaven, Pferde, Gold und Silber und alle Dinge. Seltsam ist, daß die Bewohner Böhmens braun und dunkelhaarig sind; der blonde Typus ist bei ihnen wenig vertreten.[18]

Die Reconquista und die Kreuzzüge brachten Moslems und Menschen aus dem Abendland – im Frieden wie im Krieg – in engeren Kontakt. Man würde erwarten, daß die Moslems in dieser Zeit umfangreichere und genauere Kenntnisse über ihre europäischen christlichen Nachbarn gehabt hätten, greifbarere Informationen als die vagen Schilderungen, Gerüchte und Phantasievorstellungen einer früheren Epoche. Gewiß wußten die Moslems des 12., 13. und 14. Jahrhunderts mehr über den Westen als ihre Vorfahren in der Zeit vor den Kreuzzügen, aber trotzdem bleibt erstaunlich, wie wenig sie tatsächlich wußten, und noch erstaunlicher, wie wenig Wert sie auf dieses Wissen legten.

Einer der größten Geographen dieser Periode, der Perser Zakariyā ibn Muḥammad al-Qazvīnī (gest. 1283), stützt sich bei seiner Darstellung Europas hauptsächlich auf Ibn Yaʿqūb, und ihm ist zum Teil sogar dafür zu danken, daß Ibn Yaʿqūbs Erzählung sich erhalten hat. Über die Franken hat er nur folgendes zu sagen:

Ifrandscha (Franken) ist ein großes Land und weites Königreich in den Christenlanden. Seine Kälte ist ganz fürchterlich und seine Luft dick wegen der übergroßen Kälte. Es ist reich an Gütern, Obst und Feldfrüchten, ergiebig an Flüssen und besitzt Ackerbau und Viehzucht, Bäume und Honig; sein Wild ist artenreich; auch gibt es dort Silberbergwerke. Man schmiedet dort sehr scharfe Schwerter; und die fränkischen Schwerter sind schneidiger als die indischen.
Seine Bewohner sind Christen und haben einen König kühn, mannenreich und voll Herrscherkraft. Ihm gehören zwei oder drei Städte am diesseitigen Meeresstrande inmitten der Lande des Islam, und er schirmt sie von jener Seite aus; so oft die Muslime ein Heer absenden, sie zu erobern, sendet er von jener Seite Verteidiger für sie. Seine Heere sind außerordentlich tapfer, denken beim Zusammenstoß durchaus nicht an Flucht und achten den Tod für geringer.[19]

Ein Teil dieses Abschnittes wurde zweifellos von einem früheren Autor, vielleicht sogar Ibn Yaʿqūb, übernommen, doch der zweite Teil mit seinem Hinweis auf fränkische Besitzungen »inmitten der Lande des Islam« und seinem unabsichtlichen Zeugnis für die Stärke fränkischer Waffen scheint aus der Zeit der Kreuzzüge zu stammen. Qazvīnis Bemerkungen haben den Vorteil, daß sie aus direktem Kontakt herrührende Eindrücke widerspiegeln – ganz im Unterschied zu den Erzählungen von Reisenden, alten Legenden und wieder aufgefrischten Bruchstücken griechischen Wissens, welche die Mehrzahl der früheren Darstellungen des Westens ausmachen.

Etwas bessere Informationen standen dem islamischen Westen zur Verfügung: in Nordafrika und Spanien, wo der Vormarsch der christlichen Wiedereroberung die Moslems in engere, wenn auch unwillkommene Berührung mit Europa gebracht hatte. Zuhrī, ein Geograph des 12. Jahrhunderts, der wahrscheinlich in spanischer Sprache schrieb, erwähnt Venedig, Amalfi, Pisa und Genua und macht ein paar Anmerkungen zu ihren Kaufleuten und Produkten. Über Genua sagt er, es sei »eine der größten Städte der Römer und Franken, und seine Einwohner sind die Quraysh der Römer«. Da die Quraysh, das Geschlecht in Mekka, dem der Prophet angehörte, die edelsten der Araber sind, ist dies ein überschwengliches Kompliment. Und damit nicht genug: Es heißt, fährt Zuhrī fort, daß die Genueser von dem christianisierten arabischen Stamm der Ghassān abstammen, der vor der Entstehung des Islam in den syrisch-arabischen Grenzgebieten lebte. »Diese Leute ähneln den Römern nicht in ihrer Erscheinung. Die meisten Römer sind blond, während diese Leute dunkel, krausköpfig und hakennasig sind. Deshalb sagt man, daß sie von Arabern abstammen.«[20]

Unterdessen hatte ein anderer Moslem des Abendlandes, der unter christlicher Herrschaft im normannischen Sizilien lebte, ein Werk geschrieben, das den Höchststand des mittelalterlichen islamischen Wissens über die Geographie Europas sowie der übrigen Welt markiert. Abū ʿAbdallah Muḥammad al-Sharīf al-Idrīsī, ein Sprößling eines früheren marokkanischen Herrscherhauses, wurde im Jahre 1099 in Ceuta in Marokko geboren. Nach dem Studium in Cordoba und ausgiebigen Reisen in Afrika und im Mittleren Osten nahm er eine Einladung Rogers II., des normannischen Königs von Sizilien, an und ließ sich in Palermo nieder. Dort verfaßte er – auf der Grundlage seiner eigenen Reisen und der Informationen, die er von anderen unbekannten Gewährsleuten gesammelt hatte – sein großes geographisches Hauptwerk, das als das *Buch Rogers* bekannt ist. Es wurde im Jahre 1154 abgeschlossen. Diese Arbeit enthält, wie man erwarten darf, viel Stoff über Italien und daneben ausführliche Darstellungen des größten Teils von Westeuropa. In den betreffenden Kapiteln schenkt Idrīsī früheren geographischen Schriften der Moslems nur wenig Aufmerksamkeit und scheint sich direkt auf westliche christliche Gewährsleute und westliche, wahrscheinlich katalanische, Karten zu stützen. Zu ihnen müßte er im normannischen Sizilien mühelos Zugang gehabt haben. So beginnt Idrīsī seine Beschreibung der Britischen Inseln:

Der erste Teil des 7. Klimas besteht ausschließlich aus dem Ozean, und seine Inseln sind verlassen und unbewohnt...
Der zweite Abschnitt des siebten Klimas enthält einen Teil des Ozeans, in dem die Insel l'Angleterre [England] ist. Dies ist eine große Insel, geformt wie ein Straußenkopf; darin sind volkreiche Städte, hohe Berge, fließende Ströme und ebener Boden. Sie ist sehr fruchtbar, und ihr Volk ist abgehärtet, entschlossen und tatkräftig. Der Winter ist dort permanent. Das Land, das ihr am nächsten ist, ist Wissant in Frankreich, und zwischen dieser Insel und dem Kontinent liegt eine Meeresenge von zwölf Meilen Breite...[21]

Idrīsī beschreibt dann in kurzen Zügen Dorchester, Wareham, Dartmouth und »den schmalen Teil der Insel namens Cornwall, der wie ein Vogelschnabel ist«, Salisbury, Southampton, Winchester, Shoreham, Hastings, »eine Stadt von beträchtlicher Größe und mit zahlreichen Einwohnern, blühend und prächtig, mit Märkten, Handwerkern und wohlhabenden Kaufleuten«, Dover, London, Lincoln und Durham. Jenseits dieser Städte liege Schottland, über das Idrīsī bemerkt:

Es grenzt an die Insel England an und ist eine lange Halbinsel im Norden der größeren Insel. Es ist unbewohnt und hat weder Stadt noch Dorf. Seine Länge beträgt 150 Meilen...[22]

Idrīsī hat von einem noch ferneren Gebiet gehört:

Vom äußeren Ende der leeren Halbinsel Schottland zum äußeren Ende der Insel Irland muß man zwei Tage gen Westen segeln... der Autor des *Buches der Wunder* [ein früheres, orientalisches Werk] sagt, daß es dort drei Städte gibt und daß sie früher bewohnt waren und daß Schiffe dort anlegten und Bernstein und farbige Steine von den Einheimischen kauften. Dann versuchte einer von ihnen, sich zum Herrscher über sie zu machen, und führte Krieg gegen sie mit seinem Volk, und sie leisteten ihm Widerstand. Dann stand ein Feind unter ihnen auf, sie vertilgten einander, und einige von ihnen zogen auf das Festland. So wurden ihre Städte verwüstet, und keine Bewohner bleiben in ihnen.[23]

Idrīsīs Wissen um die Britischen Inseln ist spärlich; er ist viel besser über den europäischen Kontinent, sogar über seine nördlichen und östlichen Enden, informiert. Seine Beschreibung der Inseln – geformt wie ein Straußenkopf, wie ein Vogelschnabel – zeigt deutlich, daß er sich Karten angesehen hatte. Wahrscheinlich bezog er aus ihnen auch die zahlreichen Ortsnamen, die er erwähnt.

Spätere arabische Geographen folgten Idrīsīs Beispiel – und verwendeten sein Material. Ibn ʿAbd al-Munʿim, ein Autor aus dem islamischen Westen mit ungewissen Lebensdaten, stellte ein geographisches Wörterbuch zusammen, das auch Teile Europas behandelte; Ibn Saʿīd (1214–1274) aus Alcala la Real in der Nähe von Granada schrieb eine *Weltgeographie*, die von späteren moslemischen Schriftstellern in West und Ost ausgiebig zitiert wurde.

Ibn Saʿīds Schilderung des Westens enthält eine Reihe interessanter Neuheiten. Im Zusammenhang mit England bemerkt er, daß »der Herrscher dieser Insel in der Geschichte Saladins und der Kriege von Akkon al-Inkitār genannt wird«.[24] Der Herrscher, der in der Geschichte Saladins erwähnt wird, ist natürlich Richard Löwenherz, der unter dem seltsamen Namen al-Inkitār – anscheinend von l'Angleterre abgeleitet – in allen moslemischen Darstellungen des Dritten Kreuzzuges auftaucht. Die moslemischen Chronisten äußern sich eingehend zu den militärischen und politischen Aktivitäten der Kreuzfahrer im Orient. Sie zeigen jedoch bemerkenswert wenig Interesse für die inneren Angelegenheiten der Kreuzfahrerstaaten, beschäftigen sich kaum mit den Unterschieden zwischen den nationalen Kontingenten und überhaupt nicht mit ihren Herkunftsländern. Ibn Saʿīds Kennzeichnung dieser fernen und rätselhaften Inseln durch eine Gestalt der syrisch-palästinensischen Geschichte ist deshalb ungewöhnlich. Für die meisten moslemischen Chronisten waren sie alle fränkische Ungläubige, die aus den nördlichen Ländern der Barbarei kamen – und je früher sie dorthin zurückkehrten, desto besser. Fränkische Herrscher und Führer werden selten mit Namen genannt, sondern sind durch irgendeinen vagen Titel oder eine ungenaue Beschreibung gekennzeichnet, in der Regel gefolgt von der Formel »Gott möge seine Seele zur Hölle schicken« oder etwas ähnlichem.

Die Historiker machten sich kaum einmal die Mühe, ihr Wissen über die Franken in Syrien mit den kargen Informationen über Europa in Einklang zu bringen, die in den Schriften der Kosmographen, Geographen und Reisenden vorlagen. Die Vorstellung, daß fränkische Religion, Philosophie, Wissenschaft oder Literatur auch nur von geringstem Interesse sein könnten, scheint niemandem gekommen zu sein. Erst im späten 14. Jahrhundert, nach mehreren Jahrhunderten geschäftlicher und diplomatischer Beziehungen, finden wir zum erstenmal bei einem arabischen Autor den schwachen Hinweis darauf, daß solche Dinge überhaupt in Europa existieren könnten. Dieser Hinweis kommt, wie zu erwarten, von einem der größten und originellsten Geister, welche die islamische Zivilisation je hervorgebracht hat, und sogar bei ihm wird er mit gelehrter Zurückhaltung vorgetragen. Im geographischen Abschnitt seiner berühmten *Muqaddima* oder Prolegomena zur Geschichte bringt der große tunesische Historiker und Soziologe Ibn Khaldūn (1323–1406) eine Beschreibung Westeuropas, die nicht mehr aussagt als die Werke Idrīsīs und anderer moslemischer Geographen. Gegen Ende der *Muqaddima* findet sich jedoch ein Überblick über die Herkunft und das Wachstum der rationalen Wissenschaften, der ein revolutionäres Zugeständnis enthält. Nachdem er die Entstehungsgeschichte der Wissenschaft unter den Griechen und Persern und anderen Völkern der Antike beschrieben hat, erörtert Ibn Khaldūn ihre Entwicklung unter dem Islam und ihre Ausbreitung westwärts über Nordafrika nach Spanien und schließt dann:

> Wir haben in letzter Zeit gehört, daß in den Ländern der Franken, das heißt im Lande Rom und in den von ihm abhängigen Gebieten an der Nordküste des Mittelmeers, die philosophischen Wissenschaften blühen, ihre Werke wiederbelebt werden, ihre Studiendauer sich verlängert, daß ihre Sammlungen umfassend, ihre Repräsentanten zahlreich und ihre Studenten in Fülle vorhanden sind. Aber Gott weiß am besten, was in jenen Gebieten geschieht. »Gott schafft, was Er wünscht und erwählt.«[25]

Das abschließende Zitat aus dem Koran soll offenbar erklären, daß auch etwas so Außergewöhnliches wie die Entstehung der Gelehrsamkeit unter den Franken nicht jenseits der Grenzen von Gottes Allmacht ist.

Ibn Khaldūn schrieb auch eine Universalgeschichte, zu der seine besser bekannte *Muqaddima* als Einleitung dient. Sie ist, wie vorauszusehen, am ausführlichsten, was Nordafrika betrifft, und enthält eine Schilderung des unglücklichen Kreuzzuges, den König Ludwig IX. der Heilige von Frankreich gegen Tunis führte. Diese Schilderung ist in verschiedener Hinsicht bemerkenswert. Ibn Khaldūn gibt den Namen des französischen Monarchen als »Sanluwīs ibn Luwīs« und seinen Titel als Rida Frans wieder, »was in der fränkischen Sprache König von Frankreich bedeutet«.[26] Er wußte also, daß der König als Saint Louis bekannt war – obwohl man sich fragen darf, wieviel ihm das bedeutete – und daß dessen Vater ebenfalls Louis hieß. Wichtiger ist, daß Ibn Khaldūn wie andere moslemische Historiker zwar auch nicht das Wort »Kreuzzug« benutzt, aber trotzdem den Feldzug gegen Tunis als Teil eines historischen Kampfes zwischen der Christenheit und dem Islam darstellt, der sich über Jahrhunderte erstreckte und so weit voneinander entfernte, doch zusammenhängende Ereignisse wie die früheren arabisch-byzantinischen Kriege und die jüngeren Zusammenstöße in Palästina und Spanien einschloß. Am beachtlichsten ist vielleicht, daß er am Beginn seiner Schilderung kurz über das Herkunftsland der Angreifer spricht, wobei er allerdings nicht über den begrenzten Bestand verfügbarer geographischer Informationen hinausgeht.

Daneben hat er wenig über Europa zu sagen. Der zweite Band behandelt vor allem die vorislamischen und nichtislamischen Völker, darunter das alte

Arabien, Babylon, Ägypten, Israel, Persien, Griechenland, Rom und Byzanz. In Europa werden nur die Westgoten erwähnt – ein kurzer Abriß ihrer Geschichte ist als Einleitung für die moslemische Eroberung Spaniens notwendig und gehört zur Tradition der spanisch-arabischen Historiographie. Ibn Khaldūns Universalgeschichte reichte weder nördlich über Spanien noch östlich über Persien hinaus, das heißt, sie beschränkte sich auf seine eigene Zivilisation und ihre direkten Vorgänger und ähnelte dadurch den meisten der sogenannten Universalgeschichten, die bis vor kurzem in der westlichen Welt geschrieben wurden.

Doch fast ein Jahrhundert früher war weit entfernt im Osten, in Persien, ein Versuch gemacht worden, eine wirkliche Universalgeschichte herzustellen, welche die gesamte bewohnte Welt, wie sie damals bekannt war, einschloß – ein Versuch, der ohne Beispiel und lange ohne Parallele war. Die Gelegenheit und der Anlaß wurden von den großen mongolischen Eroberungen geliefert, die zum erstenmal in der Geschichte Ost- und Westasien in einem einzigen Imperialsystem vereint und die alten Zivilisationen Chinas und Persiens in engen und fruchtbaren Kontakt gebracht hatten.

In den ersten Jahren des 14. Jahrhunderts beauftragte Ghāzān Chan, der mongolische Herrscher Persiens, seinen Arzt und Berater Rashīd al-Dīn, einen jüdischen Konvertiten zum Islam, eine Universalgeschichte der Menschheit zusammenzustellen, die alle bekannten Völker und Reiche umfassen sollte. Das so entstandene Werk verschafft Rashīd al-Dīn einen Platz unter den größten Historikern des Islam, wenn nicht gar der Menschheit. Er scheint seiner Arbeit auf bemerkenswert sorgfältige und gründliche Weise nachgegangen zu sein. Zur chinesischen Geschichte befragte er zwei chinesische Gelehrte, die zu diesem Zweck nach Persien gebracht wurden, zur indischen Geschichte einen buddhistischen Einsiedler, der aus Kaschmir herbeigerufen wurde. In einem historischen Werk dieser gewaltigen Größenordnung waren sogar die fernen Barbaren Westeuropas einer kurzen Beschreibung wert, um so mehr, als einige von ihnen diplomatische Verhandlungen mit Rashīd al-Dīns Herrn führten. Sein Informant zu europäischen Angelegenheiten war anscheinend ein Italiener, vermutlich einer der Gesandten der päpstlichen Kurie, die damals häufig mongolische Höfe besuchten. Durch ihn wurde Rashīd al-Dīn mit einer europäischen Chronik bekannt, die vor kurzem als das Werk Martin von Troppaus identifiziert wurde, eines Chronisten aus dem 13. Jahrhundert, der auch als Martinus Polonus bekannt war.[27]

Rashīd al-Dīns Abschnitt über die Franken besteht aus zwei Teilen. Der erste enthält einen geographischen und politischen Überblick über die Länder und Staaten Europas, der zweite eine kurze Geschichte der Kaiser und Päpste. Rashīd al-Dīn bediente sich natürlich früherer arabischer und persischer Schriften über Europa, doch vieles von seinem Material ist neu und kommt aus erster Hand. Seine Schilderung der Beziehungen zwischen Papst und Kaiser ist detailliert und stammt offensichtlich von einem päpstlichen Gesandten; er besitzt recht gute Informationen über Kaiserkrönungen; er hat von der Wolle und dem purpurroten Stoff Englands gehört; von den Universitäten in Paris und Bologna; den Lagunen von Venedig; den Republiken Italiens und der Tatsache, daß es in Irland keine Schlangen gibt. All dies stellt einen beachtlichen Wissensfortschritt dar. Sogar seine merkwürdige Aussage, daß der Herrscher der beiden Inseln [Irland und England] Schottland heiße und dem König von England tributpflichtig sei, mag ein Körnchen Wahrheit enthalten.[28]

Seine Geschichte der Kaiser und Päpste endet mit Albrecht I. und Papst Benedikt XI., die beide korrekt jener Zeit zugeordnet wurden. Aber dabei handelt es sich nur um einen modernisierten Auszug aus der Chronik Martins von Troppau. Rashīd al-Dīns Darstellung Europas ist dürftig, oberflächlich und manchmal ungenau; im Vergleich mit seiner langen und erschöpfenden Behandlung anderer Zivilisationen – zum Beispiel derer Indiens und Chinas – scheint sie kümmerlich. Doch nach dem kurzen Verzeichnis fränkischer Könige, das Masʿūdī anfertigte, ist dies wohl der einzige Versuch, die Geschichte des christlichen Europas zu skizzieren, den ein islamischer Autor des Mittelalters unternahm. Der dritte Versuch wurde erst in osmanischer Zeit, im 16. Jahrhundert, gemacht. Das gesamte Mittelalter hindurch blieb der Islam gleichgültig, desinteressiert an den rückständigen und ungläubigen Völkern, die in den Ländern nördlich des Mittelmeers lebten. Es ist erstaunlich, daß sogar ein so großer und origineller Denker wie Ibn Khaldūn selbst – aus Tunesien gebürtig, einem der moslemischen Länder, welche die meisten direkten Erfahrungen mit dem Westen hatten – die allgemeine Gleichgültigkeit teilte. Die große Auseinandersetzung über die Kreuzzüge, die so wichtig für die westliche Geschichte ist, ließ in den Ländern des Islam nicht einmal schwaches Interesse aufkommen. Sogar das rasche Wachstum geschäftlicher und diplomatischer Beziehungen zu Europa nach den Kreuzzügen weckte nicht den Wunsch, die Geheimnisse der anderen Seite zu durchdringen.

Während die alten moslemischen Staaten Spaniens und des Orients verfielen und unter fremde Herrschaft gerieten, entstand in Anatolien ein neues, kraftvolles Staatswesen, das bald zum letzten und größten der moslemischen Weltreiche werden sollte. Der osmanische Staat wurde an der Grenze zwischen Islam und Christenheit geboren, und von Beginn an waren die Osmanen – obwohl der Sache des Islam vielleicht bedingungsloser ergeben als alle ihre Vorgänger – zumindest mit einigen Teilen des christlichen Europa eng und gründlich vertraut. Für die vormarschierenden Osmanen war das fränkische Europa nicht mehr die ferne und rätselhafte

Wildnis, die es für die Araber und Perser des Mittelalters gewesen war. Es war ihr unmittelbarer Nachbar und Rivale, und es ersetzte das untergegangene Byzantinische Reich als Symbol der Christenheit, des ewigen und urbildlichen Gegners für das Haus des Islam.

Vor allem was die Kunst der Kriegsführung betraf, waren die Türken bereit, in Europa Informationen und sogar Belehrung zu suchen. Insbesondere beim Flottenbau hielten sie sich eng an christliche Beispiele und machten selbst nicht wenige Verbesserungen. Sie erwarben gleichzeitig Grundkenntnisse europäischer Karten und europäischer Navigation, so daß sie bald in der Lage waren, europäische Seekarten zu kopieren, zu übersetzen und zu benutzen sowie ihre eigenen Küstenkarten anzufertigen. Piri Reis (gest. um 1550), der erste erwähnenswerte osmanische Kartograph, scheint einige westliche Sprachen gekannt und westliches Material verwendet zu haben. Schon im Jahre 1517 präsentierte er Sultan Selim I. eine Weltkarte, die eine Kopie der von Kolumbus im Jahre 1498 angefertigten Amerikakarte enthielt. Da Kolumbus' Original verlorengegangen ist, hat sich diese Karte – wahrscheinlich bei einer der zahlreichen Flottenbegegnungen mit den Spaniern und Portugiesen erbeutet – nur in der türkischen Fassung erhalten, die immer noch in der Topkapı-Bibliothek in Istanbul zu finden ist.[29] Im Jahre 1580 folgte ein Bericht über die Entdeckung der Neuen Welt, den der osmanische Geograph Muhammad ibn Hasan Su'udi offenbar aus europäischen Quellen zusammengestellt hatte und Sultan Murad III. überreichte.[30]

Ein türkisches Seefahrtsbuch für das Mittelmeer, im Jahre 1521 angefertigt und im Jahre 1525 überarbeitet, enthält ausführliche Navigationsanweisungen für die Küsten. Die Version von 1525 besitzt ein Vorwort und einen Anhang, beide in Versen, die eine gewisse Vorstellung von den damals bei den Türken verbreiteten geographischen Kenntnissen und Ideen geben. Eine spätere *mappemonde* wurde im Jahre 1559 wohl von Ḥājjī Aḥmad aus Tunis gezeichnet, der an der Moschee-Universität von Fes in Marokko studierte und in der Folge als Gefangener in Europa, wahrscheinlich in Venedig, war. Jedenfalls stellte er dort seine türkischen Planisphäre her, die Europa, Asien, Afrika und die bekannten Teile Amerikas umfaßte. Er macht auch einige Angaben über sich selbst, aus denen hervorgeht, daß er seine Karte anfertigte, während er der Gefangene eines »tugendhaften und gebildeten Herrn« war. Über sein Buch sagt er: »Ich habe eine Reproduktion in moslemischer Schrift gemacht, indem ich die fränkischen Sprachen und Schriften übersetzte. Sie versprachen, mich als Gegenleistung für meine Mühen und Plagen freizulassen, die von solcher Art sind, daß ich sie nicht mit Worten beschreiben kann ... Ich habe es nach meinen Möglichkeiten und auf Befehl meines Herrn in türkischer Sprache geschrieben [oder vielleicht diktiert], denn diese Sprache genießt großes Ansehen in der Welt.«[31]

Das erste wichtige osmanische Werk über allgemeine Geographie war die *Jihannüma* (Weltspiegel) Kâtib Çelebis, der uns in seinem Vorwort mitteilt, daß er fast die Hoffnung aufgab, eine Universalgeographie herstellen zu können, als ihm klar wurde, daß die Britischen Inseln und Island nicht ohne Konsultation europäischer Arbeiten zu beschreiben waren, da sich alle verfügbaren arabischen, persischen und türkischen Werke als unvollständig und ungenau erwiesen. Er hatte, wie er schreibt, die Geographie von Ortelius und den *Atlas* (Major oder Minor) von Mercator benutzt. Gerade in dem Moment, als er hoffte, ein Exemplar von Ortelius' Arbeit zu finden, »hatte er das große Glück, auf den *Atlas Minor*, eine gekürzte Fassung des *Atlas Major*, zu stoßen« und gleichzeitig die Bekanntschaft eines Scheiches Muhammed Ihlasi zu machen, »eines früheren französischen Mönches, der zum Islam gekommen war«. Mit Hilfe des Franzosen begann er den *Atlas Minor* zu übersetzen – eine Arbeit, die er im Jahre 1655 abschloß.[32]

Gegen Ende des Jahrhunderts arbeitete ein anderer Geographie-Schriftsteller, Abū Bakr ibn Bahrām al-Dimashqī (gest. 1691), ein Protegé des Großwesirs Fazil Ahmed Pascha, an den verschiedenen Entwürfen von Kâtib Çelebis *Jihannüma* und fügte selbst einigen Stoff hinzu. Sein Hauptwerk ist eine Übersetzung des *Atlas Major* von Joan Blaeu.[33] Dimashqī scheint sich vor allem für Blaeus Geographie, weniger für seine Geometrie interessiert zu haben. Bedeutsamerweise reduziert sich seine Darstellung des Weltbildes von Tycho Brahe und Kopernikus auf die kurze Aussage, daß »es eine andere Lehre gibt, nach welcher die Sonne der Mittelpunkt des Universums ist und die Erde sich um sie dreht«.[34]

Der von Kâtib Çelebi und Dimashqī begonnene Trend setzte sich bis ins 18. Jahrhundert fort. Mehrere andere geographische Schriften, meist in Form von Anhängen oder Zusätzen zur *Jihannüma*, kommen heraus. Recht interessant ist die Arbeit eines Armeniers, Bedros Baronians, der als Dragoman bei der Gesandtschaft der Niederlande und später bei jener des Königreichs beider Sizilien diente. Er soll eine türkische Übersetzung eines französischen Handbuchs von Jacques Robbs mit dem Titel *La Méthode pour apprendre facilement la géographie* angefertigt haben.[35]

Diese Literatur ist zwar beachtenswert, scheint aber nur begrenzten Einfluß gehabt zu haben, und man darf bezweifeln, daß türkische Seefahrer oder Geographen über das Mittelmeer hinaus große Kenntnisse hatten. Als eine russische Flotte im Jahre 1770 Westeuropa umsegelte und plötzlich im Ägäischen Meer auf die Osmanen stieß, legte die osmanische Regierung dem Repräsentanten von Venedig einen förmlichen Protest vor, in dem sie sich beschwerte, daß seine Regierung der russischen Flotte gestattet habe, von der Ostsee in die Adria zu segeln. Dies geht auf eine Eigenart mancher Karten des Mittelalters zurück, die einen Kanal zwischen diesen beiden Meeren, mit dem Südende bei Venedig, zeigen. Obwohl Kâtib Çelebi und seine Schüler es besser wußten und die *Jihannüma* schon im Druck war, wurden die Beamten der Hohen Pforte offenbar immer noch von mittelalterlichen geographischen Ideen geleitet.

Der osmanische Chronist des 18. Jahrhunderts Vasif bemerkt, die osmanischen Minister seien nicht in der Lage, sich vorzustellen, wie die russische Flotte von St. Petersburg ins Mittelmeer gekommen sein könne.[36] Der österreichische Dolmetscher und Historiker Joseph Hammer erzählt von einer ähnlichen Äußerung des Unglaubens »unter meinen eigenen Augen« im Jahre 1800, als der Großwesir Yusuf Ziya nicht akzeptieren wollte, daß britische Verstärkungen durch das Rote Meer aus Indien herbeigeholt werden könnten. Hammer schreibt: »Sir Sidney Smith, dem ich während dieses Treffens als Dolmetscher diente, hatte allergrößte Mühe, ihm durch Einsicht in Karten zu demonstrieren, daß es eine Verbindung zwischen dem Indischen Ozean und dem Roten Meer gibt.«[37] Die moderne Geschichte Europas und Nordamerikas bietet ebenfalls erschütternde Beispiele geographischer Unkenntnis bei Politikern und Staatsmännern. Solche Unkenntnis, obwohl manchmal bei Herrschern zu finden, war jedoch nicht charakteristisch für die politische Elite, und sie wurde gewöhnlich von einer gutausgebildeten und gutinformierten Beamtenschaft korrigiert.

Über die verschiedenen Völker Europas, welche die sich vage am osmanischen Horizont abzeichnenden Länder bewohnten, gibt es in der osmanischen Literatur kaum Angaben. Eine interessante Ausnahme bildet Mustafa Âli aus Gallipoli (1541–1600), ein bekannter Historiker, Dichter und Universalgelehrter seiner Zeit. An wenigstens zwei Stellen versucht sich Âli an einer Art Ethnologie Europas. Im fünften Band eines Werkes über die Weltgeschichte, das Europa nicht einschließt, bringt er eine recht lange Abschweifung über die verschiedenen Rassen, welchen die Osmanen innerhalb und außerhalb ihrer Grenzen begegnet sind. Eine ähnliche Passage findet sich in einer anderen Schrift Âlis, in der er die unterschiedlichen Typen von Sklaven und Dienern sowie die rassischen Qualitäten und Befähigungen der Völker erörtert, aus denen sie stammen. Âli ist natürlich am besten über die Rassen innerhalb des Reiches informiert, und die üblichen Vorurteile des Sklavenhalters kommen in seiner Arbeit überaus deutlich zum Ausdruck. Gutes Benehmen und Würde von Albaniern oder Treue von Kurden zu erwarten, sei das gleiche, als wolle man eine brütende Henne auffordern, nicht mehr zu gackern. Ebenso unmöglich sei es, daß ein russisches Sklavenmädchen keine Hure oder ein Kosak kein Trunkenbold ist. Von den Balkansklaven hat Âli eine durchaus bessere Meinung. Die Bosnier und besonders die Kroaten seien anständige Leute. Von den anderen Europäern erwähnt er nur die Ungarn, die Franken und die Deutschen (Alman). Die Franken und Ungarn seien einander recht ähnlich.

Sie seien sauber in ihren Gewohnheiten, was Essen, Trinken, Kleidung und Haushaltsgeräte betrifft. Auch seien sie von schneller Auffassungsgabe, aufgeweckt und behende. Sie neigten jedoch zu Tücke und Hinterlist und seien sehr verschlagen beim Gelderwerb. Ihre Bildung und Würde – Eigenschaften, auf die Âli Wert legte – seien durchschnittlich. Aber sie seien zu zusammenhängender und verständlicher Unterhaltung fähig. Oft seien sie zwar durch Schönheit und elegante Erscheinung gekennzeichnet, doch nur wenige von ihnen seien bei guter Gesundheit, und viele litten an verschiedenen Krankheiten. Ihre Mienen seien offen und leicht zu deuten. Sie seien äußerst fähig im Handel, und wenn sie zum Trinken und Feiern zusammenkämen, wüßten sie bei ihren Vergnügungen Maß zu halten. Alles in allem, sagt Âli, seien sie gescheite Leute. Die Deutschen dagegen seien hartnäckig und mürrisch, geschickt bei Handarbeiten und ähnlichem, sonst aber ziemlich träge. Ihre Zunge sei schwer, und ihre Bewegungen langsam. Wenige fänden zum Islam, und sie zögen es vor, in ihren Irrtümern und ihrem Unglauben zu beharren. Aber sie seien ausgezeichnete Kämpfer, sowohl als Reiter wie als Fußsoldaten.[38]

Âli hatte seine Informationen natürlich vom Hörensagen. Ein halbes Jahrhundert später versuchte Evliya Çelebi einen Vergleich zwischen den Ungarn und den Österreichern, der sich auf direkte Beobachtung stützt. Evliya schreibt, daß die Ungarn durch die osmanischen Eroberungen des vorhergegangenen Jahrhunderts geschwächt worden seien; diejenigen, welche die Türken nicht unterworfen hätten, seien unter österreichische Herrschaft geraten. Trotzdem waren sie seiner Ansicht nach den Österreichern, die er für sehr unkriegerisch hielt, weit überlegen: »Aber wenn man sie mit den Ungarn vergleicht, sind die Nemçe [Deutsche] um nichts besser als die Juden. Sie haben keinen Mut im Leibe...« Die Ungarn seien ein edleres Volk.

Die Ungarn hingegen sind zwar in ihrer Staatsmacht geschwächt, aber sie halten gute Küche, üben Gastfreundschaft und sind fleißige Bauern in einem fruchtbaren Land. Wie die Tataren streifen sie mit je zwei Pferden in die umliegenden Gebiete, haben jeder fünf bis zehn Flinten und am Gürtel ihre Säbel. Sie sehen ganz so aus wie unsere Grenzkämpfer, tragen die gleichen Kleider wie diese und reiten wie sie auf edlen Pferden, gehen sauber einher und essen sauber und wissen ihren Gast zu ehren. Ihre Gefangenen quälen sie nicht, wie das die Nemçe tun, und die Klinge verstehen sie zu führen wie wir Osmanen.
Kurz und gut – beide sind sie Giauren ohne den wahren Glauben, aber die Ungarn sind wohlgeartete, saubere Ungläubige, die sich allmorgendlich das Gesicht nicht mit ihrem Harn waschen, wie die Nemçe, sondern mit Wasser, wie wir Osmanen.[39]

Wenn die Ungläubigen schon in der Gegenwart kaum etwas Wertvolles zu bieten hatten, dann in der Vergangenheit noch weniger. Deshalb kümmerten osmanische Historiker sich gewöhnlich nicht um die Geschichte Europas.

Gelegentlich flackert jedoch ein Schimmer von Interesse auf. Wenn wir einer frühen osmanischen Chronik glauben dürfen, dann weckte die Einnahme der großen, historischen Stadt Konstantinopel im Jahre 1453 leichte Neugier, was die Vergangenheit der Stadt anging. Diese Neugier wurde rasch befriedigt.

> Nachdem Sultan Mehmed Konstantinopel erobert hatte, sah er Aya Sofya und war erstaunt. Er befragte das Volk von Rūm und von Frangistan und die Mönche und die Patriarchen und jene der Römer und der Franken, die ihre Geschichte kannten, und er wollte wissen, wer Konstantinopel gebaut und wer dort geherrscht hatte und wer die Könige (padiṣah) gewesen waren ... Er versammelte die Mönche und andere Bewohner von Rūm und die Franken, die etwas von Geschichte wußten, und fragte sie: ›Wer hat diese Stadt Konstantinopel gebaut, wer hat sie beherrscht?‹ Sie ihrerseits unterrichteten Sultan Mehmed bis zum Umfang ihres Wissens aus ihren Büchern und Chroniken und aus den überlieferten Mitteilungen.[40]

Es ist unklar, wer diese Mönche und Chronisten, diese Franken und Griechen, die der Sultan konsultierte, gewesen sein können. Die vorosmanische Geschichte der Stadt, die der osmanische Chronist dieser Passage folgen läßt, ist ausschließlich ein Produkt der Phantasie und hat nichts mit der wirklichen griechischen, römischen oder byzantinischen Geschichte der Stadt zu tun. Sultan Mehmeds Interesse an früherer Geschichte bezeugen – unabhängig voneinander – sowohl griechische wie italienische Autoren, von denen einige zu dieser oder jener Zeit in seinen Diensten standen. Sein Interesse – ohnehin vermutlich gering – scheint jedoch einzigartig gewesen zu sein, und es hat jedenfalls keine Spur in der osmanischen Historiographie hinterlassen.

Das erste türkische historische Werk über Westeuropa wurde im späten 16. Jahrhundert geschrieben. Es ist eine Geschichte Frankreichs von dem legendären Gründer König Faramund bis zum Jahre 1560. Dem Kolophon zufolge wurde es auf Anordnung Feridun Beys, der zwischen 1570 und 1573 Chefsekretär des Großwesirs war, ins Türkische übersetzt; zwei Männer, der Übersetzer Hasan ibn Hamsa und der Schreiber Ali ibn Sinan, führten die Arbeit durch. Sie wurde im Jahre 1572 abgeschlossen. Da sich nur ein einziges Manuskript erhalten hat, und das in Deutschland, liegt auf der Hand, daß das Werk bei türkischen Lesern nicht viel Aufmerksamkeit erregte.

Im Laufe des 17. Jahrhunderts gibt es Zeichen eines Wandels: Einige türkische Historiker und andere Wissenschaftler lassen Interesse an Europa und sogar eine gewisse Vertrautheit mit europäischen Quellen erkennen.

Ibrahim Mülhemi (gest. 1650) soll eine Geschichte der Könige von Römern und Franken geschrieben haben, von der sich anscheinend kein Exemplar erhalten hat. Sein besser bekannter Zeitgenosse Kâtib Çelebi, der Europa in seinen geographischen Werken einige Beachtung schenkte, schrieb auch über historische Themen und erwähnt in einer seiner Arbeiten eine Übersetzung »einer fränkischen Geschichte der ungläubigen Könige«. Wenigstens ein Exemplar dieser Übersetzung liegt heute noch in privaten Händen in der Türkei vor, und Teile davon wurden in den Jahren 1862 und 1863 als Serie in einer türkischen Zeitung veröffentlicht. In seiner Einführung nennt Kâtib Çelebis seine Quelle: die lateinische Chronik Johann Carions (1499–1537), deren Pariser Ausgabe von 1548 er benutzte. Diese Auswahl eines lutherischen Werkes, das in der protestantischen Propaganda weithin verwendet wurde, könnte andeuten, daß Kâtib Çelebis französischer Mitarbeiter, obwohl von ihm als früherer Mönch beschrieben, nicht der katholischen, sondern der protestantischen Konfession angehörte.[41]

Neben seiner Übersetzung schrieb Kâtib Çelebi ein »Originalwerk« über Europa, das nur noch in Manuskriptform vorliegt und am Beginn dieses Kapitels zitiert wird. Sein Ziel war, wie er erklärt, den Moslems dringend benötigte präzise Auskünfte über die Völker Europas zu geben. Diesem Ziel zum Trotz dient seine Abhandlung, mit den Worten von Professor Victor Ménage, »gerade durch ihre Trivialität als Maßstab für die Unkenntnis Europas, die zu seiner Zeit bei osmanischen Gelehrten vorherrschte«.[42]

Mittlerweile war begrenztes, noch sehr mattes Interesse an westlicher Geschichte aufgekommen. Es scheint sich in der zweiten Hälfte des 17. Jahrhunderts etwas verstärkt zu haben, als sich eine neue Art von Gesellschaft in den Landhäusern um Istanbul herausbildete. Türkische Wissenschaftler konnten nun verwestlichte, aber türkisch sprechende osmanische Christen – sogar gelegentlich einen Europäer – treffen und hatten die Möglichkeit, etwas über westliche Geistes- und Naturwissenschaften zu lernen. Eine Schlüsselgestalt war der rumänische Prinz Demetrius Cantemir, der in osmanischer wie in europäischer Gesellschaft zu Hause war und selbst eine Geschichte des Osmanischen Reiches verfaßt hatte. Diese Begegnungen waren jedoch in ihrer Zahl begrenzt und scheinen kaum Wirkung auf die allgemeine osmanische Sicht der Außenwelt gehabt zu haben. Eine der Ausnahmen war ein wenig bekannter Historiker des späten 17. Jahrhunderts namens Hüseyn Hezarfen (gest. 1691), dessen meiste Werke noch unveröffentlicht sind. Wie Kâtib Çelebi, den er voll Bewunderung zitiert, war er ein Mann von umfassender Wißbegierde, der sich ebenso für die Geographie und Geschichte ferner Länder wie für die frühere Geschichte seines eigenen Landes interessierte. Man weiß, daß er mit Persönlichkeiten wie Graf Ferdinand Marsigli und Antoine Galland Umgang hatte und wahrscheinlich Cantemir und den großen französischen Orientalisten Pétis de la Croix kannte. Vielleicht war Hüseyn Hezarfen teilweise durch die Vermittlung dieser und anderer europäischer Bekannter in der Lage, Zugang zu europäischen Büchern zu erhalten und einige von ihnen für seine eigenen Arbeiten zu verwerten.

Eine dieser Arbeiten ist das *Tenkih al-Tevarih*, das im Jahre 1673 abgeschlossen wurde. Es ist ein historisches Werk mit neun Teilen, von denen der sechste, siebte, achte und neunte die Geschichte außerhalb der islamischen Ökumene und ihrer akzeptierten Vorgänger behandelte. Dieses Thema nahm also erstaunlich viel Platz ein. Teil sechs ist der griechischen und römischen Geschichte gewidmet, Teil sieben der Geschichte Konstantinopels seit seiner Gründung, Teil acht Asien, China, den Philippinen, Ostindien, Indien und Ceylon, Teil neun der Entdeckung Amerikas. Seltsamerweise nahm Hüseyn Hezarfen Europa nicht in seine Übersicht auf, doch seine Beschreibungen sowohl Asiens wie Amerikas beruhen fast ausschließlich auf europäischen Quellen, von denen er die meisten durch Kâtib Çelebis *Jihannüma* kannte. Seine Darstellungen der griechischen, römischen und byzantinischen Geschichte stammen ebenfalls aus europäischen Quellen, die den schmalen Bestand des islamischen Wissens über die Antike vergrößerten.[43]

Mit dem Werk des Chefastrologen Ahmed ibn Lutfullah, genannt Münejjimbaşi (gest. 1702), kehren wir zur Universalgeschichte großen Stils zurück. Seine Hauptarbeit ist eine Universalgeschichte der Menschheit von Adam bis zum Jahre 1672, die, wie er uns mitteilt, rund siebzig Quellen heranzieht. Münejjimbaşi entschloß sich, das Werk in arabischer Sprache zu schreiben, und der Originaltext ist, von ein paar Auszügen abgesehen, immer noch unveröffentlicht. Aber eine türkische Übersetzung, hergestellt unter Anleitung des großen türkischen Dichters des frühen 18. Jahrhunderts Nedim, kam 1868 in drei Bänden in Istanbul heraus. Der größte Teil des Buches ist selbstverständlich der islamischen Geschichte gewidmet. Ein erheblicher Teil des ersten Bandes behandelt jedoch die Geschichte der vorislamischen und nichtislamischen Staaten. Zu den ersteren gehören wie üblich die Staaten der Perser und alten Araber einerseits und die der Israeliten und alten Ägypter andererseits, die auf mehr oder weniger traditionelle Art dargestellt werden.

Münejjimbaşis Geschichte der Antike geht über den gewöhnlichen islamischen Bestand hinaus. Seine Schilderungen der Römer und der Juden sind offensichtlich römischen und jüdischen Quellen entnommen. Diese lagen teilweise schon in der arabischen Überarbeitung Ibn Khaldūns vor. Münejjimbaşis Material ist jedoch weit umfassender als das des großen nordafrikanischen Historikers und schließt solche Völker wie die Assyrer und Babylonier, die Seleukiden und Ptolemäer ein, die der islamischen Historiographie zuvor kaum bekannt waren.

Hier muß Münejjimbaşi anscheinend eine europäische Quelle benutzt haben. Diese Annahme bestätigt sich in seinem Kapitel über Europa, das Abschnitte über die Unterteilungen der »fränkischen Völker« und über die Könige von Frankreich, Deutschland, Spanien und England enthält. Seine Quelle scheint die türkische Übersetzung der Chroniken Johann Carions gewesen zu sein; da aber Münejjimbaşi seine Schilderung bis zur Herrschaft Ludwigs XIII. von Frankreich, Kaiser Leopolds in Deutschland und Karls I. von England fortsetzt, muß er späteres Ergänzungsmaterial zur Verfügung gehabt haben. Er berichtet vom englischen Bürgerkrieg, der Hinrichtung König Karls und endet:

Nach ihm wählte das Volk von England keinen anderen König über sich. Weiteres ist uns über ihre Angelegenheiten nicht bekannt.[44]

Kâtib Çelebi, Hüseyn Hezarfen und Münejjimbaşi stehen im Grunde für die gesamte osmanische Historiographie Westeuropas im 16. und 17. Jahrhundert. Ihr Material ist spärlich und stammt im wesentlichen aus derselben Gruppe von Quellen. Sogar dieses begrenzte Interesse fehlt anderen osmanischen Autoren. Für die meisten osmanischen Moslems beschränkten sich die beachtenswerten Leistungen Europas auf die Kriegskunst, und diese konnte mit Hilfe von Gefangenen und Abtrünnigen an erbeuteten Kanonen und Schiffen studiert werden. Ihnen kam nicht in den Sinn, daß die Sprachen, Literaturen, Künste und Philosophien Europas von Interesse oder Bedeutung für sie sein könnten; europäische Ideenbewegungen wie die Renaissance und die Reformation blieben bei den moslemischen Völkern ohne Widerhall – ebenso wie die islamischen Ideenbewegungen im Europa jener Zeit.

Diese Schriften, die spezifisch Europa, seinen Menschen und ihren Angelegenheiten gewidmet sind, spielen eine zweitrangige Rolle. Sie sind in wenigen Exemplaren erhalten, manchmal nur in einem einzigen, und wurden zum größten Teil nie gedruckt. Ihr Einfluß auf die osmanische Meinungsbildung muß sehr schwach gewesen sein. Ein viel besserer Eindruck der osmanischen Sicht Europas läßt sich aus den Werken einer Reihe bedeutender osmanischer Historiker ableiten, von denen manche den Rang eines *Vakanüvis* oder Kaiserlichen Historiographen innehatten, während anderen ein offizieller Status fehlte. Zusammen schufen diese Historiker eine Anzahl von Chroniken, welche die Geschichte des Reiches von seiner Entstehung bis zu seinem Ende behandelten. Die meisten wurden zu einem recht frühen Zeitpunkt gedruckt, und in ihrer Gesamtheit stellen sie den wichtigsten gestaltenden Einfluß auf die Selbsteinschätzung der Osmanen, die Sicht ihrer Stellung in der Welt und auf ihren Umgang mit anderen dar.

Zwar konzentrierten sich die osmanischen Chronisten, wie die praktisch jeder anderen der Geschichte bekannten Gesellschaft, hauptsächlich auf ihre eigenen Angelegenheiten, doch auch in diesem Zusammenhang kam es zu kriegerischen, geschäftlichen, diplomatischen und sonstigen Kontakten mit Europa. Solche Kontakte spiegeln sich gelegentlich in der osmanischen historischen Literatur wider, deren Charakter von den Wandlungen aufeinanderfolgender Jahrhunderte bestimmt wird.

Während der Periode der großen osmanischen Vormärsche nach Europa im 15. Jahrhundert war die osmanische Historiographie noch recht dürftig; sie bestand hauptsächlich aus einfachen Erzählungen in einfachem Türkisch und gab die Einstellung und den Ehrgeiz der Gazi, der Frontkämpfer des Islam, wieder. Sie sehen die Europäer zuerst als Feinde und dann als tributzahlende Untertanen, wissen wenig über das, was sich auf der anderen Seite der Schlachtlinie abspielt, und interessieren sich auch nicht dafür. Sie waren sich jedoch dessen bewußt, daß sie nicht nur ihren örtlichen christlichen Gegnern, sondern auch anderen gegenüberstanden, und das Wort »Franke« kommt nicht selten in den Listen der Feinde vor, auf die man traf und die sie besiegt wurden. In vielen osmanischen Schriften scheinen damit meist die Italiener oder, genauer gesagt, die Venezianer gemeint zu sein, auf welche die Türken bei ihrer Expansion nach Griechenland und auf die Inseln des östlichen Mittelmeers stießen. Die Franken wurden natürlich stets überwältigt, wie es sich gehörte, und lieferten den Siegern eindrucksvolle Beute. Der frühe osmanische Historiker Oruç beschreibt einen Sieg, der im Jahre 903/1479 errungen wurde, und führt die enormen Mengen von Gold- und Silbermünzen an, von Hermelin und anderen Pelzen, von Seide und Atlas, von Gold- und Silberbrokat, die den besiegten Franken abgenommen wurden: ». . . von all dem fanden und plünderten sie unermeßliche Mengen. Wer hätte sich da noch um Wagen, Pferde, Gäule, Kamele, Maultiere und Gefangene kümmern wollen?! Gefangene wurden so viele erbeutet, daß man sie gar nicht mehr zählen konnte.« Nur in den Glaubenskämpfen bei Varna (1444) und Kosova (1339) und bei der Eroberung von Konstantinopel (1453) sei so prächtige Beute gefunden worden – »sagt man.«

Die beiden reichsten Völker der Welt, fährt er fort, seien die Polen und die Franken: »Die beiden Völker sind reicher an irdischen Gütern als alle anderen«, weshalb sie den Kriegern des Glaubens ungeheure und unvergleichliche Beute lieferten.[45]

Auf eine intellektuellere Sicht Europas trifft man, was überraschen mag, nicht in einer Chronik oder einem Dokument, sondern in einem epischen Gedicht, das zu Beginn des 16. Jahrhunderts geschrieben wurde und die Niederlage einer europäischen Flottenexpedition gegen die Türken feiert. Die Episode selbst war von geringerer Bedeutung. Türkische Truppen hatten Modon und andere venezianische Außenposten an der griechischen Küste eingenommen. Es gelang den Venezianern, Hilfe aus vielen Teilen Europas aufzubieten, und Ende Oktober 1501 griff eine Seestreitmacht – vor allem Franzosen, aber mit einigen Verbündeten und Hilfstruppen – die von den Türken gehaltene Insel Lesbos an. Die Streitmacht wurde zurückgeschlagen, und zur Feier des türkischen Sieges wurde ein langes erzählendes Gedicht geschrieben. Der Dichter, der sich bescheiden den Künstlernamen Firdevsi aus der Türkei (nach dem großen persischen Ependichter Firdawsi) zulegte, erklärt, daß die türkische Eroberung von Modon den Franken und besonders ihrem Führer Rin-Pap – nur mit Mühe als der Papst von Rom zu erkennen – großen Kummer bereitet habe. Als Sultan Bayezid Modon einnahm, sagt der Dichter, hätten die Franken sich so sehr vor seinem Schwert gefürchtet, daß die Neun [Ionischen] Inseln wie ein Krokodil im Meer versunken seien. Als »das große Oberhaupt des Unglaubens Rin-Pap« davon gehört habe, sei er daran gegangen, einen Bund zur Wiedereroberung Modons zu gründen und habe Botschaften an alle Herrscher der fränkischen Ungläubigen gesandt. Dann stellt der Autor eine merkwürdige Reihe fränkischer Führer vor, die von Zeit zu Zeit wieder in der folgenden Erzählung auftauchen. Dazu gehören die Könige von Frankreich und Ungarn, von Böhmen und Polen; die beiden letzteren heißen, im Anklag an den slawischen Mythos, Tschech und Lech. Andere europäische Persönlichkeiten sind Kiz-khan, Mädchen-Chan – das heißt Isabella von Kastilien –, die ihren »Ban« (ein ungarischer Begriff für einen Oberbeamten, der oft von osmanischen Schriftstellern benutzt wurde) als den Offizier entsendet, der das spanische Kontingent der Flotte befehligt; Doza, der Doge von Venedig; die Herrscher von Andalusien und Katalonien, die Ritter von Rhodos und sogar Iwan III., der Fürst von Moskau.[46] Wahrhaft epischem Stil gemäß dürfen auch die Führer der Feinde Reden halten und Briefe schreiben; diese Äußerungen geben auf etwas verblüffende Weise das wieder, was der Dichter für den Glauben und die Einstellung der Franken hielt. Diese sehen sich selbst natürlich als Ungläubige und bezeichnen sich als solche. Eine besonders auffallende Aussage wird einem slawischen Fürsten in den Mund gelegt:

Ich bin ein Diener Christi, ich bin ein Sklave des Götzen Markus [des Heiligen Markus von Venedig], ich bin ein größerer Götzenanbeter und Ungläubiger als der König von Ungarn.[47]

Im 16. Jahrhundert war das Osmanische Reich auf dem Höhepunkt seiner Macht; seine Historiker vertreten die Überzeugung der Moslems von ihrer ungefährdeten Überlegenheit und ihrem fortgesetzten Erfolg. Allein der seines Amtes enthobene Großwesir Lûtfi Pascha, der über die Nöte des

Reiches nachsinnt, warnt seinen undankbaren Herrscher vor der doppelten Gefahr der Korruption im eigenen Lande und des Aufstiegs der fränkischen Seemacht. Die meisten anderen Historiker blieben von solchen Sorgen unberührt. Wenn die Franken überhaupt erwähnt werden, dann verachtungsvoll als barbarische Feinde oder herablassend als Tributpflichtige. Im späten 16. und im 17. Jahrhundert gibt es Hinweise auf das Erscheinen fränkischer Kaufleute und Schiffe und manchmal auf die Ankunft französischer Diplomaten in Istanbul. Der osmanische Historiker Selaniki Mustafa Efendi beschreibt die Ankunft des zweiten englischen Botschafters in Istanbul Edward Barton im Jahre 1593 wie folgt:

> Herrscher des Landes der Insel England, die zu Wasser 3700 Meilen vom Goldenen Horn und von Istanbul entfernt ist, ist eine Frau, die ihr ererbtes Reich regiert und ihren Staat und ihre Souveränität mit vollkommener Macht erhält. Sie gehört der lutherischen Religion an. Sie schickt ihre Huldigungsbriefe, ihren Botschafter, ihre Gaben und Geschenke. An jenem Tag kam der Rat zusammen, und der Botschafter wurde dem Gesetz entsprechend bewirtet und geehrt. Ein so seltsames Schiff wie dieses ist noch nie in den Hafen von Istanbul eingelaufen. Es legte 3700 Meilen über das Meer zurück und trug 83 Kanonen, neben anderen Waffen. Das Äußere der Feuerwaffen entsprach der Gestalt eines Schweines. Es war ein Wunder unserer Zeit und wert, festgehalten zu werden.[48]

Selanikis englisches Schiff mit seinen 83 schweineförmigen Kanonen erscheint ein wenig bizarr. Aber wenigstens wußte er, daß England eine protestantische Königin hatte, und er oder sein Gewährsmann hatten die schwerere Bewaffnung bemerkt, mit der für den Atlantik gebaute Schiffe ausgerüstet waren.

Während des 17. und 18. Jahrhunderts widmen osmanische Chronisten den Beziehungen zu Europa einige, wenn auch nicht sehr viel Aufmerksamkeit. Die verschiedenen europäischen Nationen werden weiterhin ständig als »die englischen Ungläubigen«, »die französischen Ungläubigen« usw. bezeichnet, wenn die in der früheren Historiographie üblichen Flüche und Beschimpfungen auch seltener werden und weniger heftig ausfallen.

Nun beginnen die osmanischen Historiker zwar, den Ereignissen an ihren europäischen Grenzen etwas mehr Beachtung zu schenken, schreiben jedoch nur wenig über das, was sich innerhalb Europas abspielt. In dieser Hinsicht ist man auffallend konsequent, teilweise deshalb, weil die osmanischen Chronisten die Beschreibung vergangener Ereignisse nicht als individuelle Aussage, sondern als eine Art unveränderlicher Dokumentation ansahen und sich daher berechtigt fühlten, ausgiebig voneinander abzuschreiben. Sogar der Gelehrte des 17. Jahrhunderts Kâtib Çelebi, der in anderen historischen und geographischen Schriften einiges Interesse an Europa zeigt, weicht in seiner allgemeinen osmanischen Chronik kaum von der Norm ab. Zum Beispiel ist sein Bericht darüber, wie Nachrichten vom Dreißigjährigen Krieg in der Türkei eintrafen, kurz und typisch und erscheint fast wörtlich bei mehreren anderen Autoren. Dieser Bericht ist in die Chronik der Ereignisse für das moslemische Jahr 1054 eingeschoben. Im Monat Shawwal jenes Jahres (Dezember 1644) seien in Istanbul Meldungen folgenden Inhalts »von den Standespersonen der Grenzfestung Buda« empfangen worden: Der römische Kaiser Ferdinand habe die sieben Kurfürsten, in der Türkei als die sieben Könige bekannt, bewegen wollen, zu seinen Lebzeiten der Ernennung seines Sohnes als Nachfolger auf dem Kaiserthron zuzustimmen. Da einer dieser Kurfürsten ein Gefolgsmann der Franzosen gewesen sei, habe der Kaiser ihn, im Einverständnis mit dem König von Spanien, gefangengenommen und umgebracht. Der französische König sei sehr erzürnt gewesen und habe ein Abkommen mit den Schweden getroffen, welche in die deutschen Länder einmarschiert seien und die alte Stadt Prag erobert hätten. Der Krieg habe bis zum Jahre 1057 (1647) gedauert, als Frieden geschlossen worden sei. Seine Bedingungen hätten den überaus geschwächten Österreicher gezwungen, das Elsaß an Frankreich und Pommern an Schweden abzutreten. [49]

Diese Darstellung gibt falsche Daten für den schwedischen Einfall in Prag (als es ihnen übrigens nicht gelang, die alte Stadt zu erobern) und den Westfälischen Frieden an und zeigt eine erstaunliche Unkenntnis der früheren Phasen des Krieges, von seinen religiösen und politischen Verwicklungen ganz zu schweigen. In einer anderen Passage legt Kâtib Çelebi unter der Überschrift »Krieg der Franzosen und der Schweden gegen die österreichischen Ungläubigen« eine etwas ausführlichere Schilderung vor. Sie ist zwischen die Ereignisse des Jahres 1040 (1630–31) eingeschoben. Der französische König Ludwig (Luduricus) XIII. habe Kaiser werden wollen. Der Kaiser werde von sieben Königen, genannt Kurfürsten, gewählt, die jeder ihr eigenes Land besäßen. Dem besagten König Ludwig sei es gelungen, zwei von ihnen für sich zu gewinnen. Der Kaiser zu jener Zeit sei der Vater des gegenwärtigen Kaisers Ferdinand gewesen [Ferdinand III. starb im Jahre 1657]. Er habe Anstalten getroffen, seinen Sohn noch während seine eigenen Lebzeiten zum Nachfolger ernennen zu lassen. Einige der Kurfürsten hätten diese Ernennung nicht gebilligt, da sie von Nachteil sei und dem Gesetz widerspreche. Der französische König habe aus Protest den Krieg erklärt und sich mit dem schwedischen König verbündet, da eine solche Ernennung zu Lebzeiten des Kaisers nicht mit dem Gesetz der Ungläubigen in Einklang stehe. Philipp IV. [gest. 1665], »der immer noch König von Spanien ist... war der Onkel mütterlicherseits des Königs von Frankreich, und zwischen ihnen herrschte Frieden. Aber die Könige von Spanien gehören wie die Nemçe zum Hause Dostoria [vermutlich vom italienischen d'Austria], und er schlug sich deshalb auf die Seite des

Kaisers«. Es folgt eine kurze Darstellung des Dreißigjährigen Krieges bis zum Westfälischen Frieden.[50]

Kâtib Çelebi legt verschiedene andere Berichte über französische Angelegenheiten vor. Unter dem Jahre 1018 notiert er, daß ein Gesandter von dem französischen König Heinrich gekommen sei, um die Erneuerung der Kapitulation zu erbitten.[51] Der französische Botschafter – sein Name wird als Franciscus Savary angegeben – habe auf die Freundschaft, die zwischen früheren französischen und osmanischen Monarchen existierte, sowie auf die Kapitulationen hingewiesen, die zur Zeit Sultan Mehmeds des Eroberers erteilt worden seien [in Wirklichkeit etwas später. François Savary, Comte de Brèves (1560–1628), verließ Istanbul im Jahre 1605. Die Kapitulationen wurden am 20. Mai 1604 erneuert]. Kâtib Çelebi bemerkt, daß andere neben den Franzosen solche Kapitulationen erhalten hätten, und führt die Venezianer, die Engländer, die Genuesen, die Portugiesen und die katalanischen Kaufleute, Sizilien, Ancona, Spanien und Florenz an. Andere mit dem Botschafter erörterte Fragen hätten eine mögliche Pilgerfahrt nach Jerusalem, das Treiben der berberischen Korsaren und frühere militärische Zusammenarbeit betroffen. Die Ankunft eines venezianischen Gesandten im Januar 1653, der mit Hilfe des englischen Botschafters um Frieden nachsuchen wollte, veranlaßt den osmanischen Chronisten zu einem seltenen persönlichen Kommentar. Der Venezianer sei ein »neunzigjähriger Ungläubiger mit zitterndem Kopf und zitternden Händen, aber ein schlauer Botschafter« gewesen.[52] Der Botschafter war Giovanni Cappello (1584–1662), der in Wirklichkeit damals 69 Jahre alt war.

Eine außergewöhnliche Gestalt unter den osmanischen Historikern des 17. Jahrhunderts ist Ibrahim-i Peçuy, gemeinhin als Peçevi bekannt, dessen historische Darstellung die Jahre 1520 bis 1693 umfaßt. Er wurde im Jahre 1547 in der ungarischen Stadt Pecs geboren, von der sein Name abgeleitet ist. Väterlicherseits kam er aus einer türkischen Familie, die seit Generationen im Dienst der Sultane gestanden hatte. Seine Mutter gehörte zur Familie Sokollu, das heißt Sokolović, und war also islamisierter serbischer Herkunft. Von einer Dienstzeit in Anatolien abgesehen, scheint er den größten Teil seines Lebens im ungarischen und den angrenzenden Sanjaks des Reiches verbracht zu haben. Geburt und Erziehung in den europäischen Grenzprovinzen verliehen ihm einen Grad des Wissens und auch des Interesses, wie er unter osmanischen Historikern selten ist. Peçevi war es nicht um Universalgeschichte oder Geographie zu tun, weniger noch darum, die Geschichte der Könige der Ungläubigen zu schreiben oder zu übersetzen. Sein Hauptanliegen – wie das der meisten osmanischen und übrigens auch westlichen Historiker – betraf die Geschichte des Reiches, dessen Untertan er war, und insbesondere die Kriege, die es mit seinen Gegnern in Europa führte.

In seiner früheren Periode scheint er dem allgemeinen Brauch, sich auf seine Vorgänger zu stützen, gefolgt zu sein; in seiner späteren Periode verließ er sich hauptsächlich auf Material aus erster Hand: seine eigenen Erfahrungen und die Berichte alter Soldaten. Aber Peçevi benutzte nicht nur diese herkömmlicheren Informationsquellen, sondern hatte auch die revolutionäre Idee, die Historiker des Feindes zu konsultieren. Er interessierte sich vor allem für Militärgeschichte und geht liebevoll auf die Einzelheiten der großen Schlachten ein, die in den Ebenen von Ungarn ausgefochten wurden. Doch zuweilen fehlte es den osmanischen Chroniken an Details, und Peçevi wandte sich an die andere Seite. »In unserem Lande«, schreibt er, »gibt es Ungarn ohne Zahl, die lesen und schreiben können [er verwendet das ungarische Wort *deak* – jemand, der Latein lesen kann].«[53] Zweifellos lebten im Reich, entweder als Gefangene oder als zum Islam Bekehrte, viele Ungarn, die für Peçevis Zwecke gebildet genug waren. Sein Verfahren bestand anscheinend darin, sich ungarische Chroniken, die mutmaßlich in lateinischer Sprache geschrieben waren, vorlesen und ins Türkische übersetzen zu lassen. Er nahm eine Reihe von Passagen in seine eigene Chronik auf, darunter Schilderungen der großen Schlacht von Mohacs und einiger anderer Geschehnisse in den ungarischen Kriegen. Zwar nennt er seine Quellen nicht, doch zwei von ihnen sind von modernen Wissenschaftlern identifiziert worden.[54] Peçevi war wohl der erste osmanische Historiker, der feindliche Schlachtberichte mit denen seiner eigenen Seite verglich und sie zu einer einzigen Darstellung verwob. In dieser Hinsicht kann er, wohin man auch blickt, nur wenige Vorgänger gehabt haben; mit Sicherheit hatte er lange nur wenige Nachfolger.

Peçevis Chronik enthält mehrere andere Hinweise auf Ereignisse in Europa, meist auf solche, die für die Osmanen oder den Islam irgendwie von Belang waren. Er schreibt in kurzen Zügen über die gemeinsamen französischen und türkischen Flottenoperationen gegen Spanien im Jahre 1552 und berichtet vom Aufstand der Morisken in Spanien in den Jahren 1568–1570. Er hat natürlich viel über die Grenzkriege und über den Seekrieg im Mittelmeer gegen Venedig und seine Verbündeten zu sagen. Gelegentlich weicht er sogar von den politischen und militärischen Themen ab, die das Hauptanliegen der meisten Chroniken waren. Zum Beispiel beschreibt er die Einführung des Tabaks in der Türkei durch englische Kaufleute und die Folgen, und er schildert sogar knapp, wie Buchdruck und Schießpulver in Europa erfunden wurden.[55]

Das wohl vorzüglichste Werk in der langen Reihe osmanischer Reichsgeschichten ist das *Tarih-i Naima*, das die Zeit vom Jahre 1000 bis zum Jahre 1070 der islamischen Epoche (1590 bis 1660) behandelt. Naima, der diese Geschichte herausgab und auch einen erheblichen Teil davon schrieb, war einer der größten osmanischen Historiker. Im Gegensatz zu so vielen seiner

Kollegen, die bloße Chronisten von Ereignissen waren, hatte Naima eine philosophische Vorstellung vom Charakter der Geschichte, und er hatte sich gründliche Gedanken gemacht. Eines der Hauptthemen seiner Geschichte war der Krieg in Europa, sowohl auf der Balkan-Halbinsel wie im Gebiet des Schwarzen Meeres. Seine Darstellung dieser Kämpfe ist sehr detailliert, und örtliche europäische Führer in Ungarn und Siebenbürgen, die in diese Kriege verwickelt waren, nehmen einen prominenten Platz ein. Der Habsburger Kaiser bleibt meist eine vage, schattenhafte und gewöhnlich namenlose Gestalt, während die Könige und Königreiche des Westens fast gar nicht auftauchen. Zum Dreißigjährigen Krieg in Deutschland – ein zentrales Ereignis in der Epoche, die er behandelt, und eine folgenreiche Erschütterung, die von direktem Interesse für die Osmanen hätte sein sollen – bietet Naima nur eine Abschrift der früheren Chroniken, die so nachlässig angefertigt wurde, daß er den spanischen König Philipp IV. einhundert Jahre später »immer noch König von Spanien zu dieser Zeit« nennt. Deshalb überrascht kaum, daß er sich mit ferneren Geschehnissen, etwa den Aktivitäten Ludwigs XIV. und Richelieus in Frankreich oder dem Bürgerkrieg und Commonwealth in England, noch weniger beschäftigt.

In einer Hinsicht unterscheidet Naima sich jedoch auffallend von den Normen der osmanischen Historiographie: in seinem Interesse für die Geschichte einer ferneren Vergangenheit und in seinem Bemühen, Parallelen zwischen vergangenen und aktuellen Ereignissen zu ziehen. Dies ist nicht ganz beispiellos in der osmanischen Historiographie. Der Historiker des 16. Jahrhunderts Kemalpaşazade, der beschreibt, wie Sultan Suleiman der Prächtige im Jahre 1521 gegen den Kaiser in die Schlacht zog, stellte dies als eine Art Vergeltungsmaßnahme für den Einmarsch mittelalterlicher deutscher Kreuzritter in Kleinasien dar. Naima, der sein Werk im frühen 18. Jahrhundert schrieb, als das Osmanische Reich durch die Niederlage gegen Österreich und Rußland stark erschüttert wurde, versucht, sich mit den früheren Erfolgen und der schließlichen Niederlage der Kreuzritter Jahrhunderte vorher zu trösten.

> Weil es nach sechs Jahrhunderten der islamischen Ära [Naimas Chronologie stimmt nicht ganz] keine Eintracht oder Übereinkunft zwischen den Königen des Islam gab, weil Zwist und Zwietracht entstanden und sie damit beschäftigt waren, sich gegenseitig zu bekämpfen, kamen die französischen Ungläubigen und andere Könige der Ungläubigen und besonders zahllose Soldaten aus Österreich [ein seltsam unbeholfener Versuch, die Kreuzzüge mit den damaligen Kriegen gegen Österreich in Verbindung zu bringen] mit einer großen Flotte an die Küsten des Mittelmeers und besetzten sie.

Naima beschreibt im weiteren, wie die siegreichen Franken zuerst in der Lage gewesen seien, sich an den Küsten Syriens und Palästinas festzusetzen und sogar Damaskus und Ägypten zu bedrohen. Diese Gefahr sei durch Saladin abgewendet worden, der sie eingedämmt habe, bis sie schließlich von seinen Nachfolgern vertrieben worden seien, und »die reinen Länder, die sie besetzt hatten, wurden von ihrem Unrat gesäubert«. Naima scheint darin eine Inspiration für die Osmanen seiner eigenen Zeit zu finden. Die mittelalterlichen Sultane Ägyptens hätten es für nötig gehalten, Zugeständnisse zu machen, und einer von ihnen sei sogar bereit gewesen, einen Vertrag zur Abtretung Jerusalems an die Franken zu unterzeichnen. Damit scheint Naima sagen zu wollen, daß auch die Osmanen nach einer Reihe vernichtender Niederlagen willens sein müßten, sogar zu unvorteilhaften Bedingungen Frieden zu schließen, um möglichst viel aus den Ruinen zu retten und sich auf eine endgültige Erstarkung vorzubereiten.[56]

An anderer Stelle ist Naima deutlicher: »Dies ist geschrieben worden ... um zu zeigen, wie wichtig es ist, Waffenstillstand mit ungläubigen Königen und sogar Frieden mit den Christen der ganzen Erde zu schließen, damit die [osmanischen] Länder in Ordnung gebracht werden können und die Bewohner eine Atempause haben.«[57]

Raşid Efendi, Naimas Nachfolger als kaiserlicher Historiograph, beginnt dort, wo Naima aufgehört hat, im Jahre 1070 (1660) und fährt fort bis zum Jahre 1720. Seine Chronik umfaßt also eine Reihe bedeutender Ereignisse in den osmanischen Beziehungen zu Europa: die zweite erfolglose Belagerung Wiens, und den Rückzug, der ihr folgte, den Vertrag von Karlowitz von 1699, den Krieg mit Peter dem Großen von Rußland in den Jahren 1710–1711, mit Venedig und Österreich in den Jahren 1714–1718 sowie die eigenartigen und komplizierten Verhandlungen mit König Karl XII. von Schweden, darunter seinen Aufenthalt in der Türkei als recht unwillkommener Gast des Sultans. Wie nicht überraschen wird, widmet Raşid Efendi diplomatischen Beziehungen weit mehr Aufmerksamkeit als seine Vorgänger, darunter den Friedensverhandlungen mit den unmittelbaren Gegnern der Osmanen, das heißt Rußland, Österreich und Venedig, und er macht sogar einige Bemerkungen über ein paar fernere Staaten Europas. Raşid ist auch der erste, der ausführlicher von osmanischen Emissären in europäische Staaten berichtet. Seine Vorgänger erwähnten höchstens deren Abreise und Rückkehr. Raşid führte einen neuen Brauch ein, indem er in seine Chronik lange Auszüge aus den in Istanbul erstatteten Berichten dieser Gesandten aufnahm, die nun den Rang von Botschaftern besaßen. Ungeachtet dieses gesteigerten Interesses an den diplomatischen Beziehungen zu Europa bleibt er fast völlig gleichgültig, was die inneren Angelegenheiten der europäischen Staaten betrifft, und übergeht – wie seine Vorgänger – die wichtigsten Ereignisse der europäischen Geschichte jener Zeit mit Schweigen.

Ähnliches läßt sich für die meisten seiner Zeitgenossen und Nachfolger

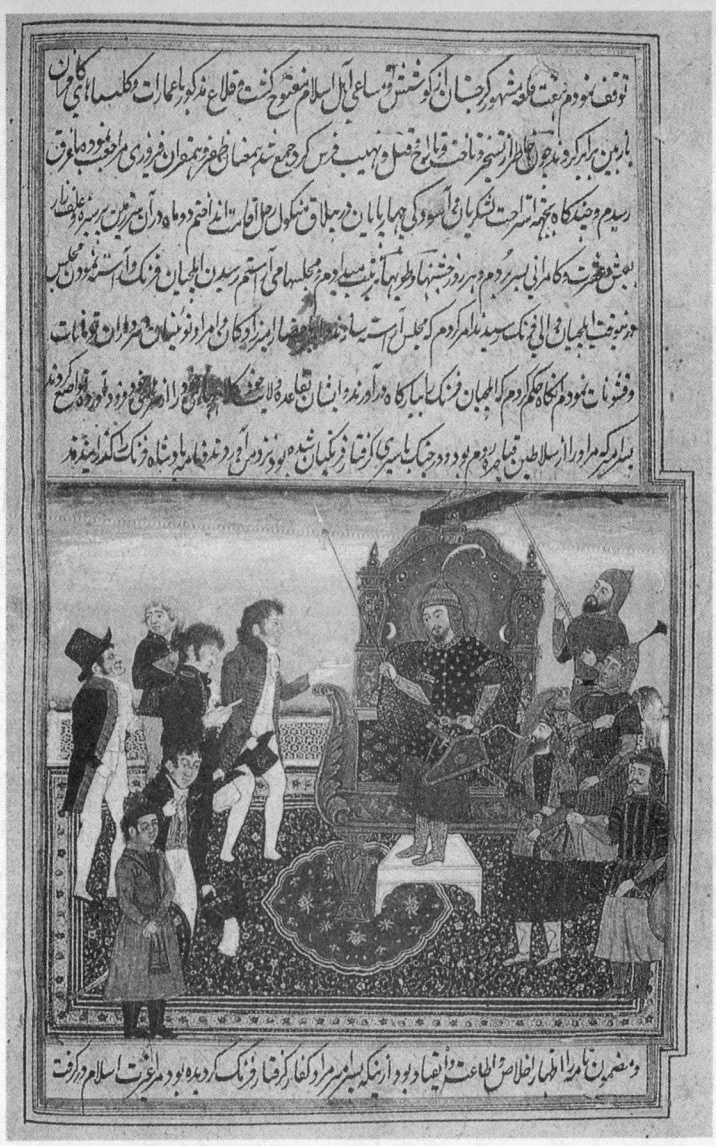

Die Ankunft des kastilischen Gesandten Don Clavijo am Hof von Timūr
(Eine Miniatur aus dem moslemischen Indien, *Malfūzār-i Tīmūrī*, frühes
19. Jahrhundert, Indien)

Die Portugiesen schlagen einen persischen Angriff auf Hormūz zurück
(Eine Miniatur aus dem Jarūna-nāma, einem persischen Heldengedicht, datiert 1697, Isfahan-Stil)

Ein moslemischer Krieger kämpft mit den Kreuzfahrern
(Eine Darstellung aus dem 12. Jh., aus: F. Taeschner, *Alt-Stambuler Hof und Volksleben, Ein türkisches Miniaturalbum aus dem siebzehnten Jahrhundert*, Hannover 1925)

Ein europäischer Page hält eine Weinschale
(Persische Miniatur aus dem 17. Jh.; während der Regierungszeit des Shah
‹Abbās II., 1642–66)

Eine Amerikanerin
(Illustration aus dem *Buch der Frauen* von Fazil Bey; vermutlich 1793 oder später)

Ein junger Europäer in Istanbul
(Miniatur des osmanischen Malers Levni, frühes 18. Jh.)

Eine Fränkin in Istanbul
(Illustration aus dem *Buch der Frauen* von Fazil Bey; vermutlich 1793 oder später)

Eine Holländerin
(Illustration aus dem *Buch der Frauen* von Fazil Bey; vermutlich 1793 oder später)

sagen, die sich mit den mittleren Jahrzehnten des 18. Jahrhunderts beschäftigten, wenn auch zu bemerken ist, daß den diplomatischen Beziehungen zu Europa und den Einzelheiten über europäische Herrscher etwas mehr Platz eingeräumt wird. Sogar ein Interesse an europäischer Politik beginnt sich zu entwickeln. Der osmanische Historiker Silihdar legt eine ausführliche türkische Version des kurz vorher geschlossenen Vertrages von Rijswijk (1697) vor.[58] Mehrere osmanische Historiker sind bereit, dem Österreichischen Erbfolgekrieg, der Aufzählung der beteiligten Parteien und ihrer Interessen ein oder zwei Seiten zu widmen. Von den sehr kurzen Darstellungen des Dreißigjährigen Krieges abgesehen, ist dies der erste europäische Konflikt, dem die osmanische Historiographie solche Beachtung schenkt. Ein weiterer Historiker dieser Zeit, Şem'danizade Suleiman Efendi, erklärt das Wahlsystem des Heiligen Römischen Reiches mit osmanischen Begriffen: »Das Reich der Nemçe besteht aus neun Königreichen, von denen drei die Sanjaks Mainz, Köln und Trier im Eyalet des Rheins sind. Diese stellen die ersten drei Kurfürsten, die das Zeichen der Priesterwürde tragen.« Die übrigen seien die Eyalets Tschech, Bayern, Sachsen und Preußen, das Sanjak Pfalz und das Eyalet Hannover. Neben diesen neun Provinzen gebe es das Sanjak Savoyen, nun unter der Herrschaft des Königs von Sardinien, das Sanjak Hessen, das ein unabhängiges Herzogtum sei, und das Eyalet Schwaben, eine unabhängige Republik. Şem'danizade machte ein paar Anmerkungen über jede dieser Provinzen. Der Herrscher des Eyalets Preußen sei ein gewisser Grandebur. Der Name sei eine Verfälschung von Brandenburg, des Namens einer Burg in dieser Provinz; eigentlich heiße er Fredoricus. Über das neunte Eyalet, also Hannover, schreibt Şem'danizade, daß es »der ererbte Besitz des gegenwärtigen Königs von England Jojo« sei.[59] Dieser Name, offenbar eine Verfälschung von Giorgio, läßt an einen italienischen Gewährsmann denken. Die Darstellung Österreichs und der Umstände, die zum Erbfolgekrieg führten, nimmt zwei ganze Seiten des gedruckten Werkes von Şem'danizade ein und ist mit Abstand die detaillierteste, die bis jetzt in der osmanischen Historiographie zutage gefördert wurde. Şem'danizade geht auch kurz auf andere Geschehnisse in Europa ein, und obwohl er sich vor allem auf Österreich und Rußland konzentriert, weist er gelegentlich auf fernere und rätselhaftere Länder wie Frankreich, England, Holland und Schweden hin. Zwar ist er sich der Differenzen und sogar Rivalitäten zwischen ihnen bewußt, neigt aber dazu, eine gemeinsame Feindschaft dem moslemischen Staat gegenüber anzunehmen. Als zum Beispiel der englische und holländische Botschafter, die ein osmanisches Debakel fürchteten, in der Krise mit Rußland im Jahre 1736 Vorsicht anrieten, unterstellt er ihnen, daß sie die russischen Intrigen und Pläne auf verschlagene Weise unterstützen wollten.[60]

Weitere Veränderungen lassen sich an der Chronik Vasifs beobachten, welche die Jahre 1166 (1752) bis 1183 (1774) behandelt, also eine Periode der Belastung und Gefahr für das Osmanische Reich; sie fand ihren Höhepunkt in dem katastrophalen Vertrag von Küçük Kaynarja, den das siegreiche Rußland den Türken auferlegte. Vasif selbst lebte in der Zeit der Revolutions- und Napoleonischen Kriege und war Zeuge so entscheidender Ereignisse wie der französischen Invasion und Besetzung Ägyptens, worüber er ein eigenes Buch schrieb. In seiner Chronik schildert Vasif die osmanischen Missionen nach Wien und Berlin und zitiert recht ausführlich aus ihren Darstellungen mitteleuropäischer Politik.

Auch im frühen 18. Jahrhundert, als das Osmanische Reich weit mehr mit den Angelegenheiten Europas zu tun hatte, wird ihnen von den Chronisten immer noch erstaunlich wenig Aufmerksamkeit geschenkt. Von Kriegen abgesehen, die ziemlich eingehend beschrieben werden, geben die Chronisten den osmanischen Kontakten mit Rußland, Österreich und dem Westen weniger Raum als den Beziehungen zu Persien, weitaus weniger als den provinziellen Nachrichten über die verschiedenen Unternehmungen und Streitigkeiten der Paschas und anderen Würdenträgern des Reiches. Das Interesse an der Außenpolitik ist etwas größer als zuvor, aber immer noch sehr begrenzt, und das von den verschiedenen osmanischen Chronisten verwendete Material scheint aus demselben kleinen Kreis von Gewährsleuten – Ausländern, Abtrünnigen und ortsansässigen Nichtmoslems – zu stammen. Ein Osmane des 18. Jahrhunderts wußte so viel über die Staaten und Nationen Europas wie ein Europäer des 19. Jahrhunderts über die Stämme und Völker Afrikas – und betrachtete sie mit der gleichen leicht amüsierten Geringschätzung. Erst das wachsende Gefühl der Bedrohung beginnt, einen Wandel dieser Einstellung zu bewirken, doch auch er geht langsam und zögernd vonstatten.

Am Ende des 18. Jahrhunderts hatten die osmanischen Darstellungen Europas immer noch wenig Substanz. Trotzdem stellen sie einen beträchtlichen Fortschritt der Vergangenheit gegenüber dar, und sie heben sich deutlich von dem totalen Mangel an solcher Literatur in persischer oder – mit Ausnahme einiger marokkanischer Botschaftsberichte – in arabischer Sprache ab.

Die neue Situation im 18. Jahrhundert – die Erfahrung von Niederlagen und das Bewußtsein der Gefahr – veränderte den Charakter des osmanischen Interesses an Europa. Es richtete sich nun in erster Linie auf die Verteidigung. Aber als die Schranken, welche die beiden Zivilisationen trennten, einmal durchbrochen waren, konnte der Austausch nicht mehr unter strenger Kontrolle gehalten werden. Das Interesse an der militärischen Wissenschaft einerseits und das Bedürfnis nach politischer und militärischer Information andererseits führte zu einer Beschäftigung mit jüngerer europäischer Geschichte, die, zunächst oberflächlich und sporadisch, drängender wurde, als die Türken allmählich merkten, daß das Überleben ihres Reiches von einem genauen Verständnis der Entwicklungen in Europa abhängen könnte.

Zu den in der ersten türkischen Druckerei – eröffnet im Jahre 1729 und geschlossen im Jahre 1742 – hergestellten Büchern gehören einige, die sich mit Geschichte und Geographie befassen. Darunter sind der Bericht des Botschafters Mehmed Said Efendi über seine Mission in Frankreich, eine Abhandlung über europäische Militärtaktik von Ibrahim Müteferrika, dem Gründer der Druckerei, und eine Übersetzung einer europäischen Darstellung der Kriege in Persien. Ibrahim druckte auch einige frühere Werke, darunter die Entdeckungsgeschichte der Neuen Welt aus dem 16. Jahrhundert und einen Teil der geographischen Schriften Kâtib Çelebis.

Neben diesen in der Druckerei Ibrahim Müteferrikas produzierten Büchern zeugen einige Manuskripte, die in Istanbuler Sammlungen aufbewahrt werden, für das Aufkommen eines neuen Interesses an europäischer Geschichte. Ein Manuskript des Jahres 1722 skizziert die Geschichte Österreichs von 800 bis 1662; der Dolmetscher Osman Aǧa aus Temesvar hatte es aus dem Deutschen übersetzt. Zwei anonyme Manuskripte, die um 1725 geschrieben wurden, beschäftigen sich unmittelbarer mit aktueller Politik; ihre Informationen über das zeitgenössische Europa stammen aus erster Hand und sind fast auf dem laufenden.

Eines von ihnen, ein kurzer Überblick über die Situation in Europa, hat sich in der Türkei in wenigstens vier Exemplaren erhalten, was auf ein gewisses Interesse schließen läßt. Es beginnt mit Definitionen weltlicher und kirchlicher Ränge und besteht hauptsächlich aus einer Art statistischer Übersicht über die Staaten Europas. Am Anfang der Ausführungen werden die Gebiete des Heiligen Römischen Reiches aufgezählt und eingeordnet, gefolgt von den Staaten Italiens (Venedig, Genua usw.) und von der Schweiz, Frankreich, Spanien, Portugal, Malta, »den Reichen der Engländer«, Holland, Dänemark, Schweden, Polen und Rußland. Der Autor ist über England schlecht informiert: Er nennt Wilhelm II. als regierenden Monarchen (Wilhelm III. starb im Jahre 1702, mit Sicherheit bevor dieser Text geschrieben wurde), und obwohl er ausländische Ortsnamen sorgfältig schreibt und phonetisch wiedergibt, verfälscht er die meisten dieser Namen in Britannien. Über die Situation des Festlandes ist er besser unterrichtet. Er schreibt zum Beispiel, daß der Erzbischof von Köln der Sohn des Herzogs von Bayern sei, daß die Russen Mecklenburg »kürzlich« besetzt hätten (tatsächlich im Jahre 1716), daß der »verstorbene Zar« (Peter der Große starb im Jahre 1725) die meisten Ostseeländer von Schweden (durch den Vertrag von 1721) übernommen habe.

Der zur selben Zeit entstandene Text, der ebenfalls in Form mehrerer

Manuskripte überliefert ist, geht auf die Flotten der Welt ein. Einer Anmerkung auf den Manuskripten zufolge »kam ein gelehrter Mönch vor kurzem aus Toulouse in Frankreich und nahm den Islam in Gegenwart des Großwesirs an. Da er zahlreiche Reisen gemacht hatte und vollauf mit der Weltsituation vertraut war, ist diese Abhandlung nach seiner Aussage angefertigt worden«.[61]

Die beiden Abhandlungen wurden offensichtlich von demselben Autor geschrieben, vermutlich von dem Herausgeber, welcher die von dem französischen Überläufer erhaltenen Informationen über Flottenangelegenheiten zusammenstellte. Die Art, in der westliche Namen buchstabiert und transkribiert sind, deutet darauf hin, daß dieser Herausgeber ungarischer Herkunft gewesen sein könnte – vielleicht war es kein anderer als Ibrahim Müteferrika.[62]

Ein anderer Bericht, datiert 1733–1734, behandelt »einige historische Umstände der Staaten Europas« und wurde von Claude-Alexandre de Bonneval, später Ahmed Pascha, vorgelegt – einem französischen Adligen, der in den osmanischen Dienst trat und zum Islam konvertierte. Die Arbeit ist Ereignissen in Österreich, Ungarn, Spanien und Frankreich gewidmet und wurde ins Türkische übersetzt, wahrscheinlich nach dem französischen Original des Autors. Ein Historiker, Abd al-Rahman Münif Efendi (gest. 1742), erwähnt in einer Skizze der wichtigsten Dynastien nicht nur die Monarchen des Islam, sondern auch heidnische Herrscher sowie Kaiser des Heiligen Römischen Reiches, byzantinische Kaiser, die Könige von Frankreich und die von Österreich. Ein Manuskript des späten 18. Jahrhunderts mit dem Titel »Überblick über die europäische Lage« behandelt Preußen unter Friedrich Wilhelm II. und Frankreich unter den Revolutionsregierungen; im Jahre 1799 stellte Cosmo Comidas, ein Christ aus Istanbul, ein türkisches Verzeichnis herrschender europäischer Souveräne mit ihren Geburtsdaten und dem Zeitpunkt ihrer Thronbesteigung, ihren Hauptstädten, Titeln, Erben und anderen nützlichen Informationen her.[63]

In den arabischen Ländern, die fast alle unter osmanischer Herrschaft oder Oberhoheit standen, war das Interesse am Westen, abgesehen von begrenzter Anteilnahme unter den christlichen Minderheiten, sogar noch geringer. In Marokko lieferten ein paar Berichte von Botschaftern, die in verschiedene europäische Hauptstädte entsandt worden waren, einige grundlegende Informationen für den engeren Kreis von Politikern, aber historisches Interesse war bis zum 19. Jahrhundert nicht zu entdecken. Im arabischen Osten, der von den Osmanen beherrscht wurde, weckte nur das gewaltsame Eindringen der Franzosen und Engländer an der Wende zwischen dem 18. und 19. Jahrhundert kurz einige Aufmerksamkeit bei diesen Völkern. Aber die zu jener Zeit geschriebenen Berichte sind gering an Zahl und fast ausschließlich den Aktivitäten der Franken im Osten und nicht den Ereignissen in ihrer Heimat gewidmet, die sie zu ihren Unternehmungen gezwungen hatten. Erst in den zwanziger Jahren des 19. Jahrhunderts findet man ägyptische Übersetzungen westlicher Bücher aus der Druckerei, die der nach Modernisierungen strebende Herrscher Muḥammad ʿAlī Pascha in Kairo eingerichtet hatte. In anderen arabischen Ländern und im Iran wurde das moslemische Interesse am Westen viel später geweckt, und zwar als Ergebnis machtvoller westlicher Präsenz.

VI

Die Religion

Für den Moslem war die Religion der Kern der Identität, seiner eigenen und deshalb auch der anderer Menschen. Die zivilisierte Welt bestand aus dem Hause des Islam, in dem eine moslemische Regierung herrschte, moslemische Gesetze galten und nichtmoslemische Gemeinschaften die Toleranz des moslemischen Staates und seiner Gesellschaft erfahren durften, wenn sie die Bedingungen akzeptierten. Als wesentliches Unterscheidungsmerkmal zwischen sich selbst und der Außenwelt sahen die Moslems die Annahme oder Ablehnung der Botschaft des Islam. Die herkömmlichen Begriffe der Geographie und Völkerkunde waren allenfalls von zweitrangiger Bedeutung. Moslemische Schriftsteller waren sich, wie wir gesehen haben, der Tatsache bewußt, daß es jenseits der nördlichen Grenze Völker gab, die Römer, Franken, Slawen oder anders hießen und eine verwirrende Vielfalt von Sprachen benutzten. Aber diese Tatsache als solche war nicht bemerkenswert. Es gab viele Rassen und Nationen innerhalb der islamischen Welt, und obwohl die Moslems es vorgezogen hatten, eine sehr begrenzte Zahl von Sprachen zu Medien von Regierung, Kultur und Handel zu machen, kannten auch sie eine Vielzahl örtlicher Dialekte und Idiome, wie man sie auf dem europäischen Kontinent kannte.

Den wirklichen Unterschied bestimmte die Religion. Jene, die sich zum Islam bekannten, wurden Moslems genannt und waren Teil von Gottes Gemeinde, gleichgültig in welchem Lande oder unter welchem Souverän sie lebten. Jene, die den Islam ablehnten, waren Ungläubige. Das arabische

Wort ist *kāfir* – abgeleitet von einer Wurzel, die »nicht glauben« oder »leugnen« bedeutet –, und es wird normalerweise nur für diejenigen verwendet, die nicht an die islamische Botschaft glauben und ihre Wahrheit leugnen.

Strenggenommen bezieht sich der Begriff *kāfir* auf alle Nichtmoslems. Im arabischen, persischen und türkischen Sprachgebrauch wurde er jedoch nahezu ein Synonym für Christ. Genauso sah man das Haus des Krieges immer mehr als Verkörperung des rivalisierenden Glaubens und des Gemeinwesens, das sich selbst in erster Linie als Christenheit und dann erst als Europa betrachtete. Die Moslems wußten natürlich von anderen Ungläubigen neben den Christen. Manche, wie die Hindus und Buddhisten Asiens, waren zu weit entfernt, als daß sie die Anschauungen und den Sprachgebrauch der islamischen Gemeinschaften im Mittleren Osten und am Mittelmeer hätten stark beeinflussen können. Andere, wie die nicht-moslemischen Bewohner Schwarzafrikas, unterhielten engere Beziehungen zu den Moslems, wurden aber vor allem als Polytheisten und Götzen-anbeter angesehen und gewöhnlich so bezeichnet. Nur zwei andere Religionen waren im Mittleren Osten bekannt, der Parsismus und der Judaismus, doch beide waren recht unbedeutend. Beide hatten ihren politischen Einfluß verloren und befanden sich der allgemeinen Einschätzung nach nicht mehr im Kriegszustand mit dem Islam. Juden betrachtete man nur als *dhimmī*, und den letzten dahinschwindenden Parsen wurde mehr oder weniger derselbe Status zuerkannt. In osmanischen Zeiten schließt der Begriff *kāfir*, sogar im offiziellen Sprachgebrauch, Juden schon nicht mehr ein. In zahllosen fiskalischen und anderen Dokumenten, die sich mit den Angele-genheiten der nichtmoslemischen Gruppen befassen, lautet die übliche osmanische Formulierung »Kafirs und Juden«, was offensichtlich besagt, daß die ersteren die letzteren nicht umfassen. Dies ist zum Teil ein Zeugnis für die überlegene Stellung der Christen, zum Teil eine Anerkennung des unverfälschten Monotheismus der Juden. Im osmanischen (und modernen) türkischen Sprachgebrauch wird die Bezeichnung *kāfir* oft von *gavur* ersetzt, das man für Ungläubige im allgemeinen und Christen im besonde-ren verwendet. Das Wort ist zweifellos volksetymologisch aus *kāfir* entstanden, vielleicht auch beeinflußt durch das ältere persische Wort *gabr*, das ursprünglich Parsen bezeichnete, doch manchmal auch für Christen benutzt wurde.

Dieselbe religiöse Grundeinteilung läßt sich sogar in osmanischen Zollbestimmungen finden, die gewöhnlich drei Zolltarife festlegten. Die Tarife hängen nicht von der Ware, sondern von dem Kaufmann ab, genauer gesagt, von seiner Religion. Der niedrigste gilt für Moslems, osmanische oder andere, der mittlere für *dhimmī* und der höchste für *harbī* – jene, die aus dem Hause des Krieges kommen. Seltsamerweise zahlten Juden, unabhängig von ihrer Nationalität oder politischen Bindung und sogar wenn sie aus Europa kamen, den *dhimmī*-Tarif. Dasselbe Prinzip, in umgekehrter Richtung angewandt, kann man daran beobachten, wie die Perser die exterritorialen Vorrechte interpretierten, die ihnen die Russen im frühen 19. Jahrhundert abzwangen. Diese wurden russischen Christen gewährt, sunnitischen Moslems aus dem russischen Reich jedoch verweigert.

Der *kāfir* schlechthin war also der Christ, und die Staaten, die ihrer eigenen Einschätzung nach Europa ausmachten, wurden von den Moslems als »die Länder der Ungläubigen«, das heißt als Christenheit, angesehen. Die religiöse Definition von Identität und Andersartigkeit ist fast universell. Während Besucher aus Europa in der moslemischen Welt sich unter den Mauren oder Türken oder Persern als Engländer, Franzosen, Italiener, Deutsche usw. betrachten, sehen sich im Gegensatz dazu islamische Besucher in Europa, ob sie aus Marokko, der Türkei oder dem Iran kommen, vor allem als Moslems in der Christenheit und verwenden in der Regel weder für sich selbst noch für ihre Gastgeber nationale, territoriale oder ethnische Bezeichnungen. Fast ohne Ausnahme nennen sie ihre eigene Heimat »die Länder des Islam« und ihren eigenen Herrscher »das Oberhaupt des Islam«, oder sie benutzen synonyme Ausdrücke.

Erst gegen Ende des 18. Jahrhunderts beginnen osmanische Gesandte in Europa, sich selbst und ihr Land spezifischer als osmanisch, im Unterschied zu der allgemeinen islamischen Identität, zu bezeichnen. Und ebenso wie die Reisenden sich selbst Moslems und ihre Gemeinschaft den Islam nennen, bezeichnen sie fast immer ihre europäischen Gastgeber und Gesprächspartner einfach als Ungläubige. »Auch der deutsche Botschafter... schickte drei Giaurs zu den Paschas«,[1] schreibt ein Türke, der Österreich im 18. Jahrhundert besuchte. Dies bedeutet, daß der Botschafter (mit dem Etikett »deutsch« versehen, da nur Regierungen Botschafter ernennen können) drei Männer zu ihrem Empfang ausgesandt hatte. Der Begriff »Ungläubiger« kommt nicht nur dort vor, wo ein Europäer eine nationale oder politische Bestimmung verwenden würde; er wird sehr häufig auch benutzt, um elementarere Wörter wie »Person«, »Mann« oder »Mensch« zu ersetzen.

Der Europäer ist anders, doch nicht deshalb, weil er einer anderen Nation angehört, einem anderen Herrscher untertan ist, in einem anderen Land lebt oder eine andere Sprache spricht. Er ist deshalb anders, weil er einer anderen Religion anhängt. Infolge dieser Andersartigkeit schätzt man ihn als feindselig ein und weiß, daß er minderwertig ist. Autoren, die über das Christentum schreiben, bedienen sich unzweifelhaft einer bekannten Methode moderner Propaganda und Reklame, indem sie diese Ansichten durch endlose Wiederholung unterstreichen und ins Bewußtsein rücken. Von seltenen Ausnahmen abgesehen, wird keine europäische Nation oder Gruppe, nicht einmal ein europäisches Individuum ohne den Zusatz »ungläubig« erwähnt. Manchmal wird es bei offiziellen Kontakten und in historischen Schriften notwendig, zwischen den Staaten oder Nationen der Christenheit zu unterscheiden. In solchen Fällen werden sie die englischen Ungläubigen, die französischen Ungläubigen, die russischen Ungläubigen usw. genannt. Oft wird diese Einstufung durch ein beleidigendes Attribut oder eine Verwünschung bekräftigt, gewöhnlich in Form eines Reimgeklingels. Im osmanischen Sprachgebrauch hat jede Nation ihren eigenen kleinen Reim: Ingiliz dinsiz (Engländer ohne Religion), Fransız jansız (seelenloser Franzose), Engurus menhus (unheilvoller Ungar), Rus ma'kus (verderbter Russe), Alman biaman (gnadenloser Deutscher) usw. Für moslemische Nationen gibt es sowohl positive wie negative Reime, die je nach Umständen benutzt werden. Für den *gavur* sind alle Reime negativ, und man drückt guten Willen aus, indem man sie wegläßt.[2] In mittelalterlichen Schriften stehen neben den Namen europäischer Personen unweigerlich Verwünschungen. Diese sind keineswegs flüchtig dahingeworfen, sondern offenbar tief empfunden, und sie werden oft mit beträchtlichem Nachdruck wiederholt.

Der Brauch, Europäer als Ungläubige zu bezeichnen, war erstaunlich hartnäckig und umfassend. Er erstreckt sich, zum Beispiel, sogar auf Briefe, die freundlich und höflich gemeint sein sollten und von moslemischen Herrschern an christliche Monarchen in Europa geschickt wurden. Sultan Murad III. unterrichtet Königin Elisabeth von England in einem Schreiben von seinen Siegen über »die österreichischen und ungarischen Ungläubigen« und den Vormarsch seines Heeres in »das Land der gemeinen Ungläubigen«, drängt die Königin, sie möge »gegen die spanischen Ungläubigen vorgehen, die Ihr mit Gottes Hilfe besiegen werdet«, und bringt begrenztes Wohlwollen den polnischen und portugiesischen Ungläubigen gegenüber, »die Eure Freunde sind«, zum Ausdruck. Sogar Kâtib Çelebi, der in der Mitte des 17. Jahrhunderts schreibt, hält es noch für notwendig, fast jeden Hinweis auf die Franken mit Formulierungen wie »verflucht«, »zum Untergang verurteilt«, »für das Höllenfeuer vorherbestimmt« und ähnlichem zu begleiten. Noch in der Mitte des 18. Jahrhunderts beginnt ein osmanischer Beamter, der von seiner Arbeit in einer Grenzziehungskommission mit den Österreichern berichtet, seine Meldung damit, daß er von der Befreiung (das heißt Wiedereroberung) Belgrads, »des Hauses des Jihâd« aus den räuberischen Händen der österreichischen Giauren schreibt.[3] Im allgemeinen werden die Politik und die Aktionen europäischer Regierungen und Individuen mit Wörtern wie »übeltäterisch«, »Unheil«, »Intrige«, »Verschwörungen«, »Listen« und anderen Ausdrücken gekennzeichnet, die auf Niederträchtigkeit hindeuten. Diese Einschätzung mag oft begründet genug gewesen sein, in den Texten wird sie aber meist als unumstößlich hingestellt. Diese sprachlichen Bräuche setzen sich bis weit in die Epoche hinein fort, in der das Osmanische Reich direkten Kontakt mit der europäischen Politik, mit Verbündeten wie mit Gegnern, hat und in der osmanische Beamte und sogar Historiker beginnen, den Feinheiten der internationalen Beziehungen Europas etwas Aufmerksamkeit zu schenken. Erst im späten 18. Jahrhundert werden diese Schimpfwörter endlich ausgelöscht, und sogar dann benutzen moslemische Diplomaten in ihren Berichten noch den abschätzigen Begriff »ungläubig« für jede Person, Gruppe oder Institution, der sie begegnen. Im Laufe des 19. Jahrhunderts verschwanden diese Wendungen allmählich aus dokumentarischen und historiographischen Texten, erhielten sich jedoch noch viel länger in der Volks- und Alltagssprache.

Angesichts des Vorrangs der Religion in moslemischen Erwägungen, sogar solchen staatspolitischer Art, wäre zu erwarten, daß man die Religion in der westlichen Welt nicht ganz außer acht ließe. Tatsächlich erwähnen die meisten Gesandten und Historiker religiöse Dinge, zeigen aber kein großes Interesse am europäischen Christentum und bieten sehr wenig Informationen. Sie wußten, daß die Europäer Christen waren, und für die Mehrheit von ihnen war dies genug. Das Christentum war ihnen ja nicht neu, denn es war der unmittelbare Vorgänger des Islam und wurde noch von beträchtlichen Minderheiten in den moslemischen Ländern vertreten. Die christliche Religion war gewissermaßen – vom islamischen Standpunkt aus – bekannt, erledigt und abgelegt.

Im Mittelalter verfügte der moslemische Gelehrte über eine arabische Literatur erheblichen Umfangs über christliche Überzeugungen und Bräuche, aus der sich recht detaillierte Kenntnisse der frühen Geschichte des Christentums sowie der verschiedenen Richtungen und Sekten innerhalb der christlichen Kirchen beziehen ließen. Dieses frühe Interesse wurde jedoch nicht aufrechterhalten, und Erörterungen des Christentums durch osmanische Autoren scheinen eher auf früheren arabisch-moslemischen Texten zu basieren als auf neuen Untersuchungen oder Erfahrungen. So beginnt Kâtib Çelebi seine Abhandlung über Europa, geschrieben im Jahre 1655, mit einer fast mittelalterlich anmutenden Darstellung der christlichen Religion. Diese Religion, erklärt er seinen Lesern, beruhe auf vier Evangelien, die er korrekt anführt, und gründe sich, durch stillschweigende Analogie mit dem Islam, auf fünf Hauptprinzipien, nämlich Taufe, Dreifaltigkeit, Fleischwerdung, Abendmahl und Beichte. Er widmet jedem einen kurzen Abschnitt und erörtert unter der Überschrift »Dreifaltigkeit« die christologischen Streitigkeiten der Frühkirchen, über die recht ausführliches Material in klassischen arabischen Schriften christlichen Ursprungs vorlag. Er zitiert den Text des Nicänischen Glaubensbekenntnisses in einer arabischen Fassung (welche das Filioque ausläßt) und erklärt, daß sich die Christen in drei Hauptschulen oder -sekten geteilt hätten – dazu benutzt er den islamischen Begriff *madhhab* (türkisch *mezheb*), der normalerweise für die vier Schulen der sunnitischen Rechtswissenschaft verwendet wird. Die drei christlichen Richtungen seien die Jakobiten, die Melkiten und die Nestorianer. Kâtib Çelebi bietet eine Erläuterung ihrer unterschiedlichen Doktrinen über die menschlichen und göttlichen Züge Christi. Mit den Jakobiten – strenggenommen die Anhänger der syrischen Kirche des Jakob Baradaios – scheint er alle Monophysiten zu meinen, wie seine Bemerkung zeigt, daß »die meisten Jakobiten Armenier sind«. Die Melkiten gehörten der Richtung an, die vom Staat und der Hierarchie als orthodox gebilligt werde und deshalb die Richtung der Rûm – der Griechen und Römer – sei. Die Nestorianer, schreibt er, seien eine spätere Gruppe, die sich von dem allgemein akzeptierten Glauben abgesondert und eine eigene Sekte gebildet hätten. Zu Kâtib Çelebis Zeit waren die Kirchen des Jakob Baradaios und des Nestorius völlig bedeutungslos geworden, und sogar die armenischen und koptischen Monophysitenkirchen unterstanden islamischer Herrschaft. Über spätere Auseinandersetzungen wie das Schisma, das die Melkitenkirche in den griechisch-orthodoxen Osten und den römisch-katholischen Westen teilte, oder die neue Teilung im römisch-katholischen Westen, die von der Reformation verursacht wurde – Dinge, die für einen osmanischen Beobachter wichtiger hätten sein sollen als der seit langem vergessene polemische Streit zwischen Jakobiten und Nestorianern –, schreibt Kâtib Çelebi kein Wort.[4]

Die Differenzen zwischen Katholiken und Protestanten blieben jedoch nicht völlig unbeachtet, und ein osmanischer Historiker hat sogar eine Erklärung für die Religionskriege in Zentraleuropa. Eines Tages, schreibt er, sei der deutsche Kaiser sehr bekümmert und seine Augen seien tränenfeucht gewesen, so daß seine Gemahlin, die Tochter des Königs von Spanien, ihn gefragt habe, was ihm fehle. Die Ursache, habe er gesagt, sei der Unterschied zwischen ihm selbst und dem Sultan der Osmanen. Sobald der Sultan den Fürsten unter seiner Oberherrschaft befehle, mit ihren Streitkräften in seinem Heer zu dienen, kämen sie sofort und setzten sich mit Leib und Seele für ihn ein. Der deutsche Kaiser dagegen könnte den Fürsten von Ungarn solche Nachrichten senden, aber sie dächten gar nicht daran, ihm zu dienen oder ihm Gehorsam zu leisten. Darauf habe die Gemahlin des Kaisers erwidert: »Die Krieger des Padischahs der Osmanen gehören seinem eigenen Glauben und Ritus an, und deshalb gehorchen sie ihm; deine ungarischen Fürsten jedoch verweigern dir Gehorsam und Gefolgschaft, weil sie einen anderen Glauben haben als du.« Danach habe der Kaiser, von diesem Argument beeindruckt, sogleich Boten und Priester zu den ungarischen Fürsten entsandt und diese auffordern lassen, »zu seinem eigenen eitlen Glauben überzutreten«. Einige hätten gehorcht, aber viele hätten sich geweigert, worauf der Kaiser mit Tyrannei und Unterdrük- kung geantwortet habe, so »daß der allerhabene und allgewaltige Herrgott, der keinen Sterblichen übersieht – selbst wenn es ein Giaur ist –, die Heerscharen des Islam über ihn kommen ließ«.[5] Evliya Çelebi, der Ungarn und Österreich ein wenig früher bereist hatte, berichtete ebenfalls, daß die beiden verschiedenen Kirchen angehörten; die Ungarn folgten dem lutheri- schen Ritus, während die Österreicher »dem Papst ergeben sind«. Aus diesem Grunde »sind diese zwei Giaurenvölker einander spinnefeind«. Als Christen hielten sie jedoch gegen die Moslems zusammen, denn – mit den Worten einer islamischen Tradition, die Evliya zitiert – »die Giauren sind eine einzige Glaubensgemeinschaft«.[6]

Die osmanischen Beamten scheinen wachsamer gewesen zu sein als die osmanischen Wissenschaftler, was die Bedeutung des Kampfes zwischen Katholiken und Protestanten und seinen möglichen Wert für die islamische Sache betraf. Teilweise mag dies auf Nachrichten zurückzuführen sein, die moslemische Flüchtlinge aus Spanien mitbrachten, teilweise auch auf das Bemühen einiger Emissäre der protestantischen Mächte, sich selbst als strenge Monotheisten hinzustellen, die dem Islam näher als die bilderanbe- tenden und polytheistischen Katholiken seien und deshalb Bevorzugung im Handel und vielleicht in anderer Hinsicht verdient hätten. Die Osmanen waren von solchen Argumenten offenbar nicht sehr beeindruckt, stellten sie aber gelegentlich auf die Probe. Als die Morisken in den Jahren 1568 bis 1570 in Spanien revoltierten, schickte der Sultan ihnen einen Sonderbot- schafter, um ihre Aufmerksamkeit auf den fortgesetzten Kampf der Lutheraner gegen »jene, die dem Papst und seiner Lehre untertan sind«, zu lenken. Den Rebellen wurde geraten, geheime Kontakte mit diesen Luthe- ranern herzustellen und, wenn die letzteren Krieg gegen den Papst führten, den katholischen Provinzen und Soldaten in ihrem eigenen Gebiet Verluste zuzufügen.[7] Selim II. schickte sogar einen Geheimagenten zu einem Treffen mit den protestantischen Führern in den spanischen Niederlanden aus. In einem Brief des osmanischen Monarchen wurde ein gemeinsames Interesse zwischen Moslems und Lutheranern hervorgehoben, die ebenfalls Krieg gegen die Katholiken führten und deren Götzenanbetung ablehnten: »Da Ihr die Schwerter gegen die Papisten erhoben und viele von ihnen getötet habt, sind unser kaiserliches Mitgefühl und unsere königliche Aufmerksamkeit auf jede Weise in Euer Gebiet gelenkt worden. Ihr selbst betet keine Götzen an, Ihr habt die Götzen und Bilder und ›Glocken‹ aus den Kirchen verbannt und Euren Glauben durch die Aussage erklärt, daß der Allmächtige Gott einzig und der Heilige Jesus Sein Prophet und Diener ist, und nun sucht und strebt Ihr mit Herz und Seele nach dem wahren Glauben. Aber der Ungläubige, der Papa genannt wird, erkennt seinen

Schöpfer nicht als einzig an, schreibt dem Heiligen Jesus (Friede sei mit ihm!) Göttlichkeit zu, betet Götzen und Bilder an, die er mit eigenen Händen gemacht hat, zieht so die Einzigkeit Gottes in Zweifel und lockt so viele Diener Gottes auf den Weg des Irrtums.«[8] Die osmanische Korrespondenz mit Königin Elisabeth von England zeigt später ein ähnliches Interesse an den Protestanten, nicht – Gott behüte – als Verbündeten, sondern als nützlicher Schwächung für die katholischen Mächte.

Das Papsttum konnte moslemischer Aufmerksamkeit schwerlich entgehen, und viele islamische Autoren äußern sich über das seltsame Phänomen des Herrschers von Rom; sie sehen ihn als eine Art Priesterkönig und nennen ihn al-Bāb, den Papst. Der Islam besitzt kein Priestertum und keine kirchliche Hierarchie, und die Tatsache der sorgfältig organisierten christlichen Kirche war für Moslems schwer zu begreifen. Erst in osmanischen Zeiten ließ die engere Bekanntschaft mit der Hierarchie der Ostkirche solche Institutionen verständlich werden. Der erste, der den Papst erwähnte, ist der arabische Kriegsgefangene Hārūn ibn Yaḥyā, der Rom um das Jahr 886 besuchte. Er bemerkt knapp: »Die Stadt Rom wird von einem König regiert, der al-Bāb, der Papst, heißt.« Er erklärt diesen Titel nicht und nimmt wohl an, daß dies der persönliche Name des Monarchen sei. Die in Yāqūts geographischem Wörterbuch enthaltene Beschreibung Roms ist etwas vollständiger. »Zum heutigen Tage ist Rom in Händen der Franken, und sein König wird der König von Almān genannt. Darin lebt der Papst, dem die Franken gehorchen und der für sie die Stellung eines Imams einnimmt. Wenn irgendeiner von ihnen ihm nicht Gehorsam leistet, betrachten sie ihn als Rebellen und Übeltäter, der Verbannung, Vertreibung und Tod verdient hat. Er legt ihnen Beschränkungen auf, was ihre Frauen, ihre Waschungen, ihre Nahrungsmittel und Getränke angeht, und keiner von ihnen kann ihm widersprechen.«[9]

Einige Nachrichten über diese bemerkenswerte Institution scheinen sogar bis in die östlichen Teile der islamischen Welt gelangt zu sein. Khāqānī, ein persischer Dichter des 13. Jahrhunderts, spricht in einer satirischen Ode von Batrīq-i Zamāne Bāb-i Buṭrus, dem Patriarchen der Zeit, dem Tor Petri (oder dem Papst Petrus).[10] Er scheint die Institution mit dem Patriarchat der Ostkirchen zu verwechseln – ein häufiger Irrtum bei späteren moslemischen Autoren.

Eine der ersten Schilderungen päpstlicher Autorität stammt von dem syrischen Historiker Ibn Wāṣil, der das süditalienische Festland im Jahre 1261 als diplomatischer Gesandter besuchte und folgendes über den Papst schreibt: »Er ist für sie der Statthalter (khalīfa) Christi und sein Stellvertreter, mit der Macht, zu verbieten und zu gestatten, zu entscheiden und zunichte zu machen.« Mehrere spätere Autoren geben ähnliche Kommentare ab; einer von ihnen, der türkische Verfasser der Abenteuer Jems,

verzeichnet etwas noch Außergewöhnlicheres: den christlichen Glauben,
daß der Papst Sünden erlassen könne. Solche Machtvollkommenheit des
Papstes erstaunt Besucher aus den Ländern des Islam immer wieder.
Moslems sind mit religiöser Autorität vertraut – in gewissem Sinne
erkennen sie keine andere an. Aber der Islam hat geistliche nie von
religiöser Autorität über die Menschheit unterschieden, und für Moslems
steht die Macht, die dem Papst zugeschrieben wird, rechtmäßig Gott allein
zu. Ibn Wāṣil fährt fort: »Er (der Papst) krönt und entthront Könige, und
nichts in ihrer religiösen Gesetzgebung *(sharīʿa)* kann ausgeführt werden,
es sei denn durch ihn. Er ist Mönch, und wenn er stirbt, folgt ihm ein
anderer mit dem gleichen mönchischen Charakter.«[11]

Qalqashandī (gest. 1618) nimmt eine kurze Anmerkung über den Papst
in sein Handbuch der Kanzleisprache auf:

Die Anredeform für den Papst: Er ist der Patriarch der Melkiten, der unter ihnen
die Stellung eines Kalifen einnimmt. Es ist erstaunlich, daß der Autor des *Tathqīf*
[einer früheren Arbeit über die Kanzleisprache] ihm die Position der großen Chans
unter den Tataren zumißt, dabei nimmt der Chan in Wirklichkeit die Stellung
eines großen Königs unter den Tataren ein, während der Papst nichts derartiges ist,
sondern Autorität in religiösen Angelegenheiten besitzt, darunter sogar die Macht
zu erklären, was gestattet und was verboten ist . . .
Die Anredeform für ihn . . . ist folgende: »Möge der allmächtige Gott den Segen
seiner hohen Gegenwart verdoppeln, des erhabenen, heiligen, von Gott inspirier-
ten, demütigen, tätigen Papstes von Rom, des Mächtigen der christlichen Nation,
des Vorbilds der Gemeinde Jesu, desjenigen, der die Könige der Christenheit
inthronisiert . . . des Beschützers der Brücken und Kanäle . . . der Zuflucht von
Patriarchen, Bischöfen, Priestern und Mönchen, des Dieners des Evangeliums, der
seiner Gemeinde erklärt, was erlaubt und was verboten ist, des Freundes von
Königen und Sultanen . . .

Der Verfasser des *Tathqīf* bemerkt Qalqashandīs Zitat zufolge:

Dies habe ich in den Aufzeichnungen gefunden, aber während meiner Dienstzeit
wurde nichts an ihn geschrieben, und ich weiß nicht, über welche Themen man
früher an ihn schrieb . . .[12]

Eine Darstellung des Papsttums, sowohl vom historischen wie vom
zeitgenössischen Standpunkt erscheint in Rashīd al-Dīns *Universalgeschichte*, die in den frühen Jahren des 14. Jahrhunderts im Iran geschrieben
wurde und sich, wie schon erwähnt, auf die Auskünfte eines päpstlichen
Gesandten und den Inhalt einer Geschichte der Päpste und Kaiser stützte.
Prinz Jem hatte persönlichen Kontakt mit dem Papsttum; der Autor seiner
Lebensbeschreibung bietet eine recht gespenstische Darstellung des Ver-

fahrens, das bei der Wahl eines neuen Papstes befolgt worden sei, und der Ausbrüche allgemeiner Gewalttätigkeit, die dieses Ereignis begleitet hätten. Kâtib Çelebis kurze Abhandlung über Europa enthält ein Kapitel über das Papsttum. Es besteht hauptsächlich aus einem numerierten Verzeichnis der Päpste mit den Daten ihrer Wahl und ihrer Amtsdauer, von Petrus bis zu Paul III., von dem gesagt wird, daß er im Jahre 1535 Papst wurde.[13] Da Kâtib Çelebi den Tod Pauls III., der in das Jahr 1549 fiel, oder den irgendeines seiner Nachfolger nicht erwähnt, darf man vermuten, daß seine Informationsquelle um einiges mehr als hundert Jahre alt gewesen sein muß. Auf diesem und vielen anderen Gebieten verspürte der moslemische Autor kein Bedürfnis – oder hatte vielleicht keine Gelegenheit –, aktuellere Informationen einzuholen. Da Kâtib Çelebis Darstellung der christlichen Theologie sich auf die Zeit ein Jahrtausend vor ihm bezieht, dürfte nicht überraschen, daß sein Verzeichnis der Päpste um etwas mehr als ein Jahrhundert überholt ist.

Eine viel bessere Schilderung des Papsttums und des europäischen Christentums im allgemeinen gibt der marokkanische Botschafter al-Wazīr al-Ghassānī, der Spanien am Ende des 17. Jahrhunderts besuchte. Er schreibt ausführlich nicht nur über den Papst, sondern auch über das System des Papsttums, die Rolle der Kardinäle und sogar darüber, wie ein neuer Papst gewählt wird. Die gesamte Institution scheint seinen besonderen Zorn hervorzurufen, und jeder Erwähnung des Papstes folgen Beschimpfungen und Flüche. Ghassānī geht im weiteren auf Themen wie die Inquisition, die Verfolgung der Juden, die Geschichte der Reformation und die ihr folgenden religiösen Konflikte in der Christenheit ein. Er äußert sich sogar über die Reformation in England, die er auf die Eheprobleme König Heinrichs VIII. zurückführt – eine Meinung, die er zweifellos von seinen spanischen Gastgebern übernahm. Er behandelt recht gründlich den Katholizismus, wie er in Spanien praktiziert wird, spricht von Nonnen und Mönchen, vom katholischen Brauch der Beichte und den Übeln, die sie hervorbringen könne.[14] Spätere marokkanische Botschafter in Spanien folgen seinem Beispiel und schreiben über die Kirche und ihre Einrichtungen; mehrere von ihnen beschäftigen sich eingehend mit der Inquisition.

Zu den wenigen Themen, die echtes Interesse der moslemischen Besucher Europas weckten, gehören Dinge, die mit dem Islam selbst zu tun haben. An einigen Orten war es moslemischen Bevölkerungen gelungen, sich sogar in Ländern, die wieder unter christlicher Herrschaft standen, zu behaupten. Ihnen wurde natürlich Aufmerksamkeit zuteil. Ibn Wāṣil war überrascht, einen moslemischen Bevölkerungsteil zu finden, der immer noch auf dem süditalienischen Festland unter normannischer Herrschaft lebte:

In der Nähe meines Wohnortes war eine Stadt namens Lucera, deren Bewohner alle Moslems sizilianischer Herkunft waren. Dort hält man das Freitagsgebet ein und bekennt sich offen zur islamischen Religion. Dies ist seit der Zeit von Manfreds Vater, des Kaisers [Friedrich II.], so gewesen. Manfred begann, dort ein Haus der Wissenschaft zu bauen, in der alle Zweige der philosophischen Wissenschaften gepflegt werden sollten. Ich entdeckte, daß die meisten seiner Vertrauten, die sich um seine persönlichen Angelegenheiten kümmern, Moslems sind, und in seinem Lager finden der Ruf zum Gebet und das Gebet selbst offen und öffentlich statt.

Ibn Wāṣil schreibt, daß der Papst »Manfred wegen dessen Sympathie für die Moslems exkommuniziert hat«.[15]

Die Moslems wurden schließlich aus Sizilien und vom italienischen Festland vertrieben. Sie überlebten etwas länger in Spanien, und sogar nach dem Ausweisungserlaß von 1492, durch den allen Moslems und Juden im Königreich Spanien die Wahl zwischen Bekehrung, Verbannung und Tod gegeben wurde, gelang es einer Art verkappt moslemischer Gemeinde, bekannt als Morisken, sich eine Zeitlang zu halten und mehrere Aufstände gegen die spanische Krone zu machen, wobei sie einmal sogar für kurze Zeit die Stadt Granada eroberten. Die spanischen Moslems baten die Osmanen, die größte islamische Macht jener Zeit, vor und nach ihrer endgültigen Niederlage um Hilfe, doch ohne viel Erfolg. Die Osmanen nahmen tatsächlich Verhandlungen mit den Morisken auf und versuchten auf verschiedene Weise, ihnen mit Ratschlägen und sogar gelegentlicher Hilfe beizustehen. Ein osmanischer Geheimbotschafter wurde ausgesandt, um Meinungsaustausch, Nachrichten und Aktionen zwischen Spanien, Nordafrika und Istanbul zu koordinieren. Aber es war eine hoffnungslose Unternehmung, und bald folgten die Morisken ihren Vorgängern ins Exil.

Eine ähnliche Situation entstand beim osmanischen Rückzug aus Zentraleuropa. In den meisten Gebieten folgte der christlichen Wiedereroberung ein moslemischer Exodus; mit Ausnahme der von den Russen besetzten tatarischen Länder durften erhebliche moslemische Bevölkerungen erst im 19. Jahrhundert unter christlicher Herrschaft zurückbleiben. Anderswo waren es nur die Denkmäler und Erinnerungen an die islamische Vergangenheit, die das nostalgische Interesse moslemischer Besucher wecken konnten. Marokkanische Gesandte in Spanien und osmanische Gesandte in Zentral- und Südosteuropa mußten oft einstige moslemische Gebiete durchqueren, die an die christliche Wiedereroberung verloren worden waren. Die beiden Gruppen haben erstaunliche Ähnlichkeiten. Genau wie europäische Besucher des Orients nach Spuren der klassischen und christlichen Vergangenheit forschen, so konzentrieren moslemische Besucher in Europa sich auf islamische Relikte, werden von islamischen Inschriften gerührt, ergehen sich in Reminiszenzen über die islamische

Vergangenheit und versuchen sogar, ein paar Überreste oder, besser gesagt, Überlebsel der islamischen Präsenz zu finden. Zum Beispiel schreibt der marokkanische Botschafter al-Ghazzāl, daß die Bewohner des Ortes Villafranca-Palacios in Spanien Überlebende »der Andalusier« seien – eine Bezeichnung, mit der er die früheren moslemischen Bewohner Spaniens meint: »Ihr Blut ist das Blut der Araber, ihre Sitten unterscheiden sich von denen der Ausländer (ʿAjam). Ihre Zuneigung zu den Moslems, ihr Wunsch, bei uns zu sein, ihre Trauer beim Abschied zeigen schlüssig, daß sie Hinterbliebene der Andalusier sind. Aber eine lange Zeit ist vergangen, in der sie unter Ungläubigen gelebt haben, möge Gott uns schützen.« Al-Ghazzāl behauptet sogar, einen verkappten Moslem gefunden zu haben, einen gewissen Belasco, der mit seiner Tochter, »einem Mädchen von sehr arabischer Erscheinung«, zu ihm gekommen sei und »rätselhafte Zeichen« gemacht habe, um anzudeuten, daß er – wie der Botschafter glaubte, allerdings ohne jeden Nachweis – in Wirklichkeit ein geheimer Moslem sei.[16] Die osmanischen Botschafter stießen auch bei ihren früheren Untertanen in Ungarn und sogar im südlichen Polen auf Sympathiebezeigungen. Zum Beispiel beschreibt Azmi Efendi, der im Jahre 1790 durch Ungarn reiste, die extreme Freundlichkeit und das Entgegenkommen, mit der die Ungarn ihm und seiner Mission und, allgemeiner gesprochen, dem Osmanischen Reich begegnet seien.[17] Andere osmanische Gesandte, welche die verlorenen Provinzen in Zentral- und Südosteuropa durchquerten, behaupten, bei diesen Völkern herzliche Gefühle für ihre früheren Herren entdeckt zu haben. Was überraschender ist, ähnliche Gefühle wurden von marokkanischen Botschaftern in Spanien sogar noch im 18. Jahrhundert wahrgenommen. Einige der Diplomaten aus Marokko – leidenschaftlich bewegt von den vielen islamischen Überresten in Spanien, die nun für weltlichen oder, schlimmer noch, christlichen Gebrauch entweiht waren – glaubten, daß die Christianisierung des Landes nur oberflächlich sei und die alten moslemischen Loyalitäten jederzeit wieder auftauchen könnten.

Moslemische Besucher sind oft bekümmert über die Entstellung oder die Entweihung islamischer Relikte. Der Marokkaner al-Ghazzāl verlangte bei einem Besuch in Granada, daß ein Stein mit einer arabischen Inschrift richtig aufgestellt werde, damit er leichter gelesen werden könne. Er behauptet sogar, er habe beim Besuch der Moschee in Cordoba darauf bestanden, daß ein Stein mit frommen arabischen Inschriften, den man als Pflasterstein benutzte, entfernt werde. Minarette waren ein besonderes Problem; eines, das in Spanien als Leuchtturm, und ein anderes, das in Serbien als Uhrturm verwendet wurde, bereiteten moslemischen Besuchern Kummer. Sogar Bäder waren nicht vor Profanierung sicher; ein türkischer Besucher Belgrads – kurz nachdem es von den Österreichern besetzt worden war – notiert voll Abscheu, daß manche von ihnen als

Wohnhäuser benutzt wurden.[18] Dies war ein neuerlicher Hinweis auf die schmutzigen Sitten der Ungläubigen.

Ein Gefühl, das die Schriften moslemischer Besucher der verlorenen Provinzen sowohl Ost- wie Westeuropas sehr stark durchdringt, ist die Überzeugung, daß dies islamische Länder seien, dem Islam zu Unrecht entrissen und dazu bestimmt, ihm letzten Endes zurückgegeben zu werden. Resmi Efendi, der im Jahre 1763 die polnische Festung Kamenez besuchte, die von 1672 bis 1699 von den Osmanen gehalten wurde, war gerührt beim Anblick eines Minaretts mit einem islamischen Erbauungsdatum und einem Koran-Zitat: »Als ich diese Inschrift las, sprach ich aus tiefstem Herzen ein Gebet, daß es dem Schöpfer gefallen werde, diese Orte bald dem Islam zurückzugeben, damit das Wort der Wahrheit von diesem Minarett widerhallen könne.«[19] Noch im Jahre 1779 läßt ein marokkanischer Botschafter in Spanien, Muḥammad ibn ʿUthmān al Miknāsī, der ersten Erwähnung jedes Ortsnamens die Formel »Möge Gott es dem Islam wiedergeben« folgen.[20]

Im allgemeinen sahen die Moslems das Christentum nicht als religiöse Bedrohung für den Islam an, und sogar als christliche Heere Provinz um Provinz in Spanien und später in Südosteuropa wiedereroberten, betrachtete man die Gefahr weniger in religiösen als in politischen und militärischen Kategorien. Die Vorstellung, daß Moslems, sogar in der Niederlage, sich für eine frühere und unvollständige Form von Gottes Offenbarung entscheiden könnten, war einfach zu absurd. Tatsächlich sind freiwillige Übertritte vom Islam zum Christentum äußerst selten. In islamischen Ländern ist die Abtrünnigkeit – und das wäre der Übertritt in moslemischen Augen – ein Kapitalverbrechen. Aber sogar in christlichen Ländern wurden Moslems durch ihre eigenen Gesetze aufgefordert, lieber zu emigrieren als sich christlicher Herrschaft zu unterwerfen, und wo es zu erzwungenen Übertritten kam, war ihre Aufrichtigkeit zu bezweifeln.

Die erste wahrgenommene Bedrohung islamischer Überzeugungen durch den Westen ging von der Französischen Revolution aus, als sich Propaganda zum erstenmal nicht im Namen einer eigenen Religion, sondern einer neuen und verführerischen Ideologie an die Moslems richtete. Zeichen dafür, daß sich die Osmanen einer solchen Gefahr bewußt waren, erscheinen schon in einem Memorandum, das der osmanische Chefsekretär im Frühjahr 1798 zur Orientierung des Hohen Staatsrates verfaßt hatte. Der Chefsekretär erklärt die Gründe der kürzlichen Ereignisse in Frankreich folgendermaßen: »Die bekannten und berühmten Atheisten Voltaire und Rousseau und andere Materialisten wie sie hatten verschiedene Werke gedruckt und veröffentlicht, die, Gott behüte uns, Beschimpfungen und Schmähungen der reinen Propheten und großen Könige, das Verlangen nach Beseitigung und Abschaffung jeder Religion und Anspielungen auf die Süße von Gleichheit und republikanischer Gesinnung enthielten – alle ausgedrückt mit leicht verständlichen Worten und Sätzen, in Form von Spott, in der Sprache des gemeinen Volkes ...«[21]

Die französische Invasion in Ägypten brachte die neue Gefahr näher und veranlaßte das Osmanische Reich zu dem, was man heute psychologische Kriegführung nennen würde. In Proklamationen, die sich in arabischer wie türkischer Sprache an die moslemischen Untertanen des Sultans richten, wird die Verruchtheit der Revolutionäre ausführlich beschrieben:

Die Angehörigen der französischen Nation (möge Gott ihre Häuser verwüsten und ihre Banner senken, denn sie sind tyrannische Ungläubige und andersdenkende Übeltäter) glauben nicht an die Einzigkeit des Herrn von Himmel und Erde noch an die Sendung des Fürsprechers am Jüngsten Tage, sondern sie haben jede Religion aufgegeben, leugnen das Jenseits und seine Strafen. Sie glauben nicht an den Tag der Auferstehung und behaupten, daß allein die verstreichende Zeit uns zerstöre und daß es nichts gebe, außer dem Schoß, der uns hervorbringt, und der Erde, die uns verschluckt, und daß es darüber hinaus keine Auferstehung und keinen Jüngsten Tag, keine Prüfung und keine Vergeltung, keine Frage und keine Antwort gebe ... Sie erklären, daß die Bücher, welche die Propheten gebracht haben, offenkundig falsch und daß der Koran, die Thora und die Evangelien nichts als Lügen und Geschwätz seien und daß jene, die sich als Propheten bezeichnen ... unwissende Menschen belogen hätten ... daß alle Menschen durch ihr Menschsein gleich seien, daß keiner Überlegenheit über einen anderen verdient habe und daß jeder frei über seine Seele verfüge und sein Auskommen im Leben selbst bestimme. Und durch diesen eitlen Glauben und diese groteske Meinung haben sie neue Prinzipien errichtet und Gesetze erlassen und geschaffen, was Satan ihnen zuflüsterte, und die Grundlage der Religionen zerstört und verbotene Dinge für sich selbst rechtmäßig gemacht und sich selbst erlaubt, was ihre Leidenschaften begehren mögen, und sie haben die gemeinen Leute, die wie tobende Verrückte geworden sind, in ihre Frevelhaftigkeit hineingezogen und Aufruhr unter Religionen hervorgerufen und Zwietracht zwischen Königen und Staaten gesät.

Der Verfasser dieser Proklamation warnt seine Leser vor den lockenden Worten der Franzosen:

Mit Büchern der Lüge und buhlerischen Falschheiten wenden sie sich an jede Gruppe und sagen: »Wir gehören zu euch, zu eurer Religion und eurer Gemeinde«, und sie machen ihnen leere Versprechungen und stoßen auch schreckliche Warnungen aus.

Die Franzosen hätten ein Chaos in Europa verursacht und sich darauf dem Osten zugewandt. »Dann wurden ihre Gottlosigkeit und ihre bösen Verschwörungen gegen die Gemeinde Mohammeds gerichtet ...«[22]

In der Tat: Zum erstenmal seit seinen Anfängen stand der Islam einer ideologischen und philosophischen Herausforderung gegenüber, welche die Grundlagen des moslemischen Lehrgebäudes und der Gesellschaft bedrohte. So etwas hatten die Moslems noch nie erfahren. Nachdem er die alten Gesellschaften des Mittleren Ostens besiegt und durchdrungen hatte, war der Islam drei Hauptzivilisationen – in Indien, China und Europa – gegenübergetreten. Nur einer von ihnen, der dritten, gestand man zu, daß sie eine Religion besitze, die den Namen verdiente, und daß sie eine ernsthafte politische und militärische Alternative zur islamischen Macht darstelle. Aber die christliche Religion hatte sich stets vor dem Islam zurückgezogen, und die christliche Macht war bestenfalls in der Lage gewesen, sich gegen den Vormarsch der moslemischen Heere zu behaupten. Zwar war die islamische Theologie im Hochmittelalter von der hellenistischen Philosophie und Wissenschaft herausgefordert worden, aber da diese Herausforderung begrenzt war und von einer eroberten Kultur ausging, hatte man ihr standgehalten und sie eingedämmt. Ein Teil des hellenistischen Erbes wurde vom Islam aufgenommen, der Rest wurde verworfen.

Die neue Herausforderung, die der europäische Säkularismus dem Islam stellte, war etwas ganz anderes. Sie war weit umfassender, mächtiger und ausgedehnter und ging zudem nicht von einer besiegten, sondern von einer siegenden Welt aus. Eine Philosophie, die frei von erkennbaren christlichen Beiklängen war und in einer reichen, starken Gesellschaft zum Ausdruck kam, die sich rasch ausweitete, schien manchen Moslems das Geheimnis des europäischen Erfolges zu verkörpern und ein Heilmittel für die Schwäche, Armut und die Tendenz zum Rückzug zu bieten, die ihnen immer deutlicher wurden. Im Laufe des 19. und 20. Jahrhunderts waren der europäische Säkularismus und eine Reihe von ihm inspirierter politischer, sozialer und wirtschaftlicher Lehren von bleibender Faszination für aufeinanderfolgende Generationen von Moslems.

VII

Die Wirtschaft: Wahrnehmungen und Kontakte

Im 9. Jahrhundert schrieb ein Autor in Bagdad eine kurze Abhandlung mit dem Titel »Ein klarer Blick auf den Handel«; darin erörtert er die verschiedenen Waren, welche die Grundlage des Handels bilden, ihre Typen, ihre Qualität und Herkunft. Ein Abschnitt ist einem Verzeichnis von Artikeln und Waren gewidmet, die aus »anderen Ländern« in den Irak importiert wurden. Die »anderen Länder« sind fast ausschließlich die verschiedenen Provinzen des ausgedehnten moslemischen Reiches in Asien und Afrika. Nur vier der erwähnten Gebiete liegen außerhalb der moslemischen Besitztümer: die Länder der Chasaren, eines Turkkönigreiches in der eurasischen Steppe, Indien, China und Byzanz. Von den Chasaren kamen »Sklaven, Sklavinnen, Rüstungen, Helme und Kettenhauben«, aus Indien »Tiger, Leoparden, Elefanten, Leopardenfelle, rote Rubine, weißes Sandelholz, Ebenholz und Kokosnüsse«, aus China »Aromastoffe, Seide, Porzellan, Papier, Tinte, Pfauen, feurige Pferde, Sättel, Filze, Zimt und reiner Rhabarber« und aus Byzanz »Silber und Goldgefäße, reine kaiserliche Dinare, Heilkräuter, bestickte Stoffe, Brokate, feurige Pferde, Sklavenmädchen, seltene Gegenstände aus rotem Kupfer, kräftiges Haar, Leiern, Wasseringenieure, Experten für Beackerung und Bebauung, Marmorarbeiter und Eunuchen«. Die Exporte aus Europa waren zu gering an Zahl und zu unbedeutend, um erwähnt zu werden, aber einige von ihnen könnten in dem Verzeichnis für Byzanz enthalten gewesen sein.[1]

Die Schilderungen, die moslemische Geographen im Mittelalter von den aus Westeuropa stammenden Waren vorlegten, sind wenig eindrucksvoll. Importe aus Skandinavien über Rußland scheinen um einiges wichtiger gewesen zu sein. Neben Erwähnungen in der Literatur hatte dieser Handel erhebliche Spuren in Gestalt von großen Funden moslemischer Münzen, meist aus zentralasiatischen Münzanstalten, in skandinavischen – besonders schwedischen – Schätzen hinterlassen.

Mittelalterliche Autoren bieten aber auch ein paar bruchstückhafte Mitteilungen über die Wirtschaftsbedingungen im Westen.

Ibn Ya ʿqūb schreibt über Utrecht:

Utrecht ist eine große Stadt im Lande der Franken mit weitem Territorium. Ihr Land ist eine sebcha [Torfmoor], auf dem keine Saaten und Pflanzungen gedeihen. Den Lebensunterhalt der Bewohner liefert das Vieh, seine Milch und seine Wolle. In ihrem Lande gibt es kein Holz, das sie zum Brennen verwenden könnten, sondern nur einen Lehm, der die Stelle des Brennholzes vertritt. Das geschieht in der Weise, daß sie im Sommer, wenn die Wasser ausgetrocknet sind, auf ihre Wiesen gehen und dort den Lehm mit Beilen in Ziegelform schneiden. Ein jeder schneidet sich von ihm, so viel er braucht und breitet ihn an der Sonne zum Trocknen aus. Infolge davon wird er sehr leicht. Bringt man ihn ans Feuer, so entzündet er sich, und das Feuer erfaßt ihn, wie es Brennholz erfaßt, und er macht ein mächtiges Feuer wie das Feuer eines Blasebalgs der Glaser. Ist ein Stück verbrannt, so hinterläßt es keine Kohle, sondern Asche.

Ibn Ya ʿqūb macht ähnliche Bemerkungen über andere Städte, die er besucht oder von denen er gehört hatte. Bordeaux sei »reich an Wasser, Bäumen, Obst und Getreide ... Am Strande dieser Stadt wird vortrefflicher Ambra gefunden«. Rouen

ist eine Stadt im Frankenlande aus symmetrisch angeordneten Steinen am Fluß Scheʿne (Seine) erbaut. Reben und Bäume gedeihen dort gar nicht, aber Weizen und Dinkel gibt es dort viel. In ihrem Flusse fängt man einen Fisch, der salmûn (Salm-Lachs) genannt wird und einen andern kleinen Fisch, der wie eine Gurke schmeckt und riecht ... Auch erzählte er ..., daß im Winter bei großer Kälte in Rodûm eine Art von weißen Gänsen auftritt mit roten Füßen und Schnäbeln ..., und diese Art brütet nur auf der Insel ʿÂheq, die unbewohnt ist. Bisweilen scheitern Schiffe auf dem Meere, und wer sich auf diese Insel rettet, kann sich mit den Eiern dieser Vögel und ihren Jungen ein bis zwei Monate ernähren.

Zu Schleswig notiert er:

Die Stadt ist arm an Gütern und Segen. Die Hauptnahrung ihrer Bewohner besteht aus Fischen, denn die sind dort zahlreich. Werden einem von ihnen Kinder geboren, so wirft er sie ins Meer, um sich die Ausgaben zu sparen.

Von Mainz hatte er einen besseren Eindruck:

Maġândscha (Mainz) ist eine sehr große Stadt, von der ein Teil bewohnt und der Rest besät ist. Sie liegt im Frankenlande an einem Fluß, der Rîn genannt wird, und ist reich an Weizen, Gerste, Dinkel (sult), Weinbergen und Obst. Dort gibt es Dirheme aus der Samarqander Münze vom Jahre 301 (913/14 D) und 302 (914/15 D) mit dem Namen des Münzherrn und dem Datum der Prägung... Seltsam ist auch, daß es dort Gewürze gibt, die nur im fernsten Morgenlande vorkommen, während sie (die Stadt Mainz) im fernsten Abendland liegt, z. B. Pfeffer, Ingwer, Gewürznelken, Spikanarde, Costus und Galgant; sie werden aus Indien importiert, wo sie in Menge vorkommen.[2]

Im späteren Mittelalter sind moslemische Verfasser etwas besser unterrichtet, und Idrīsī, zum Beispiel, bietet recht ausführliche Informationen. Sogar ein so fernes Gebiet wie England taucht auf. Ibn Saʿīd nennt als Besonderheit Englands:

Auf dieser Insel gibt es nur Regenwasser, und mit Regenwasser bauen sie ihr Getreide an... Auf dieser Insel gibt es Gold- und Silber- und Kupfer- und Zinnminen. Wegen der großen Kälte haben sie keine Weinberge. Die Menschen transportieren den Ertrag dieser Minen in das Land Frankreich und tauschen ihn gegen Wein ein. Deshalb hat der Herrscher von Frankreich soviel Silber...[3]

Der persische Historiker Rashīd al-Dīn war auch von dem Wohlstand Englands beeindruckt: »Dort gibt es zahlreiche merkwürdige Berge und viele Erze wie Gold, Silber, Kupfer, Zinn und Eisen. Auch vielerlei Obstbäume trifft man an.« Rashīd al-Dīn erwähnt auch, daß es fränkische Kaufleute gab, die sich in Genua einschifften und nach Ägypten, Syrien, Nordafrika, Anatolien und Täbris reisten.[4]

Von den Waren Zentral- und Westeuropas weckten nur drei die Aufmerksamkeit moslemischer Schriftsteller, nämlich slawische Sklaven, fränkische Waffen und englische Wolle. Da das islamische Gesetz die Versklavung jedes freien Moslems oder jedes freien Nichtmoslems verbietet, der ein gesetzestreuer steuerzahlender Untertan des islamischen Reiches ist, konnten die Sklaven der islamischen Länder nur auf zwei Arten rekrutiert werden: durch Geburt (die Kinder eines Sklaven waren, unabhängig von der Religion, ebenfalls Sklaven) oder von außen. Das natürliche Wachstum erwies sich bald als ganz und gar unzureichende Quelle zusätzlicher Sklavenarbeit. Das moslemische Reich konnte – im Gegensatz zum Römischen und anderen alten Reichen – seinen Sklavenbestand nicht dadurch erhöhen, daß es Verbrecher und Schuldner versklavte oder freie, jedoch verarmte Personen in die Sklaverei verkaufte. Neue Sklaven mußten also aus den Gebieten jenseits der islamischen Grenzen kommen und konnten als Tribut, durch Gefangennahme oder einfach durch Kauf erworben werden.

Dies verursachte einen bedeutsamen Unterschied zwischen dem islamischen und früheren Reichen. In der Antike war die Mehrheit des Sklavenbestandes – außer nach einem erfolgreichen Feldzug oder einer Unterdrükkungsmaßnahme – örtlicher Herkunft. Im islamischen Reich kam die Mehrheit der Sklaven dagegen von außerhalb, und dies führte bald dazu, daß sich der Sklavenhandel in allen an die islamische Welt angrenzenden Ländern kräftig entwickelte, weil die ständig wachsenden Bedürfnisse des Reiches befriedigt werden mußten.

Die beiden Hauptquellen der Sklavenbevölkerung des Islam waren die eurasischen Steppen im Norden, aus denen weiße Sklaven, meist Türken, importiert und hauptsächlich für militärische Zwecke verwendet wurden, und das tropische Afrika im Süden, aus dem schwarze Sklaven entführt oder für den Haushalt und andere Arbeiten gekauft wurden. Es gab jedoch einige zweitrangige Bezugsgebiete, und Europa gehörte zu ihnen. Natürlich spielten Sklaven europäischer Herkunft in den westlichen Ländern des Islam und besonders im moslemischen Spanien eine auffallende Rolle. Wie an den anderen Grenzen wurden sie zunächst vor allem in Kriegen erbeutet. Der auf dem Schlachtfeld gefangengenommene ungläubige Feind konnte rechtmäßig versklavt werden, und dies genügte eine Zeitlang, um den Nachschub aufrechtzuerhalten.

Als der islamische Vormarsch aufhörte und eine Periode des Stillstandes und dann des allmählichen islamischen Rückzuges folgte, war der Zustrom von Kriegsgefangenen nicht mehr ausreichend. Ohnehin war es vorteilhafter, die Gefangenen auszutauschen oder gegen ein Lösegeld freikaufen zu lassen. Danach wurden Sklaven durch Kauf erworben, und ein blühender Handel mit europäischen Sklaven beider Geschlechter entwickelte sich, um den Bedarf des moslemischen Spanien und Nordafrikas zu decken. Diese weißen Sklaven im moslemischen Westen waren kollektiv als Saqāliba – der arabische Plural von Saqlabī oder Sklave – bekannt; wie in den Sprachen Europas scheint der Begriff »Slawe« – Sklave – eine ethnische mit einer sozialen Bedeutung zu verbinden. In den Schriften der Geographen sind mit der Bezeichnung Saqāliba die verschiedenen slawischen Völker Zentral- und Osteuropas gemeint. In den Chroniken des moslemischen Spanien wurde sie zu einem technischen Begriff für die Leibwächtersklaven der Omaijaden-Kalifen von Cordoba, was mit dem Sprachgebrauch der türkischen Mameluken in den östlichen Kalifaten übereinstimmte. Die ersten Saqāliba in Spanien scheinen Gefangene gewesen zu sein, welche die Deutschen bei ihren Raubzügen nach Osteuropa gemacht und an die Moslems verkauft hatten. Mit der Zeit dehnte sich die Bedeutung des Begriffes aus, so daß er im Grunde alle ausländischen weißen Sklaven einschloß, die in der Armee oder in den Haushalten dienten. Der arabische Autor Ibn Ḥawqal, der im 10. Jahrhundert aus dem Osten ins moslemische Spanien reiste, bemerkt, daß die europäischen Sklaven, denen er dort begegnete, nicht nur aus Osteuropa stammten, sondern auch aus Frankreich, Italien und Nordspanien. Manche wurden immer noch gefangengenommen, doch nicht mehr durch militärische Expeditionen über die Grenze hinaus, sondern vor allem durch Überfälle vom Meer aus. Der geschäftsmäßige Import von Sklaven ging zu Lande über Frankreich weiter, wo es, mit einem Ausdruck des holländischen Historikers Reinhart Dozy, eine bedeutende »Eunuchenfabrik« bei Verdun gab.[5]

Die eigenartige Struktur der moslemischen Gesellschaft, die Sklaven gestattete, Positionen von Macht und großem Einfluß zu besetzen, gab den Saqāliba im moslemischen Spanien die Möglichkeit, zu einem sehr wichtigen Element der spanisch-arabischen Gesellschaft zu werden. Manche dienten als Generale und Minister, besaßen großen Reichtum und manchmal Güter mit eigenen Sklaven. Sie nahmen die arabische Sprache an, brachten Gelehrte, Dichter und Wissenschaftler in solcher Zahl und von solcher Bedeutung hervor, daß einer von ihnen während der Herrschaft Hišāms II. (976–1013) ein ganzes Buch über die Verdienste und Leistungen der Slawen von Andalusien verfaßte. Kein Exemplar scheint sich erhalten zu haben.

Als die Fatimiden im frühen 10. Jahrhundert ihr Kalifat in Tunesien errichteten und rund fünfzig Jahre später zur Eroberung Ägyptens nach Osten vorrückten, spielten slawische Sklaven eine recht wesentliche Rolle für ihren Erfolg. Jawhar, der Befehlshaber der Heere, die Ägypten eroberten, und einer der Gründer Kairos, könnte Slawe gewesen sein.[6]

Viele Europäer hatten mit dem Export von Sklaven in die moslemische Welt zu tun. Darunter waren Christen und Juden, Bürger der großen Handelsstädte Italiens und Frankreichs ebenso wie griechische Sklavenhändler, die im östlichen Mittelmeer tätig waren. Eine bedeutende Stellung nahmen die Venezianer ein, die schon im 8. Jahrhundert begannen, den Griechen Konkurrenz zu machen.

Die Europäer scheinen keine Gewissensbisse gehabt zu haben, wenn sie christliche Sklaven an die Moslems in Spanien, Nordafrika und sogar in Ägypten verkauften, obwohl Karl der Große und nach ihm Papst Zacharias und Papst Hadrian I. den Handel verboten hatten. Die Venezianer blieben unbeeindruckt und erlaubten sich sogar, Sklaven beiderlei Geschlechts in Rom zu kaufen.[7] Venedig war auch der Hauptlieferant von Eunuchen sowohl für die islamischen wie die byzantinischen Höfe. Der Handel nahm solche Ausmaße an, daß er zu einem öffentlichen Skandal wurde und daß ihn zu Zeiten sogar die Dogen von Venedig selbst mit einem – anscheinend nicht sehr wirksamen – Verbot belegten.

All diese Verbote und Verdammungen konnten ein so einträgliches Geschäft nicht unterbinden. Die geographische Lage Venedigs am Rande der slawischen Länder und mit günstigen Seeverbindungen zu den moslemischen Staaten gab den venezianischen Kaufleuten einen Wettbewerbsvorteil, und das Adriastädtchen Pula, damals ein venezianisches Besitztum, wurde zu einem bedeutenden Sklavenmarkt.

Es gab noch andere Nachschubquellen. Moslemische Piraten aus Spanien, Sizilien und Nordafrika fielen besonders während des 10., 11. und 12. Jahrhunderts über die christlichen Küsten des Mittelmeers her und entführten große Zahlen von Gefangenen. Im Jahre 928 sollen nach einer einzigen Expedition in die Adria 12 000 Gefangene in den tunesischen Hafen al-Mahdiyya zurückgebracht worden sein. Die Expedition wurde von einem freigelassenen slawischen Sklaven des Gouverneurs von Sizilien befehligt, einem gewissen Sabir, der häufig Überfälle auf die italienische und dalmatinische Küste leitete.

Dieser Handel setzte sich das ganze Mittelalter hindurch fort und begann erst im 15. Jahrhundert schwächer zu werden. Eine Ursache für diesen Wandel bestand darin, daß moslemische Kaufleute auf der Suche nach slawischen Sklaven, wie westliche Kaufleute auf der Suche nach Gewürzen, nun direkten Zugang zu den Nachschubquellen erhielten. Der mediterrane Mittelsmann wurde zu beiden Seiten umgangen. Während die Portugiesen Afrika umsegelten und ihre Gewürze unmittelbar in Indien und Ostindien kauften, konnten die Türken, die auf dem Balkan und in das Schwarzmeergebiet vorrückten, die benötigten Sklaven direkt von den zentral- und osteuropäischen Bevölkerungen erheben und dadurch auf die Dienste der meisten europäischen Mittelsmänner verzichten, die vorher slawische Sklaven von Europa in den Mittleren Osten und nach Nordafrika transportiert hatten. Während des 15. und 16. Jahrhunderts lag die wichtigste Bezugsquelle in Südosteuropa, wo der vorrückende osmanische Jihad für einen stetigen und ausreichenden Zustrom albanischer, slawischer, walachischer, ungarischer und anderer christlicher Sklaven sorgte. Manche waren Opfer der berühmten Devshirme, des Tributs an christlichen Knaben, den die unterworfenen Bevölkerungen des Reiches zu leisten hatten, andere wurden in der Schlacht gefangengenommen. Im 17. Jahrhundert wurde die Devshirme allmählich abgeschafft. Gleichzeitig hatte die Pattsituation in den Kriegen zwischen den Osmanen und den Habsburgern zur Folge, daß nicht mehr genug Sklaven durch Eroberungen geliefert werden konnten, um die Bedürfnisse der osmanischen Gesellschaft zu befriedigen.

Ein Ersatz wurde gefunden. Die Tataren-Chane der Krim – eine autonome moslemische Dynastie, die eine lockere osmanische Oberhoheit anerkannte – entwickelten ein riesiges System des Sklavenraubes und Sklavenhandels. Tatarische Angreifer raubten Sklaven bei der russischen, polnischen und ukrainischen Bevölkerung Osteuropas und brachten sie auf die Krim, wo sie verkauft und zur weiteren Verteilung durch die Sklavenmärkte des Osmanischen Reiches nach Istanbul verschifft wurden. Die »Aberntung der Steppen«, wie die Tataren ihre Tätigkeit nannten, sorgte für den regelmäßigen und umfassenden Nachschub männlicher und weiblicher Sklaven, der sich bis ins späte 18. Jahrhundert fortsetzte, als den tatarischen Raubzügen schließlich durch die russische Annexion der Krim ein Ende gesetzt wurde.[8]

Die Rolle der christlichen Knaben vom Balkan, die durch die Devshirme in den osmanischen Dienst gepreßt wurden, ist gut dokumentiert. Eine große Anzahl von ihnen trat in den militärischen und bürokratischen Apparat der Osmanen ein, der eine Zeitlang von diesen neuen Mitgliedern des osmanischen Staates und des moslemischen Glaubens entscheidend beeinflußt wurde. Dieser Einfluß der balkanischen Europäer auf die osmanische Machtstruktur blieb nicht unbemerkt, und es gibt viele Klagen von anderen Elementen, zuweilen von den kaukasischen Sklaven, die ihre Hauptrivalen waren, und, hörbarer, von den alten und freien Moslems, die sich durch die Bevorzugung der neu bekehrten Sklaven gekränkt fühlten. Der Dichter Veysi, der im frühen 17. Jahrhundert über die Sorgen, die das Reich heimsuchten, schrieb, verzeichnet unter anderen Mißständen: »Wie seltsam es ist, daß jene, die Rang und Macht haben, sämtlich Albanier und Bosnier sind, während das Volk des Propheten Gottes [das heißt die alten Moslems oder vielleicht die Araber] Erniedrigung leiden.«[9]

Der Einfluß des Devshirme-Nachwuchses war tatsächlich enorm. Viele von ihnen gelangten in die höchsten Ämter des osmanischen Staates; andere stiegen als Gelehrte, Dichter und sogar als moslemische Juristen und Theologen zu hohem Rang auf. Das Schicksal der osteuropäischen Bauern, die von den tatarischen Räubern entführt und über das Schwarze Meer geschickt wurden, ist weniger gut bekannt und scheint nicht so glücklich gewesen zu sein. Im Gegensatz zum Devshirme-Nachwuchs drangen sie selten in die herrschende Elite der Osmanen vor, sondern dienten statt dessen in niedrigeren und oft untergeordneten Funktionen. Diese beschränkten sich nicht auf die vertrauten Arten des Dienstes im Haushalt und im Harem. Einer weithin verbreiteten Annahme zum Trotz wurden Sklaven oft auch für wirtschaftliche Zwecke eingesetzt. Die Beschäftigung von Sklaven auf Plantagen und in Bergwerken ist schon im Mittelalter bezeugt, allerdings scheint dies in keinem der beiden Fälle die gebräuchlichste Produktionsform gewesen zu sein. In osmanischen Zeiten gibt es jedoch schon umfassende Informationen über den Einsatz von Arbeitssklaven auf großen Plantagen, die meist, wenn auch nicht ausschließlich, der Regierung gehörten und unter ihrer Leitung bestellt wurden.

Die moslemische Literatur über dieses Thema gewährt einen gewissen Einblick in die relative Bedeutung der verschiedenen ethnischen Sklavengruppen. Wir besitzen eine Reihe von Texten in arabischer, persischer und türkischer Sprache, die vom frühen Mittelalter bis ins 18. Jahrhundert reichen und die Attribute der verschiedenen Rassen von Sklaven sowie die Zwecke beschreiben, für die sie sich am besten eigneten. In den früheren Arbeiten ist fast ausschließlich von Sklaven aus Asien und besonders aus Afrika die Rede. Osmanische Schriften über diesen Gegenstand schenken Slawen und anderen osteuropäischen Sklaven einige Beachtung, gehen aber, mit wenigen Ausnahmen, nicht auf Westeuropäer ein.[10]

In späteren Zeiten waren die berberischen Korsaren, die weiterhin Schiffe auf See kaperten und gelegentlich die Küsten der Christenheit überfielen, praktisch die einzigen Lieferanten westeuropäischer Sklaven in der islamischen Welt. Diese Piraten begannen im frühen 17. Jahrhundert eine neue Periode heftiger Aktivität, als sie bis zu den Britischen Inseln und bis nach Island segelten. Ihre Gefangenen sollten jedoch eher Lösegeld einbringen denn als Sklaven verwendet werden, und sie waren nicht länger eine Handelsware von Bedeutung.

Einige von ihnen blieben jedoch – freiwillig oder unfreiwillig – bei ihren moslemischen Entführern. Die erste Gruppe, überwiegend männlich, bestand aus Europäern, die den Islam annahmen und Karriere im Dienst der Korsaren machten. Wie die ehemaligen europäischen Piraten, die im frühen 17. Jahrhundert ihre Laufbahn als Freibeuter unter dem Halbmond fortgesetzt hatten, brachten auch sie ihren neuen Herren nützliche Fertigkeiten in Schiffbau, Ballistik und Navigation. In einer Reihe von Fällen führten sie die Korsaren auch zu den ferneren und schlechter befestigten Küsten Westeuropas, wo sie reiche Beute fanden. Es gibt keinen Beleg dafür, daß solche Abenteurer mehr als nur äußerst begrenzten Einfluß auf die Länder ihrer Gastgeber gehabt hätten.

Es gab eine weitere Gruppe von Personen, welche die moslemischen Korsaren entführt hatten und deren Aufenthalt in moslemischen Ländern unfreiwillig, doch permanent war. Es handelte sich um Frauen, die ihrer Schönheit wegen an Ort und Stelle zu Konkubinen gemacht oder – als Waren oder Geschenke – in die Harems des Mittleren Ostens geschickt wurden. Die auserlesensten gelangten in vielen Fällen schließlich als Konkubinen des Sultans oder anderer Würdenträger in den Kaiserlichen Serail. Die Väter der osmanischen Sultane sind berühmt, und ihre Vaterschaft ist reich dokumentiert, doch über die Mütter der Sultane ist wenig bekannt. Die meisten von ihnen waren Haremssklavinnen, deren Identität, Herkunft und sogar Name durch die diskrete Zurückhaltung des moslemischen Haushalts vor der Geschichte verborgen wurde. Dies hat Spekulationen über die Herkunft mancher dieser Frauen aufkommen lassen, die als unbedeutende Sklavenmädchen im Palast ankamen und als Mütter eines herrschenden Sultans in Positionen von großer Macht und Würde aufstiegen. Es gibt viele Erzählungen über die Mütter der Sultane, von denen einige aus Europa stammen sollen. Die berühmteste ist Nakşidil – dieser Name wurde der Mutter des großen Reformsultans Mahmud II. im Harem gegeben. Einer weitverbreiteten Legende zufolge war sie Aimée du Buc de Rivery, eine französische Dame aus Martinique und eine Cousine von Josephine de Beauharnais, aber dies läßt sich nicht verläßlich belegen. Bessere Indizien gibt es im Falle Nur Banus; sie war eine Konkubine Selims II. und die Mutter seines Nachfolgers Murad III. Manche Berichte besagen, daß sie eine venezianische Dame von aristokratischer Herkunft gewesen sei, nämlich Cecilia Venier-Baffo, die Tochter des venezianischen Gouverneurs von Korfu. Sie wurde mit zwölf Jahren von einem türkischen Räuber entführt und als Geschenk an Sultan Suleiman den Prächtigen gesandt, der sie an seinen Sohn Selim weitergab. Später begannen sie und ihre Nachfolgerin Safiye, die Mutter Mehmeds III., einen Briefwechsel mit Venedig und sogar mit England.[11]

Es ist unwahrscheinlich, daß diese Damen zum Wissen der Moslems über Europa oder auch nur zu dem ihrer Söhne – ob königlichen Blutes oder nicht – beisteuerten. Es lag in der Natur der Sache, daß sie in sehr jungen Jahren in den Harem gelangten, und ihre Wirkung und ihr Einfluß außerhalb des Harems waren minimal.

Der Waffenhandel hatte im Gegensatz zum Sklavenhandel ununterbrochenes Wachstum zu verzeichnen. Noch vor den Kreuzzügen kommen Passagen in arabischen Texten vor, welche die hohe Qualität fränkischer und anderer europäischer Schwerter rühmen. Zur Zeit der Kreuzzüge waren Waffen zu einem wichtigen Exportartikel geworden, der dazu beitrug, die ansonsten ungünstige Handelsbilanz zwischen Europa und den Ländern des Islam auszugleichen. Der Export von Waffen an die Moslems erregte – sogar noch mehr als der Export christlicher Sklaven – den Zorn der kirchlichen und manchmal auch der königlichen Machthaber, was jedoch wenig Folgen hatte.

Die Moslems schätzten nicht nur fränkische Waffen, sondern auch die Männer, die sie herstellten und benutzten, als nützlich ein. Ein ägyptischer Chronist spricht von Franken, die in Kairo unter den Fatimiden als Waffenschmiede für die Flotte und andere Militärdienste beschäftigt wurden.[12] Fränkische Glücksritter sind in den Heeren moslemischer Herrscher von Spanien bis zur Levante und Kleinasien zu finden. Manche der frühen türkischen Herrscher Anatoliens sollen Tausende von christlichen Söldnern, auch solche aus dem Abendland, eingesetzt haben. Man hört auch von genuesischen und anderen europäischen Seeleuten, die im Dienst mittelöstlicher Herrscher und insbesondere der Mongolen standen.[13]

In osmanischen Zeiten war der Waffenhandel schon sehr ausgedehnt und umfaßte auch wesentliche Rohstoffe. Eine päpstliche Bulle, die Klemens VII. im Jahre 1527 erließ, erklärte alle für exkommuniziert und mit dem Bannfluch belegt, »die den Sarazenen, Türken und anderen Feinden des christlichen Namens Pferde, Waffen, Eisen, Eisendraht, Zinn, Kupfer, Eisenspat, Messing, Schwefel, Salpeter und alles andere liefern, was für die Herstellung von Artillerie und Instrumenten, Waffen und Angriffsmaschinen geeignet ist, mit denen sie gegen die Christen kämpfen, ebenso wie Taue und Bauholz und andere nautische Bestände und andere verbotene Waren . . .« Hundert Jahre später enthält eine ähnliche Bulle Papst Urbans VIII. eine etwas längere Liste verbotener Kriegsmaterialien; sie exkommuniziert und belegt mit dem Bannfluch auch jene, die den Türken und anderen Feinden der christlichen Religion direkt oder indirekt Hilfe leisten, Trost spenden oder Informationen geben.[14]

Nicht nur der Vatikan machte sich Sorgen um diesen Handel. Es gibt häufige Klagen europäischer Regierungen darüber, daß rivalisierende europäische Mächte den Türken Kriegsmaterialien lieferten und ihnen militärische Fertigkeiten zur Verfügung stellten. Im späten 16. und frühen 17. Jahrhundert bezichtigen die katholischen Staaten oft die Protestanten, namentlich die Engländer, eine Vielfalt von Kriegsmaterialien, besonders Zinn, zu liefern. »Die Türken streben auch des Zinns wegen nach Freundschaft mit den Engländern, das in den letzten Jahren dorthin geschickt wurde und von größtem Wert für sie ist, da sie ohne es ihre Kanonen nicht gießen können, während die Engländer ungeheuren Gewinn mit dieser Ware machen, durch den allein sie den Handel mit der Levante bestreiten können.« Ein englisches Schiff, das bei Melos mit einer Fracht für die Türkei gekapert wurde, enthielt »200 Ballen Kerseys, englische Wollstoffe, 700 Fässer Schießpulver, 1000 Arkebusenläufe, 500 zusammengefügte Arkebusen, 2000 Schwertklingen, ein Faßvoll Feingoldbarren, 20 000 Zechinen, viele große Taler und andere Dinge von Wert. Außerdem wurde eine mit türkischen Buchstaben auf Pergament geschriebene Note gefunden, die auf Befehl des Sultans verfaßt worden war«.[15]

Exkommunikationserlasse und Drohungen mit weltlicher Bestrafung konnten jedoch jene nicht schrecken, die diesem sehr einträglichen Handel nachgingen. Der Nachschub von Waffen und Kriegsmaterialien durch die christlichen Mächte an die osmanischen und andere moslemische Staaten nahm ständig zu und erreichte schließlich enorme Ausmaße.

Außer Sklaven und Kriegsmaterialien hatte Europa offenbar wenig zu bieten, was den moslemischen Käufer hätte interessieren können. Es gibt jedoch einen weiteren Artikel, der mehrere Male von islamischen Schriftstellern erwähnt wird: englischen Stoff, der in der westlichen Welt schon im Hochmittelalter berühmt war. Ibn Ya ῾qūb, der im 10. Jahrhundert in den Westen reiste, schreibt in seinen Ausführungen über die Insel Shāshīn, mutmaßlich das angelsächsische England:

> Dort gibt es eine Wollsorte von äußerster Schönheit, derengleichen in keinem andern Lande sich findet. Man sagt, der Grund hiervon sei, daß ihre Frauen die Wolle mit Schweinefett einölen, was ihre Qualität vorzüglich macht, und ihre Farbe ist weiß oder türkisfarben, und sie ist von äußerster Schönheit.[16]

Ein späterer Autor, der Geograph Ibn Saʿīd, hat etwas mehr mitzuteilen:

> Feines Scharlachtuch *(ishkarlat)* wird dort [in England] gemacht. Auf dieser Insel haben sie Schafe mit seidenweicher Wolle. Sie hüllen ihre Schafe in Decken ein, um sie vor dem Regen, der Sonne und dem Staub zu schützen.[17]

Diese Passage Ibn Saʿīds zitieren auch spätere Geographen.

Ein eigener Hinweis kommt in der Beschreibung des fränkischen Europa durch Rashīd al-Dīn vor, der bemerkt:

> Auf beiden Inseln [Irland und England] gibt es Schafe, aus deren Wolle der grobe Wollstoff *(ṣūf)* und auch der besonders feine purpurrote (Stoff) hergestellt wird.[18].

Das Wort »Scharlach« ist von umstrittener Herkunft, doch wahrscheinlich leiteten sich die arabischen und persischen Formen vom Westen her, nicht umgekehrt. Man hat heftig diskutiert, ob dieses Wort im 13. Jahrhundert eine Farbe oder eine besondere Stoffart bezeichnet habe. Das letztere scheint überzeugender. Scharlach, was immer er gewesen ist, war eines der Haupterzeugnisse Englands im 13. Jahrhundert, und der ferne östliche Widerhall, den dieser englische Handel findet, ist von einigem Interesse. Die oben zitierten Quellen deuten an, daß dieser Scharlach vom Hörensagen bekannt und nur im fernen Europa zu finden war. Doch bis zum 15. Jahrhundert entdeckt man in osmanischen Dokumenten schon ausdrückliche Hinweise auf englisches Tuch, das in die osmanischen Gebiete importiert wurde.[19]

Im späteren 18. Jahrhundert hatte die Handelsbilanz sich entscheidend zugunsten Europas und zuungunsten der islamischen Länder des Mittleren Ostens und Nordafrikas gewandelt. Dieser Prozeß wurde durch die große Blüte der europäischen Industrie und des europäischen Handels im späten Mittelalter und in den ersten Jahrhunderten der Neuzeit eingeleitet. Die Entwicklung der Ozeanrouten ging am Mittleren Osten vorbei, und sogar der persische Seidenhandel, der einst als Quelle von Rohstoffen und auch von Steuereinnahmen für die Türkei wichtig gewesen war, wurde nun umgelenkt und in hohem Maße von westeuropäischen Kaufleuten beherrscht. Die Gründung europäischer Kolonien in der Neuen Welt und geschäftlicher Stützpunkte im Orient, vereint mit der neuen industriellen Leistungsfähigkeit in Europa selbst, gab europäischen Kaufleuten endlich die Möglichkeit, mittelöstlichen Käufern reiche Angebote zu machen.

Im Grunde wurde die Struktur des Handels zwischen Islam und Christenheit umgekehrt. Während Europa einst Tuche aus dem Mittleren Osten importiert hatte, verkaufte es nun selbst Tuche und importierte Rohstoffe. Der Wandel der geschäftlichen Beziehung läßt sich an einer vertrauten mittelöstlichen Leidenschaft, einer Tasse Kaffee, deutlich machen. Sowohl Kaffee wie der zum Süßen benutzte Zucker wurden zuerst aus dem Mittleren Osten nach Europa eingeführt. Kaffee, der ursprünglich aus den Gebieten am Südende des Roten Meeres, wahrscheinlich aus Äthiopien, kam, wurde während des 16. Jahrhunderts in die östlichen Mittelmeerländer gebracht und verbreitete sich von dort nach Europa. Bis ins letzte Viertel des 17. Jahrhunderts war Kaffee ein wichtiger Bestandteil der Exporte von Europa in den Mittleren Osten. Im zweiten Jahrzehnt des 18. Jahrhunderts bauten die Holländer in Java Kaffee für den europäischen Markt an, und die Franzosen exportierten sogar in ihren westindischen Kolonien erzeugten Kaffee in die Türkei. Im Jahre 1739 wird westindischer Kaffee sogar schon in Erzurum in der östlichen Türkei erwähnt. Der Kaffee aus den Kolonien, den westliche Kaufleute einführten, war billiger als der aus dem Rotmeergebiet, was dessen Marktanteil stark verringerte.

Auch Zucker war ursprünglich eine orientalische Neuerung. Er wurde zuerst in Indien und im Iran raffiniert, aus Ägypten, Syrien und Nordafrika nach Europa eingeführt und von den Arabern nach Sizilien und Spanien verpflanzt. Von dort gelangte er auf die Inseln im mittleren Atlantik und weiter in die Neue Welt. Hier boten die westindischen Kolonien wieder eine Möglichkeit, die nicht ausgelassen werden durfte. Im Jahre 1671 bauten die Franzosen eine Raffinerie in Marseille, aus der sie Kolonialzucker in die Türkei exportierten. Der Verbrauch erhöhte sich dort enorm, als die Türken sich angewöhnten, ihren Kaffee zu süßen – vielleicht deshalb, weil die westindische Kaffeebohne bitterer schmeckte. Bis dahin hatten sie in erster Linie ägyptischen Zucker verwendet. Westindischer Zucker war billiger und setzte sich bald auf dem mittelöstlichen Markt durch. Wenn ein Türke oder Araber am Ende des 18. Jahrhunderts eine Tasse Kaffee trank, waren sowohl der Kaffee als auch der Zucker in Zentralamerika angebaut und von französischen oder englischen Kaufleuten importiert worden. Nur das heiße Wasser stammte aus der eigenen Umgebung.

Ein anderer wichtiger Artikel in diesem neuen Handelsaustausch war Tabak. Er war der islamischen Welt vollkommen unbekannt und wurde zuerst von englischen Kaufleuten aus den amerikanischen Kolonien eingeführt. Der Historiker Peçevi schrieb um das Jahr 1635 über »das Eintreffen des stinkenden und ekelerregenden Tabakrauches«: »Die englischen Ungläubigen brachten ihn im Jahre 1009 [1601] mit und verkauften ihn als Heilmittel gegen bestimmte Krankheiten, die von Feuchtigkeit ausgelöst werden.« Sein Gebrauch habe sich jedoch rasch über die angeblich medizinischen Zwecke hinaus ausgeweitet. »Vergnügungssüchtige und sinnliche Menschen« und sogar »viele der großen Ulemas und Mächtigen« seien seiner habhaft geworden. In einer anschaulichen Passage beschreibt Peçevi die sofortige Popularität dieses neuen Lasters und seine Folgen: »Vom unaufhörlichen Rauchen des Kaffeehaus-Gesindels waren die Kaffeehäuser von blauem Dunst erfüllt, so daß jene, die in ihnen weilten, einander nicht sehen konnten.« Sogar an öffentlichen Orten vergifteten die Süchtigen die Luft. »Nie legten sie die Pfeifen aus der Hand. Sie pafften einander ins Gesicht und in die Augen, so daß die Straßen und Märkte stanken.« Diesen und vielen anderen üblen Folgen zum Trotz »hatte er sich bis zum Anfang des Jahres 1045 [1635–36] so weit verbreitet und war so berühmt geworden, daß man es nicht beschreiben oder ausdrücken kann«.[20]

Am Ende des 18. Jahrhunderts war die wirtschaftliche Schwäche des Mittleren Ostens, verglichen mit Europa, überwältigend, was dazu beitrug, den Weg für die politische und militärische Vorherrschaft Europas im folgenden Jahrhundert zu bereiten. Doch moslemische Autoren sind sich dieser Tatsache kaum bewußt. Die ökonomische Literatur des Westens blieb islamischen Lesern völlig unbekannt. Kein einziges Werk wirtschaftlichen Inhalts wurde bis weit ins 19. Jahrhundert hinein ins Arabische, Persische oder Türkische übersetzt. Sogar die wenigen Darstellungen Europas, die verfügbar sind, konzentrieren sich vor allem auf politische und militärische Angelegenheiten und teilen kaum etwas über die Wirtschaft der europäischen Nationen mit. Die vielleicht einzige Ausnahme bildet der marokkanische Botschafter Ghassānī, der Madrid in den Jahren 1690–1691 besuchte. Seine Kommentare zu den Folgen der spanischen Expansion in Amerika zeigen einigen Scharfblick und klingen an Ibn Khaldūns Sozialphilosophie an:

Den Spaniern gehören immer noch viele Provinzen und riesige Gebiete in Indien, und was sie jedes Jahr von dort holen, macht sie reich. Durch die Eroberung und Ausbeutung der indischen Länder und die großen Reichtümer, die sie von dort beziehn, verfügt die spanische Nation heute über den größten Wohlstand und das höchste Einkommen aller Christen. Aber die Liebe zum Luxus und zu den Bequemlichkeiten der Zivilisation hat sie überwältigt, und man findet selten einen aus dieser Nation, der Handel treibt oder geschäftlich ins Ausland reist, wie es die anderen christlichen Nationen tun, zum Beispiel die Holländer, die Engländer, die Franzosen, die Genuesen und ihresgleichen. Auch die Handwerke der niederen Klassen und des gemeinen Volkes werden von dieser Nation verachtet, die sich den anderen christlichen Nationen überlegen dünkt. Die meisten von denen, welche diese Handwerke in Spanien ausüben, sind Franzosen, und dies liegt daran, daß ihr eigenes Land ihnen nur ein karges Auskommen bietet; sie strömen nach Spanien, um Arbeit zu suchen und Geld zu verdienen. In kurzer Zeit sammeln sie große Vermögen an . . .«[21]

Der osmanische Botschafter Vasif, der in den Jahren 1787–1788 in Spanien war, verzeichnet auch einige wirtschaftliche Folgen der amerikanischen Goldproduktion: »Alle drei Jahre schicken die Spanier rund fünf- oder sechstausend Arbeiter zu den Bergwerken der Neuen Welt. Dies ist zu einer staatspolitischen Notwendigkeit geworden, da die meisten Bergleute sich dem Klima nicht anpassen können und sterben. Das Gold und Silber gelangt in die Münzen von Madrid, aber die Bevölkerung ist schmächtig und die Landwirtschaft siecht dahin, was die Spanier zwingt, Lebensmittel aus Marokko zu importieren. Deshalb sind sie um den guten Willen des marokkanischen Herrschers so bemüht. Er verkauft ihnen Nahrungsmittel für einen hohen Preis an ungemünztem Gold und Silber, das er dann in Madrid mit Prägeformen, die er selbst bereitstellt und die seine eigenen Inschriften tragen, münzen läßt.«[22]

Al-Wazīr al-Ghassānī äußert sich noch über viele andere wirtschaftliche Themen. Mehmed Said Efendi geht auch auf die Fabriken ein, die Gobelins und Glaswaren herstellten; er besuchte sie und war stark von ihnen beeindruckt.[23]

Im späteren 18. Jahrhundert machen Gesandte wie Resmi und Azmi häufige Bemerkungen über Handel und Industrie in den Ländern, die sie besuchten. Resmi, der im Jahre 1777 durch Rumänien und Polen nach Berlin reiste, gibt eine Reihe von Kommentaren: »Im polnischen Königreich leben neben den Polen zwei weitere Nationalitäten: die Russen und die Juden. Die ersteren sind für die Landwirtschaft und andere schwere Arbeit verantwortlich, während die Juden in den Städten den gesamten Handel mit Weizen und anderen Waren sowie einträgliche Unternehmungen des Kaufs und Verkaufs betreiben. Aber der größte Profit wird dem schon sehr reichen Polen zuteil, der sich in einen goldbetreßten Mantel mit weiten Ärmeln und eine leichte Lammfellmütze kleidet.« In Preußen sah er Zucker- und Stoffabriken und merkte an, daß die in diesen Fabriken benutzten Maschinen ebenfalls in der Stadt Berlin hergestellt würden. Resmi erwähnt die preußische Vorliebe für Porzellan, das früher aus China und Indien importiert worden sei, bevor die Preußen gelernt hätten, es selbst zu produzieren, zuerst in Sachsen und seit jüngerer Zeit in Berlin.[24] Sein Nachfolger Azmi, der im Jahre 1790 nach Berlin ging, interessierte sich mehr für militärische und politische Dinge, äußert sich jedoch auch über die erfolgreichen Bemühungen der Preußen, Industrien zu gründen, und über die Stärke, die dadurch dem Land verliehen werde.[25]

Hinweise auf Europa sind in der osmanischen Belletristik vor dem

19. Jahrhundert überaus selten. Ein Beispiel kommt in einer literarischen Arbeit vor, die der Dichter Hashmet aus Anlaß der Thronfolge Sultan Mustafas III. im Jahre 1757 schrieb. In diesem Werk, das den neuen Sultan ehrt und seine Thronfolge rühmt, verwendet der Dichter das verbreitete literarische Mittel des Traumes und das wohlbekannte moslemische Thema der irdischen Könige, die herbeikommen, um dem Herrscher des Islam zu huldigen. In seiner Vision sieht der Dichter die Könige feierlich eintreffen, um dem neuen Sultan ihre Reverenz zu erweisen und um die Ehre des Dienstes an seinem Hof zu bitten. Die Könige kommen einer nach dem anderen zu dem Dichter, erklären ihre Absichten und bemühen sich um seine Fürsprache, damit sie mit den angestrebten Ämtern betraut werden. Jeder Monarch beschreibt die Spezialität seines eigenen Landes und bittet um einen entsprechenden Posten am Hofe des neuen Sultans. Der Kaiser von China möchte die Aufsicht über das Palastporzellan übernehmen, der Iman des Jemen will Oberkaffeekocher werden. Dann kommen sechs europäische Herrscher in folgender Reihenfolge: der russische Zar, der das Amt des Oberkürschners begehrt; der deutsche Kaiser, der prahlt, wie geschickt sein Land Glaswaren, Kristall und Spiegel herzustellen wisse, und Oberglasarbeiter werden möchte; das »Oberhaupt der Republik Venedig«, das von der langjährigen Kunstfertigkeit seines Volkes bei der Verarbeitung von Edelmetallen spricht und zum Oberprüfer ernannt werden will; der König von England, der auf die Herstellung von Pulver und Kriegswaffen in seinem Lande eingeht und bittet, das Pulvermagazin verwalten zu dürfen; der »König« von Holland, der stolz von Tulpen und anderen Blumen spricht und zum Gärtner ernannt werden möchte; und schließlich der König von Frankreich, der die Herstellung von feinem Wollstoff, Atlas und anderen Tuchen in seinem Lande beschreibt und die Garderobe verwalten will. Andere europäische Herrscher werden nicht aufgeführt.[26]

Hashmets Vision mag für die Wirtschaftsgeschichte wenig Bedeutung haben, aber sie liefert interessantes Anschauungsmaterial darüber, wie die Osmanen um die Mitte des 18. Jahrhunderts die Staaten Europas und deren Erzeugnisse einschätzten.

Abū Ṭālib Khan, der England am Ende des 18. Jahrhunderts besuchte, widmet ein ganzes Kapitel seines Buches den Anfängen der Industrie, die er damals beobachten konnte. In der Zahl und Perfektion der Maschinen sah er die Hauptursache für den Reichtum und die Größe Englands. Dies habe den Engländern ermöglicht, ihre Macht auf so viele Gebiete auszudehnen, und hindere ihre Nachbarn, die Franzosen, obwohl diese stark und mutig seien, etwas gegen sie auszurichten. Abū Ṭālib schildert mehrere Arten von Maschinen, wobei er mit den einfachsten, den Getreidemühlen, beginnt und sich dann den großen »dampfgetriebenen« Eisengießereien zuwendet. Er schreibt über die Herstellung von Kanonen, Metallplatten und Nadeln, und er äußert sich bewundernd über die Geschwindigkeit und Leistungsfähigkeit der Feinspinnmaschine. Abū Ṭālib beschreibt ihre Mechanik und erklärt, daß es mit Hilfe dieser Maschine möglich sei, Stoff weitaus schneller und mit viel weniger Arbeitskräften herzustellen. Die Qualität überzeugte ihn jedoch weniger, da sie jener der handgemachten Stoffe Indiens unterlegen sei. Außerdem besuchte er eine Brauerei, eine Papierfabrik und andere Einrichtungen und schreibt ausführlich über die hydraulische Pumpe, die London mit Wasser versorgte. Er hatte sogar von Küchenmaschinen gehört. »Die Menschen dieses Königreiches sind sehr ungeduldig und alltäglicher und zeitraubender Arbeit abgeneigt«; deshalb hätten sie Küchenmaschinen erfunden, mit denen zum Beispiel Hühner gebraten, Fleisch zerkleinert und Zwiebeln gehackt werden könnten.[27]

Abū Ṭālib scheint eine Reihe von Fabriken in verschiedenen Teilen des Landes besucht zu haben. Was er zu sehen bekam, machte gebührenden Eindruck auf ihn, und in seinen einleitenden Bemerkungen äußert er sich sogar über die wirtschaftlichen Grundlagen der militärischen und politischen Macht. Der Zusammenhang wurde von einem etwas späteren Besucher, Halet Efendi, dem osmanischen Botschafter in Paris von 1803 bis 1806, deutlicher gesehen und klarer dargestellt. Halet Efendi war ein eingefleischter Reaktionär, der die Franzosen und alle anderen Europäer verachtete; er bekämpfte die Idee, sie in irgendeiner erheblichen Weise nachzuahmen. Für ihn ließ sich leicht Abhilfe schaffen:

Gott weiß, ich bin der Meinung, wenn als Notmaßnahme alle drei oder vier Jahre 25 000 Börsen Aspern bereitgestellt und fünf Fabriken für Tabak, Papier, Kristall, Stoff und Porzellan sowie eine Schule für Sprachen und Geographie gegründet würden, dann wäre im Laufe von fünf Jahren so gut wie nichts mehr für sie übrig, da diese fünf Waren die Grundlage ihres gesamten jetzigen Handels bilden. Möge Gott unsere Herren mit etwas Eifer bedenken. Amen.[28]

Die Notwendigkeit einer besseren Ausbildung, die Halet betont, war schon von den Reformern des 18. Jahrhunderts gesehen worden. Aber sein Hinweis auf die Industrie als eine der Quellen europäischer Macht, so vereinfachend er auch ausgedrückt ist, ließ die Bewohner des Mittleren Ostens ein neues und wichtiges Problem erkennen. Im Laufe des 19. Jahrhunderts wurde dies zu einer Allerweltsweisheit, und reformerische Herrscher in der Türkei, in Ägypten, im Iran und anderswo sahen Wissenschaft und Industrie als Zaubertalismane, mit denen sich die prachtvollen Schätze des geheimnisvollen Abendlandes heraufbeschwören ließen.

VIII

Regierung und Rechtsprechung

Für den Moslem war die Gemeinschaft, der er angehörte, das Zentrum der Welt, definiert durch den Besitz von Gottes Wahrheit und die Annahme von Gottes Gesetz. In dieser moslemischen Welt gab es im Prinzip nur einen Staat, das Kalifat, und nur einen Souverän, den Kalifen, legitimes Oberhaupt des Hauses des Islam und größter Herrscher des moslemischen Gemeinwesens.

Etwa im ersten Jahrhundert der islamischen Geschichte entsprach diese Vorstellung der Realität. Der Islam war tatsächlich eine einzige Gemeinschaft und ein einziges Gemeinwesen; sein Vormarsch ging rasch und ungehindert vonstatten, und die Zeitgenossen schienen Klarheit und Gewißheit darüber zu haben, daß der schnelle Fortschritt und die bevorstehende Vollendung der parallelen Vorgänge von Eroberung und Bekehrung bald die gesamte Menschheit in den Schoß des Islam führen würden.

Im Laufe des 8. Jahrhunderts erreichte der arabische Islam seine Grenzen, und allmählich räumte man ein, daß eine Pause in der unvermeidlichen Ausbreitung des moslemischen Staates und Glaubens eingetreten sei. Der grandiose Plan, Konstantinopel einzunehmen, wurde hinausgeschoben; er wurde erst viele Jahrhunderte später – in einer neuen Welle islamischer Eroberungen, die ihrerseits in Zentraleuropa zum Stillstand kam – von den osmanischen Türken wiederaufgenommen. Mit der Zeit fanden die Moslems sich mit dem Gedanken ab, daß der Islam eine Grenze besaß und daß es dahinter andere Gesellschaften und andere Gemeinwesen gab. Die Idee der einzigen universellen islamischen Gemeinschaft, welche die ganze Menschheit umfaßt, blieb bestehen, doch ihre Verwirklichung wurde einer messianischen Zukunft überlassen.

In der rauhen Welt der Realität wurde die Einheit ebenso wie die Universalität des islamischen Staates stillschweigend aufgegeben. Manchmal entstanden gegensätzliche Souveränitäten innerhalb des islamischen Reiches, welche der Oberhoheit des Kalifen bestenfalls symbolische Anerkennung zollten. Schließlich bildeten sich sogar rivalisierende Kalifate heraus, und nach der Vernichtung des Kalifats von Bagdad durch die mongolischen Invasoren im Jahre 1258 war die theoretische politische Einheit des Islam beendet. Trotzdem beherrschte das Ideal einer einzigen islamischen Oberhoheit weiterhin die Gedanken der Moslems, was sich in der Betitelung der moslemischen Monarchen nach dem Kalifen-Zeitalter ausdrückt. Eine der auffallendsten Eigenheiten der islamischen Länder – vom Mittelalter bis hin zum 19. Jahrhundert – ist das Fehlen etablierter und fortdauernder territorialer oder ethnischer Gebilde und sogar ethnischer oder territorialer Herrschertitel wie in Europa, wo es von einem frühen Zeitpunkt an einen König von Frankreich, einen König von England, einen König von Dänemark und viele andere gab.

Im islamischen Mittleren Osten ist so etwas nicht zu finden. Teilweise spiegelt sich hier die große Veränderlichkeit und Instabilität von Reichen im Mittelalter wider, als es ganz ungewöhnlich war, wenn zwei aufeinanderfolgende Herrscher genau dasselbe Gebiet regierten. Aber dies blieb sogar in der Zeit nach den Mongolen, als Staaten im allgemeinen relativ stabil und dauerhaft waren, eine Eigenheit der monarchischen Titulatur im Islam. Im Jahre 1500 gab es nur drei Staaten von Bedeutung im Mittleren Osten: die Türkei, den Iran und Ägypten, und mit der osmanischen Eroberung Ägyptens und seiner Besitzungen reduzierten sie sich auf zwei. Doch die Bezeichnungen, die wir benutzen – der Sultan der Türkei, der Schah von Persien, der Sultan von Ägypten –, wurden diesen Herrschern von Außenseitern oder Rivalen zugelegt, nie von ihnen selbst. In der europäischen Praxis war der Gebrauch solcher Titel rein beschreibender Art. Wenn aber islamische Herrscher einander mit territorialen Titeln anredeten, dann wollten sie den anderen beleidigen und ihm zeigen, daß seine Souveränität ortsgebunden und begrenzt sei. Sprachen die Herrscher von Ägypten, Türkei und Persien dagegen von sich selbst, dann nannten sie sich Souverän des Islam oder des Volks des Islam oder der Länder des Islam, nie jedoch Souverän der Türkei, Persiens oder Ägyptens.

In dieser und in anderer Hinsicht bestand unter Moslems wie bei anderen Völkern die Neigung, Fremde als Widerspiegelung ihrer selbst zu sehen. Da man sich den Islam als Einheit vorstellte, war es natürlich, das Haus des Krieges genauso zu betrachten. Die Unterteilungen der Ungläubigen, besonders jener, die außerhalb der islamischen Grenzen lebten, galten als uninteressant oder unbedeutend.

Aber während Historiker sich auf die wirklich bedeutenden Teile der Geschichte, das heißt Angelegenheiten von Gottes eigener Gemeinde und der von Ihm ernannten Herrscher, konzentrieren und das sinnlose Gezappel der ungläubigen Barbaren jenseits der Grenze außer acht lassen konnten, waren die Herrscher der islamischen Staaten im wachsenden Maße gezwungen, in irgendwelche Verhandlungen mit diesen Barbaren einzutreten, und deshalb mußten die Herrscher einige geringfügige Informationen über sie sammeln.

Das erste Anliegen, wenn man mit ungläubigen Gemeinwesen zu tun hatte, bestand darin, die verschiedenen Herrscher zu benennen und zu identifizieren. Dies allein warf einige interessante Probleme auf. Nach den frühesten moslemischen Überlieferungen aus einer Zeit, als der Islam noch auf Teile der arabischen Halbinsel beschränkt war, beherrschten drei Monarchen die umliegenden Gebiete: Kisrā, Qayṣar und Najāshī. Keiner von ihnen wird namentlich im Koran erwähnt, aber die gelegentlichen Hinweise des Koran auf die umliegenden Staaten werden in Kommentaren und Überlieferungen erklärt und ausführlich behandelt. Alle drei Namen sind Lehnwörter, die wahrscheinlich über das Aramäische in die arabische Sprache gelangten. Kisrā leitet sich von Chosroes oder Khusraw ab, einem der letzten und größten Sassaniden-Herrscher des Iran; Qayṣar ist natürlich Cäsar, und Najāshī ist der Negus von Äthiopien. Alle drei wurden von den frühen Moslems offenbar als Personennamen angesehen, nicht als Titel; sie bezeichneten die Souveräne, die zu jener Zeit in den drei bedeutenden, den Moslems bekannten Ländern herrschten. In einer prophetischen Äußerung, die Mohammed zugeschrieben wird, heißt es: »Wenn Kisra untergeht, wird es keinen Kisra nach ihm geben. Und wenn Qayṣar untergeht, wird es keinen Qayṣar nach ihm geben. Durch Ihn, in dessen Händen meine Seele ruht, werdet ihr deren Schätze auf Gottes Weise verbrauchen.«[1]

Kisrā starb, und er hatte tatsächlich keinen Nachfolger. Das Sassaniden-Reich wurde überwältigt und in das Haus des Islam aufgenommen, womit die Dynastie der parsischen Kaiser endete. Die christliche Monarchie Äthiopiens überlebte, wurde jedoch eingekreist und auf eine relativ unbedeutende Rolle zurückgeführt. Nur das oströmische Reich blieb als Nachbar und Gegner des Islam bestehen. Der Titel »Cäsar« wurde jedoch selten für die byzantinischen Kaiser verwendet. Manchmal waren sie unter eindeutig beleidigenden Titeln bekannt. Ein verbreiteter ist ṭāghiya – Tyrann –, der später auch, besonders von nordafrikanischen Autoren, für europäische Monarchen benutzt wurde. Eine weitere Anredeform ist in einem berühmten Brief festgehalten, den Kalif Hārūn al-Rashīd an den byzantinischen

Kaiser Nikephoras schickte. Das Schreiben beginnt: »Von Hārūn, Befehlshaber der Gläubigen, an Nikephoras, Hund der Römer, Grüße.«[2]

Die gebräuchlichste Bezeichnung für den Kaiser von Byzanz ebenso wie für andere Herrscher der Christenheit ist jedoch *malik*, König. Das arabische Wort *malik* hat in Koran und Überlieferungen – wie seine hebräische Entsprechung *melekh* in den ersten Büchern des Alten Testaments – einen äußerst negativen Beiklang, wenn es auf menschliche Herrscher angewandt wird; es enthält eine Spur von weltlicher und nichtreligiöser Autorität. In den frühen islamischen Jahrhunderten wurde es in den moslemischen Ländern als Begriff der Verdammung benutzt, um zwischen der ruchlosen und willkürlichen Herrschaft weltlicher Monarchen und der von Gott autorisierten und geregelten Herrschaft der Kalifen zu unterscheiden. Erst als die spezifisch persische politische Tradition innerhalb des Islam wiedererstarkte, begannen die Idee und die Begriffswelt der Monarchie einiges Ansehen bei den Moslems zu erlangen. Sogar dann behielten sie noch einen negativen Beiklang. Dies zeigt sich an der verächtlichen Zusammenfassung der christlichen Monarchen durch den Ausdruck *mulūk al-kuffār*, die Könige der Ungläubigen, oder *mulūk al-kufr*, die Könige des Unglaubens.

Für eine Gruppe von Herrschern ist sogar der Begriff »König« zu anspruchsvoll. Den christlichen Fürstentümern, welche die Kreuzfahrer in den eroberten Gebieten gegründet hatten, wurde nicht einmal die minimale Legitimität der Herrscher Europas zugebilligt. In den Anredeformen für die Könige von Zypern und Kleinarmenien, die in den ägyptischen Kanzleihandbüchern angeführt sind, ist das Wort *malik* durch *mutamallik* ersetzt, eine arabische Variante, die jemanden bezeichnet, der nur vorgibt, ein König zu sein. Dasselbe Wort *malik* wird unterschiedslos für fränkische Fürsten, afrikanische Stammeshäuptlinge, byzantinische, indische und chinesische Kaiser und für die Monarchen Europas verwendet.

Für die Korrespondenz mit diesen Monarchen war etwas mehr Genauigkeit vonnöten. Die frühesten islamischen Beispiele solcher Korrespondenz sind Briefe, die zwischen dem Propheten Mohammed und den Herrschern der drei umliegenden Länder ausgetauscht worden sein sollen. Die Authentizität dieser Dokumente ist zwar bezweifelt worden, aber sie sind jedenfalls sehr früh entstanden und dienten als Vorlagen für den Umgang mit einem nichtmoslemischen Herrscher. Die drei Monarchen werden mit Namen angesprochen, gefolgt von einem Titel – meist König, manchmal eine frühe Entsprechung wie Herr (*ṣāḥib*) oder Mächtiger (*ʿaẓīm*) – und dem Namen des beherrschten Gebietes oder Volkes. Zum Beispiel wird der Kaiser von Byzanz als *malik* oder *ṣāḥib* oder *ʿaẓīm* der Römer angeredet, der Negus als *najāshī* oder König von Äthiopien usw. Die Grußform unterscheidet sich von der für moslemische Souveräne benutzten Floskel. Wenn ein moslemi-

scher Monarch einem anderen schreibt, benutzt er den klassischen islamischen Gruß »Friede sei mit dir«; wenn er sich an einen nichtmoslemischen
Monarchen wendet, schreibt er statt dessen »Friede mit jenen, die dem
rechten Weg folgen«. Diese etwas zweideutige Wendung wurde zur
üblichen Formel beim Briefwechsel mit nichtmoslemischen Herrschern.
Der marokkanische Botschafter Ghassānī hebt hervor, daß er darauf beharrt
habe, den König von Spanien mit diesen Worten zu begrüßen, als er zur
Audienz empfangen wurde. Der spanische ṭāghiya sei über diese nie
dagewesene Anrede überrascht gewesen, habe sie aber notgedrungen
akzeptiert, da er gewußt habe, daß der Botschafter zu einer anderen nicht zu
bewegen sei.[3] Jahrhunderte vorher betont der Biograph des Prinzen Jem,
daß der gefangene Prinz sich geweigert habe, dem Papst die Hand, den Fuß
oder auch nur das Knie zu küssen, schließlich aber bereit gewesen sei, ihm –
orientalischer Höflichkeit gemäß – die Schulter zu küssen.

Es fehlt an Material über die diplomatische Korrespondenz mit nichtmoslemischen Mächten in den frühen Jahrhunderten, aber Hārūn al-Rashīds
grobe Anrede »Hund der Römer«, kurz vor einem Kriegsausbruch geschrieben, dürfte eher die Ausnahme als die Regel sein. Unsere besten Informationen über diese Gepflogenheiten im mittelalterlichen Islam stammen aus
Ägypten, wo der früheste Bericht über einen Briefwechsel mit einem
nichtmoslemischen Souverän, dem Mitkaiser von Byzanz, aus dem
10. Jahrhundert datiert.[4] Danach finden wir recht gute Darstellungen in der
bürokratischen Literatur Ägyptens sowie eine Anzahl von Dokumenten,
die hauptsächlich in europäischen Archiven verwahrt werden.

Wirklich vollständiges Material wird erst in der osmanischen Periode
verfügbar, aus der wir nicht nur Chroniken, sondern auch zahlreiche
Dokumente besitzen. Aus den Chroniken wäre zu schließen, daß die
Osmanen sich wenig um korrekte europäische Titel kümmerten. Zum
Beispiel nennt sogar Kemalpaşazade, der Historiker Suleimans des Prächtigen, wichtige europäische Monarchen Bei von Frankreich, Bei von Spanien
oder Bei von Alaman, das heißt, er verwendet den Titel, der im Osmanischen Reich einem bloßen Provinzgouverneur verliehen wird. Dieselbe
Einstellung führt dazu, daß die Reiche dieser europäischen Herrscher –
sogar in an sie gerichteten kaiserlichen Briefen – mit dem Begriff »Vilayet«
gekennzeichnet werden, der normalerweise für die Teilgebiete des Osmanischen Reiches gilt.

Häufiger wird in osmanischen Texten jedoch der Begriff *kiral* für
europäische Monarchen benutzt, und man gibt sich einige Mühe, europäische Souveräne mit ihrem korrekten Titel anzureden, ohne dabei allerdings
entscheidende moslemische Positionen aufzugeben. Briefe an Königin
Elisabeth I. von England beginnen: »Zierde der tugendhaften Anhänger
Jesu, Höchste der verehrten Damen der christlichen Gemeinde, Mittlerin

der Angelegenheiten der Nazarener Sekte, welche die Schleppe von Majestät und Ehrfurcht hinter sich zieht, Königin des Landes England, möge ihr Ende selig sein.«[5] Diese *intitulatio*, die praktisch allen an christliche Monarchen Europas adressierten Briefen gemeinsam ist, weist auf die elementare religiöse Einstufung hin, die von der osmanischen Kanzlei vorausgesetzt wird. Der Schreiber des Dokuments stellt die christliche Identität Königin Elisabeths nicht weniger als dreimal heraus, bevor er endlich von England spricht. Die Königin ist eine der Herrscherinnen der Christenheit. Innerhalb dieses größeren Gebildes regiert sie das Land (Vilayet) England. Die Beschwörung drückt, wie die oben zitierte Formel des Propheten, die Hoffnung aus, daß die Königin vor ihrem Tode zum Islam bekehrt werden und sich so ewige Seligkeit verdienen möge.

Zur Zeit Elisabeths war in der Türkei wenig über England und die Ansprüche seiner Herrscherin bekannt. Natürlich wußten die Türken mehr über Zentraleuropa: Würdenträger wie der Kaiser in Wien und später der König von Preußen werden zunächst mit derselben Formel bedacht, aber dann folgt eine Annäherung an ihre korrekten Titel.

Lange Zeit widersprach es dem Brauch der osmanischen Kanzlei, christlichen Herrschern einen höheren Titel als »König« zu gewähren. Während es den Sultanen von Marokko nichts ausmachte, ihren Titel recht freizügig auch für andere moslemische und sogar für christliche Herrscher Europas zu verwenden, waren die Osmanen darauf bedacht, ihn ausschließlich sich selbst vorzubehalten, und sie belegten andere moslemische Souveräne, von europäischen gar nicht zu reden, mit niedrigeren Titeln. Sogar der Kaiser des Heiligen Römischen Reiches wurde normalerweise als König von Wien angesprochen – eine protokollarische Methode, mit der er zurechtgestutzt werden sollte. Der erste europäische Monarch, dem ein etwas würdigerer Titel zuerkannt wurde, war Franz I. von Frankreich, der in einem französisch-osmanischen Vertrag als Padischah bezeichnet wird – ein Begriff persischer Herkunft, der höchste Souveränität anzeigt und zuweilen von den osmanischen Sultanen selbst benutzt wird. Seine Anwendung auf den französischen König war also ein beträchtliches Zugeständnis. Erst im folgenden Jahrhundert wurden dem deutschen, russischen und anderen europäischen Monarchen erhabenere Bezeichnungen eingeräumt. Es wurde Brauch, sie mit ihren eigenen Titeln anzureden. Der deutsche Kaiser wird gewöhnlich *çasar*, der russische Monarch Zar genannt.

Die Russen hielten diesen Punkt für wichtig genug, um ihn in den Vertrag von Küçük Kaynarja von 1774 aufzunehmen, in dem sie dem besiegten Osmanischen Reich ihren Willen auferlegten. Artikel 13 des Vertrages besagt, daß in Zukunft »die Hohe Pforte verspricht, den heiligen Titel ›Kaiserin aller Russen‹ in allen öffentlichen Dokumenten und Briefen und auch sonst in der türkischen Sprache zu verwenden, das heißt

›Temamen Roussielerin Padischag‹«. Die Aufnahme der transkribierten türkischen Wendung in den Text des Artikels ist bemerkenswert. In einem zeitgenössischen russischen Kommentar zu dem Vertrag wird dieser Punkt, zusammen mit den offensichtlicheren wirtschaftlichen, strategischen und politischen Vorteilen, als einer der Gewinne des Abkommens hervorgehoben. Der osmanische Widerwille, ausländischen Herrschern diesen Titel zu gewähren, war mehr als bloßes Protokollgebaren. Er war tief im osmanisch-moslemischen Schicklichkeitsgefühl verwurzelt. Dies wird aus dem Bericht eines türkischen Offiziers ersichtlich, der den Botschafter Ibrahim Pascha im Jahre 1719 nach Wien begleitete. Der Autor – kein Diplomat oder Bürokrat, sondern ein Soldat, der in einfachem, direktem Türkisch schreibt – nennt den dortigen Herrscher »Kaiser«, wobei er das Wort mit türkischen Buchstaben wiedergibt. Um seinen Lesern dieses unbekannte Wort zu erklären, merkt er an: ».. . das heißt in der deutschen Sprache genau, nicht bloß annähernd ›Padischah‹.« Um den Anschein eines unziemlichen Vergleichs zu vermeiden, setzt er die Wendung *la-teşbih* hinzu, die etwa dem deutschen »mit Verlaub zu sagen« entspricht.[6]

Das osmanische Bemühen, zwischen der eigenen islamischen Herrschaft und jener von geringeren Potentaten in Europa zu unterscheiden, kommt sowohl im Stil als auch im Kopf ihrer Briefe zum Ausdruck. »Unsere Hohe Pforte«, schreibt Sultan Murad III. im Jahre 1583 an Königin Elisabeth, »ist jenen huldvoll und wohlwollend geöffnet, die ihre Treue anbieten. Unsere Herzen, vom Segen erwärmt, sind stets für jene bereit, die sich unterwerfen... Euer Gesandter wird... wie die Gesandten der anderen Könige, die... unserer Edlen Oberschwelle und Erhabenen Schwelle Ergebenheit und Treue anbieten, versorgt und geschützt werden... deshalb möget Ihr Eurerseits stets Loyalität und Freundschaft zu unserem Hof bewahren... fest auf dem Wege von Ergebenheit und Treue, beständig auf der Straße von Freundschaft und Loyalität...«[7] Diese Formeln und andere noch stärkere Ausdrücke, die in der osmanischen Korrespondenz mit europäischen Monarchen verbreitet sind, spiegeln die vielleicht voreilige Erwartung wider, daß die Europäer sich einer solchen Beziehung fügen würden.

Die moslemischen Botschafter konzentrieren, wie nicht überraschen wird, ihre Aufmerksamkeit hauptsächlich auf die Herrscher, bei denen sie akkreditiert waren, und schreiben wenig über geringere Persönlichkeiten. Diese werden normalerweise vor allem im Zusammenhang ihrer Begegnungen und Gespräche mit den Botschaftern erwähnt. Ghassānī erörtert das erstaunliche Phänomen der Erblichkeit von Titeln, sogar in der weiblichen Linie, und den großen Eifer der Spanier, Titel zu erwerben, ob durch Verdienst oder Ehe.[8] Mehmed Said Efendi bietet seinen Lesern eine kurze Darlegung des französischen Regierungssystems:

Sie haben mehrere Wesire, die »ministres« genannt werden und von niedrigerem Rang sind als Marschälle und Herzöge. Jedem von ihnen ist eine spezifische Aufgabe übertragen. Keiner von ihnen mischt sich in die Angelegenheiten eines anderen ein, und jeder ist unabhängig in dem Dienst, der ihm anvertraut wurde. Der erwähnte Wesir [der Erzbischof von Cambrai] war für die Außenpolitik verantwortlich und hatte zum Beispiel die Macht, Krieg und Frieden anzuordnen, alle geschäftlichen Dinge zu regeln, mit den Botschaftern aus anderen Ländern umzugehen und die französischen Botschafter an der Schwelle des Glücks [Istanbul] zu ernennen und zu entlassen.[9]

Erst im späteren 18. Jahrhundert beginnen moslemische Gesandte und andere Besucher Europas, der wirklichen Regierungsstruktur und den Offiziellen unterhalb der Spitze einige Beachtung zu schenken. Der Interessanteste von ihnen war sicherlich Azmi Efendi, der osmanische Botschafter in Berlin von 1790 bis 1792. Wie andere türkische Besucher und Autoren dieser Periode läßt auch er einen deutlichen Wandel in der Einstellung den Europäern gegenüber erkennen. Die Europäer werden nicht länger als verblödete Ungläubige betrachtet, die, wenn überhaupt, nur ihrer belustigenden Absonderlichkeiten wegen eine Erwähnung verdienen. Sie werden im Gegenteil als mächtige und voranschreitende Rivalen angesehen, deren Bräuche man studieren muß, um sich gegen sie zu schützen und sie vielleicht sogar – aus demselben Grunde – nachzuahmen. Azmis Bericht beginnt mit einer recht herkömmlichen Beschreibung seiner Reisen und Aktivitäten. Viel interessanter ist der zweite Teil seines Berichtes, in dem er das Königreich Preußen unter verschiedenen Gesichtspunkten schildert: die Verwaltung des Landes, seine Bewohner, die hohen Regierungsämter, den Zustand der Staatskasse, die Bevölkerung, die Lebensmittellager der Regierung, das Militär, das Rüstungsarsenal und die Artilleriedepots. Azmi Efendi war zweifellos sehr beeindruckt von der Organisation des preußischen Staates, insbesondere von der Leistungsfähigkeit des Verwaltungsapparates, der Kompetenz seiner Vertreter, dem Fehlen von unqualifizierten und überflüssigen Beamten sowie dem Gehalts- und Beförderungssystem. Er spricht von den preußischen Anstrengungen, Industrien zu gründen, und verbreitet sich über die innere Ruhe und Sicherheit des preußischen Königreiches. Besonderes Lob läßt er dem Finanzwesen und der Staatskasse zuteil werden. Seine Beschreibung der preußischen Armee und ihres Ausbildungssystems wurde zu einem wichtigen Beleg für osmanische Beamte, die auf eine bessere militärische Organisation drängten. Azmi Efendi gibt sich nicht damit zufrieden, seine Vorschläge nur anzudeuten, und beendet seinen Bericht mit einer Reihe von Empfehlungen, angeregt durch seinen Aufenthalt in Preußen, zur Verbesserung des osmanischen Staates. Sie lauten folgendermaßen:

1. Die Korruption, eine Ursache der Tyrannei und des Ruins im Osmanischen Reich, ist völlig zu beseitigen.

2. Der Staatsapparat ist einzuschränken, und nur kompetente Personen dürfen in ihm beschäftigt werden.

3. Jedem Beamten soll, je nach seiner Arbeit, ein regelmäßiges Gehalt zugesichert werden.

4. Solange Beamte keine Straftat begehen, welche die Ordnung und die Prinzipien des Reiches schädigt, dürfen sie nicht aus ihrer Stellung entlassen werden.

5. Niemand soll Positionen einnehmen dürfen, für die er nicht tauglich ist.

6. Die niedrigeren Klassen, die nun vergeblich danach streben, die Oberschicht nachzuahmen, müssen eine Erziehung erhalten.

7. Die Streitkräfte, vor allem die Artillerie und die Flotte, sollten angemessen ausgebildet und auf alle Notfälle im Sommer wie im Winter vorbereitet sein. Wenn dies gesichert ist, werden die Verbündeten des osmanischen Staates ihre Stärke und ihren Eifer erhöhen, und seine Gegner werden besiegt werden. Auf diese Weise wäre es möglich, die Feinde des osmanischen Staates zu überwältigen.[10]

Von Zeit zu Zeit beschreiben moslemische Autoren, die sich Westeuropa widmen, Abweichungen vom »normalen« Muster des Königtums. Eine davon ist die Herrschaft einer Königin. In einer Gesellschaft, in der Polygamie und Konkubinat üblich waren und besonders von Monarchen ausgiebig praktiziert wurden, war es unwahrscheinlich, daß die Institution weiblicher Herrschaft entstehen könnte. Es gab zwar einige wenige bemerkenswerte Frauen, die sogar unter diesen ungünstigen Umständen höchste Macht erlangten, aber ihre Regierungszeit war stets von kurzer Dauer. Königinnen waren der islamischen Welt jedoch nicht völlig unbekannt. Die Moslems hatten Königinnen im benachbarten Byzanz erlebt und scheinen das Prinzip der Erbfolge verstanden zu haben. Ein nahezu zeitgenössischer moslemischer Historiker schreibt über die byzantinische Kaiserin Irene, die von 797 bis 822 regierte: »Eine Frau erlangte die Herrschaft über die Römer, weil sie zu diesem Zeitpunkt als einzige aus dem kaiserlichen Hause übriggeblieben war.«[11]

Ein anderer moslemischer Historiker verzeichnet, daß eine Gesandtschaft einer lombardischen Monarchin namens Bertha, Tochter Lothars, im Jahre 906 aus Italien in Bagdad eingetroffen sei, gibt aber keine Informationen über sie selbst oder ihr Land. Qalqashaudi führt in seinem Kanzleihandbuch unter den beschriebenen Monarchen die »Herrscherin von Neapel« an. Er zitiert eine frühere Quelle, schreibt, daß ihr Name Joanna sei und man ihr gegen Ende des Jahres 773 [1371] einen Brief mit folgender Anrede geschickt habe: »An die erhabene, geachtete, verehrte, würdige, prächtige, ruhmreiche Königin, gelehrt in ihrer Religion, gerecht in ihrem Königreich, Höchste der Nazarener Religion, Helferin der christlichen Gemeinde, Beschützerin der Grenze, Vertraute von Königen und Sultanen.« Qalqashaudī fährt fort: »Wenn ihr in ihrem Königreich ein Mann nachfolgt, wird es angebracht sein, ihn mit denselben Titeln in männlicher Form oder – im Hinblick auf die Überlegenheit von Männern gegenüber Frauen – mit höheren Titeln anzureden.«[12]

Die Osmanen waren wohlvertraut mit europäischen regierenden Königinnen, von Elisabeth von England bis zu Maria Theresia von Österreich. Erstaunlich ist, daß moslemische Reisende zwar häufig die hohe Stellung kritisierten, die Frauen in der christlichen Gesellschaft eingeräumt wird, daß aber weibliche Souveräne sie nicht zu stören scheinen.

Mehrere moslemische Autoren gehen auf die weltliche Macht der Päpste ein, und einer von ihnen, der persische Historiker Rashīd al-Dīn, versucht in seiner Universalgeschichte, die in den frühen Jahren des 14. Jahrhunderts geschrieben wurde, sogar eine Definition der Beziehungen zwischen dem Papst, dem Kaiser und den Königen der Christenheit:

In der Rangordnung der Großen und Fürsten (der Franken) steht der *Pāpā* (Papst) an erster Stelle. (Papst) bedeutet soviel wie »Vater der Väter« *(Pīdar-i-Pidarān)* und man betrachtet ihn als den Nachfolger des Messias. An zweiter Stelle kommt der Kaiser, in der Sprache der Franken *Anbarūr* (Emperor) genannt, was soviel wie »Sultan der Sultane« *(Sulṭan-i Salāṭin)* bedeutet. An dritter Stelle steht der *Rey d'Ifrans* (König von Francia), die Bedeutung hiervon ist »Großer König der Großen Könige« *(Pādišāh-i Pādišāhān)*. Der Emperor, welcher der Kaiser ist, erbt die Herrschaft nicht vom Vater, sondern wird aufgrund vorzüglicher Eignung aus einer Anzahl von Kandidaten gewählt und zum Herrscher eingesetzt. Der König von Francia gelangt erblich zur Herrschaft, der Vater vom Großvater. Zur Zeit ist er äußerst mächtig und angesehen und zwölf Große Könige *(Pādišāh)* dienen ihm, jedem von ihnen aber gehorchen wiederum drei Könige *(Malik)*. An dritter Stelle steht der *Rey*, was soviel wie König *(Malik)* und Herr *(Hudāwand)* bedeutet. Die Stellung des Papstes ist äußerst hoch und erhaben. Immer, wenn man einen Kaiser einzusetzen beabsichtigt, wird diese Angelegenheit von sieben hierfür bestimmten angesehenen Personen beraten, nämlich von drei Geistlichen *(Marḥasjā')*, drei Großen Fürsten *(Amīr-i buzurg)* und einem König *(Malik)*. Sie prüfen alle Großen der Franken und wählen schließlich zehn Personen aus ihrer Mitte. Von diesen zehn erwählen sie dann nach reiflicher Überlegung denjenigen, welcher sich durch Frömmigkeit, Redlichkeit, Fähigkeit und Tugend auszeichnet und durch Verläßlichkeit, Rechtschaffenheit, Standhaftigkeit, Würde, Sittsamkeit, Edelmut und Seelengröße hervorsticht. Ihn krönen sie dann mit einer silbernen Krone im Reiche Alamania, welches nach der Meinung der Franken ein Drittel des bewohnten Erdviertels einnimmt. Von dort begibt er sich dann in das Land *Lumbardijjah* (Lombardei), wo man ihm eine eiserne Krone aufs Haupt setzt. Von hier aus zieht er ins Große Rom, in die Stadt des Papstes, wo ihn dieser stehend mit einer goldenen Krone krönt. Hierauf wirft sich der Kaiser nieder, damit ihm der Papst den Fuß auf den Kopf und Nacken setze. Dann hält er (d. h. der Kaiser) den Steigbügel, damit sich der Papst darüber aufs Pferd schwinge. Hierauf wird er zum Kaiser proklamiert. Und die Fürsten der Franken gehorchen ihm und unterwerfen sich seinen Geboten und Verboten und seine Herrschaft erstreckt sich zu Land und zur See über die Länder der Franken.[13]

Rashīd al-Dīns Beschreibung ist recht genau und stammt offenbar aus einer päpstlichen Quelle. Danach bringt er einen kurzen Überblick über die Geschichte der Päpste bis zu seiner eigenen Zeit.

Noch seltsamer als die Herrschaft einer Frau oder eines Priesters war eine dritte Art der Regierung, auf welche die Moslems in Europa stießen und die sie gelegentlich in ihren Büchern erwähnen. Die Idee einer Republik war mittelalterlichen Moslems keineswegs unbekannt. Sie taucht in arabischen Versionen und Erörterungen griechischer politischer Schriften auf, in denen der griechische Begriff *politeia* (oder der lateinische *res publica*), das heißt Gemeinwesen mit dem arabischen Wort *madīna* wiedergegeben wurde. Die »demokratische Politik« Platons wird in klassischen arabischen Texten zur *madīna jamāʿiyya*. Sogar in der islamischen Gemeinschaft selbst war das Kalifat nach dem Gesetz, wie es die sunnitischen Juristen formulierten, ein nicht erbliches, durch Wahl zu vergebendes Amt, das nicht über dem Gesetz stand, sondern ihm unterworfen war.

In Wirklichkeit jedoch war die Herrschaft nach den ersten vierzig Jahren und nach den ersten vier Kalifen im Islam – wie in den meisten anderen Gebieten jener Zeit – fast ständig in der Hand von Monarchen. Auch die republikanischen Ideen, die mit den philosophischen Schriften der Griechen ins Land kamen, hatten wenig Einfluß, wenn man von einem engen Kreis von Schriftstellern und Lesern philosophischer Literatur absieht. Ihre geringe Wirkung wird deutlich aus der Tatsache, daß später, als man eine neue Terminologie benötigte, um die republikanischen Regierungsformen in Europa zu bezeichnen, diese neuen Begriffe ohne Kenntnis oder Berücksichtigung der philosophischen Literatur gebildet wurden.

Die republikanische Regierungsform warf natürlich einige Verständnisprobleme auf. Eine frühe Darstellung gibt ʿUmarī in seinem Bericht, der um das Jahr 1340 entworfen wurde.

Die Venezianer haben keinen König, sondern ihre Herrschaftsform ist die einer Kommune. Dies bedeutet, daß sie sich auf einen Mann einigen, den sie einstimmig zur Herrschaft über sich ernennen. Die Venezianer *(Banādiqa)* werden Finisin genannt. Ihr Symbol ist eine menschliche Gestalt mit einem Gesicht, das ihrer Meinung nach Markus, einem der Apostel, gehörte. Der Mann, der über sie herrscht, stammt aus einer der berühmten Familien unter ihnen ...

Nachdem er erwähnt, daß die Pisaner, Toskaner, Anconer und Florentiner dasselbe Regierungssystem durch Einverständnis haben, führt ῾Umarī relativ viele Einzelheiten über Genua an, das Herkunftsland seines abtrünnigen Gewährsmannes:

Die Regierungsform des Volkes von Genua ist die einer Kommune. Sie haben nie einen König gehabt und werden nie einen haben. Gegenwärtig wird die Herrschaft über sie von zwei Familien ausgeübt; eine ist das Haus Doria, aus dem mein Gewährsmann Balban stammt, und das andere ist das Haus Spinola. Balban sagte auch, daß es nach diesen beiden Familien in Genua die Häuser Grimaldi, Mallono, de Mari, San Tortore (?) und Fieschi gebe. Die Angehörigen dieser Familien sind die Ratgeber desjenigen, der sie regiert . . .[14]

Qalqashandī folgt dem *Tathqīf* und gibt Instruktionen für den Briefwechsel mit zwei italienischen Republiken, Genua und Venedig. Über die erste sagt er:

Die Form der Anrede für die Herrscher Genuas: Es ist eine Gruppe von Menschen mit verschiedenen Positionen, nämlich der Podestà, der Kommandant und die Ältesten. Dem *Tathqīf* gemäß sollen Briefe an sie in Quartformat und in folgendem Stil geschrieben werden: »Dieses Schreiben richtet sich an Ihre Exzellenzen, die erhabenen, geachteten, verehrten, würdigen und geschätzten Podestà Soundso und Kommandant Soundso und an die großen und verehrten Ältesten (Scheiche), die für Urteil und Rat in der Kommune Genua verantwortlich sind, an die Ruhmreichen der christlichen Gemeinschaft, die Großen der Nazarener Religion, die Freunde von Königen und Sultanen, möge der Allmächtige Gott sie auf den richtigen Weg geleiten, ihre Bemühungen glücklich gestalten und ihnen guten Rat gewähren . . .

Im *Tathqīf* heißt es weiter:

Zu Beginn des Jahres 767 [1365–1366] stellten sie diese Form der Anrede an den Podestà und den Kommandanten ein, deren Ämter abgeschafft worden waren, und die Schreiben richteten sich an den Dogen, der sie ersetzte.

Über Venedig bemerkt Qalqashandī:

Die Form der Anrede für den Herrscher von Venedig; der Autor des *Tathqīf* sagt: Die herkömmliche Formel wurde angenommen, als man ihm im Jahre 767 eine Antwort sandte. Sein Name war damals Marco Cornaro . . . Wir haben den Brief Seiner Exzellenz erhalten, des erhabenen, geachteten, geschätzten, mutigen, würdigen, prächtigen Dogen Marco Cornaro, Stolz der christlichen Gemeinschaft, Glanz der Sekte des Kreuzes, Doge von Venedig und Dalmatien . . . Wahrer der Religion der Söhne der Taufe, Freund von Königen und Sultanen . . .

Nachdem er weitere Beispiele zitiert hat, gibt Qalqashandī seinen eigenen Kommentar:

> Aus alledem folgt, daß der Doge sich von einem König unterscheidet. Bei dem ersten und zweiten Beispiel ist die Anredeform mehr oder weniger die gleiche, aber bei dem dritten Beispiel ist sie niedriger als bei den beiden ersten...
>
> Wenn der Doge tatsächlich der König ist, dann ist der Unterschied in der Anredeform auf irgendwelche Umstände oder irgendeinen Unterschied in der Zielsetzung der Schreiber oder auf ihr mangelndes Wissen um den Rang der Anrede zurückzuführen, was sich, wie auf der Hand liegt, jederzeit aus der Hast der Geschäfte ergeben könnte.[15]

Weiter im Osten hat auch Rashīd-al-Dīn von den Republiken Italiens gehört. »Diese Städte«, schreibt er, »besitzen keinen Fürsten von adeliger Herkunft und Ansehen, sondern die Großen und Vornehmen bestimmen dort alljährlich einen integren Mann von reinem Lebenswandel und setzen ihn zum Herrscher ein. Am Jahresende fordert ein Herold diejenigen Personen, welchen Unrecht zugefügt wurde, auf, ihr Recht geltend zu machen. Hierauf erscheinen alle, die Klage zu führen haben, und entlasten ihn von jeglicher Schuld. Dann erwählt man einen anderen Mann (zu seinem Nachfolger) und setzt ihn zum Herrscher ein... Diesem Land ist ein anderes benachbart, welches *Rūmānjūlah* (Romagnola) heißt. Seine Hauptstadt [Bologna] ist sehr groß... am Ufer des Meeres liegt eine Stadt *Fanīsijjah* (Venezia), deren Gebäude zum größten Teile aus dem Meere heraus errichtet wurden. Der Herrscher dort besitzt ebenfalls 300 Galeeren. Auch hier gibt es keinen erblichen, adligen Herrscher, sondern die Großen der Stadt setzen einen integren und gottesfürchtigen Mann zum Fürsten ein. Nach seinem Tode wählen sie einen anderen und setzen ihn (an seiner Statt) ein.«[16]

In osmanischen Zeiten waren republikanische Einrichtungen schon vertrauter geworden und wurden vielleicht mit mehr Verständnis betrachtet. Das Osmanische Reich unterhielt umfassende Beziehungen zu den Republiken Ragusa an der dalmatinischen Küste, Venedig, Genua und anderen italienischen Staaten sowie später auch zu den Vereinigten Staaten und den Niederlanden. Die Anrede ist jedoch normalerweise weiterhin persönlicher Art. Das Oberhaupt der Republik Ragusa, das den Titel »Rektor« trug, wird in osmanischen Dokumenten mit dem slawischen Wort *Knjaz* angeredet, etwa »an den Knjaz und die Ritter von Ragusa« oder »an den Knjaz und die Kaufleute von Ragusa«. Ebenso sprechen osmanische Autoren in Briefen nach Venedig oder in Erörterungen der venezianischen Politik gewöhnlich von den Dogen oder der Signoria (Venedik Beyleri), nicht von der Republik.

Kâtib Çelebi war im Jahre 1655 sogar fähig, zwischen der oligarchischen

Republik Venedig und den demokratischen Republiken der Niederlande und Englands unter Cromwell zu unterscheiden. Daneben gab er eine kurze Darstellung der Wahlverfahren.

Was die Regierungsorganisation betrifft, seien die Staaten Europas in drei Schulen oder *madhhab* geteilt, von denen jede sich auf einen hochgeachteten Weisen als Gründer berufen könne. Sie hießen *monarchia*, gegründet von Platon, *aristocratia*, gegründet von Aristoteles, und *democratia*, gegründet von Demokrit. Das System der Monarchie bedeute, daß das ganze Volk einem einzigen weisen und gerechten Herrscher gehorche. An dieses System hielten sich die meisten Herrscher Europas. In der *aristocratia* sei die Regierungsführung in der Hand der Adligen, die in den meisten Dingen unabhängig seien, doch einen der ihren zum Oberhaupt wählten. Der Staat Venedig sei nach diesem Prinzip organisiert. In der dritten Spielart, der *democratia*, liege die Regierungsführung in den Händen der Untertanen *(reaya)*, die sich so vor Tyrannei schützen könnten. Sie stützten sich auf Wahlen, das heißt, die Bewohner jedes Dorfes entschieden sich für einen oder zwei Männer, die sie für klug und kompetent hielten, und schickten sie an den Ort der Regierung, wo sie einen Rat bildeten und untereinander Führer wählten. Dies sei das System, dem die Holländer und Engländer anhingen.

Kâtib Çelebi gibt eine kurze Beschreibung der verschiedenen Räte *(Divan)* in Venedig und sogar der Abstimmungsverfahren. Jedes Ratsmitglied habe zwei knopfgroße Kugeln, eine weiße und eine schwarze, in der Hand. Sie heißen *ballotta*. Nach der Diskussion im Divan drückten jene, die ihm angehörten, ihre Wünsche aus, indem sie diese schwarzen oder weißen Kugeln fallenließen.[17]

Ein Autor des frühen 18. Jahrhunderts, der sich mit europäischer Politik beschäftigt, versucht sogar, den Begriff Republik *(jumhūr)* zu erklären, der für Venedig, Holland und andere Länder benutzt wird: »In einem solchen Staat gibt es keinen einzelnen Herrscher, sondern alle Angelegenheiten werden durch Übereinstimmung der führenden Männer gelöst, und diese führenden Männer werden nach dem Willen der Bevölkerung gewählt.« Derselbe Autor definiert die Schweiz als »Zusammenschluß von Republiken«, da jeder Kanton eine separate Republik sei. Dieser Begriff sei auch auf Holland anzuwenden, das aber ein etwas anderes System besitze; es sei eher eine Stadt, in der zwar die führenden Männer die Entscheidungen träfen, doch ein Mann mit der Aufgabe betraut sei, sie durchzuführen. Polen, notiert er mit einiger Berechtigung, sei gleichzeitig ein Königreich und eine Republik.[18]

Im 18. Jahrhundert nehmen osmanische Besucher sogar schon so typisch europäische Einrichtungen wie Freistädte wahr. Mehmed Said Efendi, der Toulouse und Bordeaux auf dem Weg nach Paris besuchte, beschreibt sie als freie *(serbest)* Städte, weil sie von ihren eigenen, am Ort aufgebrachten Truppen bewacht und von einem *parlement* mit einem *président* an der Spitze verwaltet würden. Beide Wörter sind französisch, in türkisch-arabischer Transkription, wiedergegeben.[19] Der Verfasser eines Überblicks über die Lage Europas benutzt im frühen 18. Jahrhundert dasselbe Wort »frei«, um den Hafen Danzig zu beschreiben, der von kaiserlicher Oberhoheit und Besteuerung ausgenommen war. Ein anderer Autor des 18. Jahrhunderts, der die Struktur des Heiligen Römischen Reiches erläutert, verwendet die Begriffe »frei« und sogar »Republik« für privilegierte Gebilde innerhalb des Reiches, zum Beispiel Schwaben.[20] Manche osmanische Besucher Ungarns schildern sogar, wie sehr die Ungarn den Verlust ihrer früheren Freiheiten beklagten.

Die Wahrnehmung republikanischer Einrichtungen erreichte nach der Französischen Revolution eine neue Phase, als das Osmanische Reich sich nicht nur auf die neue Republik in Frankreich, sondern auch auf andere Republiken einstellen mußte – einige davon, nach französischem Vorbild gestaltet, an den Grenzen der Türkei. Während Frankreich und die Türkei im Krieg lagen, war die Vermittlung französischer Ideen an die Türken einigermaßen gestört. Trotzdem erschienen Geschwindigkeit und Leichtigkeit, mit der eine Armee von weniger als 30 000 Franzosen Ägypten erobern und mehr als drei Jahre halten konnten, imposant. Das gleiche galt für die Toleranz und Gerechtigkeit der französischen Herrscher. Dies wird unter anderem von dem ägyptischen Historiker Jabartī hervorgehoben, der in mehreren historischen Arbeiten eine zeitgenössische Darstellung der Eindrücke liefert, welche die französischen Besatzer auf ein Mitglied der ägyptischen Ulema-Schicht machten.

Durch den Frieden von 1802 zog Frankreich sich sowohl aus Ägypten wie von den Ionischen Inseln zurück, und ein neuer osmanischer Botschafter, Halet Efendi, wurde nach Paris entsandt, wo er bis zum Jahre 1806 blieb. Seine Kommentare sind lehrreich:

> Da die Franzosen keinen König hatten, konnten sie keine Regierung haben. Infolge des Interregnums, das stattgefunden hat, sind außerdem die meisten hohen Stellungen vom Abschaum des Volkes besetzt, und obwohl einige Adlige da sind, liegt die tatsächliche Macht immer noch in Händen des schmutzigen Pöbels. Deshalb waren sie unfähig, auch nur eine Republik zu organisieren. Da sie nicht mehr als eine Vereinigung von Revolutionären oder, direkt gesagt, eine Meute von Hunden sind, darf keine Nation von diesen Leuten Loyalität oder Freundschaft erwarten. Napoleon ist ein toller Hund, der danach strebt, alle Staaten auf das gleiche Chaos wie das seiner verfluchten Nation zurückzuführen ... Talleyrand ist ein verdorbener Priester ... und die übrigen sind bloße Straßenräuber ...[21]

Am 29. Mai 1807 wurde Selim III., der erste große Reformsultan, gestürzt, und der Triumph der reaktionären Kräfte wurde mit einem Blutbad unter den Reformanhängern gefeiert. Ein oder zwei Jahre nach diesen Ereignissen schrieb Ahmed Asim Efendi, der kaiserliche Historiograph, eine Chronik der Jahre 1791–1808, die einige Vorstellungen von der Reformbewegung im allgemeinen und vom französischen Einfluß im besonderen gibt. Asim war im großen und ganzen für die Reformen, die, wie er hoffte, die militärische Kraft des Reiches wiederherstellen und es zur Auseinandersetzung mit seinen Feinden befähigen würden. In einer interessanten Passage nennt er das Beispiel Rußlands, das sich aus der Schwäche und Barbarei erhoben habe und durch die Übernahme westlicher Wissenschaft und Technik zu einer Großmacht geworden sei. Aber seine Bereitschaft, westliche Methoden zu akzeptieren, hindert ihn nicht daran, antichristlich eingestellt zu sein und alle christlichen Mächte als Feinde des Islam zu betrachten. Seiner Ansicht nach könnte aus Abkommen mit diesen Mächten nur Übles entstehen. Er ist den Franzosen besonders feindlich gesonnen und verspottet die profranzösischen Elemente in der Türkei als irregeführte Narren. Über die französische Innenpolitik macht er nur wenige, ausschließlich negative Bemerkungen. Die Französische Republik vergleicht er mit »dem Grollen und Knurren eines empfindlichen Magens«. Ihre Prinzipien seien »die Aufgabe der Religion und die Gleichheit von arm und reich«.[22]

Für den moslemischen Beobachter war eine der unbegreiflichsten westlichen Einrichtungen die gewählte Volksvertretung. Kâtib Çelebi macht, wie wir gesehen haben, ein paar Bemerkungen über republikanische und demokratische Institutionen, aber sein Material ist dürftig, und seine Abhandlung über Europa war ohnehin wenig bekannt. Andere osmanische Autoren äußern sich praktisch gar nicht zu diesem Thema, und gelegentliche kurze Hinweise auf gewählte Körperschaften in Italien, Frankreich, den Niederlanden oder anderswo zeigen wenig Interesse oder Verständnis.

Den ersten Versuch einer Beschreibung machte Abū Țālib Khan, der England am Ende des 18. Jahrhunderts besuchte. Doch im Laufe einer langen und im allgemeinen zutreffenden und freundschaftlichen Darstellung des britischen politischen Systems geht er zwar recht ausführlich auf die Amtsträger des Staates und ihre Funktionen ein, weist aber nur zweimal ganz kurz auf das Unterhaus hin, das er in Begleitung englischer Freunde besuchte.

In der ersten Passage bemerkt er etwas lieblos, daß die Abgeordneten mit ihren Reden ihn an einen Schwarm Papageien in Indien erinnerten, und erklärt, daß das Unterhaus einem dreifachen Zweck diene: Es solle die Erhebung von Steuern für den Staat erleichtern, Vertragsschließende vor Irrtümern bewahren und drittens die Aktivitäten des Monarchen und der Minister sowie die Lage im allgemeinen überwachen.[23] In der zweiten

Passage spricht Abū Ṭālib kurz über die Mitglieder des Unterhauses, das Wahlverfahren und die Spanne von Pflichten und Funktionen, mit denen sie betraut sind. Dazu gehörten, wie er mit einigem Erstaunen verzeichnet, die Festlegung von Strafen für Übeltäter und der Erlaß von Gesetzen; dies sei notwendig, da die Engländer im Gegensatz zu den Moslems kein göttliches, ihnen vom Himmel offenbartes Recht besäßen und deshalb ihre eigenen Gesetze entsprechend den Erfordernissen von Zeit und Umständen, der allgemeinen Situation und der Erfahrung der Richter machen müßten.[24]

Mit seinem Hinweis auf die legislative Aufgabe des Parlaments berührt Abū Ṭālib einen der tiefergehenden Unterschiede zwischen Islam und Christenheit. Für den gläubigen Moslem gibt es keine menschliche gesetzgebende Macht. Gott ist die einzige Quelle des Gesetzes, daß Er durch Offenbarung bekanntmacht. Das göttliche Recht – auf arabisch *sharīʿa* – regelt alle Aspekte des menschlichen Lebens. Irdische Mächte haben kein Recht, das Gesetz aufzuheben oder auch nur abzuändern. Ihre Pflicht ist, es aufrechtzuerhalten und durchzusetzen – mehr nicht. Der einzige Spielraum, der im Prinzip bleibt, ist jener der Interpretation, und dies ist die Aufgabe der qualifizierten Interpreten, das heißt der Doktoren des heiligen Rechtes. In der Praxis sah die Situation etwas anders aus als in der Theorie. In weiten Bereichen wurden die Vorschriften des heiligen Gesetzes außer acht gelassen, entweder stillschweigend oder durch kunstvolle Umdeutung. Und während die sich ändernden Verhältnisse das heilige Gesetz entweder unangemessen oder unzureichend werden ließen, wurde es faktisch durch Gewohnheitsrecht oder einfach den Willen des Herrschers ergänzt oder modifiziert. Aber das alles war Praxis, nicht Theorie. Im Prinzip war Gott der alleinige Gesetzgeber. Menschliche Machthaber durften das Gesetz nur interpretieren, regeln und durchsetzen.

In einigen frühen moslemischen Bemerkungen über die christliche Praxis wird eine ähnliche Sicht der Christen vorausgesetzt; in diesen Texten wird sogar von »der *sharīʿa* der Christen« gesprochen, die jener der Moslems analog sein soll. Doch mit der Zeit sah man ein, daß die christliche Welt eine andere Vorstellung vom Charakter des Gesetzes hatte und Gerechtigkeit anders betrachtete und anwandte.

Es ist kein Wunder, daß frühe moslemische Hinweise auf die europäischen Gerichtsverhandlungen feindselig oder, besser gesagt, verachtungsvoll sind. Zum Beispiel beschreibt ein Besucher, der im Mittelalter in Zentraleuropa weilte, Gottesurteile in ihren verschiedenen Formen: Es werde erzählt,

daß sich wunderbare Bräuche bei ihnen finden. Wenn z. B. einer von ihnen den andern der Lüge zeiht, so messen sie sich mit dem Schwerte; und das geschieht in der Weise, daß die beiden Männer, der, welcher Zeugnis ablegt und derjenige, gegen den Zeugnis abgelegt wird, mit ihren beiderseitigen Brüdern und Verwandten hinausziehen. Dann gibt man jedem zwei Schwerter, von denen er das eine an seiner Hüfte befestigt und das andere in seine Hand nimmt. Und es beschwört derjenige, welcher der Lüge bezichtigt wird, daß er rein von dem sei, was man ihm vorwirft, mit Eiden, die bei ihnen für gewichtig gelten, und es schwört der andere, daß das, was er über jenen aussagt, Wahrheit sei. Dann betet jeder Einzelne in einiger Entfernung von seinem Genossen gegen Osten. Dann geht jeder auf seinen Gegner los, und sie kämpfen miteinander, bis einer von ihnen getötet oder abgeführt wird.

Zu ihnen (den wunderbaren Bräuchen) gehört die Feuerprobe. Kommt nämlich jemand in den Verdacht unrechtmäßigen Besitzes oder einer Blutschuld, so nimmt man ein Stück Eisen, welches man im Feuer glühend gemacht hat und liest darüber etwas aus der Thora und etwas aus dem Evangelium. In die Erde werden zwei aufrechtstehende Hölzer gesteckt, und man nimmt das Eisen mit einer Zange vom Feuer und legt es auf die Enden der beiden Hölzer. Dann kommt der Beschuldigte, wäscht seine Hände, nimmt das Eisen und geht mit ihm drei Schritte; darauf läßt er es fallen, und man bindet seine Hand mit einer Binde, vesiegelt sie und bestellt ihm einen Aufseher einen vollen Tag und eine Nacht. Wenn nun am dritten Tage noch eine Blase gefunden wird, aus der Wasser kommt, so ist er schuldig, wenn nicht, so ist er unschuldig.

Zu ihnen (den wunderbaren Bräuchen) gehört ferner die Wasserprobe. Sie besteht darin, daß die Hände und Füße des Beschuldigten gebunden werden und er an einen Strick befestigt wird; der Priester bringt ihn an ein ausgiebiges Wasser und wirft ihn hinein, indem er den Strick festhält. Wenn er dann aufschwimmt, so ist er schuldig; sinkt er aber unter, so ist er unschuldig; denn sie meinen, daß das Wasser ihn annimmt.

Die Wasser- und Feuerprobe kommt nur bei Sklaven in Anwendung. Was die Freien anlangt, so treten bei Bezichtigung unrechtmäßigen Besitzes unter fünf Goldstücken die beiden Männer mit Stock und Schild und schlagen einander, bis einer von ihnen abgeführt wird. Wenn aber der Partner ein Weib ist oder ein Krüppel, oder ein Jude, so stellt er einen Ersatzmann für fünf Goldstücke. Fällt nun der Beschuldigte, so muß er unbedingt gekreuzigt und sein gesamter Besitz eingezogen werden, während man dem Paukanten von seinem Vermögen zehn Goldstücke gibt.[25]

Diese Passage zitiert Qazvīnī von ʿUdhrī; deshalb ist sie wahrscheinlich ein Teil des Berichtes von Ibrāhīm ibn Yaʿqūb.

Usāma ibn Munqidh, ein syrischer Zeitgenosse der Kreuzfahrer, gibt einen Augenzeugenbericht von einem Konflikt in der Stadt Nablus in Palästina, die von Kreuzfahrern besetzt war:

Eines Tages sah ich in Nablus eines ihrer Gottesurteile durch Zweikampf. Der Anlaß war, daß einige moslemische Räuber eines der Dörfer von Nablus überfallen hatten und einer der Bauern bezichtigt wurde, die Räuber zu diesem Dorf geführt zu haben. Er flüchtete, aber der König ließ die Kinder des Mannes verhaften, weshalb er zurückkam und sagte: »Laßt mir Gerechtigkeit widerfahren. Ich fordere den Mann heraus, der gesagt hat, daß ich die Räuber zum Dorf geführt hätte.« Dann befahl der König dem Feudalherrn des Dorfes: »Bring jemanden herbei, der gegen ihn kämpft.« Also ging der Feudalherr ins Dorf, fand dort einen Schmied und befahl ihm zu kämpfen, denn er wollte seine Bauern schützen, damit keiner von ihnen getötet werde und seine Landwirtschaft Schaden erleide.

Ich sah diesen Schmied. Er war ein kräftiger junger Mann, aber er hatte keine Lust zu kämpfen. Er machte dauernd ein paar Schritte, setzte sich dann hin und bat um etwas zu trinken. Der Herausforderer war ein alter Mann, doch er war beherzt, trotzig und unbekümmert. Der Vogt, der dem Ort vorstand, kam und gab jedem von ihnen einen Knüppel und einen Schild und ließ die Menschen einen Ring um sie bilden. Dann prallten sie zusammen, und der alte Mann setzte dem Schmied arg zu, drängte ihn zurück an den Ring der Zuschauer und trat immer wieder in die Mitte. Sie schlugen weiter aufeinander ein, bis sie wie Säulen von Blut aussahen. Dies setzte sich einige Zeit fort, und der Vogt trieb sie immer wieder mit dem Ruf »Beeilt euch« an. Dem Schmied kam sein Umgang mit dem Hammer zustatten, und der alte Mann wurde schwächer. Dann versetzte der Schmied ihm einen Schlag, der ihn niederwarf, und sein Knüppel fiel unter seinen Rücken. Dann kniete der Schmied sich auf ihn und versuchte, ihm die Finger in die Augen zu bohren, aber es gelang ihm nicht wegen des starken Blutstroms aus den Augen. Deshalb stand er auf und schlug mit dem Knüppel auf den Kopf des anderen ein, bis er ihn getötet hatte. Dann band er ein Seil um den Hals des Toten, schleppte ihn fort und hängte ihn auf. Der Feudalherr des Schmieds kam, gab ihm seinen eigenen Umhang, ließ ihn auf die Kruppe seines Pferdes steigen und ritt davon.

Dies ist ein Beispiel ihrer Rechtsprechung und ihres gesetzlichen Verfahrens, möge Gott sie verfluchen.[26]

Die Verachtung eines zivilisierten Moslems, der an das wohlgeordnete Verfahren am Gericht eines Kadis gewöhnt war, für diese Art von Gesetz und Gerechtigkeit läßt sich leicht verstehen. Aber europäische Gerichtsprozesse blieben nicht auf dem Niveau des Gottesurteils durch Zweikampf, und spätere moslemische Beobachter, die Gelegenheit zu genauerer Betrachtung hatten, äußern sich etwas positiver. Schon im 12. Jahrhundert schrieb Ibn Jubayr, ein spanisch-moslemischer Besucher Syriens, daß die Franken ihre besiegten islamischen Untertanen gerecht behandelten, und dies war für ihn ein Grund zur Unruhe. Ähnliche Gefühle werden am Ende des 18. Jahrhunderts von dem ägyptischen Historiker Jabartī ausgedrückt, der die disziplinierte Zurückhaltung der französischen Besatzungsmacht gegenüber der Zivilbevölkerung, ihre Unterwerfung unter gerichtliche Vorschriften und Verfahren bewundernd mit dem willkürlichen und launenhaften Despotismus vergleicht, an den er gewöhnt war. Er war besonders beeindruckt von der Art und Weise, wie die französischen Militärbehörden den moslemischen Mörder von General Kléber verurteilten, dem Nachfolger Bonapartes als Oberbefehlshaber der französischen Streitkräfte in Ägypten.

Die Franzosen, sagt Jabartī, hätten ein vollständiges Verhandlungsprotokoll in drei Sprachen – französisch und türkisch sowie arabisch – drucken lassen. Er hätte es lieber weggelassen, da es sehr lang und in schlechtem Arabisch geschrieben sei, habe aber entschieden, daß viele seiner Leser davon erfahren sollten – nicht nur wegen der Informationen, die das Protokoll über das Ereignis liefere, sondern auch wegen der Aufklärung darüber, wie die Franzosen Gerechtigkeit übten und wie »die Vorschriften von diesem Volk durchgesetzt werden, das keiner Religion anhängt, sondern nur durch Vernunft herrscht und urteilt«. Der Fall sei lehrreich: »Ein verrückter Fremder von einem fernen Ort fiel ihren Befehlshaber heimtückisch an und ermordete ihn, und sie ertappten den Verbrecher auf frischer Tat. Doch sie beeilten sich nicht, ihn selbst oder jene zu töten, deren Namen er angab, obwohl sie ihn mit der Mordwaffe, von der noch das Blut ihres Oberbefehlshabers tropfte, in der Hand gefangen hatten. Statt dessen stellten sie ein Gericht zusammen und führten eine Verhandlung, zu der sie den Mörder brachten und bei der sie ihn sowohl mündlich wie durch Folter verhörten. Dann holten sie jene, die er denunziert hatte, und befragten sie einzeln und gemeinsam. Dann sprachen sie die Urteile gemäß ihren gesetzlichen Bestimmungen über sie aus und ließen Muṣṭafā Efendi al-Bursali, den Kalligraphen, frei, da gegen ihn keine Beweise vorlagen.« Jabartī imponierte offensichtlich die Tatsache, daß die Franzosen auf dem vorgeschriebenen gesetzlichen Weg beharrt hatten und bereit waren, einen der Angeklagten, gegen den unzureichende Beweise vorlagen, freizusprechen und auf freien Fuß zu setzen. Diese Situation vergleicht er voll Bitterkeit mit »den Verbrechen, die wir später von brutalen Soldaten verübt sahen, welche sich als Moslems und Kämpfer in einem heiligen Krieg ausgaben, aber Menschen nur deshalb töteten und vernichteten, um ihre tierischen Leidenschaften zu befriedigen«.[27]

Nicht alle moslemischen Beobachter schätzten westliche Gerichtsverfahren so hoch ein. Abū Ṭālib Khan vertrat eine weniger schmeichelhafte Meinung: Er hatte das Pech, daß ein Schneider in London ihn wegen zehn Schilling belangte und ein Richter ihn zur Zahlung dieser Summe samt einer weiteren Geldstrafe von sechs Schilling verurteilte, weil er der Vorladung nicht gefolgt war. Das Geschworenensystem machte wenig Eindruck auf Abū Ṭālib Khan, da die Geschworenen leicht von dem Richter eingeschüchtert, zur Übernahme seiner Meinung gezwungen oder zur nochmaligen Prüfung ihres Urteilsspruchs zurückgeschickt werden könnten. Damit nicht genug: Wenn diese Maßnahmen versagten, hätten die Richter die Macht, die Geschworenen ohne Nahrungsmittel einschließen zu lassen, während sie und die Anwälte sich in einen anderen Teil des Gerichtsgebäudes zurückzögen, um auf Regierungskosten üppig zu speisen und zu trinken. Noch verwirrender als die Geschworenen waren die

Advokaten, die im islamischen Rechtswesen keinen Platz haben. Abū Ṭālib räumt ein, daß die englischen Richter »ehrenwert und gottesfürchtig und vor den Listen der Anwälte geschützt« seien, meint aber, daß die lange Dauer und die hohen Kosten englischer Prozesse trotzdem häufig verhinderten, daß einem Kläger Gerechtigkeit widerfahre. Sogar wohlmeinende Richter könnten Anwälten erlauben, die Kernfrage zu vernebeln und Zeugen einzuschüchtern. Er bemerkt, daß die Herrschaft des Gesetzes oft gegen die Gebote der natürlichen Gerechtigkeit verstoße, und sogar ein gottesfürchtiger Richter könne keine gerechte Entscheidung treffen, ohne selbst dieses von Menschen geschaffene Gesetz zu übertreten.[28]

Im allgemeinen hatten die Moslems, welche sich die Mühe machten, europäische Gerichts- und Gesetzgebungsverfahren zu untersuchen, jedoch einen positiven Eindruck von ihnen. Der ägyptische Scheich Rifāʿa, der von 1826 bis 1831 in Paris war, nahm sogar die Anstrengung auf sich, den gesamten Text der französischen Verfassung zu übersetzen.

Scheich Rifāʿa ließ sich nicht von dem französischen Postulat der Gleichheit täuschen, das sich, wie er anmerkte, nicht auf wirtschaftliche Dinge erstreckte: »Gleichheit besteht bei ihnen nur in Worten und Taten, aber nicht in ihrem Besitz. Zwar weisen sie ihre Freunde nicht zurück, aber nur, wenn sie um einen Kredit, nicht um ein Geschenk gebeten werden, und selbst dann nur, wenn sie sich der Rückzahlung sicher sind.« Scheich Rifāʿa erwähnt am Rande, daß die Franzosen »der Habgier näher sind als der Großzügigkeit... Großzügigkeit ist vielmehr typisch für die Araber.« Doch das französische Prinzip der Gleichheit vor dem Gesetz nimmt ihn stärker für sich ein, und er zitiert dies als »einen der klarsten Beweise dafür, daß sie ein hohes Maß von Gerechtigkeit erlangt haben und in den Künsten der Zivilisation vorangeschritten sind. Das, was sie Freiheit nennen und anstreben, ist das gleiche wie das, was wir Gerechtigkeit und Billigkeit nennen, und zwar deshalb, weil die Herrschaft der Freiheit Gleichheit vor dem Gesetz bedeutet...« Die Existenz festgelegter Gesetze imponierte Scheich Rifāʿa besonders, und er verweist auf die Bedeutung der Verfassungsgarantien von Freiheit und Gleichheit vor dem Gesetz sowie auf die Schaffung einer gewählten Kammer, welche die Gesetze erläßt.[29]

Dieser letzte Aspekt – konstitutionelle und parlamentarische Regierung – sollte moslemischen Besuchern Europas zunächst noch mehr zu denken geben als sogar die wirtschaftliche Entwicklung. Hier hofften viele von ihnen den Schlüssel zu finden, mit dem sie sich die Geheimnisse des westlichen Fortschritts zugänglich machen könnten, um die Vorzüge von Wohlstand und Macht des Westens zu teilen.

IX

Wissenschaft und Technik

Das große Zeitalter der klassischen moslemischen Wissenschaft wurde durch Übersetzungen und Überarbeitungen persischer, indischer und vor allem griechischer wissenschaftlicher Werke eingeleitet. Obwohl die Übersetzungsbewegung im 11. Jahrhundert zu Ende ging, entwickelte sich die islamische Wissenschaft auch danach noch eine Zeitlang weiter. Moslemische Wissenschaftler erweiterten das ihnen übermittelte Material erheblich: durch ihre eigenen Forschungen, durch praktische Experimente und Beobachtungen auf so verschiedenen Gebieten wie Medizin, Landwirtschaft, Geographie und Kriegführung. Unter den äußeren Einflüssen, die durch Übersetzung oder auf andere Weise zur Entwicklung der islamischen Wissenschaft beitrugen, ist jener der Griechen bei weitem der bedeutendste. Es gab jedoch auch andere Einflüsse, von denen einige wesentlich waren: indische Mathematik und Astronomie und besonders die Stellenschreibweise – die sogenannten arabischen Ziffern stammten in Wirklichkeit aus Indien. Daneben brachten die mongolischen Einmärsche die islamische Welt zum erstenmal in direkte Verbindung mit China, und einige Elemente fernöstlicher Kultur und Wissenschaft begannen ebenfalls, sich auf die moslemische Praxis und, in geringerem Maße, auf die moslemische Philosophie auszuwirken.

Der Einfluß des Westens in dieser Zeit war fast unsichtbar – vielleicht aus dem sehr guten Grunde, daß der Westen so wenig anzubieten hatte. Bis jetzt ist erst ein einziger arabischer wissenschaftlicher Text, der auf einem

westeuropäischen Original beruht, zutage gefördert worden. Es handelt
sich um eine judäisch-arabische Version – das heißt in arabischer Sprache,
doch mit hebräischen Schriftzeichen – einer Sammlung astronomischer Tabellen, welche die Planetenbewegungen zeigen; die Arbeit basiert anscheinend auf einem ähnlichen Buch mit Tabellen aus Novara in Italien, das im
Jahre 1327 fertiggestellt wurde.[1] Obwohl es in arabischer Sprache geschrieben war, wäre es unbrauchbar für moslemische Araber gewesen, welche die
hebräischen Schriftzeichen nicht kannten, und war zweifellos für jüdische
Wissenschaftler bestimmt. Dies nimmt ein Phänomen vorweg, das in den
Jahrhunderten des späten Mittelalters und der frühen Neuzeit recht verbreitet war, als jüdische Wissenschaftler, insbesondere jüdische Ärzte, praktisch für den einzigen Verbindungsweg sorgten, auf dem die wissenschaftlichen Kenntnisse des Westens in die islamische Welt durchdringen konnten.

Usāma ibn Munqidh, ein syrischer Autor des 12. Jahrhunderts, beschreibt lebhaft, welchen Eindruck die medizinische Praxis des mittelalterlichen Europa auf die islamische Welt machte:

Der Gebieter von Munaytira [ein benachbarter Kreuzritter-Baron] schrieb an
meinen Onkel und bat ihn, ihm zur Behandlung eines seiner Gefährten, der krank
sei, einen Arzt zu senden. Er schickte ihm einen [syrischen] christlichen Arzt
namens Thābit. Dieser war kaum zehn Tage fort gewesen, als er schon zurückkehr-
te. Wir sagten zu ihm: »Wie rasch du die Kranken geheilt hast!«, und er erwiderte:
»Sie brachten mir zwei Patienten, einen Ritter mit einem Abszeß am Bein und eine
Frau, die an einer Geisteskrankheit litt. Ich machte dem Ritter einen Umschlag, der
Abszeß platzte, und er fühlte sich besser. Ich setzte die Frau auf Diät und ließ ihre
Körpersäfte nicht austrocknen. Dann kam ein fränkischer Arzt zu ihnen und sagte:
›Dieser Mann weiß nicht, wie sie zu behandeln sind!‹ Dann fragte er den Ritter:
›Was ist dir lieber: mit einem Bein zu leben oder mit zwei Beinen zu sterben?‹ Und
der Ritter antwortete: ›Mit einem zu leben.‹ Dann sagte der Arzt: ›Holt mir einen
kräftigen Ritter und eine scharfe Axt‹, und sie wurden geholt. Ich stand unterdes-
sen nur dabei. Dann legte er das Bein des kranken Mannes auf einen Holzblock und
sagte zu dem Ritter: ›Schlag ihm mit der Axt aufs Bein und hacke es mit einem
Hieb ab!‹ Dann schlug er einmal zu, während ich alles beobachtete, aber das Bein
war nicht abgetrennt; nun führte er einen zweiten Schlag, das Knochenmark des
Beines spritzte hervor, und der Mann starb sofort.
Der Arzt wandte sich darauf der Frau zu und sagte: ›Diese Frau hat einen Teufel im
Kopf, der sich in sie verliebt hat. Rasiert ihr das Haar ab.‹ Also rasierte man ihr den
Kopf, und sie begann wieder, ihre übliche Nahrung zu essen, mit Knoblauch und
Senf und ähnlichem. Ihre Krankheit wurde schlimmer, und er sagte: ›Der Teufel
ist in ihren Kopf gefahren.‹ Dann nahm er ein Rasiermesser, schnitt ein Kreuz in
ihren Kopf ein und zog die Haut in der Mitte ab, bis der Schädelknochen erschien;
diesen rieb er mit Salz ein, und die Frau starb unverzüglich.
Dann fragte ich sie: ›Benötigt ihr mich noch?‹ Und sie sagten nein, und deshalb
kehrte ich zurück, nachdem ich Dinge über ihre medizinische Praxis gelernt hatte,
die mir vorher unbekannt waren.«[2]

Natürlich sandte Usāmas Onkel lieber einen örtlichen christlichen Arzt, als daß er einen Moslem bat, sich in fränkische Hände zu begeben. Der syrische Christ teilte die Geringschätzung, welche die moslemischen Schüler der Galenus und Hippokrates für die rückständigen und barbarischen Methoden der fränkischen Ärzte empfunden haben müssen. Usāma führt auch zwei Fälle an, in denen die Behandlung der Franken erfolgreich war. Bei einem von ihnen ging es um ein Rezept für Skrofulose; Usāma schreibt, der fränkische Arzt habe seinem Patienten zunächst den christlichen Eid abverlangt, daß er selbst diese Medizin anderen nicht gegen Geld verschreiben werde. Insgesamt ist Usāmas Einstellung zu den Franken äußerst negativ.

Nur in einem einzigen Bereich zeigten die Moslems des Mittelalters Respekt vor den Leistungen der Kreuzfahrer: im Bereich der Kriegskunst. Die Art der moslemischen Bewaffnung und, mehr noch, ihrer Befestigungen weist Zeichen fränkischen Einflusses auf, die sowohl auf die Übernahme fränkischer Beispiele wie die Beschäftigung fränkischer Kriegsgefangener zurückgehen.

In osmanischen Zeiten war nur zu deutlich geworden, wie wichtig es war, die fränkische Kriegskunst zu meistern. Dies galt besonders für die Artillerie und die Flotte. Zwar war Schießpulver Jahrhunderte zuvor in China erfunden worden, doch das zweifelhafte Verdienst, seine militärischen Möglichkeiten erkannt und verwirklicht zu haben, gebührt dem christlichen Europa. Die moslemischen Länder zögerten zunächst, dieses neue Mittel zu akzeptieren. Offenbar wurden Schußwaffen zur Verteidigung von Aleppo benutzt, als Tamerlan es belagerte, doch im allgemeinen lehnten die Mameluken Ägyptens und Syriens eine Waffe ab, die sie für unritterlich hielten und welche die soziale Ordnung gefährden könnte. Die Osmanen wußten den Wert von Feuerwaffen viel rascher zu schätzen, und vor allem durch den Einsatz von Musketen und Kanonen waren sie in der Lage, ihre beiden wichtigsten moslemischen Rivalen, den Sultan von Ägypten und den Schah von Persien, zu besiegen. Der wirksame Einsatz von Kanonen spielte eine wichtige Rolle bei der Eroberung Konstantinopels im Jahre 1453 und bei anderen Siegen, welche die Osmanen sowohl über ihre europäischen wie über ihre moslemischen Gegner errangen. Bezeichnenderweise waren die meisten Kanonengießer und Kanoniere europäische Überläufer oder Abenteurer. Die Osmanen waren zwar durchaus in der Lage, diese neue Waffe einzusetzen, was aber die zu ihrer Herstellung nötige Wissenschaft und sogar Technologie betraf, verließen sie sich weiterhin auf Außenseiter. Etwa das gleiche gilt für die verwandten Korps von Artilleristen und Pionieren. Das unvermeidliche Ergebnis war, daß die osmanische Artillerie im Laufe der Zeit stetig hinter jener der europäischen Rivalen zurückfiel.

Das osmanische Interesse an Schußwaffen und Minen ging einher mit ihrem Bestreben, nicht den Anschluß an Schiffbau und Nautik Europas zu verlieren. Als eine venezianische Kriegsgaleere in türkischen Gewässern auf Grund lief, untersuchten osmanische Flotteningenieure sie mit großer Neugier und wollten verschiedene Merkmale ihrer Konstruktion und Bewaffnung für ihre eigenen Schiffe übernehmen. Der Obermufti der Hauptstadt wurde gefragt, ob es erlaubt sei, die Methoden der Ungläubigen auf diesem Gebiet nachzuahmen. Die Antwort war, daß es gestattet sei, die Waffen der Ungläubigen nachzuahmen, um die Ungläubigen zu besiegen.

Die hier aufgeworfene Frage ist sehr wichtig. Der moslemischen Tradition nach werden Neuerungen gemeinhin als schlecht betrachtet, wenn nicht nachgewiesen werden kann, daß sie gut sind. Das Wort *bid'a* – Neuerung oder Neuheit – bezeichnet eine Abweichung vom heiligen Gebot und den Bräuchen, die der Prophet, seine Jünger und die frühen Moslems der Menschheit mitteilten. Die Tradition ist gut, und sie enthält Gottes Botschaft an die Menschheit. Abweichungen von der Tradition sind deshalb zu verurteilen, und mit der Zeit nahm das Wort *bi'da* bei den Moslems eine ähnliche Bedeutung an wie das Wort »Ketzerei« in der Christenheit.

Eine besonders anstößige Art der *bi'da* ist jene, welche die Ungläubigen nachahmt. Ein Ausspruch, der dem Propheten zugeschrieben wird, besagt: »Wer immer ein Volk nachahmt, wird einer von ihm.« Dies wurde so interpretiert, daß die Übernahme oder Nachahmung von Bräuchen, die für die Ungläubigen charakteristisch sind, an sich schon auf einen Akt des Unglaubens und folglich auf einen Verrat am Islam hinauslaufe. Dieser Ausspruch und die Doktrin, die sich aus ihm ergibt, wurden häufig von moslemischen religiösen Autoritäten beschworen, um alles zu bekämpfen und zu verurteilen, was sie als Nachahmung Europas und deshalb als Kompromiß mit dem Unglauben ansahen. Es war ein starkes Argument für die religiös Konservativen, und es wurde oft von ihnen angeführt, um so verwestlichende Neuerungen wie Technologie, Buchdruck und sogar Medizin europäischen Stils unmöglich zu machen.

Es gab jedoch eine wichtige Ausnahme von dieser Doktrin: die Kriegführung. Der Jihãd, der Heilige Krieg gegen die Ungläubigen, war eine der gemeinsamen elementaren Verpflichtungen des moslemischen Staates und der moslemischen Gemeinschaft. Wenn der Krieg defensiv geführt wird, wird er zu einer individuellen Verpflichtung jedes Moslems. Es ist deshalb ein religiöses Verdienst und sogar ein Auftrag, die Waffen der Moslems zu verbessern und sie für den Jihãd gegen die Ungläubigen wirkungsvoller zu machen. Um gegen die Ungläubigen zu kämpfen, mag es notwendig sein, von den Ungläubigen zu lernen; osmanische Juristen und andere Autoren, die über dieses Thema schreiben, führen gelegentlich ein Prinzip an, das sie *al-muqãbala bi'l-mithl* – Gleiches mit Gleichem vergelten – nennen, das heißt, daß der Ungläubige mit seinen eigenen Waffen und Methoden bekämpft werden muß.[3] Befürworter der modernisierten Kriegführung waren in der Lage, Präzedenzfälle in der heiligen Vergangenheit und sogar in der Schrift zu finden. Wie sie ausführten, seien der Prophet selbst und die frühen moslemischen Krieger bereit gewesen, die fortgeschrittenen Militärtechniken jener Zeit von den parsischen Persern und den christlichen Byzantinern zu übernehmen, um sie wirkungsvoller bekämpfen zu können. Später hätten die Heere des Kalifats Seefeuer von den Byzantinern übernommen und dadurch das Beispiel und die Rechtfertigung für die spätere Übernahme von Schießpulver und Feuerwaffen – ebenfalls von der Christenheit – gegeben. Die Ermächtigung dazu wurde sogar in einem Vers des Koran gefunden, in dem den Gläubigen aufgetragen wird: ». . . die Götzendiener mögt ihr in allen Monaten bekämpfen, so wie sie auch euch in allen angreifen . . .«[4] Dies wurde so uminterpretiert, daß die Moslems alle Waffen, einschließlich jener der Ungläubigen, benutzen sollten, um sie zu besiegen.

Alles in allem waren die Osmanen bereit, europäischen Bräuchen der Kriegführung zu folgen oder sie ihren Verhältnissen anzupassen, besonders was die Artillerie und die Schiffahrt betraf, wo religiöser Widerstand gedämpft war. Sie nutzten auch die westliche Bergbautechnik für sich aus. In den osmanischen Gebieten in Südosteuropa lagen bedeutende Eisen- und, vor allem, Silberbergwerke. Die Ausbeutung dieser Bergwerke war hauptsächlich deutschen Experten übertragen, die vom osmanischen Staat auf der Grundlage der Gewinnbeteiligung beschäftigt wurden. Sie bedienten sich der Abbautechniken, die ihnen aus Deutschland vertraut waren; sogar die Vorschriften, die für diese osmanischen Gruben galten, waren die sächsischen Bergbaugesetze. Diese existieren noch in einer türkischen Fassung, die als *Kanun-i Sas*, das sächsische Gesetz, bekannt ist.[5]

Die Osmanen waren gewillt, europäische Experten für diese und andere Zwecke in so großer Zahl zu beschäftigen, daß sie eine anerkannte Gruppe innerhalb der Palasthierarchie bildeten, die *Taife-i Efrenjiyan*, das Korps der Franken, genannt wurde. Die osmanischen Sultane und ihre Minister waren durchaus fähig, die Bedeutung der europäischen Technologie zu begreifen sowie Europäer ausfindig zu machen und für ihre Ziele einzusetzen. Aber der Widerstand der religiös Konservativen war immer gegenwärtig, und obwohl er nicht stark genug war, um Anleihen und einige Nachahmungen zu verhindern, reichte sein Einfluß aus, um die Entstehung einer kraftvollen heimischen Technologie zu verhindern. Die Sultane hatten die Macht und die Mittel, Techniker aus dem Ausland anzuwerben; sie hatten nicht die Macht, eigene Techniker durch das Bildungssystem, das von den Ulemas beherrscht wurde, heranbilden zu lassen.

Trotz ihrer Schwierigkeiten waren die Osmanen in einer weit besseren

Lage als die anderen islamischen Staaten. Die osmanischen Sultane und Minister erkannten wenigstens die Bedeutung der westlichen Technologie und konnten über einen gewissen Zeitraum hinweg sogar ein begrenztes Maß technologischer Neuerung fördern. In den Jahrhunderten der Blüte waren die Osmanen nicht nur fähig, mit der modernsten europäischen Waffentechnik Schritt zu halten, sondern konnten diese manchmal sogar durch eigene Erfindungen und Neuerungen verbessern. Einige europäische Beobachter des 16. und 17. Jahrhunderts äußern sich zu der Geschwindigkeit, mit der die Osmanen europäische Waffen und Kriegsmaterialien übernahmen und zuweilen modifizierten. Noch während der zweiten türkischen Belagerung Wiens im Jahre 1683 bemerkten österreichische Zeitgenossen, daß die türkischen Musketen so gut wie jene der Österreicher und in mancher Hinsicht – in der Reichweite zum Beispiel – sogar besser seien. Aber die fortwährende Abhängigkeit von ausländischen Fertigkeiten und Spezialisten forderte ihren Tribut. Es wurde immer schwerer für die Osmanen, mit den sich rasch entwickelnden technologischen Neuerungen des Westens Schritt zu halten, und im Laufe des 18. Jahrhunderts fiel das Osmanische Reich, das seinerseits dem Rest der islamischen Welt weit voraus war, in praktisch allen Kriegsfertigkeiten entscheidend hinter Europa zurück.[6]

Die Stadien des Wandels lassen sich am deutlichsten am Gegensatz zwischen den moslemischen und den europäischen Flotten ablesen. Solange ihre Flottenaktionen sich auf das Mittelmeer beschränkten, gelang es den Osmanen, dem Entwicklungstempo des Schiffsbaus und der Nautik Europas mehr oder weniger zu folgen. Im frühen 17. Jahrhundert, mit der Ausweitung ihrer Macht und ihres Einflusses auf das westliche Mittelmeer, gerieten die Osmanen in direkteren Kontakt mit den atlantischen Seemächten. Dazu trug eine wichtige Veränderung in Westeuropa maßgeblich bei. Nach dem Tode Königin Elisabeths von England im Jahre 1603 schloß der neue König Jakob I. Frieden mit Spanien: Durch den Vertrag von 1604 ging der lange Seekrieg zwischen den beiden Ländern zu Ende. Etwa zur selben Zeit beendeten die Spanier ihren Kampf gegen die Niederlande, deren Unabhängigkeit sie im Jahre 1609 anerkannten. Die vielen englischen und holländischen Seeräuber, die für den Krieg beider Länder gegen Spanien so wichtig gewesen waren, wurden jetzt nicht nur überflüssig, sondern gefährlich. Deshalb gaben die Engländer, die Holländer und andere westliche Regierungen ihre frühere Toleranz auf und leiteten immer strengere Maßnahmen gegen ihre eigenen Piraten ein. Viele von ihnen, welche die Bedingungen in der Heimat nun weniger günstig für ihre Berufsausübung fanden, opferten ihren Glauben dem Gewerbe und flohen an die berberische Küste, wo sie freudig empfangen wurden. Westeuropäische Piraten, gewohnt, die Ozeane mit Rahseglern zu befahren, deren Bestückung an den

Bordseiten angeordnet war, machten ihre Gastgeber mit diesen Schiffen bekannt und brachten ihnen bei, sie zu bauen und zu segeln. Die Korsaren, die den Vorteil der Breitseite gegenüber der spärlichen Bestückung von Galleren rasch erkannten, meisterten bald die Kunst der Navigation und Kriegführung mit diesen neuen Schiffen, und es dauerte nicht lange, bis Flotten aus Nordafrika durch die Straße von Gibraltar segelten und Raubzüge in so ferne Gebiete wie Madeira, die Britischen Inseln und noch weiter unternahmen.

Eine Zeitlang waren die moslemischen Flotten so gut oder noch besser als die christlichen. Aber der Vorsprung ging allmählich verloren, und ohne den stetigen Zustrom von Flüchtlingen und Überläufern, die das Niveau wiederherstellen und aufrechterhalten konnten, begannen sie, ins Hintertreffen zu geraten. Der osmanische und nordafrikanische Schiffbau konnte nicht mit den entscheidenden Entwicklungen Schritt halten, die im 17. und 18. Jahrhundert in Europa stattfanden, und im späten 18. Jahrhundert sahen sich die Osmanen, die so lange kriegstechnisch unabhängig gewesen waren, gezwungen, Schiffe in ausländischen Werften in Auftrag zu geben. Das war ein verhängnisvoller Umschwung.

Neben der Waffentechnik und der Schiffahrt gab es ein anderes Gebiet, auf dem man Europa zu einem gewissen Beitrag imstande sah. Dies war die medizinische Wissenschaft. Im 15. und 16. Jahrhundert hatte sich die Lage radikal geändert, verglichen mit den Zeiten, in denen Kreuzfahrer moslemische oder orthodox-christliche und jüdische Ärzte um Hilfe ersuchen mußten. Inzwischen führte Europa auf diesem Feld, während der Islam zurückblieb. Der intime und persönliche Charakter der von Ärzten geleisteten Dienste verlieh medizinischen Neuerungen eine Anziehungskraft, die den öffentlicheren und unpersönlicheren Sparten der europäischen Wissenschaft und Technik fehlte. In der Medizin ging es um die individuelle Gesundheit und vielleicht sogar um das Überleben des Patienten. Wie zu anderen Zeiten und an anderen Orten konnte auch hier das Eigeninteresse sogar über die äußerste Bigotterie triumphieren, wenn es galt, die besten verfügbaren Ärzte ausfindig zu machen. Trotzdem gab es auch gegen dieses Bestreben Widerstand, und die konservativeren Praktiker der traditionellen Medizin setzten sich zur Wehr.

Zunächst waren Nichtmoslems – hauptsächlich Juden und gelegentlich Christen – in erster Linie, wenn nicht gar völlig, dafür verantwortlich, daß die europäische Medizin in die osmanischen Gebiete vordrang. Im 15. Jahrhundert nutzte Mehmed der Eroberer die Dienste Giacomos di Gaeta, eines jüdischen Arztes aus Italien, der sich später, zum Islam bekehrt, Yaqub Pascha nannte. Im 16. Jahrhundert waren jüdische Ärzte, meist spanischer, portugiesischer und italienischer Herkunft, schon häufig im Osmanischen Reich zu finden. Nicht nur die Sultane, sondern auch viele ihrer Untertanen konsultierten diese Ärzte, die sie als Vertreter eines höheren medizinischen Wissenstandes anerkannten. Besucher aus dem christlichen Westen, die vorübergehend im Osmanischen Reich weilten, äußern sich – gewöhnlich mißbilligend – über die Rolle, welche diese jüdischen Ärzte spielten, und besonders über den Einfluß, den sie auf den osmanischen Hof ausübten. Manche dieser Besucher verspotten die jüdischen Ärzte, weil sie nur klägliche Latein- und Griechischkenntnisse hätten und versäumten, sich über die westliche Medizin, die damals rasche Fortschritte machte, auf dem laufenden zu halten.[7] Andere verzeichnen, daß unter den Ärzten einige »wohlunterrichtet in der Theorie und erfahren in der Praxis«[8], vertraut mit der medizinischen Standardliteratur und verwandten Werken in griechischer wie in arabischer und hebräischer Sprache seien.

Manche dieser jüdischen Ärzte fertigten sogar Abhandlungen an, die sie für ihre kaiserlichen und anderen Patienten entweder in türkischer Sprache schrieben oder ins Türkische übersetzen ließen. Eines dieser Büchlein, das den Titel *Asa-i Piran* – »Die Stütze der Alten« – trägt, erläutert die Krankheiten, denen alte Männer ausgesetzt sind, und bietet Ratschläge zur Vorbeugung und Heilung an. Der Autor scheint ein gewisser Manuel Brudo gewesen zu sein, der manchmal Brudus Lusitanus, das heißt Brudo der Portugiese, genannt wurde, ein heimlicher Jude, der Portugal in den dreißiger Jahren des 16. Jahrhunderts verließ. Er ging zuerst nach London, zog dann nach Antwerpen, darauf nach Italien und ließ sich schließlich in der Türkei nieder, wo er sich offen zum Judaismus bekannte. Neben medizinischen Ratschlägen enthält das Buch eine Reihe von Beobachtungen, die der Autor in verschiedenen europäischen Ländern gemacht hatte. Er merkt zum Beispiel an, wie die Engländer Eier und Fisch zubereiten und welche Sorte Feuerholz die Londoner im Winter benutzen, um Feuchtigkeit zu vertreiben. Er erörtert die englische und deutsche Gewohnheit, frische Butter und Eier zum Frühstück zu essen, und den Brauch, gekochte Pflaumen zur Mahlzeit als Abführmittel zu servieren. Ihm mißfällt, daß die Christen ein Mittagessen zu sich nehmen, und er lobt die Moslems für ihre Klugheit, weil sie schon früh am Morgen speisen. Sein Buch wurde offenbar für Suleiman den Prächtigen geschrieben.[9]

Manuel Brudo gehörte zu einer Reihe jüdischer Ärzte europäischer Herkunft, die in den Dienst des Sultans eintraten. Ihre Rolle wurde so bedeutend, daß in den osmanischen Palastarchiven auf die Existenz von zwei getrennten Hofarztkorps hingewiesen wird, von denen das eine aus Moslems und das andere aus Juden bestand. Man darf annehmen, daß die Moslems weiterhin nach den medizinischen Traditionen des mittelalterlichen Islam praktizierten, während die Juden mehr oder weniger der europäischen Praxis folgten, wenn auch wohl mit einer stetig wachsenden Zeitverschiebung, während der Kontakt mit ihren Herkunftsländern und mit der europäischen Wissenschaft verlorenging. Unter den anderen Werken jüdischer Autoren dieser Zeit ist eine kurze türkische Abhandlung über die Zahnmedizin, verfaßt von Moses Hamon, einem Juden andalusischer Abstammung, der zum jüdischen Chefarzt Sultan Suleiman des Prächtigen ernannt wurde.[10] Es scheint sich um die erste türkische Arbeit über Zahnmedizin und wohl eine der ersten je publizierten zu handeln. Ein weiteres Buch dieser Periode ist eine knappe Abhandlung über pharmazeutische Präparate, geschrieben von einem Arzt, der sich bescheiden Musa Jalinus ibn Isra'ili, das heißt Moses der jüdische Galenus, nennt.

Mehrere dieser jüdischen Ärzte spielten eine politische Rolle von einiger Tragweite. Ihr Zugang zu den Sultanen und Wesiren einerseits und ihre Kenntnis europäischer Sprachen und Verhältnisse andererseits ließen sie sowohl türkischen Herrschern wie ausländischen Gesandten nützlich erscheinen, was manche von ihnen befähigte, in Positionen von Macht und Einfluß aufzusteigen. Einige wurden sogar zu diplomatischen Missionen ins Ausland geschickt.

Im folgenden Jahrhundert gab es einen neuen und schmerzhaften Grund für osmanische Ärzte, den medizinischen Fertigkeiten Europas Aufmerksamkeit zu schenken. Den Grund lieferte eine vorher unbekannte Krankheit, die aus dem Westen kam und der deshalb ein Name gegeben wurde, den sie heute noch in den meisten moslemischen Ländern trägt: Firengi, die fränkische Krankheit. Die erste türkische Arbeit über Syphilis, Teil einer Sammlung medizinischer Schriften, die Sultan Mehmed IV. im Jahre 1655 präsentiert wurden, gründet sich weitgehend auf das berühmte Werk Girolamo Fracastros aus Verona (1483–1553) und macht auch einige Anleihen bei Jean Fernel (gest. 1558), was die Behandlung dieses Leidens angeht. Andere Teile dieser Arbeit, die weiteren Krankheiten gewidmet sind, zitieren die Namen mehrerer wohlbekannter europäischer Ärzte des 16. Jahrhunderts. Das Buch läßt auf eine gewisse Vertrautheit mit der europäischen Medizin schließen, und es ist sogar möglich, daß der Autor fähig war, Latein zu lesen, oder wenigstens über jemanden verfügte, der ihm diesen Dienst erwies. Aber der Unterschied der Methoden fällt schon jetzt ins Auge. Obwohl die Sammlung dem Sultan im Jahre 1655 präsentiert wurde, stammen die in ihr zitierten europäischen Werke alle aus dem 16. Jahrhundert.[11] Die jüdischen Ärzte, die im 16. Jahrhundert aus Europa kamen, verkörperten den höchsten Entwicklungsstand der damaligen europäischen Medizin. Die osmanischen jüdischen Ärzte des 17. Jahrhunderts verkörperten immer noch den höchsten Entwicklungsstand der europäischen Medizin – des 16. Jahrhunderts. Die Erneuerung der Kontakte durch die Ausbildung osmanischer und griechischer Ärzte an italienischen Universitäten – von der Mitte des 17. Jahrhunderts an – scheint diese Situation nicht fundamental geändert zu haben. Die Gemächlichkeit und der zeitlose

Rahmen, die für die osmanische Wissenschaftsliteratur typisch waren, hatten schon einen ernsten Rückstand der osmanischen zur westlichen Wissenschaft entstehen lassen. Er sollte noch viel größer werden.

Aus diesen gelegentlichen osmanischen Hinweisen auf die westliche Wissenschaft wird deutlich, daß die Entwicklung der Forschung – die Umwandlung von Ideen, das allmähliche Wachsen der Kenntnisse – für die Philosophie der Osmanen unwesentlich war. Die grundlegende Idee, Hypothesen aufzustellen, zu überprüfen und, wenn nötig, aufzugeben, blieb einer Gesellschaft fremd, in der das Wissen als Korpus ewiger Wahrheiten angesehen wurde, die man erwerben, anhäufen, übermitteln, interpretieren und anwenden, aber nicht modifizieren oder umwandeln kann. Ihre Werke über Medizin und andere Wissenschaften kompilieren, bearbeiten und interpretieren meist Einzelheiten aus dem Bestand des klassischen islamischen Wissens, wie es in persischer und besonders arabischer Sprache überliefert ist; manchmal wird es durch Material ergänzt, das aus wissenschaftlichen Schriften des Westens stammt, doch ähnlich behandelt wird. Es gibt keinen Versuch, neue Entdeckungen weiterzuentwickeln, und man ist sich der Existenz eines solchen Prozesses kaum bewußt. Die großen Wandlungen, die damals in der Anatomie und Physiologie vor sich gingen, blieben unbemerkt und unbekannt.

Dem moslemischen Glauben gemäß gab es in der Frühzeit des Islam die Regel des sogenannten *ijtihād*: Unabhängige Urteile wurden gefällt, die moslemischen Gelehrten, Theologen und Juristen gestatteten, Probleme der Theologie und des Rechts zu lösen, auf welche die Heilige Schrift und die Tradition keine ausdrückliche Antwort gaben. Ein großer Teil des Korpus von moslemischer Theologie und Jurisprudenz entstand auf diese Weise. Der Prozeß wurde bald abgeschlossen, als alle Fragen beantwortet waren. »Das Tor des *ijtihād* wurde geschlossen«, wie die traditionelle Formulierung lautet, und danach wurden unabhängige Entscheidungen nicht mehr benötigt und nicht mehr zugelassen. Alle Antworten lagen schon vor, und ihnen brauchte nur noch gehorcht zu werden. Man ist versucht, eine Parallele in der Entwicklung der moslemischen Wissenschaft zu sehen, wo unabhängiges Denken in der Frühzeit eine reiche Blüte wissenschaftlicher Aktivitäten und Entdeckungen hervorbrachte, wo aber später ebenfalls das Tor des *ijtihād* geschlossen wurde und eine lange Periode folgte, in der die moslemische Wissenschaft fast ausschließlich aus Sammlung und Wiederholung bestand.

Eine Zeitlang schien es, als könnten die jüdischen Flüchtlinge aus Europa eine neue Phase der osmanischen Medizin einleiten. In Wirklichkeit aber brachten sie nur einige neue Details und Informationen mit, die dem Korpus hinzugefügt wurden, und bald, als sie ihre Kontakte zu Europa verloren hatten und ein Teil der mittelöstlichen Gesellschaft geworden waren, unterschieden die osmanischen Juden sich nicht mehr wesentlich von ihren moslemischen Nachbarn.

Bis zu einem gewissen Grade wurden sie von osmanischen Griechen abgelöst, die nun in eine Epoche des Wachstums und der Entwicklung eintraten. Panagiotis Nicoussias war einer der ersten osmanischen Griechen, die an der Universität Padua – er bestand die Abschlußprüfung um 1650 – Medizin studierten. Nach Istanbul zurückgekehrt, war er als medizinischer Praktiker so erfolgreich, daß der Großwesir Mehmed Köprülü ihn zu seinem Leibarzt ernannte. Was die jüdischen Ärzte im Jahrhundert zuvor erlebt hatten, widerfuhr nun diesem im Westen ausgebildeten griechischen Arzt: Der Großwesir schenkte ihm seiner Kenntnis der europäischen Verhältnisse wegen Vertrauen. Nicoussias wurde Chefdragoman der Hohen Pforte, möglicherweise der erste Inhaber dieses wichtigen Amtes. Nach seinem Tode im Jahre 1673 folgte ihm ein anderer griechischer Arzt aus Padua, der Chiote Alexander Mavrocordato, der eine Arbeit über die Funktion der Lungen im Blutkreislauf veröffentlicht hatte. Da sie in lateinischer Sprache geschrieben war, gehört sie jedoch zur Geschichte der europäischen, nicht der osmanischen Medizin. Seinen Platz in der osmanischen Geschichte verdiente er sich als Chefdragoman der Pforte.

Das frühe 18. Jahrhundert brachte einige Veränderungen. Im Jahre 1704 schrieb ein Arzt namens Ömer Şifai ein Büchlein über den Nutzen der Chemie für die medizinische Behandlung, das er als Übersetzung von Paracelsus vorstellt. Etwa zur selben Zeit übersetzte ein weiterer osmanischer Arzt – ein Grieche aus Kreta, der zum Islam konvertiert war und sich Nuh ibn Abdulmennan nannte – ebenfalls ein Buch über medizinische Behandlung. Ein dritter Arzt dieser Zeit – Şaban Şifai, ein Lehrer an der medizinischen Universität, die der Süleymaniye-Moschee angeschlossen war – schrieb eine Abhandlung über Empfängnis und Geburt, Fürsorge während der Schwangerschaft und nach der Entbindung. All diese Arbeiten spiegeln einen neuen Typ der medizinischen Wissenschaft und auch einen neuen Zugang zur medizinischen Praxis wider.

Es war unvermeidlich, daß solche Neuerungen starken Widerstand erregten, und im Jahre 1704 verbot ein neuer Erlaß die Ausübung der »neuen Medizin *(Tibb-i Jedid)* durch bestimmte unwissende Ärzte«. Der Erlaß bezieht sich auf »gewisse Pseudoärzte der fränkischen Gemeinschaft, die den Weg der alten Ärzte verließen und bestimmte Medikamente benutzten, die unter dem Namen ›neue Medizin‹ bekannt sind . . .« Die Verfügung schrieb vor, daß sich türkische Ärzte einer Prüfung unterzogen, und sie verbot ausländischen Ärzten zu praktizieren. Dies hielt Ömer Şifai nicht davon ab, seine Arbeit fortzusetzen und eine Abhandlung in acht Bänden über die sogenannte neue Medizin zu schreiben. Zwar unterstützte die offizielle osmanische Führung immer noch die Medizin des Galenus und

Avicennas, aber die Schüler des Paracelsus begannen, Einfluß zu gewinnen.[12]

Mehrere Botschafter, die europäische Länder besuchten, zeigten etwas Interesse an deren Wissenschaft und noch ein wenig mehr an deren Technik. Mehmed Said Efendi äußert sich wiederholt positiv über das französische Verkehrssystem, über die Schleusen, Kanäle, Straßen, Brücken und Tunnel, die er bei seiner Reise von der Südküste nach Paris benutzte. Man führte ihn ins Observatorium, wo ihn die große Zahl astronomischer und anderer Instrumente sehr beeindruckte, über deren Zweck er sich offenbar im klaren war. Er spricht von »zahllosen Maschinen zur Beobachtung der Sterne«, »zum mühelosen Heben riesiger Lasten, zur Bestimmung des Neumondes, zur Erhebung des Wassers von unten nach oben und anderen großartigen und wunderbaren Dingen«. Außerdem sah er konkave Brennspiegel, »so groß wie eines unserer gewaltigen Speisetabletts aus Damaszener Metall«, die genug Hitze erzeugten, um Holz zu verbrennen und Blei zu schmelzen. Recht ausführlich geht er auf astronomische Instrumente und besonders auf ein Teleskop ein, das er sehr bewunderte.[13]

Andere hatten weniger Interesse. Als Beispiel einer abweichenden Einstellung zur Wissenschaft und zu den Geräten, die sie hervorbrachte, kann der Botschaftsbericht Mustafa Hatti Efendis dienen, der im Jahre 1748 zu einer Mission nach Wien reiste. Dort wurden er und seine Begleiter ins Observatorium eingeladen, wo man ihnen die Wunder der damaligen Wissenschaft zeigen wollte. Er blieb unbeeindruckt:

Auf Befehl des Kaisers wurden wir ins Observatorium eingeladen, um einige der dort verwahrten seltsamen Geräte und wunderbaren Gegenstände zu sehen. Wir nahmen die Einladung ein paar Tage später an und fuhren zu dem Gebäude mit sieben oder acht Stockwerken. Im obersten Stockwerk, dessen Decke durchbrochen war, sahen wir die astronomischen Instrumente und die großen und kleinen Teleskope für die Sonne, den Mond und die Sterne.
Eine der uns gezeigten Vorrichtungen sah folgendermaßen aus: Es waren zwei benachbarte Räume. In einem war ein Rad, und auf dem Rad waren zwei große Metallkugeln. An diesen war ein hohler Zylinder angebracht, schmaler als ein Schilfrohr, von dem eine lange Kette in das andere Zimmer führte. Wenn das Rad gedreht wurde, wehte ein brennender Wind an der Kette entlang in das andere Zimmer, wo er vom Boden aufwirbelte, und wenn jemand ihn berührte, traf der Wind seinen Finger und erschütterte seinen ganzen Körper. Was noch wunderbarer ist: Wenn der Mann, der ihn berührte, einen anderen an der Hand hielt, und der wieder einen anderen, bis schließlich ein Kreis von zwanzig oder dreißig Personen gebildet wurde, dann spürte jeder von ihnen den gleichen Schock in Finger und Körper wie der erste. Wir versuchten dies selbst. Da sie uns keine verständliche Antwort auf unsere Fragen gaben und da die ganze Sache bloß ein Spielzeug ist, hielten wir es nicht für der Mühe wert, uns weiter danach zu erkundigen.

Eine andere Vorrichtung, die sie uns zeigten, bestand aus zwei Kupfertassen, die, ungefähr drei Ellen voneinander entfernt, jeweils auf einem Stuhl standen. Wenn ein Feuer in einer von ihnen entzündet wurde, hatte es trotz des Abstandes eine solche Wirkung auf die andere Tasse, daß sie explodierte, als wären sieben oder acht Musketen abgefeuert worden.

Die dritte Vorrichtung bestand aus kleinen Glasflaschen, die sie gegen Stein und Holz schlugen, ohne sie zu zerbrechen. Dann legten sie Feuersteinsplitter in die Flaschen, woraufhin sich diese fingerdicken Flaschen, die dem Aufprall auf Stein widerstanden hatten, wie Mehl auflösten. Als wir fragten, was dies zu bedeuten habe, antworteten sie, daß Glas so werde, wenn man es direkt aus dem Feuer in kaltem Wasser kühlt. Wir schreiben diese lächerliche Antwort ihrer fränkischen Betrügerei zu.

Eine andere Vorrichtung bestand aus einem Kasten mit einem Spiegel darin und außen mit zwei Holzgriffen. Wenn man die Griffe drehte, wurden in dem Kasten nach und nach Papierrollen enthüllt, von denen jede verschiedene Arten von Gärten, Palästen und anderen darauf gemalten Phantasien darstellte.

Nach der Vorführung dieser Spielzeuge wurde dem Astronomen ein Ehrengewand überreicht, und den Dienern des Observatoriums wurde Geld gegeben.[14]

Man darf sich fragen, ob europäische Edelleute und Diplomaten des 18. Jahrhunderts den Wundern der Wissenschaft gegenüber aufgeschlossener gewesen wären als ihr türkischer Kollege. Der entscheidende Unterschied ist, daß der letztere die Einstellung seiner Gesellschaft zum Ausdruck brachte, während sie darauf verzichten.

Die Osmanen verachteten die barbarischen Ungläubigen in ihrem Westen nicht weniger, als andere moslemische Völker es taten, aber sie waren bereit, manche Erfindungen der einfallsreichen Barbaren zu studieren und zu übernehmen, wenn sie ihren Zwecken dienten, ohne ihre Lebensweise zu gefährden. Dies hebt Ghiselin de Busbecq, Botschafter des Heiligen Römischen Reiches in Istanbul, in einem Brief des Jahres 1560 nachdrücklich hervor:

... Keine Nation hat weniger Widerwillen gezeigt, die nützlichen Erfindungen anderer zu übernehmen; zum Beispiel haben sie sich für ihren eigenen Gebrauch große und kleine Kanonen und viele andere unserer Entdeckungen angeeignet. Sie haben sich jedoch nie überwinden können, Bücher zu drucken und öffentliche Uhren aufzustellen. Sie halten dafür, daß ihre heiligen Schriften – das heißt ihre religiösen Bücher – keine heiligen Schriften mehr wären, wenn man sie druckte; und wenn sie öffentliche Uhren aufstellten, würden nach ihrer Meinung die Autorität des Muezzins und ihrer alten Riten herabgesetzt werden.[15]

Schließlich gaben die Osmanen in diesen beiden Punkten nach. Der Buchdruck wurde, wie erwähnt, im 18. Jahrhundert für türkische und arabische Texte eingeführt, und Uhren wurden viel früher importiert und letzten Endes sogar in Großen Kaiserlichen Moscheen angebracht.

Die Benutzung von Geräten zur Zeitmessung war im Islam keineswegs neu. Im Gegenteil, ausgehend von den beiden aus der Antike ererbten Methoden, der Sonnenuhr und der Wasseruhr, konnten die Moslems ein kompliziertes System eigener Geräte entwickeln. Das osmanische Interesse an den mechanischen Uhren Europas, deren Produktion im Westen im 14. Jahrhundert begann, reicht ziemlich weit zurück. Im 16. Jahrhundert waren europäische Uhren und Taschenuhren im Osmanischen Reich schon sehr verbreitet, und es fanden sich sogar Nachahmer. Einer der hervorragendsten war ein Syrer namens Taqī al-Dīn (1525–1585), dessen Abhandlung – geschrieben in der Mitte des Jahrhunderts – über Uhren, die mit Gewichten und Sprungfedern betrieben werden, von entscheidender Bedeutung für die Geschichte dieser Wissenschaft ist.

Nicht alle im Osmanischen Reich benutzten Uhren und Taschenuhren waren aus Europa importiert. Von rund 1630 bis etwa 1700 gab es eine Uhrmachergilde im Galata-Bezirk von Istanbul, deren Erzeugnisse den Maßstäben der Schweizer und englischen Handwerksmeister entsprachen. Diese Uhrmacher waren jedoch europäische Emigranten, nicht örtliche Moslems, und am Ende des 17. Jahrhunderts konnten sie ihren Unterhalt nicht mehr bestreiten. Mehrere Faktoren trugen zu ihrem Niedergang bei. Einer bestand in der wachsenden Schwierigkeit, die nötigen Materialien zu beschaffen; sie wurde verstärkt durch die merkantilistische Politik der westlichen Regierungen und Hersteller, die nun Uhren und Taschenuhren für den türkischen Geschmack und den türkischen Markt produzierten. Sie exportierten jetzt vollständige Uhren und waren nicht mehr bereit, örtlichen Uhrmachern wie früher Gehwerke oder Ersatzteile zu liefern. Ein anderer Faktor war zweifellos die stetige Verbesserung der Pendeluhren und federgetriebenen Taschenuhren in Europa, mit der die in Istanbul ansässigen Uhrmacher nicht Schritt halten konnten. In den frühen Jahren des 18. Jahrhunderts war das Uhrmacherhandwerk in der Türkei so gut wie tot. Einer der letzten westlichen Uhrmacher, die in die Türkei gingen, war Isaac Rousseau, der Vater des Philosophen Jean-Jacques Rousseau, der in seinen *Confessions* bemerkt, daß »mein Vater sich nach der Geburt meines einzigen Bruders nach Konstantinopel begab, wo er zum Uhrmacher des Serails ernannt worden war«.

Durch ein seltsames Zusammentreffen der Umstände hatte auch Voltaire eine Beziehung zum türkischen Uhrenmarkt. Als Gutsherr von Ferney machte er einige Anstrengungen, den Menschen seines Gutes zu helfen, darunter einer Gruppe von rund fünfzig Glaubensflüchtlingen aus Genf. Wie es der Zufall wollte, waren sie Uhrmacher, und Voltaire bemühte sich, neue Märkte für sie zu finden. In einem Brief, den er Friedrich dem Großen im Jahre 1771 schrieb, bezeichnet Voltaire die Türkei als den vollkommenen Markt: »Nun importieren sie schon seit sechzig Jahren Uhren aus Genf, und sie sind immer noch nicht fähig, eine herzustellen oder sie auch nur einzustellen.«[16]

Neben Uhren und Taschenuhren gab es eine weitere europäische Erfindung, die für manche Bewohner des Mittleren Ostens nützlich war. Schon im Jahre 1480 führt ein Dichter im Iran, der den Beginn des Alters beklagt, unter anderen Gebrechen an:

Meine beiden Augen dienen nun überhaupt keinem Zweck mehr, es sei denn, sie werden mit einer fränkischen Brille *(Firangī shīsha)* vier.

Die Einführung von Brillen aus Europa scheint sich in begrenztem Maße fortgesetzt zu haben, und gelegentlich werden ihr Kauf und ihre Verwendung erwähnt.[17] Das System der Filtrierung, das Importe ausschließen sollte, welche die traditionelle Lebensweise hätten bedrohen können, blieb wirksam gegen das gefährliche Vordrängen von Ideen: der westlichen Begriffe von Forschung und Entdeckung, von Experiment und Veränderung, die sowohl der Wissenschaft des Westens wie der Technologie, die sie hervorbrachte, zugrunde liegen. Die Produkte der westlichen Technologie konnten, nach reiflicher Überlegung, zugelassen, die von der westlichen Wissenschaft erlangten Kenntnisse in bestimmten Fällen angewendet werden – doch das war die Grenze ihrer Annehmbarkeit.

Die Frage wurde im 18. Jahrhundert wieder akut, als eine Reihe von Niederlagen auf dem Schlachtfeld die osmanische regierende Elite überzeugte, daß es den christlichen Feinden des Reiches irgendwie gelungen sei, Überlegenheit in den Kriegskünsten zu erreichen, und daß Veränderungen notwendig seien, um die osmanische Macht wiederherzustellen. Diese Gefühle werden deutlich in einer Denkschrift hervorgehoben, die ein gewisser Janikli Ali Pascha nach der vernichtenden osmanischen Niederlage durch die Russen im Jahre 1774 verfaßte. Ali Pascha konzentriert sich auf zwei Fragen, die, wie er sagt, seine Gedanken stark beansprucht hätten: Warum war das Reich, das einst so stark gewesen war, nun so schwach geworden? und: Was sollte getan werden, um seine frühere Stärke wiederherzustellen? Der türkische Soldat sei nicht weniger mutig als zuvor, das Volk nicht weniger zahlreich, die Gebiete nicht kleiner und die Mittel des Reiches immer noch genauso groß. Doch während einst die Heere des Islam den Ungläubigen stets in die Flucht geschlagen hätten, seien es nun die Moslems selbst, die von den Ungläubigen in die Flucht geschlagen würden.[18]

Janikli Ali Paschas Rezept war streng konservativ: eine Rückkehr zu den guten alten Bräuchen. Andere sahen das Problem jedoch in der militärischen Überlegenheit des Westens und hielten militärische Reformen für die Lösung. Eine wichtige Folge dieser Ansicht war die Gründung von Ausbildungszentren in moderner Kriegführung.

Die neuen Lehranstalten für Militär- und Flottentechnik, die im 18. Jahrhundert gegründet wurden, regten dazu an, wenigstens einige Aspekte der westlichen Wissenschaft zu akzeptieren und zu assimilieren. Einer der Dozenten an der technischen Lehranstalt von Üsküdar, die im Jahre 1734 gegründet wurde, war ein gewisser Mehmed Said, der Sohn eines anatolischen Muftis, der einen zweiteiligen Quadranten für Kanoniere erfunden und eine mit geographischen Zeichnungen illustrierte Abhandlung geschrieben haben soll. Zu den anderen Schriften jener Periode gehörten eine türkische Arbeit über Trigonometrie, die anscheinend auf westliches Material gestützt war, eine Übersetzung des bekannten Werkes über Militärwissenschaft, verfaßt von dem großen italienischen Soldaten Graf Montecuccoli, und einige medizinische Arbeiten.[19]

Diese erste Lehranstalt und das gleichzeitig gebildete Korps von Militärtechnikern stießen auf den bitteren Widerstand der Janitscharen, die schließlich ihre Auflösung durchsetzten. Das Ziel, die Streitkräfte zu modernisieren, wurde jedoch nicht aufgegeben, und im Jahre 1773 machte man mit der Eröffnung einer Akademie für Flottentechnik einen neuen Anfang. Unter den Lehrern dieser Akademie war eine Reihe von Europäern. Die Studentenschaft scheint zunächst aus ehemaligen Schülern der früheren Lehranstalten und einigen aktiven Offizieren bestanden zu haben. Ein westlicher Artillerieoffizier, der bei der Gründung der Akademie mitwirkte, spricht von seinen »weißbärtigen Hauptleuten« und »sechzigjährigen Schülern«.[20]

Diesmal waren die reaktionären Kräfte nicht in der Lage, die Schließung der Akademie durchzusetzen; sie wuchs im Gegenteil und diente anderen Lehranstalten für Militärtechnik, Medizin und ähnliche Fächer, die von Sultan Selim III. und seinen Nachfolgern gegründet wurden, als Vorbild. Der venezianische Priester Gianbatista Toderini, der Istanbul zwischen 1781 und 1786 besuchte, beschreibt diese Akademie recht ausführlich. Er fand eine stattliche Zahl von nautischen Geräten, Atlanten und europäischen Seekarten, eine türkische Ausgabe des *Atlas Minor*, einen Himmelsglobus, der die Konstellationen mit türkischen Zeichen und Buchstaben wiedergab (die Arbeit eines Professors der Lehranstalt), »eine in Paris hergestellte metallische Armillarsphäre, einige arabische Sternhöhenmesser, einige türkische und fränkische Sonnenuhren, einen sehr guten englischen Oktanten, angefertigt von John Hadley, verschiedene türkische Kompasse mit Vorhalt« und andere Navigationsinstrumente.

In einem zweiten Raum zeigte man Toderini eine »geographische Karte Asiens«, die auf Seide gedruckt war, mit »einer langen türkischen Legende«, die besagte, daß die Karte im Jahre 1141 der *hijra*, das heißt 1728–29, von Ibrahim Müteferrika übersetzt worden war, drei Erdgloben verschiedener Größe, einen recht guten Theodoliten aus Paris, alte und moderne

Instrumente zum Messen von Entfernungen, einen teleskopischen Quadranten und mehrere trigonometrische Tabellen. Toderini schreibt, daß er den Prototyp der Maschine zum Aufstellen und Entfernen von Schiffsmasten, eingeführt von Tott, nicht gesehen habe. Unter vielen europäischen Büchern fand er die astronomischen Tabellen von Monsieur de la Lande mit einer türkischen Übersetzung. Er wies seinen Führer darauf hin, daß diese nicht neueren Datums seien, und riet ihm, die jüngste Ausgabe zu besorgen. Sein Führer zeigte ihm auch türkische Ballistik-Tabellen, die aus europäischen Büchern übersetzt waren, sowie Sammlungen über Sternhöhenmessung, Sonnenuhren, Kompasse und Geometrie, die er im Unterricht benutzte.

Toderinis Führer war der Chefausbilder der Akademie, ein Algerier von reifen Jahren – »un Algerino uomo maturo« –, der italienisch, spanisch und französisch sprach und erzählte, daß er nach Istanbul gekommen sei, nachdem er das Mittelmeer, den Atlantik, die Küsten Indiens und sogar amerikanische Gewässer befahren habe. Er war ein qualifizierter Steuermann und Lotse und brachte eine Vorliebe für englische Instrumente und französische Karten zum Ausdruck.

Nach Auskunft des algerischen Professors hatte die Anstalt mehr als fünfzig Schüler, »Söhne von Seekapitänen und türkischen Edelleuten«, doch nur einige von ihnen gingen ihrem Studium fleißig und aufmerksam nach.[21]

Sie wurden aufmerksamer nach der russischen Annexion der Krim im Jahre 1783, die den Osmanen mit neuer Dringlichkeit klar machte, welch einer Bedrohung sie gegenüberstanden. Im Jahre 1784 wurde – auf Initiative des Großwesirs Halil Hamid Pascha und mit Hilfe der französischen Botschaft – ein neues Ausbildungsprogramm eingeleitet; dabei fungierten zwei französische technische Offiziere, die sich armenischer Dolmetscher bedienten, als Lehrer. Aber diese Unternehmung wurde eingestellt, als im Jahre 1787 zwischen dem Osmanischen Reich und Österreich sowie Rußland Krieg ausbrach. Da die Gegenwart französischer Ausbilder als Bruch der Neutralität betrachtet wurde, beorderte man sie zurück. Die Abreise der Lehrer und die Belastungen des Krieges selbst behinderten den Fortschritt, bis der Friedensschluß mit den nördlichen Nachbarn des Reiches im Jahre 1792 dem nun herrschenden Sultan Selim III. ermöglichte, einen neuen Anfang zu machen. Wieder wandte der Sultan sich an Frankreich: Er schickte im Herbst 1793 eine Liste seiner Bedürfnisse, das heißt der Offiziere und Techniker, die er zu beschäftigen wünschte, nach Paris. Im Jahre 1796 sandte der Reis Efendi Ratib eine ähnliche, aber längere Liste an das Pariser Komitee für Öffentliche Sicherheit. Es schien dem Sultan nicht das geringste auszumachen, daß es nicht mehr der König von Frankreich, sondern die Republik war, der diese

Wünsche unterbreitet wurden und welche die Offiziere ernannte. Im selben Jahr erschien der neue französische Botschafter General Aubert du Bayet, ein Veteran der Revolution in Amerika und Frankreich, mit einer ganzen Gruppe französischer Militärexperten in Istanbul.[22] Diesmal wurden mehrere Akademien sowohl für Armee- wie für Marineoffiziere gegründet; sie boten Instruktionen in Geschützwesen, Befestigungslehre, Navigation und den ergänzenden Wissenschaften an. Französische Offiziere wurden gebeten, als Ausbilder zu dienen, und man verlangte den Studenten Französischkenntnisse ab. Eine Bibliothek für die Studenten enthielt rund vierhundert europäische, meist französische Bücher. Darunter war eine Ausgabe der *Grande Encyclopédie.*

Während der Unruhen der Revolutions- und Napoleonischen Kriege stießen diese Akademien von neuem auf Widerstand, und einige wurden unter dem Druck der reaktionären Kräfte geschlossen. Als Mahmud II. seine Reformen im Jahre 1826 begann, waren nur noch zwei übriggeblieben: die Lehranstalten für Militär- und Flottentechnik. Diese wurden reaktiviert, und andere kamen hinzu, in erster Linie eine Medizinische Universität im Jahre 1827 und eine Akademie für Militärwissenschaften im Jahre 1834, die als Sandhurst oder Saint Cyr der osmanischen Armee dienen sollte. In all diesen Lehranstalten spielten Ausländer eine bedeutende Rolle unter den Dozenten, und die Kenntnis einer Fremdsprache, normalerweise des Französischen, war Voraussetzung für die Studenten.

Moslems mit der Kenntnis westlicher Sprachen hatten tatsächlich eine dringende Aufgabe: die Wissenschaften des Westens zu studieren, Lehrbücher zu übersetzen oder auf türkisch zu schreiben und – als Vorbedingung – die türkische Sprache mit dem modernen technischen und wissenschaftlichen Vokabular auszustatten, das sie für diesen Zweck benötigte.

Zwei Männer ragten bei dieser Arbeit hervor. Einer war Ataullah Mehmed, bekannt als Şanizade (1769–1826), der von 1819 bis zu seinem Tode kaiserlicher Historiograph war. Obwohl er nach Herkunft und Erziehung zur Ulema-Klasse gehörte, scheint er wenigstens eine westliche Sprache gelernt sowie europäische Medizin und andere Wissenschaften studiert zu haben. Seine wichtigste Schrift ist, neben der Geschichte des Reiches während seiner Amtsjahre, die türkische Übersetzung eines österreichischen medizinischen Lehrbuches, die er wahrscheinlich nach einer italienischen Ausgabe anfertigte. Şanizade fügte ein eigenes erklärendes Werk über Physiologie und Anatomie und später noch eine Übersetzung eines österreichischen Buches, diesmal über Impfungen, hinzu. Das Erscheinen seines Lehrbuches in türkischer Sprache markiert das Ende einer Ära und den Beginn einer anderen in der türkischen Medizin. Bis dahin war die osmanische medizinische Praxis, trotz gelegentlicher Übernahme von Kenntnissen oder Methoden aus dem Westen, im wesentlichen der hellenistischen und klassischen islamischen Tradition, der Medizin des Galenus und Avicennas, treu geblieben, wie die osmanische Philosophie und Wissenschaft Aristoteles, Ptolemäus und ihren Interpreten und wie die osmanische Religion dem Propheten, dem Koran und der Überlieferung treu geblieben war. Die Entdeckungen von Paracelsus und Kopernikus, Kepler und Galileo waren den Osmanen so fremd und nebensächlich wie die Argumente Luthers und Calvins.

Nun hatte Şanizade als erster ein modernes medizinisches Vokabular für die türkische Sprache geschaffen (das bis hin zu den kürzlichen Sprachreformen benutzt werden sollte), und er hatte den türkischen Studenten ein umfassendes Lehrbuch der modernen Medizin geliefert, das als Ausgangspunkt einer völlig neuen medizinischen Literatur und Praxis diente.

Was Şanizade für die Medizin tat, leistete Hoja Ishak Efendi (gest. 1834) für Mathematik und Physik. Von Geburt Jude aus Griechenland, wurde Ishak Efendi irgendwann zum Islam bekehrt und zum Lehrer am Institut für Ingenieurwesen ernannt, wo er schließlich zum Chefausbilder aufstieg. Er soll Kenntnisse im Französischen, Lateinischen, Griechischen und Hebräischen sowie im Türkischen und den beiden klassischen islamischen Sprachen – Persisch und Arabisch – gehabt haben. Hoja Ishak Efendi produzierte eine Reihe von Werken, meist Übersetzungen; die wichtigste ist ein vierbändiges Kompendium der mathematischen und physikalischen Wissenschaft, das den türkischen Studenten zum erstenmal einen Begriff davon gab, wie diese Disziplinen im Westen praktiziert und verstanden wurden. Wie Şanizade mußte Hoja Ishak Efendi sein eigenes Vokabular schaffen; die beiden erfanden den Großteil des wissenschaftlichen Wortschatzes, der in der Türkei im 19. Jahrhundert und, länger noch, bis hin zu den Sprachreformen der Republik benutzt wurde. Da osmanische Gelehrte jener Zeit bei ihren Neuschöpfungen von der arabischen und, in geringerem Maße, der persischen Sprache ausgingen, ebenso wie europäische Autoren sich auf das Lateinische und Griechische stützten, werden manche dieser neuen Wörter immer noch in arabischen Ländern verwendet. Hoja Ishak Efendis andere Schriften behandeln hauptsächlich die Militärwissenschaften und das Ingenieurwesen.[23]

Die Veröffentlichung der Werke dieser beiden Männer, die Gründung neuer Universitäten, an denen ihre Arbeiten als Lehrbücher benutzt wurden, und schließlich, was das wichtigste ist, die wachsende Zahl von Studenten, die zum Studium nach Europa geschickt wurden, setzten den alten Wissenschaften – Medizin, Mathematik, Physik und Chemie – ein Ende. Die älteren Wissenschaften hielten sich noch eine Zeitlang in den ferneren Ländern des Islam, aber von nun an bedeutet »Wissenschaft« immer »moderne westliche Wissenschaft«. Eine andere gibt es nicht.

X

Kulturelles Leben

Die Nuruosmaniye-Moschee steht am Eingang des großen Basars in Istanbul. Sie wurde im Jahre 1755 unter der Leitung des Architekten Çelebi Mustafa mit einem christlichen Maurermeister namens Simon fertiggestellt und kennzeichnet einen Wendepunkt in der islamischen kulturellen Entwicklung. Ihrer allgemeinen Anlage nach folgt die Nuruosmaniye-Moschee mit ihrer einzelnen Zentralkuppel über einer Querachse der Tradition der großen kaiserlichen Moscheen, mit denen die osmanischen Sultane von Mehmed dem Eroberer an die Stadt Istanbul schmückten. Aber in den kleineren architektonischen Einzelheiten sind bedeutsame Abweichungen zu erkennen, die offensichtlich den Einfluß des italienischen Barocks widerspiegeln.[1]

Solche Einflüsse sind schon früher an manchen Verzierungen des Kaiserlichen Palastes auszumachen. Die europäische Einwirkung auf etwas für den osmanischen Islam so Zentrales wie die Architektur einer kaiserlichen Moschee deutet auf Unerhörtes hin: ein Schwanken des Selbstbewußtseins, das bis dahin alle Niederlagen und Rückzüge überdauert hatte, die der osmanische Staat von seinem christlichen Feind hatte hinnehmen müssen. Das gleiche Gefühl des Selbstzweifels kommt in den Worten des osmanischen Botschafters in Paris Mehmed Said Efendi zum Ausdruck, der beim Anblick der prächtigen Gärten des Trianon sagte: »Diese Welt ist das Gefängnis der Gläubigen und das Paradies der Ungläubigen.«[2]

Das erste Zeichen der Welle kulturellen Einflusses, die an der barocken

Ausschmückung der Nuruosmaniye-Moschee sichtbar wird, geht auf die frühen Jahre des 18. Jahrhunderts zurück, auf die Zeit, die in den osmanischen Annalen als *Lale Devri*, das Zeitalter der Tulpen, bekannt ist. Diese Periode, die mit der Unterzeichnung des Abkommens von Passaro-witz mit Österreich im Jahre 1718 beginnt, leitet ihren Namen von der umfassenden Leidenschaft für Tulpen ab, welche die osmanische Gesell-schaft damals verzehrte. Es war eine Ära des Friedens. Der Sultan Ahmed III. und sein Großwesir Damad Ibrahim Pascha waren sich der neuen Gefahr vollauf bewußt, die das Reich von Norden her bedrohte und die für eine Weile durch den Friedensschluß abgewendet war. In dieser Situation verfolgten sie zwei Ziele: Krieg zu vermeiden und neue Freunde zu finden. Die Verhandlung des Friedens von Karlowitz im Jahre 1699 hatte ihnen den Weg gewiesen. Bedroht von ihren Nachbarn in Zentral- und Osteuropa, suchten sie Hilfe bei Westeuropa und begannen zum erstenmal, engere Beziehungen aufzunehmen.

In der osmanischen Geschichtsschreibung wird die Tulpen-Ära als Zeitalter friedlicher kultureller Entwicklung angesehen, in dem neue Wege beschritten wurden. Wie zu erwarten, wandten sich die Osmanen zunächst den Ursprüngen ihrer eigenen Zivilisation zu, und man machte sich daran, Übersetzungen einiger bedeutender arabischer und persischer Klassiker anzufertigen, die vorher nicht in türkischer Sprache verfügbar waren.

Die Ausweitung dieses Interesses auf westliche Schriften war bemer-kenswerter. Der Großwesir Damad Ibrahim Pascha fiel im Jahre 1716 in der Schlacht von Peterwardein und hinterließ eine großartige Bibliothek. Der Obermufti des Reiches Abu Ishak Ismail Efendi gab ein Fetwa heraus, das die Weihung dieser Bibliothek zur frommen Stiftung *(waqf)* verbot, weil sie Bücher über Philosophie, Geschichte, Astronomie und Dichtung enthielt. Die Bücher (einige vielleicht in europäischen Sprachen) wurden deshalb zum Kaiserlichen Palast geschickt.[3]

Soweit Interesse am Westen aufkam, war es immer noch begrenzt und praktischer Art. Sein Zweck war die Stärkung des Reiches, damit es seinen Feinden besser widerstehen könne. Die Belehrungen, oder, besser gesagt, die Informationen, die man beim Westen suchte, waren in erster Linie militärisch orientiert; sie wurden, wenn man es für nötig hielt, durch politischen Stoff ergänzt. In dieser Zeit entfaltete sich jedoch allmählich die Einsicht, daß neben militärischen und politischen Faktoren auch andere eine Rolle spielen könnten. Bezeichnenderweise wurde Mehmed Said Efendi, als er im Jahre 1721 nach Frankreich reiste, angewiesen, »Festungen und Fabriken zu besuchen, die Mittel der Zivilisation und Erziehung sorgfältig zu studieren und über jene zu berichten, die [in der Türkei] anwendbar sind«.[4]

Mehmed Said Efendis Mission machte einiges Aufsehen im gesellschaftlichen und kulturellen Leben auf beiden Seiten. In Paris leitete das Erscheinen des türkischen Botschafters und seines Gefolges einen Stil der *turquerie* ein, der von Damenmoden bis zur Architektur und Musik reichte und in anderen europäischen Hauptstädten, die besucht wurden, Parallelen hatte. Weniger bekannt ist die etwas schwächere Welle französischer Moden in Istanbul. Ihre Wirkung läßt sich hauptsächlich an den Palästen, die der Sultan und seine Minister in der Tulpen-Ära bauten, insbesondere an ihren Gärten ablesen. Mehmed Said Efendi geht in seinem Botschaftsbericht recht ausführlich auf die Gärten von Versailles und anderswo ein, die er sehr bewunderte.[5] Der Einfluß des förmlichen französischen Gartens mit Marmorbrunnen, die von symmetrisch angeordneten Pfaden und Blumenbeeten umgeben sind, ist eindeutig. Einige Möbelstücke westlichen Stils, die vorher unbekannt waren, wurden in den Palast gebracht – in erster Linie wohl für westliche Besucher.

Mehmed Said Efendi äußert sich aufschlußreich über die Reaktion, welche die Künste auslösten:

Es ist Brauch bei diesem Volk, daß der König Botschaftern sein eigenes Porträt, verziert mit Diamanten, gibt, aber da Bilder bei den Moslems verboten sind, erhielt ich statt dessen einen mit Diamanten besetzten Gürtel, zwei in Paris gefertigte Teppiche, einen großen Spiegel, ein Gewehr und Pistolen, eine Schatulle mit Klammern aus vergoldetem Messing, eine Tischuhr aus vergoldetem Messing, für Eis zwei dicke Porzellanvasen mit Griffen aus vergoldetem Messing und eine Zuckerschale.[6]

Mehmed Said Efendi mißbilligte also Porträts – oder jedenfalls möchte er diesen Eindruck erwecken. Sein mangelndes Interesse an der Malerei wird durch die sehr kurze Darstellung der Bilder bestätigt, die man ihm im Palast zeigte:

Dann begannen wir, uns die wundersamen Bilder anzusehen, die im Sitzungssaal hingen. Wir gingen mit dem König herum, der selbst erklärte, wer sie waren.[7]

Dagegen schwingt er sich zu rhetorischen Höhen auf, wenn es um Wandteppiche geht:

Es gibt eine besondere Fabrik zur Herstellung von Wandteppichen, die dem König gehört... Sie wußten, daß ein Botschafter kommen würde, und hatten alle Teppiche, die fertig waren, an die Wände gehängt. Da die Fabrik sehr groß ist, müssen mehr als hundert Stücke an den Wänden gehangen haben. Als wir sie sahen, steckten wir den Finger der Bewunderung in den Mund. Zum Beispiel sind die Blumen so geknüpft, daß sie einer Vase mit echten Blumen gleichen. Das Äußere der abgebildeten Personen, ihre Augenlider, ihre Augenbrauen und besonders die Bärte und das Haar auf ihren Köpfen sind so trefflich dargestellt, daß weder Mani noch Behzad auf dem feinsten chinesischen Papier eine solche Kunst erreichen könnten. Einer erscheint lachend, um seine Freude zu zeigen, ein anderer traurig, um seine Trauer zu zeigen. Einer ist zitternd vor Furcht abgebildet, ein anderer weinend, noch ein anderer von irgendeiner Krankheit befallen. So ist der Zustand jeder Person auf den ersten Blick zu erkennen. Die Schönheit dieser Arbeiten geht über jede Beschreibung und jede Vorstellungskraft hinaus.[8]

Mehmed Saids Reaktionen auf naturalistische Kunst, sogar jene des 18. Jahrhunderts in Europa, sind auffallend und instruktiv, genauso wie seine unterschiedlichen Reaktionen auf Porträts und Wandteppiche. An der Wand hängende Ölgemälde waren ihm neu und fremd, völlig außerhalb seiner Erfahrung. Wandteppiche (die er *kilim* nennt) waren mit einer ihm vertrauten Kunstform verwandt und deshalb leichter zu begreifen. Der Kontrast läßt sich daran ablesen, daß er die einen desinteressiert abtut und enthusiastisch auf die anderen anspricht.

Europäische Malerei, insbesondere europäische Porträtkunst, war dem moslemischen Osten jedoch nicht völlig unbekannt. Es gibt Belege dafür, daß Sultan Bayezid II. dem Werk Leonardo da Vincis einige Aufmerksamkeit widmete. Ihn scheint jedoch eher der Ingenieur als der Künstler Leonardo interessiert zu haben – und auch dann nur in Verbindung mit dem Projekt, eine Brücke über das Goldene Horn zu bauen. Das Projekt wurde nicht verwirklicht, aber in osmanischen Zeiten besuchten europäische Künstler in wachsender Zahl Istanbul und andere Städte.

In den Tagen vor der Photographie nahmen oftmals europäische Botschafter und andere Reisende, die reich genug waren, einen Künstler in ihr Gefolge auf, der demselben Zweck diente wie eine moderne Kamera. In Europa scheint es einen beträchtlichen Markt für Wandgemälde und besonders für Drucke und Buchillustrationen, welche die Wunder des Orients abbildeten, gegeben zu haben.

Die Gegenwart dieser westlichen Künstler in ihrer Mitte blieb den Türken nicht ganz verborgen. Der italienische Maler Gentile Bellini besuchte Istanbul nach der Eroberung und fertigte sogar ein Porträt des Eroberers an. Die Signoria von Venedig hatte den Maler, angeblich auf Wunsch des Sultans, ausgewählt und entsandt. Nach dem Tode Mehmeds II. löste sein sehr frommer Sohn und Nachfolger Bayezid II., der Malerei und vor allem Porträtkunst nicht billigte, die Sammlung seines Vaters auf und ließ die Bilder auf dem Basar verkaufen. Das Porträt wurde von einem venezianischen Kaufmann erworben und gelangte schließlich in die National Gallery in London.[9]

Porträts waren tatsächlich etwas Neues für die moslemische Welt. Nach der Interpretation des heiligen islamischen Gesetzes war die Abbildung der menschlichen Gestalt verboten. Dieses Verbot war absolut wirksam gegenüber der Bildhauerei, die erst im späten 19. Jahrhundert in die islamische Welt vorzudringen begann und von Puristen immer noch heftig verurteilt wird. Zweidimensionale Malerei wurde jedoch weithin praktiziert, besonders in den persischen und türkischen Ländern. Sie unterschied sich von der westlichen Malerei in zwei wichtigen Punkten. Der eine bestand darin, daß sie hauptsächlich Buchillustrationen und Miniaturen, gelegentlich auch Wandmalerei, umfaßte. Der Brauch, Bilder an die Wand zu hängen, war typisch westlich und wurde von den Moslems erst im späten 19. Jahrhundert übernommen. Der andere Punkt bestand darin, daß die auf diesen Bildern dargestellten Personen meist literarische und historische Gestalten waren. Porträtmalerei kommt zwar in der klassischen islamischen Kunst vor, ist aber äußerst selten und wird heftig getadelt.

Die Übernahme der Porträtmalerei durch die osmanischen Sultane und ihre Künstler ist ein bedeutsames frühes Zeichen des europäischen Einflusses. Seine unmittelbaren Nachfolger hielten sich nicht an das Beispiel Mehmeds des Eroberers, aber bis zum 16. Jahrhundert hatte sich der Brauch verbreitet. Ein im Jahre 1579 fertiggestelltes Buch enthält sogar ein Album mit Porträts der osmanischen Sultane. Der Herausgeber des Werkes war der Hofhistoriker Seyyid Lokman, der Künstler war der osmanische Hofmaler Nakkaş Osman; er stellte Porträts der zwölf Sultane her, die bis zu seiner Zeit über die Osmanen geherrscht hatten. Lokman deutet in seiner Einführung an, daß es recht schwierig sei, Porträts der früheren Sultane zu finden, und daß er und seine Kollegen auf die Arbeiten »fränkischer Meister« zurückgreifen mußten. Er bezieht sich wahrscheinlich auf die Holzschnitt-Porträts – meist imaginärer Art –, die zeitgenössische europäische Bücher über das Osmanische Reich verzierten. Derselbe Einfluß ist vielleicht an der Sorgfalt zu erkennen, mit der die Genauigkeit der Porträts sichergestellt und sogar die korrekte Kleidung jedes Sultans abgebildet wurde.[10] Die Popularität dieses Buches wird dadurch bestätigt, daß sich eine große Zahl von Exemplaren erhalten hat und spätere Alben mit kaiserlichen Porträts ähnlicher Machart erschienen sind.

Im 17. und frühen 18. Jahrhundert waren die Sultane und sogar andere Würdenträger offenbar bereit, für Porträts zu posieren. Ein hervorragender europäischer Künstler jener Zeit war Jean-Baptiste Vanmour (1671–1737), der rund dreißig Jahre in der Türkei verbrachte. Ein anderer war Antoine de Favray (1706–1792?), ein Malteserritter, der sich eine Zeitlang als Gast des französischen Botschafters in Istanbul aufhielt. Viele dieser Künstler verewigten die Audienzen, die der Sultan oder Großwesir ausländischen Botschaftern gab, und wurden vermutlich von den letzteren beauftragt. Vanmour stellte für den europäischen Markt auch Drucke des Sultans, des Großwesirs und zahlreicher anderer Würdenträger her, aber es ist nicht klar, ob man ihm dafür Modell saß oder nicht. Daß manche dieser Gemälde westlicher Künstler tatsächlich Auftragsarbeiten waren, geht aus den Sammlungen im Topkapı-Palast hervor.[11]

Aber von weit größerem Interesse als die Arbeit westlicher Künstler in der islamischen Welt ist der Wandel, der sich an den islamischen Künstlern selbst erkennen läßt. Zwei Porträts Mehmeds des Eroberers – sie sind noch im Palast in Istanbul erhalten – sind offenbar das Werk türkischer Künstler, die von italienischen Vorbildern inspiriert wurden. Ihr Stil ist immer noch islamisch, zeigt aber eindeutig westlichen Einfluß, vornehmlich im Gebrauch von Schatten. Eines wird Sinan zugeschrieben, dem ersten hervorragenden osmanischen Maler, welcher der Schüler eines venezianischen Meisters namens Paoli gewesen sein soll.

Im 18. Jahrhundert, besonders gegen Ende, wird der westliche Einfluß auf die türkische Kunst deutlich. Dies hatte gewiß mit den ausländischen Künstlern zu tun, die am osmanischen Hof und in seiner Nähe beschäftigt waren. Einer von ihnen, ein Pole namens Mecti, wurde zum Islam bekehrt. Ein europäischer Besucher sah zwischen 1781 und 1785 im Palast mehrere Bilder des armenischen Malers Raphael. Bis zum Ende des 18. Jahrhunderts war die alte künstlerische Tradition praktisch abgestorben, und sogar Illustrationen türkischer literarischer Werke sind vorwiegend im westlichen Stil gehalten. Die Verwestlichung der türkischen Kunst ging allen westlichen Einflüssen auf die Literatur und besonders auf die Musik weit voraus.[12]

Die künstlerische Einwirkung des Westens war nicht auf die Türkei beschränkt, sondern sie läßt sich auch im Iran und sogar noch weiter östlich ausmachen. Eine der hervorstechenden Gestalten in der islamischen Kunst ist der Maler Behzād, der seine große Zeit im späten 15. und frühen 16. Jahrhundert hatte. Er hatte viele Schüler, die seinem Stil folgten und zusammen die sogenannte Schule von Herat bilden. Es gibt viele Gemälde dieser Schule, darunter einige Porträts von kaiserlichen Personen, die – allerdings auf unsicherer Grundlage – Behzād selbst zugeschrieben werden. In früheren Zeiten findet man sehr wenige solcher Porträts, und der Brauch, Porträts in Auftrag zu geben und für Maler Modell zu sitzen, geht zweifellos auf den Einfluß zurück, den sowohl der Stil wie die Organisation der europäischen Malerei ausübten. Dieser Einfluß scheint sich von der Türkei auf den Iran ausgebreitet zu haben, wo schon zu Beginn des 16. Jahrhunderts eine Kopie anzutreffen ist, die ein persischer Künstler von einem Bild Bellinis herstellte. Auch diese Arbeit wurde Behzād zugeschrieben, was aber nicht allgemein akzeptiert wird. Entscheidend ist jedoch, daß ein persischer Künstler eines von Bellinis türkischen Bildern nicht nur kannte, sondern es sogar kopierte.

Nach der Machtübernahme der Safawiden-Dynastie im Jahre 1502 entwickelte der Iran engere Kontakte sowohl zum Osmanischen Reich als auch zu Westeuropa, von wo viele Besucher in iranischen Häfen und anderen Städten einzutreffen begannen.[13] Tahmāsp, einer der ersten Schahs der Dynastie, war besonders an Malerei interessiert und lud den großen Behzād ein, die Leitung der kaiserlichen Ateliers in Täbris zu übernehmen – eine Position, die er bis zu seinem Tode im Jahre 1537 bekleidete. Unterdessen war der Export von Seide und Brokat nach Europa zu einer bedeutenden Einkommensquelle für den persischen Staat geworden, und die Schahs taten, was sie konnten, um diesen Handel zu fördern und zu entwickeln. ʿAbbās I. verlegte die Hauptstadt nach Isfahan, genehmigte dort die Gründung katholischer Gemeinden und setzte sich für diplomatische und geschäftliche Beziehungen zu Europa ein. ʿAbbās legte auch Wert darauf, seine Stadt zu verschönern und zu verbessern. Ein italienischer Besucher, Pietro della Valle, kam nach Isfahan und wurde vom Schah empfangen. Pietro hielt wenig von der persischen Miniaturmalerei und äußert sich verachtungsvoll über sie. Er merkt jedoch an, daß italienische Bilder in Isfahan im Laden eines venezianischen Händlers, eines der geschäftigsten der Stadt, verkauft worden seien. Der Schah selbst habe diesen Laden besucht, »der voll von Bildern, Spiegeln und anderen italienischen Raritäten war«. Der Schah habe Scudendoli [den venezianischen Händler] mit großer Herzlichkeit behandelt und dem englischen Botschafter [der ihn begleitete] diese Bilder gezeigt – meist Porträts von Fürsten, ähnlich denen, die für eine Krone auf der Piazza Navona in Rom verkauft würden, »für die man hier aber zehn Zechinen bezahlt« – und ihn aufgefordert, sich auszusuchen, was ihm gefalle.[14] Zusätzliches historisches Beweismaterial für den Einfluß der europäischen Kunst stammt von einem spanischen Botschafter, Don Garcia de Silva Figueroa, den Philipp III. von Spanien im Jahre 1617 zum Schah entsandte. Er beschreibt ein kleines kaiserliches Gartenhäuschen, das er besuchte: »Dort waren schöne Bilder, unvergleichlich besser gefertigt als jene, die man gewöhnlich in Persien sieht ... wir erfuhren, daß der Maler ... Jules heiße, daß er in Griechenland geboren und in Italien erzogen sei, wo er seine Kunst erlernt habe ... Es war sehr leicht festzustellen, daß dies das Werk eines Europäers war, denn man erkannte den italienischen Stil ...«[15]

Schah ʿAbbās starb im Jahre 1629, doch seine Nachfolger behielten ein gewisses Interesse an der westlichen Kunst bei. Einer von ihnen, ʿAbbās II., schenkte ihr besondere Aufmerksamkeit. Er lud italienische und holländische Maler nach Isfahan ein, wo sie dank kaiserlicher Gunst großen Einfluß auf die weitere Entwicklung der Miniaturmalerei ausübten. Der Schah selbst soll Malunterricht bei zwei holländischen Künstlern genommen haben.

Stärker werdende Kontakte zu Europa, vor allem zu Venedig und den Niederlanden, förderten die Ausweitung des europäischen künstlerischen

Einflusses. Die Existenz bedeutender seßhafter Gemeinschaften von Europäern im Iran und die Herstellung regelmäßiger Verbindungen zu Europa ermöglichten einer Reihe westlicher Künstler, den Iran zu besuchen und sich dort für eine Weile niederzulassen, was wiederum iranischen Künstlern ermöglichte, sich die Arbeiten der Besucher anzusehen und Gefallen an ihnen zu finden. Wie sich dies auswirkte, läßt sich an den zahlreichen Wandmalereien in den kaiserlichen Palästen von Isfahan, die Hofszenen und hohe Persönlichkeiten darstellen, und sogar an Miniaturen ablesen.

Westliche Vorbilder und vielleicht sogar westliche Ausbilder machen sich bald in der Entwicklung der persischen Miniaturmalerei bemerkbar. Der Dekor wird blaß und tritt in den Hintergrund, die Figuranten weichen zurück und verschwinden. Die Zentralgestalt wird gleichzeitig dominierender und entspannter, ihre starr stilisierten und schematisierten Züge werden zu weicheren, menschlichen Linien. Der Künstler entdeckte die Vorzüge der Porträtmalerei, die Möglichkeiten von Licht und Schatten und einen Anflug von Realität. Dieser neue Realismus wächst in der persischen Kunst während des 17. und mehr noch während des 18. Jahrhunderts, bis er im frühen 19. Jahrhundert beherrschend wird.

Wie in der Türkei lebten auch im Iran mehrere europäische Maler, deren Namen uns bekannt sind und von denen einige für die Schahs arbeiteten. Noch erstaunlicher ist die Tatsache, daß ʿAbbās II. einen persischen Künstler zur weiteren Ausbildung nach Italien schickte. Sein Name war Muḥammad Zamān, und er studierte in Rom moderne Techniken. Er soll zum Katholizismus übergetreten sein und wird manchmal als Muḥammad Paolo Zamān erwähnt. Verschiedene andere persische Maler jener Zeit zeigen Merkmale europäischen Einflusses und vielleicht sogar einer entsprechenden Ausbildung – wenn nicht in Europa, dann wenigstens durch europäische Künstler im Iran.[16]

Ähnliche Entwicklungen lassen sich in Indien beobachten, wo die Mogul-Kaiser große Kunstmäzene waren und beträchtliches Interesse an den neuen Stilarten zeigten, welche die ersten Besucher aus Europa mit ins Land brachten. Schon im Jahre 1588 stellte ein indischer Maler ein Album mit Kopien von Bildern christlicher Motive für den Kaiser Akbar her. Sein Nachfolger Jahāngīr ließ, nach Aussage europäischer Besucher, westliche Gemälde an die Wände seines Palastes hängen. Der europäische Einfluß wird auf indischen Gemälden noch deutlicher als auf persischen. Im Gegensatz zum Iran, dessen kulturelle Traditionen seit vielen Jahrhunderten ausschließlich vom Islam bestimmt wurden, war Indien ein Land des religiösen und kulturellen Pluralismus. Indische Künstler waren mit den künstlerischen Traditionen sowohl des Hinduismus wie des Islam vertraut und hatten darüber hinaus Kenntnisse der Bildhauerei, die in anderen moslemischen Ländern fehlten. Dies alles machte es ihnen viel leichter, die europäische Kunst zu akzeptieren und aufzunehmen. Seltsamerweise scheint es weder im Iran noch in Indien eine starke Neigung gegeben zu haben, sich die Techniken und Materialien der westlichen Malerei zu eigen zu machen. Zum Beispiel wurde das Ölgemälde, das für die Entwicklung der europäischen Kunst eine so zentrale Rolle spielt, nicht von persischen oder indischen Malern übernommen, die es vorzogen, die Geräte und Materialien der alten Überlieferung beizubehalten.

Eine interessante Besonderheit ist die Darstellung westlicher Männer und Frauen durch islamische Künstler. Dabei handelt es sich um eine späte Entwicklung. Zum Beispiel gibt es aus der gesamten Periode der Kreuzzüge nur noch ein einziges Bild, auf dem Kreuzfahrer gezeigt werden. Es ist ein Gemälde auf Papieruntergrund, stammt aus Fusṭāṭ in Ägypten, wurde während des 12. Jahrhunderts angefertigt und zeigt eine Schlacht unter den Mauern einer Stadt: Ein Krieger mit rundem Schild, deshalb vermutlich ein Moslem, kämpft gegen mehrere andere, wenigstens vier, mit drachenförmigen Schilden, deshalb vermutlich Normannen.[17]

Das Zwischenspiel mongolisch-europäischer Kontakte während des 13. und 14. Jahrhunderts hinterließ neben literarischen auch einige künstlerische Spuren. Manche Manuskripte von Rashid al-Dins Frankengeschichte sind reichlich mit Porträts von Kaisern und Päpsten illustriert. Diese sind natürlich vollkommen imaginär, und die Darstellung zeigt deutliche Merkmale von chinesisch-mongolischem Einfluß in Kostüm, Haltung und sogar Gesichtszügen der porträtierten Personen. Es gibt jedoch genug erkennbar authentische Elemente mittelalterlicher europäischer Kleidung, vor allem klerikaler Gewänder, um zu zeigen, daß die persischen Künstler europäische Besucher oder zumindest Bilder gesehen hatten.[18] Ähnliche Belege für den ikonographischen Einfluß Europas liefern einige illustrierte Manuskripte, die im 13. und 14. Jahrhundert im Irak und im westlichen Iran hergestellt wurden.

Den Unternehmungen der Europäer in der Levante und in Nordafrika schenkten moslemische Künstler noch weniger Beachtung als moslemische Schriftsteller. Die nächsten Bemühungen, europäische Besucher zu porträtieren, stammen aus dem Iran des späten 16. und frühen 17. Jahrhunderts. Zwei Paläste, der Chichil Sutūn (Vierzig Säulen) des späten 16. und der ʿAlī Qāpū des frühen 17. Jahrhunderts, beide in Isfahan, wurden von den iranischen Schahs als Audienzgebäude für ausländische und andere Besucher benutzt. Unter den Gemälden, welche die Wände beider Gebäude schmücken, sind einige Bilder der verschiedenen Arten von Besuchern, die dorthin kamen. Neben Indern findet man mehrere Europäer, meistens in spanischer und portugiesischer Kleidung. Ähnliche Darstellungen sind auf persischen Miniaturen derselben Periode anzutreffen.

Die westlichen Besucher im Indien der Mogul-Herrscher beeinflußten in

Maßen auch die indische und moslemische Kunst. Eine Reihe von Miniaturen, die europäische Männer und gelegentlich Frauen darstellen, haben sich erhalten. Es gibt sogar Porträts, auf denen namentlich genannte Personen abgebildet sein sollen: der englische Botschafter Sir Thomas Roe, der vor Kaiser Jahāngīr (1605–1627) erscheint, sowie die beiden Repräsentanten der British East India Company, der berühmte Will Hastings, in europäischer Hofgewandung, und Richard Johnson, der einen roten Uniformrock trägt, einen Dreispitz hält und auf einem Stuhl sitzt. Neben ihm steht ein Diener mit einem Sonnenschirm.

Zu den interessantesten Bildern gehören – vom künstlerischen Standpunkt aus – die Gemälde des Türken Abdüljelil Çelebi, bekannt als Levni. Aus Edirne gebürtig, wurde er Lehrling des »Malamtes« (Nakişhane) in Istanbul. Er begann als Kolorierer, und sogar in diesem traditionellen Bereich zeigen seine noch erhaltenen Werke Spuren des westlichen Rokoko. Später fing er an zu malen und wurde zum Hofmaler Mustafas II. (1695–1703) und Ahmeds III. (1707–1730) ernannt.[19] Levni produzierte Alben, illustrierte Manuskripte und fertigte eine Reihe individueller Gemälde an. Neben Porträts malte er Bilder von Palastfeierlichkeiten. Einige von ihnen zeigen ausländische Botschafter, die leicht an ihrer europäischen Kleidung und daran zu erkennen sind, daß sie im Gegensatz zu den sonstigen Anwesenden auf Stühlen sitzen. Sie werden diskret von Dragomanen und Wächtern begleitet. Zwei bezaubernde Bilder stellen junge europäische Herren dar. Ein türkisches Manuskript, das wahrscheinlich einige Zeit nach 1793 entstand und Porträts europäischer Damen und Herren verschiedener Nationalität enthält, zeigt viel stärkeren westlichen Einfluß und könnte teilweise europäischen Stichen nachempfunden sein. Die Kleidung ist jedoch – abgesehen von der Trikolore-Mütze einer französischen Frau – die des vorhergehenden Jahrhunderts.[20]

Die künstlerische Einwirkung Europas ist nicht nur an der Malerei, sondern auch – vielleicht in noch größerem Maße – an architektonischem Schmuck zu beobachten. Sowohl in der Türkei wie im Iran erscheinen immer häufiger Wandgemälde anstelle des gemalten Blumenschmucks, der im traditionellen Stil üblicher war. Diese Gemälde werden direkt auf den Mörtel aufgetragen und sind oft von einem Rahmen barocker Motive umgeben. Im Iran stellen sie nicht selten Szenen und Personen des Hofes dar. In der Türkei handelt es sich meist um Landschaftsbilder, oft Szenen aus der Stadt Istanbul, aber auch Ansichten anderer Orte und einer Vielzahl von Moscheen. Porträt- und Landschaftsmalerei sind neu in der islamischen Tradition und markieren einen wichtigen Vorstoß des europäischen Stils und Geschmacks. Diese Anpassung an den Westen fiel osmanischen Künstlern in der Landschaftsdarstellung leichter als in der Porträtmalerei. Die osmanische Kunst besaß eine eigene Tradition der »topographischen«

Malerei. Die Abbildung von Szenen und Gebäuden ließ nicht die schwierigen moralischen und religiösen Probleme aufkommen, die durch die Wiedergabe der menschlichen Gestalt gestellt wurden.[21] Aus demselben Grunde existierte sogar zu einer Zeit, als der Einfluß der europäischen Architektur und Malerei nicht nur stark, sondern beherrschend geworden war, immer noch fast totaler Widerstand gegen die Bildhauerei und sogar gegen Reliefs.

Die neuen Trends, die sich in der Malerei der Türkei, des Iran und des moslemischen Indien ausdrückten, fanden keine Parallele in den arabischen Ländern, wo die Kunst der Miniaturmalerei im Mittelalter praktisch ausgestorben war und wo die Architektur, abgesehen von den Ländern Nordafrikas im fernen Westen, nur noch eine provinzielle Kopie osmanischer Stile verkörperte. Erst in der zweiten Hälfte des 19. Jahrhunderts läßt sich beobachten, daß die westliche Kunst und Architektur Einfluß in Ägypten – und noch später in anderen arabischen Ländern – ausüben.

Die Musik einer fremden Kultur ist offenbar schwerer zu ergründen als ihre Kunst. Das westliche Interesse an der Kunst Asiens und Afrikas ist weit größer als das an der Musik dieser Kontinente. Ebenso schätzen die Moslems westliche Kunst und reproduzierten sie sogar, lange bevor sie fähig waren, westlicher Musik zu lauschen. Noch vor relativ kurzer Zeit waren Interesse wie Einfluß praktisch gleich Null. Die frühen Besucher Europas geben kaum Hinweise auf Musik, die sie gehört haben. Ibrāhīm ibn Ya'qūb schreibt im Zusammenhang mit Schleswig:

Nie hörte ich häßlicheren Gesang als den Gesang der Schleswiger, und das ist ein Gebrumm, das aus ihren Kehlen herauskommt, gleich dem Gebell der Hunde, nur noch viehischer als dies.[22]

Jahrhunderte später zeigt sich der Osmane Evliya Çelebi in Wien etwas toleranter. Er beschreibt unter anderem ein Orchester ungläubiger Musiker, deren Instrumente ganz anders klingen als die Musikinstrumente in der Türkei, aber »sie haben einen äußerst ansprechenden, warmen und schmelzenden Klang«.[23] Auch die Darbietung und das Äußere der Wiener Sängerknaben lobt er sehr. Übrigens kommt er in diesem Punkt, abgesehen von der kurzen Schilderung einer Bibliothek, der Anerkennung des europäischen kulturellen Lebens noch am nächsten. Mehmed Said Efendi ging während seines Aufenthalts in Paris gewissenhaft in die Oper, sah dies aber eher als Schauspiel denn als musikalische Darbietung:

Es gibt in Paris eine besondere Art der Unterhaltung, Oper genannt, wo Wunder gezeigt werden. Dort war immer eine große Menschenmenge, denn alle großen Herren gehen dorthin. Der Regent geht oft, der König von Zeit zu Zeit, deshalb beschloß auch ich, dorthin zu gehen ... Jeder erhält einen Platz, der seinem Rang

entspricht, und ich saß neben dem Platz des Königs, der mit rotem Samt bedeckt war. Der Regent kam an jenem Tag. Ich kann nicht sagen, wie viele Männer und Frauen dort waren . . .
Es war ein großartiger Ort; die Treppe, die Säulen, die Decken und die Wände waren alle vergoldet. Diese Vergoldung und der Glanz des Goldstoffes, den die Damen trugen, sowie der Juwelen, mit denen sie bedeckt waren, alles im Lichte Hunderter von Kerzen, schufen ein wunderschönes Bild.
Den Zuschauern gegenüber, am Platz der Musiker, hing ein Brokatvorhang. Als sich alle gesetzt hatten, wurde der Vorhang hochgezogen, und ein Palast erschien, mit Schauspielern in Theaterkostümen und ungefähr zwanzig Mädchen mit Engelsgesichtern; sie trugen mit Gold verbrämte Kleider und Röcke, die neuen Glanz auf die Versammlung warfen. Dann gab es Musik, dann einen Moment des Tanzes, und dann begann die Oper . . .[24]

Darauf erzählt der Botschafter die Handlung der Oper und beschreibt das Bühnenbild und die Kostüme. Er bemerkt, daß der Intendant der Oper eine bedeutende Person sei und daß es sich um eine sehr teure Kunst handele.
Der Marokkaner al-Wazīr al-Ghassānī äußerte sich zur Musik in Spanien. Er nennt drei Musikinstrumente; das beliebteste sei die Harfe *(arba)*, »die für den angenehme Klänge hervorbringt, der weiß, wie sie zu spielen ist«. Dieses Instrument sei in Kirchen, bei Festen und in den meisten spanischen Heimen zu finden. Die Spanier hätten keine Laute, doch ein Instrument, das ihr ähnlich sei und »Gitarre« genannt werde. Kurz darauf, im Zusammenhang mit Kirchen und Gottesdiensten, erwähnt er ein drittes Instrument, die Orgel: »ein sehr großes Instrument mit Blasebälgen und riesigen Rohren aus vergoldetem Blei, das erstaunliche Klänge hervorbringt«. Dies war anscheinend alles, was al-Ghassānī bei seinem Besuch im Jahre 1690 über die spanische Musik herausfand.[25] Der osmanische Gesandte Vasif, der rund neunzig Jahre später in Spanien war, hat sogar noch weniger zu diesem Thema zu sagen. Die Spanier hätten die Musiker und Sänger sehr bewundert, die er aus der Türkei mitgebracht habe. Er erwiderte dieses Gefühl nicht: »Alle großen Männer luden uns auf Befehl des Königs zum Mahl ein, und wir erlitten die Langeweile ihrer Art Musik.«[26]
Da die klassische islamische Musik fast ausschließlich durch mündliche Überlieferung weitergegeben wird, liegen keine Aufzeichnungen der Musik des 17. und 18. Jahrhunderts vor, und man kann nicht beurteilen, ob sie überhaupt durch den Klang europäischer Musik beeinflußt wurde. Der erste offizielle Schritt zur westlichen Musik hin erfolgte nach der Vernichtung ungehorsamer Janitscharen im Jahre 1826. Der Sultan beschloß im Zuge der Modernisierung seiner Streitkräfte, den berühmten Janitscharen-*mehter* mit Zungenpfeifen, Trompeten, Becken und Kesselpauken durch eine Kapelle westlichen Stils zu ersetzen.

Im Jahre 1827 bat der Serasker – oder Militärbefehlshaber – Mehmed Hosrev Pascha den sardinischen Gesandten in Istanbul, ihm bei der Beschaffung einer Reihe von Musikinstrumenten, wie sie von sardinischen Militärkapellen benutzt wurden, zu helfen. Er ersuchte auch darum, ihm einen Kapellmeister zu überlassen, der die erste Gruppe von Musikern ausbilden sollte. Die osmanischen und sardinischen Behörden kamen zu einer Übereinkunft, und bald wurde Giuseppe Donizetti, ein Bruder des Komponisten Gaetano Donizetti, nach Istanbul entsandt, wo er die kaiserliche Kapelle dirigierte oder, besser gesagt, kommandierte; später übernahm er die Leitung der Kaiserlichen Osmanischen Musikschule, die gegründet worden war, um die Armee neuen Stils mit Trommlern und Trompetern auszurüsten. Diese Bemühungen werden von zeitgenössischen europäischen Besuchern beschrieben. Ein italienischer Landsmann notierte: »In weniger als einem Jahr wurden viele junge Männer, die nie zuvor europäische Musik gehört hatten, von Signor Donizetti, einem Professor aus Bergamo, so weit ausgebildet, daß sie zu recht vollständigen Militärkapellen angeordnet werden konnten, in denen jeder einzelne Musiker fähig war, recht gut Noten zu lesen und recht gut zu spielen.«[27]

In einem Buch, das im Jahre 1832 veröffentlicht wurde, gibt ein englischer Besucher seinen Eindruck von dieser Kapelle wieder:

Darauf wurden die Lieder einer Gruppe griechischer Bootsführer, die unser Dessert verschönert hatten, von den Klängen einer Militärkapelle abgelöst, und wir hörten – welch unerwartete Freude für mich an den Küsten des Bosporus – Rossinis Musik, dargeboten in einer Manier, die dem Professor, Signor Donizetti (Piedmontese), große Ehre machte. Wir erhoben uns und gingen hinab zum Palastkai, auf dem die Kapelle spielte. Ich war überrascht über die Jugend der Musiker... und noch überraschter, als ich herausfand, daß es die kaiserlichen Pagen waren, die so zur Unterhaltung des Sultans ausgebildet wurden. Ihre Lernfähigkeit, die, wie Donizetti mir mitteilte, sogar in Italien bemerkenswert gewesen wäre, zeigt, daß die Türken von Natur aus musikalisch sind; aber diese jungen Herren haben keine Zeit, hohe Leistungen zu erzielen, denn ihre Bestimmung ruft sie zu anderen Aufgaben. Als zukünftige Granden des Reiches sollten sie, nachdem sie zur Bewährung ihr Studium der Reitkunst, des Korans und der Musik abgeschlossen hatten, an wichtige Positionen gestellt werden; also könnten wir, wie ich mir bei ihrem Anblick dachte, die Flöte in einem Monat als Kapitän einer Fregatte vor uns sehen, die große Trommel als Befehlshaber einer Festung, das Signalhorn als Oberst eines Kavallerieregiments...

Donizetti wurde in den Rang eines *miralay* erhoben und zum Pascha gemacht. Es heißt, daß er in späteren Jahren ein Orchester von Haremsdamen zur Erbauung von Sultan Abd al-Hamid II. geschult und dirigiert habe.[28]

Dieser Tatsache und einer Reihe weiterer späterer Maßnahmen zum Trotz wird westliche Musik in der islamischen Welt nur sehr langsam akzeptiert. Obwohl einige begabte Komponisten und Musiker aus moslemischen Ländern, besonders aus der Türkei, in der westlichen Welt sehr erfolgreich gewesen sind, findet ihre Art Musik in der Heimat nur relativ schwachen Zuspruch. Musik gehört – wie die Wissenschaft – zur inneren Zitadelle der westlichen Kultur, zu den letzten Geheimnissen, die sich der Neuankömmling erschließen muß.

Ein Schauspiel wurde mit Sicherheit nicht als belustigend empfunden: der spanische Stierkampf. Ghassānī, der marokkanische Botschafter, liefert eine Beschreibung – offenbar aus einer Zeit, als der Stierkämpfer nicht bezahlt wurde, sondern noch edler Amateur war:

> Es ist einer ihrer Bräuche, daß sie Mitte Mai starke, mutige Stiere auswählen und sie auf diese Plaza bringen, die sie mit allen Arten von Seide und Brokat schmücken. Sie sitzen auf Balkons, die auf die Plaza hinausblicken, und lassen die Stiere einen nach dem anderen in die Mitte der Plaza. Dann reitet jeder, der Mut für sich beansprucht und ihn zeigen möchte, auf seinem Pferd in die Plaza, um mit seinem Schwert gegen den Stier zu kämpfen. Manche sterben, und manche töten den Stier. Der König hat einen bestimmten Platz an der Plaza. Er erscheint in Begleitung seiner Gemahlin und seines ganzen Gefolges. Die Menschen aller Schichten sind an den Fenstern, deren Miete an jenem Tag oder während eines Festes so hoch ist wie für das ganze Jahr...[29]

Al-Ghazzāl, ein späterer marokkanischer Botschafter in Spanien, äußert heftige Mißbilligung.

> Als wir gefragt wurden, antworteten wir gezwungenermaßen aus Höflichkeit, daß uns ihre Spiele gefallen hätten, aber in Wirklichkeit dachten wir das genaue Gegenteil, denn weder die Gesetze Gottes noch die Gesetze der Natur gestatten, Tiere zu quälen...[30]

Andere Arten von Schauspielen waren etwas erfolgreicher. Zum Beispiel berichtet Hatti Efendi, der Wien im Jahre 1748 besuchte:

> Sie haben in Wien ein Schauspielhaus, vier oder fünf Stockwerke hoch, um ihre Stücke vorzuführen, die sie Komödie und Oper nennen. Dort treffen sich Männer und Frauen jeden Tag, außer an den Tagen, wenn sie sich in der Kirche versammeln, und meistens kommen der Kaiser und die Kaiserin selbst zu ihren reservierten Logen. Die hübschesten jungen Mädchen und die schönsten jungen Männer, in goldenen Gewändern, führen verschiedene Tänze und wunderbare Darbietungen vor; wenn sie mit den Füßen auf die Bühne trommeln, bieten sie ein seltenes Schauspiel. Manchmal stellen sie Geschichten aus der Alexanderlegende dar, manchmal Liebesgeschichten, deren vernichtende Blitze die Hütten der Geduld und Gelassenheit in Flammen setzen.[31]

Einen direkteren Einfluß als solche gelegentlichen Besuche übten jüdische Einwanderer aus Europa aus, die schon im 16. und 17. Jahrhundert in der Türkei Dramen vorführten. Ihnen folgten Schauspielertruppen aus Griechen, Armeniern und sogar Zigeunern. Besonders die Juden, die neu aus Europa eingetroffen waren, scheinen eine wichtige Rolle dabei gespielt zu haben, daß das Theater in die Türkei eingeführt und die ersten Vorstellungen arrangiert wurden. Sie bildeten die ersten moslemischen Schauspieler, meist Zigeuner, aus. Schon in der Zeit Sultan Murads IV. (1623–1640) traten junge Zigeuner jeden Donnerstag im Palast auf. Diese Einflüsse trugen maßgeblich zur Entwicklung einer charakteristischen türkischen Kunstform bei, der *orta oyunu*, einer volkstümlichen, weitgehend improvisierten dramatischen Vorführung, die der italienischen *Commedia dell'arte* nicht unähnlich ist. Ein Beispiel für eine solche Vorführung ist auf einer Miniatur abgebildet, die in einem Album Sultan Ahmeds I. (1595–1603) überkommen ist. Die türkische *orta oyunu* geht auf verschiedene Ursprünge zurück: die überlebende Tradition der antiken Mimesis, den neuen, von den spanischen Juden eingeführten Darstellungstyp und, immer stärker, auf das Beispiel des italienischen Theaters selbst, das durch europäische Einwohner in Istanbul und durch Kontakte mit Europa, besonders mit Italien, bekannt wurde. Es ist sogar möglich, daß manche europäischen Dramen in dieser Gestalt populär wurden. Das Motiv des Othello, zum Beispiel, das für moslemische Zuschauer leicht zu erfassen ist, bildet die Grundlage einer beliebten und weitverbreiteten *orta oyunu*.[32]

Von der Türkei aus griffen diese volkstümlichen dramatischen Darbietungen weiter nach Osten auf den Iran über, wo das Passionsspiel, das des Märtyrertums von Husayn und seiner Familie gedenkt, zuerst gegen Ende des 18. und zu Beginn des 19. Jahrhunderts aufgeführt wurde.

Die Schranke gegen die westliche Literatur war im allgemeinen jedoch fast undurchlässig. Was die visuellen und musischen Künste betraf, so brauchte man nur zuzusehen und zuzuhören und das nötige Maß an Verständnis zu erreichen, wenn man dem einen oder anderen folgen wollte. So schwierig dies sein mag, so ist es doch einfacher, als eine Fremdsprache zu meistern oder auch nur den Wunsch dazu zu erwerben.

Sogar gebildete moslemische Besucher Europas, wie die osmanischen und marokkanischen Botschafter, zeigen praktisch kein Interesse für das europäische Schrifttum. Sie schenkten natürlich den Erzeugnissen ihrer eigenen Zivilisation starke Beachtung. So sprechen moslemische Gesandte in Spanien von der großen Sammlung arabischer Manuskripte in der Escorial-Bibliothek. Doch weit davon entfernt, Genugtuung über diese Erweiterung des moslemischen kulturellen Einflusses auszudrücken, scheinen sie diese Bücher nicht als Träger der islamischen Botschaft für den Westen, sondern eher als Gefangene in der Hand der Ungläubigen zu betrachten, die, wenn irgend möglich, freigekauft werden müssen. Der osmanische Botschafter Vasif, dem man die Escorial-Bibliothek zeigte und ein Exemplar des Katalogs arabischer Bücher gab, sagt unverhohlen: »Als wir erfuhren, daß die Bibliothek zehn frühe Manuskripte des Edlen Korans und zahllose Werke des Heiligen Gesetzes, der Heiligen Theologie und Tradition enthält, waren wir tief bewegt und bekümmert.«[33] Marokkanische Gesandte versuchten sogar, die arabischen Manuskripte dieser Sammlung in ihre Verhandlungen zum Freikauf moslemischer Gefangener einzubeziehen. Gefangene waren wertvoll und erzielten hohe Preise, wenn sie ausgelöst wurden. Diese hohe Einstufung, die arabischen Manuskripten gewährt wurde, sollte weniger als Zeichen der Wertschätzung für die Literatur denn als Ausdruck des Wunsches gesehen werden, moslemisch-arabische Schriften vor Exil und Schändung zu retten. In demselben Geiste wollte al-Miknāsī, ein marokkanischer Botschafter des 18. Jahrhunderts, sogar ein paar moslemische Münzen »freikaufen«, weil sie die Namen Gottes und des Propheten und einige Verse aus dem Koran als Inschrift trugen, die er nicht in der Hand der Ungläubigen zurücklassen wollte.[34] Die marokkanischen Gesandten scheinen kein Interesse an europäischen Büchern zu zeigen, während unter den Osmanen allein Evliya vom Besuch einer christlichen Bibliothek berichtet, jener des Stephansdoms in Wien.

Die Größe der Bibliothek – sie war umfangreicher als die großen Moschee-Bibliotheken in Istanbul und Kairo und enthielt viele Werke »in den Schriften der Giauren aller Sprachen« – und auch die Sorgfalt, mit der die Bücher gehütet wurden, beeindruckten ihn. Er schreibt, »daß die Giauren bei all ihrem Giaurentum sich wohl bewußt sind, daß Wort und Schrift von Gott kommen, und daß sie demgemäß auch etwa siebzig oder achtzig eigene Wärter angestellt haben, alle ihre Bücher einmal in der Woche säuberlich abzustauben und abzuwischen«. Dies muß eines der frühesten Beispiele dafür gewesen sein, daß Europäer in einem Vergleich besser abschneiden als Moslems und – so die stillschweigende Folgerung – verdienen, nachgeahmt zu werden. Vor dem Zeitalter der Reformen gibt es nur wenige andere Beispiele dieser Art. Ein weiterer Vergleich ist etwas zweideutiger. Die Wiener Bibliothek enthielt, wie Evliya notierte, eine große Zahl illustrierter Bücher: »Bei uns hingegen gibt es keine illustrierten Bücher, weil bei uns die bildliche Darstellung als Sünde gilt. Deswegen haben sie hier in Wien so viele Bücher.« Von den vorliegenden Bänden nennt er nur den *Atlas Minor* und eine *mappemonde* namentlich und bezieht sich allgemeiner auf »Werke über Geographie und Astronomie« – anders ausgedrückt, auf die praktischen Wissenschaften, in denen Europa vielleicht nützliche Kenntnisse weiterzugeben hat. Über die Künste und die Literatur des Westens verliert Evliya kein Wort.[35]

Die Osmanen hatten zum fränkischen Europa etwa die gleiche Einstellung wie das klassische Kalifat zu Byzanz. Politische und militärische Informationen waren notwendig, Wissenschaft und Waffen konnten nützlich sein. Alles übrige war ohne Belang. Während bis zum 18. Jahrhundert eine beträchtliche Sammlung arabischer und, in geringerem Maße, persischer und türkischer Dichtung sowie anderer Literatur in die meisten Sprachen Europas übersetzt worden war, hatte man kein einziges literarisches Werk aus einer europäischen in irgendeine islamische Sprache übertragen. Der erste türkische Text, der auf einer westlichen Quelle beruht, ist, wie erwähnt, Ali Aziz' Nachschöpfung der *Mille et un jours* von Pétis de la Croix. Das letztere ist jedoch selbst eine Nachahmung von *Tausendundeine Nacht*, das kurz vorher zum erstenmal ins Französische übersetzt worden war, und kann schwerlich als Entdeckung der westlichen Literatur gelten.

Das nächste Buch, das übersetzt wurde, war Fénelons *Télémaque*, von dem ein christlicher Araber aus Aleppo im Jahre 1812 in Istanbul eine arabische Version herstellte. Sie wurde nie gedruckt, liegt aber in Manuskriptform in der Bibliotheque Nationale in Paris vor.[36] *Télémaque* scheint eine besondere Faszination auf die moslemischen Leser des Mittleren Ostens ausgeübt zu haben. Ein halbes Jahrhundert später war es das erste westliche Buch, das ins Türkische und Arabische übersetzt und veröffentlicht wurde.

Auch *Robinson Crusoe* wurde früh ins Arabische übersetzt und zu Beginn des 19. Jahrhunderts in Malta gedruckt. Erst mehrere Jahrzehnte später erschienen weitere arabische und türkische Ausgaben französischer und – danach – englischer literarischer Werke. Bis dahin dienten *Robinson Crusoe* und *Télémaque* als durchaus respektable Führer zu den Schätzen der europäischen Literatur.

XI

Soziales und Persönliches

Der große englische Orientalist Sir William Jones (1746–1794) beklagte die Rückständigkeit der wissenschaftlichen Beschäftigung in Europa mit den Osmanen:

> Im allgemeinen geschah es, daß die Personen, die unter den Türken wohnten und die, von ihrer Fertigkeit in östlichen Dialekten her, am besten geeignet waren, uns eine genaue Schilderung jener Nation zu geben, entweder einer niedrigen Lebenssphäre angehörten oder interessante Standpunkte vertraten, aber der Literatur und Philosophie wenig zugetan waren; während jene, die, von ihrer erhabenen Stellung und ihrem erlesenen literarischen Geschmack her, sowohl die Gelegenheit wie die Neigung hatten, in die Geheimnisse des türkischen Staatswesens einzudringen, nicht die geringste Kenntnis der in Konstantinopel benutzten Sprache hatten und folglich des einzigen Mittels beraubt waren, das ihnen ermöglicht hätte, sich mit einiger Gewißheit über die Gefühle und Meinungen eines so einzigartigen Volkes zu unterrichten. Was die Mehrzahl der Dolmetscher betrifft, so können wir von Männern ihres Standes weder Tiefe des Urteils noch Schärfe der Beoachtung erwarten; wenn bloße Worte alles sind, was sie beherrschen, dann müssen bloße Worte alles sein, was zu wissen sie beanspruchen können.[1]

Sir Williams fundierte Erklärung für den elenden Zustand des Osmanenstudiums in Europa läßt sich um so überzeugender auf den noch elenderen Zustand der Westwissenschaft in der Türkei anwenden. Die Gesamtzahl moslemischer Besucher, die zwischen der Entstehung des Islam und der

Französischen Revolution das christliche Europa bereist hatten, war außerordentlich klein. Von diesen wenigen dürfte die große Mehrheit keine Ahnung von einer europäischen Sprache gehabt und nie den Wunsch oder das Bedürfnis verspürt haben, eine zu erlernen. Ihre Kontakte dürften sich auf die politischen oder geschäftlichen Zwecke beschränkt haben, die ihre Reise veranlaßt hatten, und sie verständigten sich durch Übersetzer und Dolmetscher. Daher waren ihre Möglichkeiten, die europäische Szenerie zu beobachten und zu ihr Stellung zu nehmen, eng begrenzt. Diese Begrenzung beunruhigte sie um so weniger, als weder sie noch ihre Leser etwas von Interesse oder Wert in den Ländern der Ungläubigen jenseits der Grenze sahen.

Zwar wurden moslemische Autoren, die über Europa schrieben, weder von anthropologischer noch von historischer Neugier getrieben, aber es gab doch ein Motiv, das manchmal fesselnde Kommentare veranlaßte: eine Neigung zum Seltsamen und Wunderbaren. Die Zivilisation, die Meisterwerke wie *Tausendundeine Nacht* hervorgebracht hatte, gelüstete es stark nach Wundern und Sensationen. Eine umfangreiche Literatur entstand, um dieses Interesse zu befriedigen.

Europa fehlte es nicht an geeignetem Rohmaterial, und moslemische Besucher stießen auf vieles, was ihnen zumindest seltsam und oft außergewöhnlich vorkam. Ein Beispiel ist der europäische Brauch des Rasierens. Für die Moslems, wie für viele andere Völker, war der Bart Stolz und Zierde der Männlichkeit und später das sichtbare Zeichen von Weisheit und Erfahrung. Hārūn ibn Yaḥyā, der Araber, der um das Jahr 886 als Gefangener in Rom weilte, fand eine Erklärung für diese merkwürdige Sitte:

Die Bewohner von Rom, jung und alt, rasieren ihren Bart völlig ab und lassen kein einziges Haar übrig. Ich fragte sie, weshalb sie sich ihre Bärte rasierten, und sagte zu ihnen: »Die Schönheit der Männer liegt in ihrem Bart. Welchen Zweck verfolgt ihr, wenn ihr euch dies antut?« Sie antworteten: »Wer seinen Bart nicht rasiert, ist kein wahrer Christ. Denn als Simon und die Apostel zu uns kamen, hatten sie keine Schuhe, auch keine Stecken [vgl. Matthäus 10.10], sondern sie waren arm und schwach, während wir damals Könige waren, in Brokat gekleidet und auf goldenen Plätzen sitzend. Sie riefen uns zur christlichen Religion, aber wir antworteten ihnen nicht; wir ergriffen sie und quälten sie und schoren ihnen Kopf und Bart. Und dann, als uns die Wahrheit ihrer Wörter erschien, begannen wir, unsere Bärte zu scheren, um die Sünde, daß wir ihre Bärte geschoren hatten, wieder gutzumachen.[2]

Ein späterer Autor, möglicherweise Ibrāhīm ibn Yaʿqūb, äußert sich ebenfalls zu dem fränkischen Brauch des Rasierens sowie zu anderen schmutzigen Gewohnheiten.

Aber du siehst nichts schmutzigeres als sie, und sie sind perfide und gemein von Charakter; sie reinigen und waschen sich nur ein- oder zweimal im Jahr mit kaltem Wasser, ihre Kleider aber waschen sie nicht, seitdem sie sie angezogen haben, bis sie in Lumpen zerfallen. Sie scheren ihre Bärte und es sprossen nach dem Scheren nur abscheuliche Stoppeln. Man fragte einen (von ihnen) nach der Bartschur, und er gab zur Antwort: »Das Haar ist etwas Überflüssiges, ihr entfernt es von euren Schamteilen, wie sollten wir es in unsern Gesichtern dulden?«[3]

Die schmutzigen Sitten der Abendländer erregten weiterhin den Ekel der Moslems. Noch am Ende des 18. Jahrhunderts verzeichnet der indisch-moslemische Besucher Abū Ṭālib Khan in Dublin, daß es nur zwei Bäder gebe, beide klein und schlecht ausgestattet. Gezwungenermaßen habe er das eine besucht, aber es habe ihm kein Vergnügen bereitet. Im Sommer wüschen die Bewohner von Dublin sich im Meer, im Winter überhaupt nicht. Die beiden Bäder seien für die Kranken gedacht und würden nur von denen benutzt, die tatsächlich sehr krank seien. Als Abū Ṭālib das Bad besucht habe, sei kein Barbier oder irgendein Aufseher zu finden gewesen. Anstelle eines Masseurs habe man ihm eine Roßhaarbürste angeboten, wie sie zum Säubern von Schuhen oder Stiefeln benutzt wurde. »Jeder entfernt seinen eigenen Schmutz mit eigenen Händen.«[4]

Europäische Kleidung wird gelegentlich von moslemischen Besuchern erwähnt. Evliya schreibt über die hohen Damen und die anderen Frauen von Wien:

Ebenso wie die Männer tragen dort die Frauen als Oberkleidung gesteppte Röcke ohne Ärmel, aus schwarzem Tuch verschiedener Arten. Darunter aber ziehen sie Frauenröcke aus Brokat und Seide und Goldstoff und Çarkab und mannigfachen anderen goldgewirkten und kostbaren Stoffen an, die aber nicht so eng und knapp sind wie die Röcke der Frauen im übrigen Giaurenland, sondern weit und reich, so daß sie ihnen ellenlang auf dem Boden nachschleifen, wie die Schleppkleider der Mevlevî-Derwische. Unterhosen legen sie jedoch niemals an. Als Fußbekleidung tragen sie Kobâdî-Schuhe in den verschiedensten Farben, und ihre Gürtel sind meistens mit Juwelen und Diamanten verziert.
Im Gegensatz zu den jungfräulichen Mädchen gehen dort die verheirateten Frauenzimmer alle mit bloßem Busen, der weiß wie Schnee leuchtet. Ihre Röcke gürten sie nicht wie die Weiber in Ungarn und in der Walachei und in der Moldau, sondern sie legen sich um die Mitte Leibbinden von der Breite eines Siebreifens, und diese häßliche Tracht läßt sie geradezu bucklig erscheinen. Auf den Köpfen tragen sie mit hübschen Spitzen und Stickereien geschmückte Hauben aus weißem Musselin, und darüber wieder Kappen mit lauter Juwelen und Perlen und Diademen.
Durch Gottes Fügung sind aber die Brüste der Frauenzimmer in diesem Lande nicht – wie die Zitzen der Weiber in der Türkei – so groß wie Wasserschläuche, sondern klein wie Apfelsinen. Trotzdem stillen sie aber zum größten Teil ihre Kinder mit ihrer eigenen Milch.[5]

Scheich Rifāʿa fällt ein anderes überraschendes Merkmal europäischer Bekleidung auf – die seltsame Eigenart, daß sie von Zeit zu Zeit ihren Stil ändert:

Einer der Charakterzüge der Franzosen ist ihr heißes Verlangen nach allem, was neu ist, und ihre Liebe des Wechsels und der Vielfalt in allen Dingen, besonders in Sachen der Kleidung. Sie ist bei ihnen nie beständig, und bis jetzt ist ihnen keine Mode oder Schmückung erhalten geblieben. Dies bedeutet nicht, daß sie ihre Kleidung vollkommen ändern; es bedeutet, daß sie sie variieren. Zum Beispiel werden sie nie aufhören, einen Hut zu tragen, und ihn durch einen Turban ersetzen, aber sie tragen manchmal einen Hut der einen Art und ersetzen ihn dann nach einer Weile durch einen Hut der anderen Art, ob nach Form oder Farbe, und so weiter.[6]

Abū Ṭālib betrachtete die komplizierte Art, wie die Europäer sich anzogen, als lächerliche Zeitverschwendung. In einer ausführlichen Darlegung der Schwächen und Mängel der Engländer führt er an sechster Stelle an, »daß sie viel Zeit für das Schlafen und Anziehen, das Kämmen ihrer Haare und Scheren ihrer Bärte und ähnliches vergeuden...«[7] Um der Mode zu folgen, trügen sie vom Hut bis zu den Schuhen nicht weniger als fünfundzwanzig Kleidungsstücke. Außerdem hätten sie verschiedene Gewänder für den Morgen und den Abend, so daß sie die Beschwerlichkeit, sich an- und auszuziehen, zweimal am Tag auf sich nehmen müßten. Sie verwendeten zwei Stunden darauf, sich anzukleiden, ihr Haar zu ordnen und sich zu rasieren, verbrächten wenigstens eine Stunde beim Frühstück, drei Stunden beim Mittagessen, drei Stunden in der Gesellschaft der Damen oder mit dem Anhören von Musik oder mit Glücksspielen, und sie schliefen neun Stunden, so daß nicht mehr als sechs Stunden für die Abwicklung der Geschäfte blieben, bei den Großen des Staates sogar nicht mehr als vier. Das kühle Wetter sei keine Entschuldigung für eine so große Zahl von Kleidungsstücken. Sie könnten, sagt Abū Ṭālib, die Zahl der Kleidungsstücke um die Hälfte verringern, ohne zu frieren, und viel Zeit sparen, wenn sie sich weniger ausgiebig rasierten, frisierten und so weiter.

Einige dieser moslemischen Besucher waren phantasievoll genug, um zu erkennen, daß sie den Bewohnern Europas ein genauso seltsames Schauspiel lieferten wie diese ihnen.

Wie andere osmanische Besucher Europas schreibt Vasif – nicht ohne Befriedigung – von dem Eindruck, den er gemacht habe, und von den Mengen, die herbeigekommen seien, um ihn anzustarren. Es habe schon in der Quarantäne begonnen, als Menschen aus der Nachbarschaft gekommen seien, um von der anderen Seite des Zaunes her zu gaffen.

Später, als er feierlich in Madrid einzog, »war die Zahl der Zuschauer nicht zu beschreiben. Auf den Balkons der Häuser an der Straße drängten sich die Zuschauer in Fünfer- oder Sechserreihen. Obwohl die Straße Platz genug für fünf Kutschen nebeneinander hatte, war sie so voll von Menschen, daß sogar ein einzelner Reiter nur mit Mühe durchdringen konnte. Man erzählte uns, daß die Fenster für jeweils hundert Piaster vermietet wurden.«[8]

Ein persischer Würdenträger, welcher der Eröffnung der London-Croydon-Eisenbahnlinie im Jahre 1839 beiwohnte, bemerkt über die Menge von dreißig- oder vierzigtausend Menschen, die dort versammelt waren:

> Sobald sie uns erblickten, begannen sie, zu rufen und Schreie des Erstaunens und Hohns auszustoßen. Aber der Ājūdān-Bāshī ging mit gutem Beispiel voran und grüßte sie höflich, und sie reagierten, indem sie die Hüte abnahmen, so daß alles gutging. Aber bei der geringsten Unvorsichtigkeit hätte es schlecht ausgehen können. Sie hatten sogar einigen Grund, da unsere äußere Erscheinung – unsere Kleidung und auch sonst – in ihren Augen sehr absonderlich gewesen sein muß, besonders mein Bart, der in ganz Frangistan kaum seinesgleichen hat.«[9]

An der Bekleidungsrevolution, die im frühen 19. Jahrhundert begann, läßt sich am deutlichsten ablesen, wie sich die Einstellung der moslemischen Herrscher zur Situation der islamischen Welt und zu ihren Kontakten mit der Außenwelt der europäischen Christenheit wandelte. Dieser Wandel fängt damit an, daß gewisse europäische Kleidungsstücke vom Souverän und der militärischen Elite, dann von einem wachsenden Teil der Bürokratie und schließlich von der gesamten Bevölkerung übernommen werden.

Es war nicht das erste Mal. Im 13. Jahrhundert war das islamische Kalifat gestürzt und ein großer Teil der moslemischen Welt von den heidnischen Mongolen aus dem Fernen Osten erobert worden. Die Moslems, überwältigt und verstört, hatten – zumindest auf der höheren militärischen Ebene – ihre traditionelle Kleidung aufgegeben und jene der neuen Herren der Welt übernommen. Sogar in Ägypten, das nie von den Mongolen erobert wurde, führte der Mameluken-Sultan Qalā'ūn am Ende des Jahrhunderts ein neues System von Vorschriften ein, welche die Kleidung der einflußreichsten Emire betrafen. Sie sollten Gewänder mongolischen Stils tragen sowie ihr Haar wachsen und wallen lassen, statt es nach moslemischer Art kurz zu schneiden. Dementsprechend erschien der osmanische Reformsultan Mahmud II. im Jahre 1826 mit Hose und Uniformrock vor seinem Volk und sorgte dafür, daß größere Teile seiner Armee ähnlich ausgestattet wurden. Durch kaiserlichen Befehl wurden Uniformröcke in der Armee, Fräcke in der Bürokratie und Hosen in beiden eingeführt. Von dort verbreiteten sie sich allgemeiner unter den städtischen, gebildeten Schichten. Zuerst in der Türkei, dann in einigen der arabischen Länder und schließlich im Iran wurde europäische Kleidung zur Regel. Über lange Zeit hinweg beschränkte sich diese Verwestlichung auf die Männer, und auch bei ihnen galt sie nur unterhalb des Halses. Die Kopfbedeckung, die in der islamischen Welt stets eine beträchtliche symbolische Rolle gespielt und außerdem direkt mit der Ausführung der moslemischen Gebete zu tun hatte, unterschied sich weiterhin. Im 20. Jahrhundert wurde auch hier, zumindest vom Militär, ein Zugeständnis gemacht: Die Offiziere sogar der ganz streitbar islamischen Staaten übernahmen die spitzen Schirmmützen und Käppis aus Europa.

Zu Beginn des 14. Jahrhunderts, als die Mongolen selbst Moslems wurden und die mittelöstliche Gesellschaft sie assimilierte, wurde der mongolische Stil offiziell aufgegeben, und ein anderer Mameluken-Sultan Ägyptens, nämlich Muḥammad, der Sohn Qalāʾūns, beschloß nach einer Pilgerreise nach Mekka, zum moslemischen Stil zurückzukehren. Er und all seine Emire und Mameluken warfen ihre mongolischen Röcke ab und stutzten ihr wallendes Haar. Die Hüte, Röcke und Hosen Europas bleiben noch erhalten, werden aber immer stärker kritisiert – mit sozialen und religiösen Argumenten, aus aristokratischen und populistischen Gründen.

Die weibliche Bekleidung wurde erst viel später und nicht annähernd so radikal verwestlicht. Der Gegensatz mag mit gewissen elementaren kulturellen Unterschieden zu tun haben.

Die moslemischen Besucher, die Aufzeichnungen ihrer Reisen nach Europa hinterlassen haben, waren bis ins 19. Jahrhundert ausnahmslos Männer. Die meisten von ihnen äußern sich jedoch über Frauen und ihren Platz in der Gesellschaft. Für den, der seltsame und wundersame Geschichten suchte, ließ sich kaum ein ergiebigeres Thema denken. Die christliche Einrichtung der monogamen Ehe, die relative Freiheit der Frauen von gesellschaftlichen Einschränkungen und der Respekt, den ihnen sogar hochgestellte Personen entgegenbrachten, erfüllten Besucher aus den Ländern des Islam stets mit Erstaunen, wenn auch selten mit Bewunderung.

Einen der frühesten Eindrücke von den sexuellen Sitten Europas vermittelt der arabische Botschafter al-Ghazāl, der um 845 einen Wikingerhof besuchte. Seinen eigenen Worten zufolge flirtete er während seines Aufenthaltes bei den Wikingern (oder Normannen) mit ihrer Königin.

Als die Frau des Normannenkönigs von al-Ġazāl gehört hatte, beschied sie ihn zu sich. Als er bei ihr eingetreten war, brachte er seinen Gruß dar, dann blickte er sie lange an, sie bewundernd betrachtend. Da sagte sie zu ihrem Dolmetscher: »Frage ihn, warum er mich anstarrt, ob, weil er mich besonders schön findet, oder aus dem entgegengesetzten Grunde.«

»Nur deshalb«, antwortete er, »weil ich nicht vermutete, daß es auf der Welt einen Anblick gleich diesem gibt. Wohl habe ich bei unserm König Frauen gesehen, die für ihn aus allen Nationen auserwählt waren, aber niemals sah ich unter ihnen Schönheit, welche dieser gleichkam.«

Da sagte sie zu ihrem Dolmetscher: »Frage ihn, ob das sein Ernst ist oder ob er

scherzt.« »Nein«, erwiderte er, »mein voller Ernst«. »Gibt es in ihrem Lande
denn«, fragte sie, »keine schönen Frauen?« Da sagte er: »So präsentiert mir einige
von euren Frauen, damit ich sie an ihnen messen kann.«
Die Königin sandte nun nach Frauen, die wegen ihrer Schönheit bekannt waren,
und sie erschienen. Da ließ er seine Augen an ihnen emporsteigen und hinabgleiten
und sagte dann: »Sie sind schön, aber nicht so schön wie die Königin, denn deren
Schönheit und entsprechende Eigenschaften kann kein einziger voll erfassen, und
nur die Dichter können sie zum Ausdruck bringen; wenn es der Königin genehm
ist, daß ich ihre Schönheit, ihren Wert und ihre Klugheit in einem Lied feiere, das
in allen unseren Landen von Mund zu Mund geht, will ich es tun.«
Die Königin war darüber sehr erfreut, fühlte sich geschmeichelt *(zuhijat)* und ließ
ihm ein Geschenk überreichen. Al-Ġazâl weigerte sich jedoch, es anzunehmen und
sagte: »Ich tu es nicht.« Sie aber sagte zum Dolmetscher: »Frag ihn, warum er
mein Geschenk nicht annehmen will, ob, weil er es verachtet, oder weil er mich
verachtet?«
Und er richtete an ihn die Frage, worauf al-Ġazâl erwiderte: »Ihr Geschenk
fürwahr ist großartig, und es von ihr zu empfangen, eine hohe Ehre, denn sie ist
eine Königin und eine Königstochter. Aber mir genügt als Geschenk, sie anzuschauen und freundlich von ihr empfangen zu werden; das ist ausreichend für mich
als Geschenk. Ich wünschte nur, sie empfinge mich hinfort immer, wenn ich zu ihr
komme.«
Als der Dolmetscher ihr nun, was er gesagt hatte, erklärte, steigerte sich noch ihre
Freude über ihn und ihre Bewunderung für ihn, und sie sagte: »Man bringe das
Geschenk für ihn in seine Herberge, und wann es ihm gefällt, zu mir zu Besuch zu
kommen, so soll er nicht abgewiesen werden, und er wird bei mir freundliche
Aufnahme, Bequemlichkeit und Behagen finden.« Da dankte ihr al-Ġazâl,
wünschte ihr Gutes und empfahl sich.

An diesem Punkt schaltet sich Tammâm ibn ᶜAlqama, der Erzähler der
Geschichte, ein:

Ich hörte den Ġazâl diese Geschichte berichten und fragte ihn: »War sie denn in
Wirklichkeit annähernd so schön, wie du sie geschildert hast?« »Bei deinem
Vater«, erwiderte er, »sie war schon in der Tat ganz nett *(fîhâ ḥalâwe)*, aber ich
erwarb durch solche Rede ihre Zuneigung und erlangte von ihr mehr als ich
wollte.«

Tammâm ibn ᶜAlqama sagt auch:

Mir berichtete einer von seinen Gefährten folgendes: Die Gemahlin des Normannenkönigs war ganz erpicht *(ûliᶜat)* auf al-Ġazâl und pflegte es keinen Tag ohne
ihn auszuhalten, so daß sie ihn (wenn er nicht kam) holen ließ, und er verweilte bei
ihr, indem er ihr von dem Leben der Muhammedaner, ihrer Geschichte, ihren
Ländern und ihren Nachbarvölkern erzählte. Meist schickte sie ihm, wenn er sie
verlassen hatte, ein Geschenk nach, durch das sie ihre Huld zum Ausdruck brachte,
nämlich Kleider oder Speisen oder Parfüms. Schließlich kam sie mit ihm ins

Gerede, und seine Gefährten mißbilligten sein Benehmen. Man warnte al-Ġazâl davor, so daß er vorsichtig wurde und nur jeden dritten Tag kam. Sie forschte nun bei ihm nach dem Grunde davon, und er setzte ihr auseinander, wovor man ihn gewarnt hatte.

Sie aber lachte und sagte zu ihm: »In unserer Religion gibt es so etwas nicht. Wir kennen keine Eifersucht. Unsere Frauen haben unseren Männern gegenüber durchaus ihr freies Bestimmungsrecht: Die Frau bleibt bei ihm, solange sie Lust hat, und trennt sich von ihm, wann sie es über hat *(idhâ karihat)*.«

Was nun den Brauch der Normannen anlangt, bevor zu ihnen die römische Religion gelangte, so verweigerte sich keine Frau einem Manne; nur wenn sich eine Edle einen niederen Standes zum Genossen wählte, wurde sie dadurch beschimpft, und ihre Familie hielt ihn von ihr fern.

Als al-Ġazâl diese ihre Entgegnung gehört hatte, ging er wieder wie vordem, ohne sich Zwang aufzuerlegen, bei ihr ein und aus.[10]

Der Erzähler beschreibt im weiteren al-Ghazāls Umgang mit der Wikingerkönigin. Er habe arabische Verse für sie improvisiert, die ihr pflichtgemäß von seinem Dolmetscher erklärt worden seien. Dieses letzte Detail läßt die ganze Geschichte recht unwahrscheinlich klingen.

Die Unabhängigkeit westlicher Frauen gibt häufig zu Kommentaren Anlaß. Zum Beispiel vermerkt Ibrāhīm ibn Yaᶜqūb, während er über die Bewohner von Schleswig spricht:

Ferner erzählte er . . ., daß das Recht der Scheidung bei ihnen den Frauen zusteht: das Weib scheidet sich selbst, wann sie will.

Derselbe Autor erzählt eine noch seltsamere Geschichte von einer Insel im westlichen Meer, die als Stadt der Frauen bekannt sei:

Ihre Bewohner sind Frauen, über welche die Männer keine Gewalt haben. Sie reiten die Rosse und nehmen den Krieg selbst in die Hand. Beim Zusammenstoß zeigen sie große Tapferkeit. Auch haben sie Sklaven. Jeder Sklave begibt sich der Reihe nach in der Nacht zu seiner Herrin, bleibt bei ihr die Länge seiner Nacht und erhebt sich mit dem Morgengrauen und geht heimlich bei Tagesanbruch hinaus. Wenn dann eine von ihnen einen Knaben gebiert, tötet sie ihn auf der Stelle; wenn sie aber ein Mädchen gebiert, läßt sie es leben.

Da er offenbar einsieht, daß seine Version der alten Legende von den Amazonen seine Leser vielleicht nicht überzeugt, setzt Ibrāhīm ibn Yaᶜqūb hinzu:

Der Bericht über diese Stadt ist Wahrheit, Hûto (Otto), der König von Rûm, hat mir davon berichtet.[11]

Was dem moslemischen Beobachter in mittelalterlichen wie in moderneren Zeiten auffallen mußte, war die, wie ihm schien, zügellose Freiheit der Frauen und der außerordentliche Mangel an Eifersucht bei den Männern Usāma, ein syrischer Nachbar der Kreuzfahrer, führt mehrere Geschichten an, um dies zu unterstreichen:

Die Franken kennen keine Spur von Eifersucht oder Ehrgefühl. Einer von ihnen mag mit seiner Frau spazierengehen, und er begegnet einem anderen Mann, und dieser Mann führt seine Frau beiseite und plaudert privat mit ihr, während der Gatte weiter entfernt stehenbleibt, bis sie ihre Unterhaltung beendet hat; und wenn sie zu lange braucht, läßt er sie mit ihrem Gefährten allein und geht fort. Hier ist ein Beispiel, das ich selbst erlebt habe. Als ich Nablus besuchte, wohnte ich gewöhnlich im Hause eines Mannes namens Muʿizz. Sein Haus war eine Herberge für Moslems, mit Fenstern, die auf die Straße hinausgingen. Gegenüber, auf der anderen Straßenseite, stand das Haus eines fränkischen Mannes, der Wein für die Händler zu verkaufen pflegte. Er nahm immer eine Flasche Wein, ging umher und rief: »Der und der, der Händler, hat gerade ein Faß von diesem Wein geöffnet. Wenn jemand etwas davon haben will, steht es da und da.« Seine Bezahlung dafür, daß er als Ausrufer diente, war der Wein in jener Flasche.
Eines Tages kam er nach Hause und fand einen Mann im Bett mit seiner Frau, und er fragte ihn: »Was führt dich her zu meiner Frau?« Der Mann erwiderte: »Ich war müde, deshalb bin ich hergekommen, um mich auszuruhen.«
»Und wie bist du in mein Bett gekommen?«
»Das Bett war gemacht, deshalb legte ich mich hin.«
»Aber die Frau hat bei dir geschlafen.«
»Es war ihr Bett. Hätte ich sie von ihrem eigenen Bett fernhalten sollen?«
»Meiner Treu«, sagte der Ehemann. »Wenn du das noch einmal machst, werden wir uns streiten.«
Dies war das ganze Ausmaß seiner Mißbilligung und Eifersucht.[12]

Usāmas Geschichte hat alle Merkmale eines ethnischen Witzes, aber sie macht nichtsdestoweniger sehr deutlich, wie sich christliche Ehegewohnheiten zeitgenössischen moslemischen Beobachtern dargestellt haben müssen.

Die Erscheinung dieser christlichen Damen war jedoch nicht unerfreulich. Ibn Jubayr, ein spanischer Moslem, der Syrien und Palästina unter der Herrschaft der Kreuzritter besuchte, hatte das Glück, einer christlichen Hochzeit beizuwohnen.

Eines der schönsten Schauspiele dieser Welt war eine Brautprozession, die wir eines Tages in Tyros, in der Nähe des Hafens, sahen. Alle Christen, Männer und Frauen, hatten sich aus diesem Anlaß versammelt und zwei Reihen vor der Haustür der Braut gebildet, die vermählt werden sollte. Sie spielten Flöten und Hörner und alle Arten von Musikinstrumenten, bis sie herauskam, geleitet von zwei Männern, die ihre Hände zur Linken und Rechten hielten und enge Verwandte zu sein schienen. Sie war schön angezogen und prächtig geschmückt, trug ein Kleid aus goldbesetzter Seide und zog eine Schleppe hinter sich her, wie es bei ihnen Brauch ist. Auf dem Kopf hatte sie einen goldenen Reifen, der von einem Netz aus gesponnenem Gold umgeben war, und auf ihrer Brust war ähnlicher Schmuck geschmackvoll angeordnet ... Hinter ihr schritten christliche Männer, die wichtigsten ihrer Familie, welche die herrlichsten ihrer großartigen Kostüme trugen und ihre Umhänge hinter sich herzogen, und dann kamen die ihr Gleichgestellten und Gefährtinnen unter den christlichen Frauen, in den feinsten Kleidern und mit Juwelen geschmückt, während die Musik spielte ...[13]

Jahrhunderte später freute sich Evliya Çelebi über den Anblick der Damen von Wien.

Und da in diesem Lande das Wasser und die Luft so bekömmlich sind, sind dort alle Frauenzimmer von schöner Statur und hübscher Figur und mit Gesichtern wie die Feen wahrlich reizend anzusehen. Und allüberall, in unendlicher Zahl, gibt es dort Mädchen gar lieblich und hold und schön wie der Sonne gleißendes Gold, die einen entzücken mit jeder Gebärde und jeder Regung, mit jedem Worte und jeder Bewegung.

Ein Merkmal der christlichen Gesellschaft verblüffte moslemische Besucher immer wieder: die öffentliche Ehrerbietung Frauen gegenüber. Evliya schreibt dazu:

In diesem Lande habe ich etwas ganz Merkwürdiges erlebt:
Sooft der Kaiser auf der Straße einem Frauenzimmer begegnet, bringt er, falls er hoch zu Roß ist, sein Pferd zum Stehen und läßt die Frau vorbeigehen. Und wenn der Kaiser zu Fuß geht und dabei einer Weibsperson begegnet, so bleibt er in höflicher Haltung stehen. Dann grüßt die Frau den Kaiser, und da zieht er seinen Hut vom Kopf und erweist dem Weibsbild seine Ehrerbietung, und erst wenn die Frau vorbei ist, geht auch der Kaiser wieder weiter.
Eine ganz seltsame Sache ist das.
In diesem Land und überhaupt im ganzen Giaurenreiche führen die Weiber das große Wort, und man ehrt sie und achtet sie um der Mutter Maria willen.[14]

Kein Wunder, daß Evliya in der Türkei als Lügner betrachtet wurde, da er so außergewöhnliche Geschichten erzählte.

Sogar in Spanien war al-Ghazāl, ein marokkanischer Botschafter, der seine Reise im Jahre 1766 unternahm, schockiert über die Freiheit der Frauen. Wie andere moslemische Besucher ist er über das entsetzt, was ihm als sexuelle Freizügigkeit europäischer – sogar spanischer – Frauen erscheint. Seine Empörung nahm ihren Anfang, als er die Grenze nach Ceuta überschritt, einem von den Spaniern gehaltenen Hafen an der nordmarokkanischen Küste.

Ihre Häuser haben Fenster, die auf die Straße hinausgehen; dort sitzen die Frauen dauernd und grüßen die Passanten. Von ihren Gatten werden sie mit größter Höflichkeit behandelt. Die Frauen sind der Unterhaltung und Geselligkeit mit anderen Männern als ihren Gatten, öffentlich oder privat, sehr zugetan. Sie werden nicht gehindert, dorthin zu gehen, wo sie es für richtig halten. Es kommt oft vor, daß ein Christ nach Hause zurückkehrt und seine Frau oder seine Tochter oder seine Schwester in Gesellschaft eines anderen Christen, eines Fremden, vorfindet und daß sie zusammen trinken und sich aneinander lehnen. Darüber freut er sich, und nach allem, was man mir erzählt hat, scheint er es für eine Gefälligkeit des Christen zu halten, der in Gesellschaft seiner Gattin oder irgendeiner anderen Frau seines Haushaltes ist . . .

Al-Ghazāls Beschreibung dessen, was er in Ceuta sah, und seine Interpretation scheinen ein wenig aufgeregt. Es ist kein Wunder, daß er – wie andere moslemische Besucher vor ihm – tief entrüstet über die tanzenden Paare bei den Bällen und Empfängen war, die ihm zu Ehren gegeben wurden. Genauso empörend waren für ihn die schamlose Aufmachung und Zurschaustellung von Mädchen aus guter Familie sowie die Duldung oder sogar Billigung der Männer, die über ihre Ehre hätten wachen sollen. Nach einem dieser Empfänge bemerkt al-Ghazāl:

Als die Gesellschaft auseinanderging, kehrten wir in unser Quartier zurück, und wir beteten zu Gott, uns vor dem elenden Zustand dieser Ungläubigen zu retten, denen jede männliche Eifersucht fehlt und die in Unglauben versunken sind, und wir flehten den Allmächtigen an, uns nicht für das Vergehen verantwortlich zu machen, daß wir mit ihnen sprachen, wie es die Umstände erforderten . . . [15]

Mehmed Said Efendi war ähnlich beeindruckt von der Unabhängigkeit und Macht der Frauen in Frankreich.

In Frankreich haben Frauen eine höhere Position als Männer, so daß sie tun, was sie wollen, und gehen, wohin es ihnen gefällt; und die größten Gebieter bringen der niedrigsten Frau Respekt und Höflichkeit über alle Maßen entgegen. In jenem Lande richtet man sich nach ihren Befehlen. Es heißt, daß Frankreich das Paradies der Frauen sei, wo sie keine Sorgen oder Probleme hätten und wo alles, was sie begehrten, ihnen mühelos zufalle. [16]

Abū Ṭālib Khan, der England am Ende des 18. Jahrhunderts besuchte, beobachtete jedoch einen anderen Aspekt, den frühere Reisende übersehen hatten, und kommt zu dem Schluß, daß es englischen Frauen im großen und ganzen schlechter gehe als ihren moslemischen Schwestern. Sie seien stets durch eine Vielzahl von Arbeiten in Läden und anderswo beschäftigt – eine Situation, die Abū Ṭālib auf die Weisheit der englischen Gesetzgeber und Philosophen zurückführt, welche die beste Methode gefunden hätten, um

Frauen vor Dummheiten zu bewahren – und außerdem einer Reihe von Einschränkungen unterworfen. Zum Beispiel gingen sie nach Einbruch der Dunkelheit nicht aus und verbrächten die Nacht in keinem anderen Hause als ihrem eigenen, wenn sie nicht in Begleitung ihres Ehemannes seien. Einmal verheiratet, hätten sie keine Eigentumsrechte und seien der Gnade ihres Gatten, der sie nach Belieben berauben könne, völlig ausgeliefert. Im Vergleich damit gehe es moslemischen Frauen viel besser. Ihre gesetzliche Position und ihre Eigentumsrechte, sogar gegen ihre eigenen Männer, seien rechtlich festgelegt und geschützt. Und sie hätten auch andere Vorteile. Hinter dem Schleier verborgen, könnten sie sich, wie Abū Ṭālib recht bekümmert schreibt, allen möglichen Übeltaten und Schlechtigkeiten hingeben, deren Spielraum sehr groß sei. Sie könnten das Haus nach Gutdünken verlassen, ihren Vater oder andere Verwandte oder sogar Freundinnen besuchen und jedesmal mehrere Tage und Nächte lang fortbleiben. Abū Ṭālib hat offensichtlich Bedenken, daß sich hieraus allzu verlockende Gelegenheiten ergeben könnten.[17]

Von England reiste Abū Ṭālib nach Frankreich, wo – in auffallendem Widerspruch zu konventionellen Vorstellungen – weder die Küche noch die Frauen so sehr seinem Geschmack entsprachen wie in England. Er zog einfache englische Kost raffinierten französischen Gerichten vor und vertritt eine ähnliche Auffassung über die Damen der beiden Länder. »Die französischen Frauen«, sagt er, »sind größer, praller und rundlicher als die englischen, aber weit weniger schön, vielleicht weil ihnen die jüngferliche Einfachheit und Bescheidenheit und die anmutige Haltung der englischen Mädchen fehlen.« Abū Ṭālib wurde besonders von den französischen Frisuren abgestoßen, die ihn unangenehm an das Äußere gewöhnlicher Prostituierter in Indien erinnerten. Die französischen Frauen – mit ihrer Schminke, ihren Juwelen und ihrem fast bloßen Busen – schienen ihm liederlich. Schlimmer noch, sie waren »vorwitzig, redselig, hatten laute Stimmen und spitze Zungen«. Ihre Kleider mit der hohen Taille seien eher komisch als attraktiv. Zum Abschluß bemerkt Abū Ṭālib, daß er seiner Veranlagung nach zwar beim Anblick von Schönheit rasch angeregt werde, wie er beim Besuch verschiedener Schauspiele in London festgestellt habe, daß ihm aber in Paris nichts derartiges widerfahren sei. Im Palais Royal habe er bei Tag und Nacht Tausenden gegenübergestanden, sei aber nicht im geringsten durch eine von ihnen erregt worden.[18]

Französische Bäuerinnen – und überhaupt alles auf dem Lande – seien sogar noch unerträglicher. Die Dörfer seien sehr unerfreulich und ganz anders als die Städte. Die Frauen seien so derb, daß ihr Anblick nur Abscheu aufkommen lasse, und sie hätten so häßliche Gewänder, daß Dorfmädchen in Indien, mit ihnen verglichen, wie die Bewohnerinnen des Paradieses erschienen.[19]

Ein türkischer Dichter jener Zeit äußert sich in sexueller Hinsicht deutlicher. Fazil Bey, auch als Fazil-i Enderuni (1757–1810) bekannt, war der Enkel eines berühmten palästinensischen Araberführers, der in den siebziger Jahren des 18. Jahrhunderts gegen die Osmanen rebellierte. Er wuchs in Istanbul auf und wurde berühmt für seine erotische Verskunst, insbesondere für zwei lange Gedichte, eines über Mädchen und das andere über Jungen. Diese Gedichte ordnen den verschiedenen Nationalitäten – für die Zwecke, an die Fazil Bey dachte – gute und schlechte Eigenschaften zu. Er geht nicht nur auf die ethnischen Gruppen im Osmanischen Reich und seiner Umgebung, sondern auch auf die Franken von Istanbul, die Donauanwohner, die Franzosen, die Polen, die Deutschen, die Spanier, die Engländer, die Russen, die Holländer und sogar die Amerikaner ein, womit Fazil Bey zweifellos die Indianer meint. Nichts deutet daraufhin, daß Fazil Bey je ins Ausland reiste, aber da er im Kaiserlichen Palast in Istanbul aufwuchs und wohnte, muß er reichliche Gelegenheit gehabt haben, jungen Männern und Frauen vieler Nationalitäten zu begegnen. Seine Beschreibungen von Jungen sind recht vage und zurückhaltend, während er von Mädchen offener spricht und eine Menge von manchmal klinischen Details anführt. Gelegentlich räumt er jedoch auch dem kulturellen Zusammenhang eine gewisse Bedeutung ein. Französische Frauen werden getadelt, weil sie den – für Fazil Bey – ekelhaften Brauch pflegen, Hündchen zu liebkosen und sie an den Busen zu drücken. Er weiß auch, daß spanische Damen singen und Gitarre spielen, und merkt an, daß sie über Marokko nach Istanbul kommen. Englische Frauen seien keusch und rotwangig und Mitbesitzerinnen von Indien. Holländische Frauen sprächen eine schwierige Sprache – man fragt sich, wie Fazil Bey zu diesem Schluß kommen konnte –, weckten aber keine sexuellen Gelüste.[20]

Halet Efendi, der von 1803 bis 1806 in Paris weilte und im allgemeinen bemüht ist, ein so negatives Bild wie möglich zu malen, schildert einen anderen Aspekt der sexuellen Sitten Europas. Er beginnt damit, daß er empört einen Vorwurf zitiert, der den Moslems von ihren Verleumdern gemacht werde:

Sie sagen: Wisset, daß die Moslems, wie viele Armenier und Griechen es auf der Welt auch geben mag, in der Regel homosexuell sind. Dies ist ein Skandal. In Frangistan kann so etwas, Gott behüte, nicht geschehen. Und wenn es doch geschieht, wird es streng bestraft und ist ein großes Ärgernis und so weiter. Wenn man ihnen zuhört, könnte man also glauben, daß wir alle zu jener Sorte gehörten, als hätten wir kein anderes Interesse.
In Paris ist eine Art Marktplatz namens Palais Royal, wo es Läden für verschiedene Waren an allen vier Seiten und über ihnen Zimmer mit 1500 Frauen und 1500 Jungen gibt, die sich ausschließlich der widernatürlichen Unzucht widmen. Es ist schändlich, diesen Ort bei Nacht aufzusuchen, aber da es nicht schadet, bei Tage

dorthin zu gehen, machte ich mich auf, um dieses besondere Schauspiel zu betrachten. Sobald man eintritt, sieht man an allen vier Seiten Männer- und Frauenhände, die an jeden Ankömmling gedruckte Karten verteilen; darauf steht: »Ich habe soundso viele Frauen, mein Zimmer ist dort und dort, es kostet soundso viel« oder »Ich habe soundso viele Jungen, sie sind soundso alt, der offizielle Preis ist soundso viel« – alles auf speziell gedruckten Karten. Und wenn ein Junge oder eine Frau unter ihnen sich Syphilis zuzieht, gibt es von der Regierung beauftragte Ärzte, die sie versorgen. Die Frauen und Jungen umgeben einen von allen Seiten, stolzieren herum und fragen: »Wer von uns gefällt dir?« Schlimmer noch, die Großen des Landes fragen stolz: »Habt Ihr unseren Palais Royal besucht? Und haben Euch die Frauen und die Jungen gefallen?«

Gott sei Dank, daß es in den Ländern des Islam nicht so viele Jungen und Lustknaben gibt.[21]

Ein späterer Besucher von Paris, der ägyptische Scheich Rifāʿa, stellt die Frage der Homosexualität in einem ganz anderen Lichte dar. Er nimmt mit Interesse und Billigung zur Kenntnis, daß man die Homosexualität in Frankreich voll Entsetzen und Abscheu betrachte – in einem solchen Maße, daß französische Gelehrte, wenn sie homosexuelle Liebesgedichte aus dem Arabischen übersetzten, die maskuline in die feminine Form verwandelten.

Die Damen Frankreichs machten einen weniger günstigen Eindruck auf ihn. Seiner Meinung nach fehlte es den Pariserinnen an Schamhaftigkeit, den Parisern an Männlichkeit:

Die Männer sind bei ihnen die Sklaven der Frauen und deren Befehlen unterworfen, ob sie schön sind oder nicht. Einer von ihnen sagte ... die Frauen seien beim Volk des Orients wie Haushaltsgegenstände, während sie bei den Franken wie verwöhnte Kinder seien. Die Franken nehmen ihren Frauen nichts übel, obwohl die Verfehlungen dieser Frauen zahlreich sind.

Sogar wenn der Ehebruch einer Frau, von Zeugen bestätigt und bewiesen, einem Mann klargemacht werde, er sie aus seinem Haus weise und sie eine Zeitlang getrennt lebten, müsse er trotzdem noch vor Gericht gehen und überzeugende Beweise ihres Fehltritts vorlegen, um eine Scheidung zu erhalten.

Zu ihren schlechten Eigenschaften gehören die mangelnde Tugend vieler ihrer Frauen, wie oben dargestellt, und die mangelnde Eifersucht ihrer Männer bei Gelegenheiten, die männliche Eifersucht bei den Moslems wecken würden, zum Beispiel was Umgang und Intimität und Geschäker betrifft ... Unzucht ist bei ihnen eher eine nebensächliche als eine erstrangige Sünde, besonders im Falle der Unverheirateten.

Der Scheich gibt jedoch zu, daß er etwas für das Äußere, den Stil und sogar die Konversation französischer Frauen übrighat:

Die französischen Frauen zeichnen sich durch Schönheit und Anmut und Wortgewandtheit und Liebenswürdigkeit aus. Sie stellen sich immer in ihrem Schmuck zur Schau und mischen sich an Orten der Unterhaltung unter Männer.

Der Scheich ging, wie andere moslemische Besucher, zu einem Ball und war natürlich verblüfft über die seltsamen Bräuche der westlichen Welt. Wie seine Vorgänger traf er vieles an, was absonderlich und erstaunlich schien, doch er war weniger schockiert als sie. »An einem Ball«, erklärt er, »nehmen stets Männer wie Frauen teil, und es gibt große Lichter und Stühle, auf die man sich setzt. Diese sind hauptsächlich für die Frauen, und kein Mann darf sich setzen, bis alle Frauen Platz genommen haben. Wenn eine Frau hereinkommt und kein leerer Stuhl da ist, dann steht einer der Männer auf und bietet ihr seinen Platz an. Keine Frau steht auf, um ihr ihren Platz anzubieten.« Er schließt verwundert: »Frauen werden bei diesen Zusammenkünften immer rücksichtsvoller behandelt als Männer.«

Diese westlichen Bälle hatten noch ein anderes seltsames Merkmal: »Das Tanzen wird bei ihnen als Kunst betrachtet ... und von jedem ausgeübt ... da es sich für den Mann von Eleganz und den Herrn von Stand ziemt, und es ist nicht unmoralisch, weil es die Grenze der Schicklichkeit nie überschreitet.«

Der Scheich stellt häufig Vergleiche zwischen westlichen Phänomenen und ihren ägyptischen Entsprechungen an, die oft günstig für die ersteren ausfallen. Er vergleicht die Schauspielerinnen der französischen Bühne mit den Tanzmädchen Ägyptens und das Theater mit den moslemischen Schattenspielen, wobei er die westlichen Eigenheiten in beiden Fällen für überlegen hält. Seine Bemerkungen zum Tanz sind aufschlußreich:

In Ägypten wird der Tanz nur von Frauen ausgeübt, um Begierde zu erregen. In Paris dagegen ist der Tanz einfach eine Art Herumgehopse ohne den geringsten Hauch von Unmoral.

Dieser Kommentar ist um so erstaunlicher, als Scheich Rifāʿa, wie frühere moslemische Entdecker europäischer Ballsäle, über den kuriosen Brauch des Partnertausches verblüfft war.

Jeder Mann fordert eine Frau auf, mit ihm zu tanzen, und wenn der Tanz beendet ist, fordert ein anderer Mann sie zu einem zweiten Tanz auf und so weiter. Es gibt eine besondere Art des Tanzes, bei welcher der Mann den Arm um die Hüften der Person legt, mit der er tanzt, und sie gewöhnlich mit der Hand an sich drückt. Im allgemeinen wird es bei diesen Christen nicht als Beleidigung angesehen, eine Frau irgendwo am oberen Teil des Körpers zu berühren. Je mehr sich ein Mann darin auszeichnet, mit Frauen zu plaudern und ihnen zu schmeicheln, desto besser schätzt man seine Erziehung ein.[22]

Eine letzte Stellungnahme von einem Perser, der im Jahre 1838 von Izmir in See stach, über ein paar Mitpassagiere:

Vier englische Mädchen kamen an Bord, sehr kultiviert und intelligent, aber häßlich und mit wenig einnehmendem Antlitz. Da sie anscheinend keine geeigneten Burschen in ihrem eigenen Lande hatten finden können, waren sie gezwungen gewesen, ins Ausland zu gehen, und waren seit einiger Zeit in der Hoffnung, Ehemänner zu finden, umhergereist. Aber sie waren gescheitert und kehrten nun nach Hause zurück.
Am Sonntag legten wir gegen Mittag an der Insel Pire [Sira?] an, dem ersten griechischen Gebiet, das wir erreichten. Wir wurden dort zwanzig Tage lang in Quarantäne, die als Beispiel der Hölle dienen könnte, gehalten. Die vier Jungfrauen (das behaupteten sie) waren unsere Gefährtinnen in den Quarantänegebäuden, wo der Ājūdān-Bāshī ihren Lebensunterhalt bezahlte. Eine von ihnen hatte Glück und fand einen kräftigen jungen Griechen, der unser Mitpassagier an Bord des Schiffes war und mit dem sie geheime Zeichen und Signale ausgetauscht hatte. Sie wurden nun sehr intim und teilten sich eine Unterkunft.[23]

Mehrere der Diplomaten äußern sich über die Städte, die sie besuchten, und stellen gelegentlich Vergleiche mit ihren eigenen an. Mehmed Said Efendi schreibt:

Paris ist nicht so groß wie Istanbul, aber die Gebäude haben drei, vier oder sogar sieben Etagen, und eine ganze Familie wohnt auf jeder Etage. Große Menschenmengen sind auf den Straßen zu sehen, weil die Frauen ständig von einem Haus zum anderen gehen und nie daheim bleiben. Dieser Mischung von Männern und Frauen wegen sieht die Innenstadt volkreicher aus, als sie es wirklich ist. Die Frauen sitzen in den Läden und betreiben ihre Geschäfte.[24]

Moslemische Besucher aus Nordafrika und Indien sowie aus dem Mittleren Osten notieren, daß Frauen in westlichen Städten Ladeninhaberinnen sind und man sie überall antreffen kann.

Alles in allem zeigen diese moslemischen Reisenden – sogar im späten 18. und frühen 19. Jahrhundert – kein großes Interesse für die inneren Angelegenheiten Europas. Sogar Azmi, der Preußen im Jahre 1790 besuchte, brachte wenig Neugier für Dinge auf, die nichts mit seiner Mission zu tun hatten, und spricht gereizt von »einem der außerordentlichen Bräuche Europas«, der darin bestehe, daß man Besuchern aus anderen Ländern die Sehenswürdigkeiten der eigenen Städte zu zeigen versuche, wodurch man sie ablenke, aufhalte und zwinge, Geld für eine nutzlose Verlängerung ihres Besuches zu verschwenden. Von den Moslems, die bis zum frühen 19. Jahrhundert in den Westen reisten, geht nur ein einziger, nämlich Mīrzā Abū Ṭālib Khan, etwas ausführlicher auf die innere Situation der westlichen Staaten ein.[25] Es ist kennzeichnend, daß er aus einem Lande kam, das unter dem direkten Einfluß des Westens gestanden hatte. Im Laufe des 19. Jahrhunderts fanden jedoch auch moslemische Besucher aus mittelöstlichen Ländern Gründe, ihren Aufenthalt auszudehnen und den Bereich ihrer Interessen zu erweitern.

XII

Abschließende Betrachtungen

Während der französischen Besetzung Ägyptens am Ende des 18. Jahrhunderts besuchte der ägyptische Historiker Jabartī die Bibliothek und das Forschungszentrum, welche die Franzosen in einem verlassenen Mameluken-Palast in Kairo eingerichtet hatten. Er notierte, daß sie eine große und gutsortierte Bücherei zusammengestellt hätten, in die sogar einfache französische Soldaten zum Lesen kämen und in der, was noch bemerkenswerter sei, Moslems bereitwillig, sogar herzlich empfangen würden:

> Die Franzosen waren besonders glücklich, wenn ein moslemischer Besucher Interesse an den Wissenschaften zeigte. Sie begannen sofort mit ihm zu sprechen und zeigten ihm alle Arten von gedruckten Büchern mit Bildern von Teilen des Erdballs und von Tieren und Pflanzen. Sie hatten auch Bücher über antike Geschichte . . . [1]

Jabartī besuchte die Bibliothek einige Male. Ihm wurden Bücher über die islamische Geschichte und über das islamische Wissen im allgemeinen gezeigt; zu seinem Erstaunen entdeckte er, daß die Franzosen eine Sammlung arabischer Texte neben vielen moslemischen Büchern besaßen, die aus dem Arabischen ins Französische übersetzt worden waren. Er schrieb, daß die Franzosen »sich große Mühe geben, die arabische Sprache und die Umgangssprache zu lernen. Danach streben sie Tag und Nacht. Und sie haben Bücher, die speziell allen Sprachtypen gewidmet sind, ihren Deklinationen und Konjugationen sowie ihren Etymologien«. Diese Werke »machen es leicht für sie, was immer sie wollen sehr rasch aus jeder Sprache in ihre eigene zu übersetzen«.[2]

Jabartī hatte eine Entdeckung gemacht: die Existenz der europäischen Orientalistik. Seine Überraschung ist begreiflich. Am Ende des 18. Jahrhunderts, als die ersten modernen europäischen Vorstöße in den arabischen Osten stattfanden, hatten Europäer, die den Mittleren Osten erforschten, schon eine umfassende Literatur zur Verfügung. Rund siebzig Bücher über die arabische, etwa zehn über die persische und um fünfzehn über die türkische Grammatik waren in Europa gedruckt worden. An Wörterbüchern gab es zehn für Arabisch, vier für Persisch und sieben für Türkisch. Viele von ihnen waren nicht bloß Handbücher und Lehrmittel, die sich auf einheimische Werke stützten, sondern stellten originelle und wichtige Forschungsbeiträge dar.

Auf der anderen Seite gab es nichts Vergleichbares. Die Araber, Perser oder Türken besaßen keine einzige Grammatik, kein einziges Wörterbuch einer westlichen Sprache – weder als Manuskript noch als Druckwerk. Erst lange nach Beginn des 19. Jahrhunderts machte man Versuche, Grammatiken und Wörterbücher von westlichen Sprachen für mittelöstliche Benutzer herzustellen. Als die frühesten Exemplare schließlich erscheinen, geht dies vor allem auf imperialistische und missionarische Initiativen zurück. Das erste, von einem arabischen Muttersprachler angefertigte Wörterbuch des Arabischen in einer europäischen Sprache wurde im Jahre 1828 veröffentlicht. Es war das Werk eines Christen – eines ägyptischen Kopten –, »überarbeitet und ergänzt« von einem französischen Orientalisten, und laut Vorwort des Autors war es für den westlichen, nicht für den arabischen Gebrauch vorgesehen.[3] Der Gedanke, daß Araber solche Wörterbücher benötigen könnten, scheint erst sehr viel später aufgekommen zu sein.

Wer sich in Europa mit dem Mittleren Osten beschäftigte, war in mancher Hinsicht, nicht nur was die Verfügbarkeit von sprachlichen Hilfsmitteln betrifft, in einer besseren Position als sein Kollege im Mittleren Osten. Am Ende des 18. Jahrhunderts lagen ihm schon ausführliche Werke über die Geschichte, Religion und Kultur der moslemischen Völker vor, darunter Textausgaben und -übersetzungen und ernsthafte wissenschaftliche Studien. In mancher Beziehung war die westliche Forschung über den Mittleren Osten sogar weiter fortgeschritten als jene der mittelöstlichen Bewohner selbst. Europäische Reisende und Archäologen hatten den Prozeß eingeleitet, der zur Wiederentdeckung und Entschlüsselung der klassischen Denkmäler führen und damit den Völkern dieser Gebiete ihre große, ruhmreiche und längst vergessene Vergangenheit zurückgeben sollte. Der erste Lehrstuhl für Arabisch in England wurde im Jahre 1633 von Sir Thomas Adams an der Universität Cambridge eingerichtet. Dort und in ähnlichen Zentren in anderen westeuropäischen Ländern konzentrierte sich die schöpferische Forschung auf die klassischen und mittelalterlichen Sprachen, Literaturen und Kulturen des Mittleren Ostens; weit weniger intensiv befaßte man sich mit jüngeren und zeitgenössischen Problemen. All das hebt sich stark von der fast vollkommenen Gleichgültigkeit ab, mit der die Bewohner des Mittleren Ostens den Sprachen, Kulturen und Religionen Europas begegneten. Nur der osmanische Staat, der für Verteidigung und Diplomatie und deshalb für Kontakte mit den Staaten Europas verantwortlich war, hielt es von Zeit zu Zeit für nötig, einige Informationen über sie zusammenzutragen. Die Aufzeichnungen seiner Funde zeigen, daß sein Material bis ins späte 18. Jahrhundert hinein meist oberflächlich, oft ungenau und fast immer veraltet war.

Das Gefühl der Zeitlosigkeit – die Annahme, daß sich im Grunde nichts ändere – ist ein charakteristisches Merkmal moslemischer Schriften über Europa, wie überhaupt all ihrer Schriften, die anderen Epochen und Gebieten gewidmet sind. Ärzte oder Wissenschaftler geben sich damit zufrieden, ein Buch über Medizin oder Wissenschaft zu übersetzen, das fünfzig oder hundert Jahre zuvor verfaßt wurde. Kâtib Çelebi, der im Jahre 1655 über die christliche Religion schreibt, bezieht sich auf die mittelalterliche Polemik, ohne irgendwelche Änderungen zu berücksichtigen, die sich in der christlichen Religion während des verflossenen halben Jahrtausends abgespielt haben könnten, und ohne auf die Reformation, die Religionskriege oder auch nur die Kirchenspaltung zwischen Rom und Konstantinopel hinzuweisen. Nach demselben Vorbild setzt Naima, ein osmanischer Historiker des frühen 18. Jahrhunderts, die europäischen Staaten seiner Zeit mit denen der mittelalterlichen Kreuzritter gleich und bestreitet jede Notwendigkeit, sie im Detail zu behandeln; und ein türkischer Künstler des späten 18. Jahrhunderts, der die Kostüme europäischer Frauen wiedergeben will, hält sich an Modelle aus dem 17. Jahrhundert.

Weshalb ist die Einstellung der beiden Gesellschaften zueinander so unterschiedlich? Dies läßt sich mit Sicherheit nicht größerer religiöser Toleranz auf seiten der Europäer zuschreiben. Im Gegenteil, die christliche Einstellung zum Islam war weit fanatischer und unduldsamer als jene der Moslems zum Christentum. Die Ursachen dieser größeren moslemischen Toleranz sind teilweise theologischer und historischer, teilweise praktischer Art. Der Prophet Mohammed lebte etwa sechs Jahrhunderte nach Jesus Christus. Für Christen wie Moslems stellten die eigene Religion und die eigene Offenbarung das letzte Wort Gottes der Menschheit gegenüber dar. Doch die Chronologie bestimmte den Unterschied ihrer gegenseitigen Betrachtung. Für die Moslems war Christus ein Vorläufer, für die Christen war Mohammed ein Betrüger. Den Moslems erschien das Christentum als frühe, unvollständige und veraltete Form der einen wahren Religion; deshalb enthalte es Elemente der Wahrheit, die sich auf eine echte

Offenbarung stützten. Die Christen hatten also – wie die Juden – ein Recht auf Duldung durch den moslemischen Staat. Für den Christen, der sich mit einer späteren Religion auseinandersetzte, war eine solche Position theologisch unhaltbar. Den Christen fiel es schwer genug, den Judaismus zu tolerieren, den sie genauso hätten betrachten können, wie die Moslems das Christentum betrachteten. Den Islam zu tolerieren hätte das Zugeständnis bedeutet, daß eine Offenbarung nach Christus und heilige Schriften nach den Evangelien existierten. Zu diesem Zugeständnis waren sie nicht bereit.

Es gab auch einige praktische Erwägungen. Der Islam erschien in einer vorwiegend christlichen Welt, und lange waren die Moslems eine Minderheit in den Ländern, die sie beherrschten. Ein gewisses Maß an Toleranz den Religionen der unterworfenen Mehrheit gegenüber war deshalb eine administrative und ökonomische Notwendigkeit, und die meisten moslemischen Herrscher waren klug genug, diese Tatsache zu erkennen. Europa war solchen Beschränkungen im allgemeinen nicht ausgesetzt. In dem einzigen europäischen Land, in dem sich ein paralleles Problem ergab, in Spanien, mußte ein hoher Preis für die Intoleranz der Reconquista bezahlt werden: Das Land verarmte nach der Vertreibung von Mauren und Juden.

Ein wichtiger Unterschied zwischen den beiden Zivilisationen bestand auch hinsichtlich der Reize, die sie boten, und der Neugier, die sie weckten. Verglichen mit der reichen Vielfalt von Völkern und Kulturen in der islamischen Welt, muß das fränkische Europa im Mittelalter sehr monoton gewirkt haben. Im wesentlichen war es ein Gebiet mit einer Religion, einer Rasse und – überwiegend – einer Kultur. Für jede der wenigen sozialen Hauptklassen gab es eine einzige Art der Bekleidung. All das bildet einen auffälligen Gegensatz zu der kaleidoskopartigen Vielfalt von Rassen, Religionen, Trachten und Kulturen in der islamischen Welt. Die fränkische Christenheit pflegte ihre Uniformität sogar; zumindest scheint es ihr schwergefallen zu sein, irgendeine Abweichung zu tolerieren oder in sich aufzunehmen, und sie verbrauchte viel Energie für die Verfolgung von Ketzern, Hexen, Juden und anderen, die nicht der Norm entsprachen.

Der einzige Bereich, in dem Europa größere Vielfalt bot, war jener der Sprache. Im Unterschied zur arabisch sprechenden Welt, wo das Arabische die einzige Sprache von Religion, Handel und Kultur, die Schatzkammer des Wissens der Vergangenheit und das Mittel für die Bewältigung der Gegenwart war, benutzte Europa eine breite Spanne verschiedener Sprachen, für Religion und Wissenschaft ebenso wie für alltägliche Zwecke. Die Klassiker Europas und die heiligen Schriften des Christentums lagen in drei Sprachen vor: Latein, Griechisch und Hebräisch, denen man eine vierte, das Aramäische, hinzufügen kann, wenn man die aramäischen Bücher des Alten Testaments berücksichtigt. Deshalb waren Europäer schon in einem frühen Stadium an die Notwendigkeit gewöhnt, neben ihrer eigenen andere schwierige Sprachen zu studieren und zu meistern; sie mußten darüber hinaus einsehen, daß es äußere Quellen der Weisheit gab, die nur durch die Kenntnis von Fremdsprachen erschlossen werden konnten. Die Lage war ganz anders bei den Arabern, für die ihre eigene Sprache gleichzeitig die ihrer Heiligen Schrift, ihrer klassischen Überlieferung und ihres Alltags war, weshalb niemand die Notwendigkeit, eine andere Sprache zu lernen, spürte oder sich ausmalen konnte.

In Europa wurden viele verschiedene Sprachen verwendet, und der Nutzen jeder einzelnen war begrenzt. Daher wußte der Europäer von Kindheit an, daß er Sprachen lernen mußte, um sich seinen Nachbarn verständlich zu machen oder um Studien- oder Geschäftsreisen zu unternehmen. Vor allem aber mußte er Sprachen lernen, um ein gründliches Verständnis des religiösen – oder auch jedes anderen – Wissens zu erreichen. Während die Südküste des Mittelmeers selbst heute nur eine einzige Schriftsprache kennt, nämlich das Arabische, besitzt die Nordküste fast ein Dutzend.

In den moslemischen – besonders den arabischen Ländern boten die Städte eine unendliche Mannigfaltigkeit von Typen, die durch zurückkehrende Reisende, Besucher, Sklaven und Händler aus den fernen Ländern Asiens, Afrikas und sogar Europas bereichert wurde. Die Erscheinung von Männern mit fremdartigen Trachten und ungewohnten Gesichtszügen erregte keine Neugier in den großen Metropolen des Mittleren Ostens, wo so etwas alltäglich war. Es gab keine Parallele zu der außerordentlichen Neugier, welche die Bewohner der ethnisch homogenen Hauptstädte Europas beim Anblick von marokkanischen, osmanischen, persischen und anderen exotischen Besuchern in ihrer Mitte zur Schau stellten.

Viele moslemische Besucher Europas bemerkten diese heftige, oft unhöfliche Neugier. Zu Beginn des 18. Jahrhunderts staunte der osmanische Botschafter Mehmed Said über das seltsame Benehmen von Europäern, die große Entfernungen zurücklegten, stundenlang warteten und erhebliche Mühen auf sich nahmen, nur um ihre Neugier durch den Anblick eines Türken zu befriedigen. Das als »Neugier« übersetzte Wort ist *hirs*, dessen Bedeutung sich genauer als »Eifer«, »Gier« oder »Begehrlichkeit« wiedergeben ließe. [4] Azmi Efendi der auf seinem Weg nach Berlin im Jahre 1790 in Köpenick haltmachte, bemerkt: »Da unser erhabenes Sultanat seit dreißig Jahren keinen Botschafter nach Berlin geschickt hatte, waren die Menschen von Berlin nicht fähig, ihre Ungeduld bis zu unserer Ankunft in der Stadt zu zügeln. Ungeachtet des Winters und des Schnees kamen Männer wie Frauen in Kutschen, zu Pferde und zu Fuß, um uns anzusehen und zu betrachten, und dann kehrten sie nach Berlin zurück.«[5] Azmi schreibt, daß die ganze Strecke von Köpenick nach Berlin zu beiden Seiten von Zuschauermengen gesäumt gewesen sei. Die Massen in der Hauptstadt hätten sie noch übertroffen. Vasif beschreibt ähnliche Szenen bei seinem Eintreffen in Madrid.[6] Die meisten der anderen Besucher waren beeindruckt und überaus geschmeichelt durch das Interesse, das die Menschen veranlaßte, sich soviel Mühe zu machen und sogar erhebliche Summen zu bezahlen, nur um die Ankömmlinge anzustarren. Diese Art der Neugier war offenbar ganz ungewohnt und schwer zu vermitteln.

In den früheren Stadien hätte man die unterschiedliche Haltung der beiden Kulturen darauf zurückführen können, daß die eine mehr zu lernen, die andere mehr zu bieten habe. Aber schon am Ende der Kreuzzüge reichte diese Erklärung nicht mehr aus, und am Ende des Mittelalters ist klar geworden, daß wir es mit einem der fundamentalen Unterschiede zwischen zwei Gesellschaften zu tun haben.

Zunächst teilte Europa das allgemeine Desinteresse an fremden Völkern. Natürlich gab es Ausnahmen: Herodot, der mutmaßliche Vater der Geschichtsschreibung, geht ebenso auf Barbaren wie auf Griechen, auf alte wie auf jüngere Zeiten ein. Da er keine östlichen Schriften lesen konnte, versuchte er, seine Informationen durch Reisen und Nachforschungen im Osten zu erlangen. Viele Jahrhunderte später schrieb ein anderer Europäer, Wilhelm, Erzbischof von Tyros im lateinischen Königreich Jerusalem (gest. 1190), eine Geschichte der angrenzenden moslemischen Monarchien. Auch er bezog sich auf orientalische Quellen, und da er die arabische Sprache kannte, war er sogar fähig, die Originaltexte zu lesen.

Aber solche Forscher, die sich fremder Geschichte widmeten, waren selten. Die meisten europäischen Historiker, sowohl im Altertum wie im Mittelalter, beschränkten sich auf die Personen und Ereignisse ihrer eigenen Länder und, gewöhnlich, ihrer eigenen Zeit. Dies war anscheinend, was ihre Leser wünschten. Herodots klassische Historiographie wurde nur von wenigen nachgeahmt, und im allgemeinen verspottete man ihn eher, als daß man ihn bewunderte. Die von Wilhelm von Tyros verfaßte Geschichte der Kreuzfahrer im Orient wurde weithin gelesen und sogar ins Französische übersetzt; seine Geschichte der Moslems dagegen hat sich, soweit man weiß, in keinem einzigen Manuskriptexemplar erhalten.

Es mag absonderlich anmuten, daß die klassische islamische Zivilisation, die in ihrer Frühzeit so sehr von griechischen und asiatischen Einflüssen bestimmt wurde, den Westen so entschieden ablehnte. Aber eine mögliche Erklärung läßt sich denken. Während der Islam sich noch ausbreitete und aufnahmebereit war, hatte Westeuropa wenig oder nichts zu bieten, sondern schmeichelte dem moslemischen Stolz durch das Schauspiel einer Kultur, die so eindeutig und spürbar unterlegen war. Darüber hinaus wurde es schon von vornherein durch die Tatsache diskreditiert, daß es sich zum Christentum bekannte. Die moslemische Lehre von aufeinanderfolgenden Offenbarungen, die letztlich in der Mission Mohammeds ihren Höhepunkt fanden, veranlaßte den Moslem, das Christentum als eine frühere und unvollkommenere Erscheinungsform dessen abzulehnen, was er selbst in endgültiger, vollkommener Form besaß, und entsprechend auch die christliche Philosophie und Zivilisation zu verwerfen. Nach der ersten Einwirkung des östlichen Christentums auf den Islam in seiner frühesten Periode beschränkten sich christliche Einflüsse, sogar jene der hohen Zivilisation von Byzanz, auf ein Minimum. Später, als der Vormarsch der Christenheit und der Rückzug des Islam ein neues Verhältnis hergestellt hatten, war der Islam in seinen Gedanken- und Verhaltensformen verhärtet und unempfindlich für äußere Reize geworden, besonders wenn sie von dem ewigen Feind im Westen ausgingen. Abgeschirmt durch die militärische Macht des Osmanischen Reiches, die sogar während seines Zerfalls eine gewaltige Schranke darstellte, pflegten die Völker des Islam bis zum Anbruch der modernen Zeit – wie manche von uns es im Westen immer noch tun – die Überzeugung, daß ihre eigene Zivilisation allen anderen unermeßlich und unabänderlich überlegen sei. Für den Moslem des Mittelalters, von Andalusien bis Persien, war das christliche Europa ein rückständiges Land unwissender Ungläubiger. Es war ein Standpunkt, der einmal gerechtfertigt gewesen sein mag, am Ende des Mittelalters war er jedoch gefährlich überholt.

Unterdessen hatte Europa selbst seine eigene Haltung der Außenwelt gegenüber radikal geändert. Die große Blüte der intellektuellen Neugier und wissenschaftlichen Forschung Europas hatte in nicht geringem Maße mit dem glücklichen, wenn auch nicht zufälligen Zusammentreffen von drei wichtigen Entwicklungen zu tun. Die eine war die Entdeckung einer ganzen neuen Welt mit fremden Völkern, sowohl barbarischen wie zivilisierten, und mit Kulturen, die den heiligen Schriften, den klassischen Werken und der Erinnerung Europas unbekannt waren. Ein so wunderbares Phänomen mußte wenigstens Anklänge von Neugier erregen. Die zweite war die Renaissance, die Wiederentdeckung des klassischen Altertums, das sowohl ein Beispiel solcher Neugier wie eine Methode zu ihrer Befriedigung lieferte. Die dritte war der Beginn der Reformation: die Schwächung der kirchlichen Autorität über die Gedanken und ihre Ausdrucksform und die Befreiung des menschlichen Geistes in einer Weise, wie sie seit dem antiken Athen nicht dagewesen war.

Die islamische Welt machte ihre eigenen Entdeckungen, während der Vormarsch der arabisch-moslemischen Heere sie Zivilisationen näherbrachte, die so fern und so unterschiedlich wie Europa, Indien und China waren. Auch sie erlebte eine Renaissance durch die Wiederentdeckung des griechischen und – in geringerem Maße – des persischen Wissens in den frühen islamischen Jahrhunderten. Aber diese Ereignisse fielen nicht zusammen, und sie wurden nicht von einer Lockerung der theologischen

Fesseln begleitet. Die islamische Renaissance zog herauf, als die Ausweitung des Islam beendet war und der Gegenangriff der Christenheit begann. Der intellektuelle Kampf von Traditionalisten und Modernen, von Theologen und Philosophen endete mit einem überwältigenden und dauerhaften Sieg der ersteren. Dies bestätigte die islamische Welt in der Überzeugung, daß ihre eigene Unabhängigkeit und Überlegenheit das einzige Gefäß des wahren Glaubens und – was für Moslems das gleiche war – der zivilisierten Lebensweise sei. Jahrhunderte der Niederlage und des Rückzugs waren nötig, bis die Moslems bereit waren, diese Sicht der Welt und ihres eigenen Platzes darin zu modifizieren und den Blick nicht nur verachtungsvoll auf den christlichen Westen zu richten.

Ein bedeutsamer Unterschied zwischen dem Islam und dem Westen bestand im Umfang des Handels und dem Einfluß jener, die sich ihm widmeten. Europäische Kaufleute im Mittleren Osten waren zahlreich, oft wohlhabend und immer häufiger in der Lage, auf Politik und Ausbildungswesen einzuwirken und sie manchmal sogar zu beherrschen. Moslemische Kaufleute in Europa waren gering an Zahl und unbedeutend; der moslemischen Händlerklasse gelang es nicht, eine bourgeoise Gesellschaft aufzubauen und aufrechtzuerhalten oder die Kontrolle der militärischen, bürokratischen und religiösen Eliten über Staat und Schulen ernstlich zu gefährden. Es war ein Unterschied, dessen Konsequenzen in jedem Aspekt der moslemischen Sozial- und Geistesgeschichte deutlich werden.

Zuweilen wird der Kontrast zwischen den Reaktionen der islamischen Welt und Japans auf die Herausforderung durch den Westen hervorgehoben. Die Situationen waren völlig verschieden. Neben dem offensichtlichen Vorteil, den die Japaner dadurch genossen, daß sie auf Inseln lebten, die von Angriffen oder Einmischungen der westlichen Staaten weit entfernt waren, gab es noch einen weiteren Gegensatz. Die moslemische Einstellung zu Europa wurde von einem Element beeinflußt, ja sogar beherrscht, das auf die Japaner geringe oder überhaupt keine Wirkung ausübte: von der Religion. Moslems sahen Europa – wie auch die übrige Welt – zu allererst in religiösen Kategorien, das heißt nicht als westlich oder europäisch oder weiß, sondern als christlich. Und das Christentum war für den Mittleren Osten, anders als für den Fernen Osten, vertraut und minderwertig. Welche Lektionen von Wert hätten die Anhänger einer fehlerhaften und überflüssig gewordenen Religion erteilen können?

Schlimmer noch, jene Religion wurde nicht bloß als minderwertig, sondern als feindselig betrachtet. Seit er im 7. Jahrhundert in Arabien entstanden war, hatte der Islam fast ständig mit der Christenheit in Konflikt gelegen: durch die ursprünglichen moslemischen Eroberungen und die christlichen Wiedereroberungen, durch Jihād und Kreuzzüge, den türkischen Vormarsch und die europäische Ausweitung. Zwar hatte der Islam viele Kriege an vielen Fronten geführt, doch die Kriege gegen die Christenheit waren die längsten und verheerendsten und bildeten sich im moslemischen Bewußtsein zu dem großen Jihād schlechthin heraus. Gewiß gab es Dinge, die man von diesem Feind lernen konnte, doch ihr Wert war beschränkt, ihr Einfluß und ihre Nachwirkung wurden von den sozialen und geistigen Abwehrmechanismen des Islam gedämpft.

Einige moslemische Besucher Europas waren daran interessiert, nützliche Kenntnisse zu sammeln. Diese bestanden zuerst fast ausschließlich aus militärischen Informationen, die für den Fall neuer bewaffneter Konflikte von Vorteil sein konnten. Daher enthielten die türkischen und marokkanischen Botschaftsberichte aus Europa gewöhnlich recht detaillierte Beschreibungen der Hin- und Rückreise der Diplomaten; sie gingen auf die Straßen, die Umspannorte und die Verteidigungsanlagen der Städte ein, die sie passierten. Allmählich kamen politische Mitteilungen hinzu, die für nützlich gehalten wurden. Aber dies geschah erstaunlich spät. Es war während des Mittelalters fast nie der Fall, und bis zum Ende des 18. Jahrhunderts sind sogar osmanische politische Berichte aus Europa in überraschendem Maße bruchstückhaft, rudimentär und naiv.

Gegen Ende des 18. Jahrhunderts begannen die Moslems, Europa mit wachsender Sorge zu betrachten und Ansätze der Einsicht zu zeigen, daß man sich mit dieser seltsamen und nun gefährlichen Gesellschaft beschäftigen müsse. Zum erstenmal waren Moslems bereit, ins christliche Europa zu reisen und sich sogar eine Zeitlang dort aufzuhalten. Permanente Botschaften wurden gegründet, und osmanische Beamten verschiedener Rangstufen blieben – manchmal jahrelang – in Europa. Ihnen folgten Studenten – erst einige wenige, dann ein ständig wachsender Strom –, die von mittelöstlichen Herrschern nach Europa geschickt wurden, damit sie die Kenntnisse und Fertigkeiten erwerben könnten, die für die Erhaltung ihrer Regime und die Verteidigung ihrer Gebiete erforderlich waren. Zwar waren die Ziele immer noch in erster Linie militärischer Art, doch diesmal waren die Folgen viel nachhaltiger, und die Lektionen, welche die Studenten an europäischen Universitäten und sogar an europäischen Militärakademien lernten, gingen über die Wünsche und Absichten ihrer Souveräne hinaus. Im zweiten Viertel des 19. Jahrhunderts war die Zahl der Türken, der moslemischen Araber oder Perser, die eine europäische Sprache lesen konnten, immer noch bemerkenswert klein, und viele von ihnen waren Konvertiten oder Söhne oder Enkel von Männern, die vom Christentum oder Judaismus zum Islam übergetreten waren. Aber sie fingen an, eine wichtige Gruppe zu bilden, lasen anderes neben ihren Lehrbüchern und hatten bedeutenden Einfluß als Dolmetscher und zunehmend auch als Übersetzer.

Im Laufe des 19. Jahrhunderts wurden das Tempo und der Umfang der moslemischen Entdeckung Europas radikal verändert – früher in manchen

Ländern, später in anderen, je nach Verbreitung und Intensität der europäischen Einwirkung –, und die Entdeckung nahm einen völlig neuen Charakter an.

Den Hauptantrieb zu dieser Veränderung stellte die inzwischen unmißverständliche Vorherrschaft Europas in der Welt dar. Doch der Entdeckkungsprozeß wurde auch stark beschleunigt durch die Eröffnung neuer Kommunikationskanäle, vor allem durch die Einführung der Druckerpresse und das Aufkommen von Zeitungen, Zeitschriften und Buchveröffentlichungen, mit deren Hilfe europäische Realitäten und Ideen den moslemischen Leser erreichen konnten.

Einen der wirksamsten neuen Kanälen bildeten Zeitungen. Diese europäische Neuerung war im islamischen Orient nicht völlig unbekannt. Schon im Jahre 1690 berichtete der marokkanische Botschafter Ghassānī von der sogenannten »Schreibmühle«, das heißt der Druckerpresse, und er erwähnte die geschriebenen Zeitungen, die damals in Spanien umliefen.[7] Unter anderem kommentiert er, daß »sie voll von sensationellen Lügen sind«. Osmanische Beobachter nehmen die europäische Presse zum erstenmal im 18. Jahrhundert zur Kenntnis, und es gibt Belege dafür, daß Auszüge aus europäischen Zeitungen zur Unterrichtung des Kaiserlichen Rates ins Türkische übersetzt wurden. Was als sporadischer Brauch begann, entwikkelte sich zu einem Presseamt, das von der osmanischen Regierung das ganze 19. Jahrhundert hindurch und auch später aufrechterhalten wurde. Die Archive des Khedive-Palastes in Kairo zeigen, daß sich die Nachfolger Muhammad ʿAlī Paschas in ähnlicher Weise auf die westliche Presse konzentrierten.

Die ersten in der Region veröffentlichten Zeitungen gingen nicht auf örtliche, sondern auf ausländische Initiative zurück. Sie wurden in französischer Sprache, unter französischer Leitung publiziert und gehörten zu den Propagandabemühungen der Revolutionsregierung von Frankreich. In den neunziger Jahren des 18. Jahrhunderts stellten die Franzosen in ihrer Botschaft in Istanbul eine Druckerpresse auf, mit der sie Bulletins, Kommuniqués und andere Bekanntmachungen produzierten, und im Jahre 1795 ließ der Botschafter schon ein zweiwöchentliches Nachrichtenblatt von sechs bis acht Seiten drucken, vorgeblich zur Unterrichtung französischer Bürger. Es wurde in allen osmanischen Gebieten verteilt und im folgenden Jahr in die Zeitung *La Gazette Française de Constantinople* umgewandelt, die erste des Mittleren Ostens.[8]

Durch seinen Einmarsch in Ägypten beendete Bonaparte die Veröffentlichung der französischen Zeitung in Istanbul, aber er machte einen neuen Anfang in Kairo, wohin er zwei Druckerpressen mitbrachte, die neben französischen auch mit arabischen und griechischen Typen ausgerüstet waren. Am 12. Fruktidor VI, der dem 29. August 1798 entspricht, druckten und veröffentlichten die Franzosen die erste Nummer des *Courier de l'Égypte*, der danach alle fünf Tage herauskam und örtliche, manchmal auch europäische Nachrichten brachte. Insgesamt erschienen 116 Ausgaben.

Dieses Nachrichtenblatt und eine anspruchsvollere Zeitschrift, *La Décade d'Egypte*, erschienen ausschließlich in französischer Sprache. Aber nach der Ermordung General Klébers am 16. Juli 1800 gab sein Nachfolger Abdullah Menou die erste Zeitung in arabischer Sprache heraus. Sie trug den Namen *Al-Tanbīh* und war nur von kurzer Dauer.

Die nächste Phase für die Schaffung der mittelöstlichen Presse begann im Jahre 1824 in Izmir mit der Gründung einer Monatszeitschrift. Diese Zeitschrift kam zwar in französischer Sprache heraus und wandte sich hauptsächlich an die ausländische Gemeinschaft, spielte aber eine recht bedeutende Rolle in der Situation jener Zeit und brachte ihrem Herausgeber gelegentlich Probleme mit den Großmächten ein, so zum Beispiel, als er die osmanische Sache gegen die griechischen Aufständischen verteidigte. Die Russen waren verärgert über die redaktionelle Linie des Blattes und redeten den türkischen Machthabern zu, es zu verbieten. Der zeitgenössische osmanische Historiker Lûtfi zitiert den russischen Botschafter:

In Frankreich und England können Journalisten sich tatsächlich frei ausdrücken, sogar gegen ihre Könige; dadurch ist bei mehreren Gelegenheiten in früheren Zeiten dieser Journalisten wegen Krieg zwischen England und Frankreich ausgebrochen. Gott sei gelobt, die göttlich geschützten [das heißt osmanischen] Gebiete waren bis vor kurzem von solchen Dingen verschont, als jener Mann in Izmir auftauchte und anfing, seine Zeitung zu veröffentlichen. Es wäre gut, ihn daran zu hindern . . .[9]

Dieser schrecklichen Warnung zum Trotz erschien das Blatt weiterhin, und im Laufe der Zeit kamen andere Zeitungen hinzu.

Der ägyptische Scheich Rifāᶜa, der im Jahre 1826 nach Paris reiste, erkannte den Wert der Presse sofort:

Man erfährt das, was in den Gedanken anderer vorgeht, aus gewissen Tageszeitungen namens *Journal* und *Gazette*. Aus diesen kann man erfahren, was sich innerhalb wie außerhalb des Landes abspielt. Obwohl man in ihnen mehr Lügen finden mag, als sich zählen lassen, enthalten sie doch Nachrichten, durch die man Wissen erwerben kann; sie erörtern neu aufgeworfene wissenschaftliche Fragen oder interessante Bekanntmachungen oder nützliche Ratschläge, ob sie von den Großen oder den Niederen ausgehen – denn manchmal haben die Niederen Ideen, die den Großen nicht kommen . . . Zu den Vorteilen dieser Zeitungen gehört: Wenn jemand etwas Gutes oder Schlechtes tut und es wichtig ist, schreiben die Leute das *Journal* darüber, damit es den Großen und dem gemeinen Volk bekannt werde, so daß denen, deren Taten gut waren, Beifall und denen, deren Taten schlecht waren, Verdammung zuteil werde. Desgleichen schreibt jemand, wenn ihm unrecht getan wurde, in diesen Blättern über seine Klage, und jeder, die Großen und das gemeine Volk, nimmt es zur Kenntnis und erfährt die Geschichte des Unterdrückten und seines Unterdrückers, genau wie sie sich abgespielt hat, ohne daß etwas davon vorenthalten oder geändert würde, so daß die Sache den Ort der Gerechtigkeit erreicht und nach festgelegten Gesetzen verhandelt wird, was anderen als warnendes Beispiel dienen möge.[10]

Das erste regelmäßig erscheinende Periodikum in einer mittelöstlichen Sprache wurde in Kairo von Muḥammad ʿAlī Pascha gegründet. Es war der offizielle ägyptische Anzeiger, dessen erste Nummer am 20. November 1828 in Kairo herauskam. Sein osmanisches Gegenstück folgte etwas später, im Jahre 1832. In einem Leitartikel wurde erklärt, daß der offizielle Anzeiger die alte osmanische Institution der kaiserlichen Historiographie auf natürliche Art weiterentwickele und der gleichen Funktion diene, nämlich »den wahren Charakter von Ereignissen und den wirklichen Zweck von Maßnahmen und Befehlen der Regierung« bekanntzumachen, damit Mißverständnisse verhindert und unbegründeter Kritik vorgebeugt werde. Eine weitere Aufgabe bestehe darin, nützliche Kenntnisse über Handel, Wissenschaft und Künste zu vermitteln. Die Eröffnung des osmanischen Postdienstes im Jahre 1834 förderte die Verbreitung dieses Blattes sehr, das die einzige Zeitung in türkischer Sprache blieb, bis die erste nichtoffizielle Publikation, ein wöchentliches Nachrichtenblatt, im Jahre 1840 von dem Engländer William Churchill gegründet wurde. Im Iran gab Mīrzā Muḥammad Sāliḥ, der einer der ersten iranischen Studenten in England gewesen war, im Jahre 1835 ein offiziöses Nachrichtenblatt heraus.

Dem modernen Leser erscheinen diese offiziellen Anzeiger aus Kairo, Istanbul und Teheran kümmerlich und trocken, von geringem Interesse und begrenztem Reiz. Nichtsdestoweniger müssen sie eine recht bedeutende Rolle dabei gespielt haben, ihre türkischen, ägyptischen und persischen Leser zumindest mit den groben Umrissen der Außenwelt vertraut zu machen. Außerdem schufen sie einen neuen journalistischen Wortschatz, mit dem bis dahin unbekannte Institutionen und Ideen bezeichnet und diskutiert werden konnten. Die sich daraus ergebende Revolution des Wortschatzes führte zu einem entscheidenden Fortschritt im Entdeckungsprozeß. Mit dem Erscheinen späterer Zeitungen und Periodika lieferte sie auch ein Ausdrucksmittel für das stetig wachsende Volumen von Übersetzungen, die moslemischen Lesern Informationen über Europa, oft von Europäern geschrieben, nahebrachten.

In den frühen Jahrzehnten des 19. Jahrhunderts gab es zwei Hauptzentren der nach dem Westen ausgerichteten Reform: in der Türkei und in Ägypten. In beiden Ländern wurde es für entscheidend gehalten, Übersetzungen von westlichen Büchern herzustellen und zu veröffentlichen.

Insbesondere in Ägypten hatte man ein durchorganisiertes, vom Staat gefördertes Übersetzungsprogramm, das ohne Beispiel war, seit die Abbasiden-Kalifen die Übersetzung von philosophischen und wissenschaftlichen Werken der Griechen ins Arabische angeordnet hatten. Zwischen 1822 und 1842 wurden 243 Bücher in Kairo gedruckt, von denen bei weitem der größte Teil Übersetzungen waren. Obwohl sie in Ägypten, einem arabisch sprechenden Land, gedruckt wurden, erschien mehr als die Hälfte von ihnen in türkischer Sprache. Im Ägypten Muḥammad ʿAlī Paschas war Türkisch immer noch die Sprache der herrschenden Elite, und Werke über militärische und seemännische Themen, darunter reine und angewandte Mathematik, wurden deshalb fast ausschließlich in dieser Sprache herausgebracht. Mehr als die Hälfte der Studenten, die der Pascha nach Europa schickte, waren türkisch sprechende Osmanen von außerhalb Ägyptens. Werke über Medizin, Tiermedizin und Landwirtschaft erschienen andererseits meist in arabischer Übersetzung, da diese Themen nicht der türkisch sprechenden Elite vorbehalten waren. Geschichte, zeitweilig als nützliche Wissenschaft anerkannt, scheint auch für die Elite bestimmt gewesen zu sein, da die wenigen historischen Bücher, die zu Beginn in Muḥammad ʿAlīs Druckerei hergestellt wurden, alle in türkischer Sprache geschrieben sind. Zwischen 1829 und 1834 wurden vier Bücher historischen Inhalts übersetzt, eines über Katharina die Große von Rußland und die anderen drei über Napoleon und seine Zeit. Es folgte eine Pause von mehreren Jahren, bevor die nächste historische Übersetzung erschien: eine Ausgabe von Voltaires *Histoire de Charles XII*, veröffentlicht im Jahre 1841. Diesmal war sie nicht in türkischer, sondern in arabischer Sprache verfaßt, wie alle späteren Übersetzungen historischer Werke, die in Ägypten erschienen.[11]

Die in Ägypten publizierten türkischen Übersetzungen wurden natürlich in der Türkei gelesen und manchmal nachgedruckt. Aber die Übersetzungsbewegung beschränkte sich in Istanbul lange auf wissenschaftliche Arbeiten, so daß erst um die Jahrhundertmitte Übertragungen von europäischen historischen Werken erschienen. Einen Wendepunkt stellte das Jahr 1866 dar, in dem die türkische Ausgabe eines englischen Leitfadens der Universalgeschichte veröffentlicht wurde.

Im Iran scheint das Interesse an westlicher Geschichte nach der großen Chronik Rashīd al-Dīns untergegangen zu sein. Sein Werk fand viele Nachahmer, doch die Beschäftigung mit ferneren Gebieten wurde schematisiert, und nichts Neues von Wichtigkeit kam hinzu. Erst in den frühen Jahren des 19. Jahrhunderts finden wir einige Werke – meist noch in Manuskriptform –, die sich der westlichen Geschichte widmen. Sie benutzen bis zu einem erstaunlichen Grade türkische, aber nicht unmittelbare westliche Informationsquellen. In einem undatierten Manuskript, wahrscheinlich aus dem frühen 19. Jahrhundert, eines unbekannten Autors wird die Geschichte Englands von Julius Cäsar bis zu Karl I. in 28 Kapiteln erzählt.[12] Von dieser Arbeit abgesehen, erscheinen geschichtliche Werke über Westeuropa in persischer Sprache erst weit in der zweiten Hälfte des 19. Jahrhunderts. Unterdessen gab es schon eine sehr umfangreiche Literatur in türkischer und arabischer Sprache, die, im Verein mit der rasch wachsenden Zeitungs- und Zeitschriftenpresse, die Weltanschauung moslemischer Leser umgestaltet haben muß.

In der ersten Hälfte des 19. Jahrhunderts nahm der Entdeckungsprozeß gewaltige Dimensionen an. Europa wartete nicht mehr darauf, von moslemischen Forschern entdeckt zu werden, sondern drang selbst in die islamischen Länder vor und stellte ein prinzipiell neues Verhältnis her, dem sich die moslemische Welt lange nicht anpassen konnte und das sie im Grunde nie akzeptierte.

Während des frühen 19. Jahrhunderts ist der Wandel in einer Reihe von Bereichen zu erkennen. Einer ist, wie schon erwähnt, die Einstellung zu fremden, das heißt europäischen, Sprachen. Zum erstenmal wird die Kenntnis einer westlichen Sprache als etwas Tragbares, dann Wünschenswertes, schließlich Notwendiges gesehen, und junge Moslems wurden ausländischen Lehrern unterstellt, zunächst in ihren eigenen Ländern und letzten Endes sogar in Europa. Nicht lange zuvor hätte man solche Maßnahmen als grotesk und entsetzlich betrachtet. Nun wurde die Kenntnis von Fremdsprachen zu einem wichtigen Befähigungsnachweis; die Sprachenschule und das Übersetzungsamt boten die gleichen Chancen auf dem Wege zur Macht wie die Armee und der Palast. Derselbe Wandel der Umstände verlieh den christlichen Minderheiten eine neue und bedeutende Rolle, besonders in den arabischen Ländern, wo sie – weit mehr als in der Türkei oder in Persien – die Sprache und Kultur der moslemischen Mehrheit teilten.

Der Strom moslemischer Besucher nach Europa nahm zu: Zuerst kamen Diplomaten, dann Studenten, dann viele andere, nach einer Weile sogar politische Flüchtlinge. Das Wissen und die Ideen Europas bahnten sich durch die früheren und andere, nun unvergleichlich breitere Kanäle ihren Weg in den Mittleren Osten. Neben der viel stärkeren Bewegung von Personen gab es viele neue Kontaktbereiche. Die Schule und das Militär, das Buch und die Zeitung, die Regierungsbehörde und das Kontor trugen alle dazu bei, das moslemische Wissen um Europa zu vertiefen und zu erweitern. Europa wurde nun immer mehr als ungeheuer mächtige, rasch um sich greifende Kraft gesehen, welche die Existenz des Islam bedrohte und deshalb verstanden und bis zu einem gewissen Grade nachgeahmt werden mußte.

Der alte Standpunkt von Geringschätzung und Desinteresse änderte sich zeitweilig, wenigstens bei einigen Teilen der herrschenden Eliten. Endlich wandten sich die Moslems Europa zu, wenn nicht von Bewunderung, dann doch von Respekt und vielleicht Furcht erfüllt, und sie machten ihm das höchste Kompliment: das der Nachahmung. Eine neue Phase der Entdeckung begann; sie hat sich fast bis in unsere Zeit fortgesetzt.

Anmerkungen

Kapitel I

1. Edward Gibbon, *The Decline and Fall of the Roman Empire*, ed. J. B. Bury (London, 1909/1914), vol. 6, chap. 52:16; zitiert nach Eduard Gibbon, *Der Sieg des Islams* (Wien–Leipzig–Olten, 1937), S. 468.
2. Zuhrī, *Kitāb al-Djuᶜrāfiya*, Mappemonde du Calife al-Ma'mun réproduite par Fazari (III/IX s.), rééditée et commentée par Zuhrī (VIe/XII s.), ed. M. Hadj-Sadok in *Bulletin d'études orientales* 21 (1968): 77/230; cf. französische Übers., S. 39.
3. Ibn ᶜAbd al-Hakam, *Futūḥ Miṣr wa-akhbāruha*, ed. C. C. Torrey (New Haven, 1922), S. 216–217.
4. Ibn al-Qalānisī, *Dhayl ta'rīkh Dimashq (History of Damascus 365–555 A. H.)*, ed. H. F. Amedroz (Beirut, 1908), S. 134; cf. englische Übers., H. A. R. Gibb, *The Damascus Chronicles of the Crusades*, (London, 1932), S. 41.
5. Ibn al-Athir, *al-Kāmil fi'l-ta'rīkh*, ed. C. J. Thornberg (Leiden, 1851–1876), 10: 185, Jahr 491.
6. *Ibid.*, 10: 192–193, Jahr 492.
7. E. Ashtor, »The Social Isolation of the *Ahl adh-Dhimma*«, *Pal Hirschler Memorial Book* (Budapest, 1949), S. 73–94.
8. Abū Shāma, *Kitāb al-Rawdatayn fī akhbār al-dawlatayn*, 2. Auflage, ed. M. Hilmi Ahmad (Kairo, 1962), 1. Teil 2: 621–622.

9. Ahmedi in *Osmanli Tarihleri*, ed. N. Atsız (Istanbul, 1949), S. 7; cf. Paul Wittek, *The Rise of the Ottoman Empire* (London, 1938), S. 14.

10. Oruç, *Die frühosmanischen Jahrbücher des Urudsch*, hg. F. C. H. Babinger (Hannover, 1925), S. 124; *Oruç Beğ Tarihi*, ed. N. Atsız (Istanbul, 1972), S. 108–9.

11. Englische Übers., E. J. W. Gibb, *The Capture of Constantinople (London, 1879), S. 33–34 (slightly revised); cf. Sa'd al-Din, Taj al-tavarih* (Istanbul, 1279 A. H.), 1: 419 ff.

12. Tursun, *The History of Mehmed the Conqueror*, ed. and transl. H. Inalcik and R. Murphy (Minneapolis and Chicago, 1978), fols. 156a–156b.

13. Neşri, *Gihānnümā, die Altosmanische Chronik des Mevlānā Meḥemmed Neschri*, hg. F. Taeschner (Leipzig, 1951), 2: 307–8; *Kitab-i Cihan Nüma, Nesri Tarihi*, ed. F. R. Unat und M. A. Köymen (Ankara, 1949), 2: 838–39.

14. R. Knolles, *The generall historie of the Turkes, from the first beginning of that nation to the rising of the Othoman families* (London, 1603), S. 1.

15. Eskandar Monshi, *History of Shah Abbas the Great*, transl. R. M. Savory (Boulder, 1978), 2: 1202–3.

16. *Tarih al-Hind al-Garbi* (Istanbul, 1729), fol. 6b ff.

17. Zu diesem Projekt siehe den Artikel von H. Inalcık, »Osmanlı-Rus rekabetinin menşei ve Don Volga Kanali teşebbüsü (1569)«, *Belleten* 46 (1948): 349–402; englische Fassung, »The Origins of the Ottoman-Russian Rivalry and the Don Volga Canal, 1569«, *Annals of the University of Ankara* 1 (1946–47): 47–107.

18. Ogier Ghiselin de Busbecq, *The Turkish Letters* . . ., transl. C. T. Forster and F. H. B. Daniell (London, 1881), 1: 129–30; cf. *The Turkish Letters* . . ., transl. W. S. Forster (Oxford, 1927), S. 40–41.

19. *Sılıhdar tarihi* (Istanbul, 1928), 2: 80.

20. *Ibid.*, 2: 87; zit. n. deutscher Übers., R. F. Kreutel, *Kara Mustafa vor Wien* (Graz, 1955), S. 160 und 166.

21. Zitiert in Ahmet Refik, *Ahmet Refik hayatı seçme şiir ve yazılari*, ed. R. E. Koçu (Istanbul, 1938), S. 101.

22. F. von Kraelitz-Greifenhorst, »Bericht über den Zug des Groß-Botschafters Ibrahim Pascha nach Wien im Jahre 1719«, *Akademie der Wiss. Wien: Phil.-hist. Kl., Sitzungsberichte* 158 (1909): 1–66.

23. *Das Asafname des Lutfi Pascha*, hg. und übers. R. Tschudi (Berlin, 1910), S. 27–28.

24. Mühimme defteri, Bd. 16, Nr. 139: »Donanma-i hümayun küffar-i haksar donanması ile mülaki olup iradet Allah nev'-i ahire müte-a'llik oldu . . .« Cf. M. Lesure, *Lepante: la crise de l'empire Ottoman* (Paris, 1972), S. 180.

25. *Tarih-i Peçevi* (Istanbul, 1283, A. H.), 1: 498–99; cf. A. C. Hess, »The Battle of Lepanto and its Place in Mediterranean History«, *Past and Present* 57 (1972): 54.

26. Kemalpaşazade, *Histoire de la campagne de Mohacz . . .*, hg. und übers. M. Pavet de Courteille (Paris, 1859), S. 24–27.

27. Koran, 60.1; cf. Koran, 5.51.

28. *Tarih-i Cevdet* (Istanbul, 1301–1309 A. H.), 5: 12.

29. Vasif in Cevdet, 4: 357–58; cf. französische Übers., Barbier de Meynard, »Ambassade de l'historien Turc Vaçif-Efendi en Espagne (1787–1788)«, *Journal Asiatique* 5 (1862): 521–23.

30. V. L. Ménage, »The English Capitulations of 1580: A Review Article«, *International Journal of Middle Eastern Studies* 12 (1980): 375.

31. Ibrahim Müteferrika, *Usūl al-hikem fī nizām al-umen* (Istanbul, 1144 A. H.); *idem*, französische Fassung, *Traité de la Tactique* (Wien, 1769).

32. T. Öz (ed.), »Selim III ün Sırkatibi tarafından tutulan Ruzname«, *Tarih Vesikaları* 3 (Mai, 1949): 184; cf. Cevdet, 6: 130; cf. B. Lewis, »The Impact of the French Revolution on Turkey«, in *The New Asia: Readings in the History of Mankind*, ed. G. S. Metraux and F. Crouzet (1965), S. 119, Anm. 37.

33. Cevdet, 6: 118–19; siehe ferner B. Lewis, »The Impact of the French Revolution . . .«, S. 57, Anm. 12.

34. E. Z. Karal, »Yunan Adalarının Fransızlar tarafından işgali«, *Tarih Semineri Dergisi*, (1937), S. 113 ff.; Cevdet, 6: 280–81.

35. Cevdet, 6: 311; cf. Bernard Lewis, *The Emergence of Modern Turkey* (London, 1968), S. 66–67.

36. Jabarti, *ʿAjāʾib al-athār fī al-tarājim waʾl-akhbār* (Būlāq, 1297 A. H.), 3: 2–3.

37. Nicola Turk, *Chronique d'Égypte 1798–1804*, hg. und übers. Gaston Wiet (Kairo, 1950), Text S. 2–3; cf. französische Übers., S. 3–4. Siehe auch George M. Haddad, »The historical work of Niqula el-Turk, 1763–1828«, *Journal of the American Oriental Society*, 81 (1961), S. 247–51.

38. *Ibid.*, S. 173; cf. französische Übers., S. 223.

39. E. Ziya Karal, *Halet Efendinin Paris Büyük Elçiligi 1802–1806* (Istanbul, 1940), S. 32–34, 35 und 62; cf. B. Lewis, »The Impact of the French Revolution . . .«, S. 54.

40. *Asim Tarihi* (Istanbul, o. J.), 1: 374–76; cf. Cevdet, 8: 147–48, und Bernard Lewis, *The Emergence of Modern Turkey*, S. 72.

Kapitel II

1. H. R. Idris, »Commerce maritime et ḳirād en Berberie orientale«, *JESHO*, 14 (1961), S. 228–29.
2. W. Cantwell Smith, *The Meaning and End of Religion* (New York, 1964), S. 58 ff., 75 ff.
3. Koran, 112.
4. *Ibid.*, 16.115.
5. *Ibid.*, 109.
6. Siehe D. Santillana, *Instituzioni di Diritto Musulmano*, 1 (Rom, 1926): 69–71; L. P. Harvey, »Crypto-Islam in Sixteenth Century Spain«, *Actas del Primer Congreso de Estudios Arabes e Islámicos* (Madrid, 1964), S. 163–178; al-Wansharīshī, *Asnā al-matājir fī bayān aḥkām man ghalaba ʿala waṭanihi al-naṣārā wa-lam yuhājir*, ed. Husayn Muʿnis, in *Revista del Instituto Egipcio de Estudios Islámicos en Madrid* 5 (1957): 129–191.
7. Sāʿid b. Ahmad al-Andalūsī, *Kitāb Ṭabaqāt al-Umam*, (Kairo, o. J.), S. 11; cf. französische Übers., R. Blachère, *Livre des catégories des nations*, Publications de l'Institut des Hautes Études Marocaines 28 (Paris, 1935): 36–37.

Kapitel III

1. Rashīd al-Dīn, *Histoire universelle . . .*, I, *Histoire des Franks*, hg. und übers. K. Jahn (Leiden, 1951), Text S. 11; cf. französische Übers., S. 24; zitiert nach deutscher Übers., K. Jahn, *Die Frankengeschichte des Rašīd ad-Dīn* (Wien, 1977), S. 54.
2. G. S. Colin, »Un petit glossaire hispanique arabo-allemand de début du XVIème siècle«, *al-Andalus* 11 (1946); 275–81.
3. Zur Übersetzungsbewegung und ihren Leistungen siehe F. Rosenthal, *The Classical Heritage in Islam* (London, 1975).
4. Zur Version des Orosius sieh G. Levi Della Vida, »La traduzione araba delle storie di Orosio«, *al-Andalus* 19 (1954): 257–93.
5. Awḥadī, ed. M. Hamidullah, »Embassy of Queen Bertha to Caliph al-Muktafi billah in Baghdad 293/906«, *Journal of the Pakistan Historical Society* 1 (1953): 272–300. Siehe ferner G. Levi Della Vida, »La corrispondenza di Berta di Toscano col Califfo Muktafi«, *Rivista Storica Italiana* 66 (1954): 21–38; C. Inostrancev, »Notes sur les rapports de Rome et du califat abbaside au commencement du Xème siècle«, *Rivista degli Studi Orientali* 6 (1911–1912): 81–86.
6. Ibn al-Nadīm, *Kitāb al-Fihrist*, hg. G. Flügel (Leipzig, 1871), 1: 15–16; cf. englische Übers., B. Dodge (New York, 1970), 1: 28–31.

7. Beide Bände von Osman Ağas Memoiren wurden zuerst in deutscher Übersetzung veröffentlicht: siehe R. F. Kreutel und O. Spies, *Leben und Abenteuer des Dolmetschers ʿOsman Ağa* (Bonn, 1954), und R. F. Kreutel, *Zwischen Paschas und Generalen* (Graz, 1966). Der türkische Text eines Bandes wurde herausgegeben von R. F. Kreutel, *Die Autobiographie des Dolmetschers ʿOsman Ağa aus Temeschwar* (Cambridge, 1980).

8. Ö. L. Barkan, *XV ve XVIinci asırlarda Osmanlı İmparatorluğunda zirai ekonominin hukuki ve mali esasları*, Bd. 1, *Kanunlar* (Istanbul, 1943), S. 213.

9. Siehe J. Wansbrough, »A Mamluk Ambassador to Venice in 913/1507«, *Bulletin of the School of Oriental and African Studies* 26, pt. 3 (1963): 503–30.

10. F. Babinger, »Der Pfortendolmetsch Murad und seine Schriften«, in *Literaturdenkmäler aus Ungarns Türkenzeit*, hg. F. Babinger et al. (Berlin und Leipzig, 1927), S. 33–54.

11. Evliya, *Seyahatname* (Istanbul, 1314 A. H.), 7: 322; zit n. deutscher Übers. R. F. Kreutel, *Im Reiche des Goldenen Apfels* (Graz, 1957), S. 199.

12. Evliya, 7: 323; zit. n. Kreutel, S. 200.

13. Evliya, 3: 120–21.

14. Muḥammad b. ʿAbd al-Wahhāb, al-Wazīr al-Ghassānī, *Rihlat al-wazīr fī iftikāk al-asīr*, ed. Alfredo Bustani (Tanger, 1940), S. 96; cf. französisch Übers. von H. Sauvaire, *Voyage en Espagne d'un Ambassadeur Marocain* (Paris, 1884), S. 225–26.

15. Kâtib Çelebi, *Irşad al-hayara ila tarih al-Yunan wa'l-Rum wa'l-Nasara*, Manuskript in der Türk-Tarih-Kurumu-Bibliothek, Nr. 19 (keine Paginierung). Kâtib Çelebi ist auch als Hajji Khalifa bekannt, in türkischer Orthographie Hacı Halife. Das Ms. wird kurz beschrieben von V. L. Ménage in »Three Ottoman Treatises on Europe«, *Iran and Islam*, ed. C. E. Bosworth (Edinburgh, 1971), S. 421–23.

16. Arnold von Lübeck, *Chronicon Slavorum*, hg. W. Wattenbach, *Deutschlands Geschichtsquellen* (Stuttgart–Berlin, 1907), Buch VII, Kap. 8.

17. A. Bombaci, »Nuovi firmani greci di Maometto II«, *Byzantinische Zeitschrift* 47 (1954): 238–319; *idem*, »Il 'Liber Graecus', un cartolario veneziano comprendente inediti documenti Ottomani in Greco (1481–1504)«, *Westöstliche Abhandlungen*, hg. F. Meier (Wiesbaden, 1954), S. 288–303. Siehe ferner Christos G. Patrinelis, »Mehmed II the Conqueror and his presumed knowledge of Greek and Latin«, *Viator*, 2 (1971), 349–54.

18. Siehe H. und R. Kahane und A. Tietze, *The Lingua Franca in the Levant* (Urbana, 1958).

19. L. Bonelli, »Elementi italiani nel turco ed elementi turchi nell italiano«, *L'Oriente* 1 (1894): 178–96.

20. Şem'danizade, *Şem'dani-zade Fındıklılı Süleyman Efendi tarihi mür'-it-tevarih*, hg. M. M. Aktepe (Istanbul, 1978), S. 107. Siehe Vorwort zu *Relation de l'ambassade de Mehmet Effendi à la cour de France en 1721 écrite par lui même et traduite du turc par Julien Galland* (Konstantinopel und Paris, 1757).

21. Zitiert in C. Issawi, »The Struggle for Linguistic Hegemony«, *The American Scholar* (summer, 1981), S. 382–87.

22. Seid Mustafa, *Diatribe de l'ingénieur sur l'état actuel de l'art militaire, du génie et des sciences à Constantinople* (Scutari, 1803; reprinted by L. Langlès, Paris, 1810), S. 16–17. Laut Langlès studierte Seid Mustafa Ingenieurwesen und unterrichtete es später. Hammer-Purgstall sagt jedoch, daß »Seid Mustafa« eine Fiktion sei und der griechische Dragoman Yakovaki Argyropoulo die Arbeit auf Geheiß des Reis Efendi geschrieben habe. Zu Y. Argyropoulo, einer Schlüsselgestalt in der frühen Übersetzungsbewegung, siehe »Jacques Argyropoulos«, *Magasin Pittoresque* (1865), S. 127–28.

23. Şanizade, *Tarih* (Istanbul, 1290–1291 A. H.), 4: 33–35; cf. Cevdet, 11: 43 und [J. E. de Kay] *Sketches of Turkey in 1831 and 1832* (New York, 1833).

24. B. Lewis, *The Emergence of Modern Turkey*, S. 88–89.

25. S. Ünver, *Tanzimat*, 1, Türkisches Bildungsministerium (Istanbul, 1940), S. 940–41.

Kapitel IV

1. Zu gegensätzlichen Ansichten über die Bedeutung des hellenistischen Elements für die islamische Zivilisation und die sich daraus ergebenden Gemeinsamkeiten mit dem Christentum siehe C. H. Becker, *Islamstudien*, Bd. 1 (Leipzig, 1924), besonders Kapitel 1, 2, 3 und 14; außerdem Jörg Kraemer, *Das Problem der islamischen Kulturgeschichte* (Tübingen, 1959).

2. Ibn al-Faqīh, zitiert in Yāqūt, *Muꜥjam al-buldān*, s. v. »Rūmiya«.

3. Ein Teil dieser Darstellung ist erhalten und zitiert in Ibn Rusteh, *Kitāb al-Aꜥlāq al-nafisa*, ed. M. J. De Goeje (Leiden, 1892), S. 119–130. Siehe ferner *Encyclopedia of Islam*, 2nd ed., s. v. ›Hārūn b. Yahyā‹ (M. Izzedin). Die *Encyclopedia of Islam* wird im weiteren als *EI1* oder *EI2* zitiert.

4. Die Memoiren des Kadis wurden veröffentlicht von I. Parmaksızoğlu, »Bir Türk kadısının esaret hatıraları«, *Tarih Dergisi* 5 (1953): 77–84.

5. Zu Osman Aga siehe oben Kap. III, Anm. 7. Zu anderen Gefangenen siehe O. Spies, »Schicksale türkischer Kriegsgefangener in Deutschland nach den Türkenkriegen«, *Festschrift Werner Caskel*, hg. E. Graf (Leiden, 1968), S. 316–35.

6. Usāma, *Kitāb al-Iʿtibar*, ed. P. K. Hitti (Princeton, 1930), S. 132; cf. englische Übers., P. K. Hitti, *An Arab-Syrian Gentleman and Warrior in the Period of the Crusades* (New York, 1929), S. 161.

7. Zu dieser Geschichte siehe V. Barthold, »Karl Velikij i Harun ar-Rašid«, *Sočinenija* 6 (Moskau, 1966): 342–64; arabische Übers. in V. V. Barthold, *Dirāsāt fī taʾrīkh Filaṣtīn fiʾl-ʿuṣūr al-wusṭā*, übers. A. Haddad (Bagdad, 1973): 53–103. Siehe auch S. Runciman, »Charlemagne and Palestine«, *English Historical Review* 50 (1935): 606–19.

8. Siehe oben, Kap. III, Anm. 5.

9. Arabischer Text, R. Dozy (ed.), *Recherches sur l'histoire et la littérature de l'Espagne pendant le moyen age*, 3. Auflage (Paris–Leiden, 1881), 2: 81–88; reprinted by A. Seippel, *Rerum Normannicarum Fontes Arabici* (Oslo, 1946), S. 13–20. Zit. n. deutscher Übers. G. Jacob, *Arabische Berichte von Gesandten an germanische Fürstenhöfe aus dem 9. und 10. Jahrhundert* (Berlin–Leipzig, 1927), S. 38–39; französische Übers. in R. Dozy, *Recherches*, 3. Auflage, 2: 269–78. Siehe Erörterungen bei W. E. D. Allen, *The Poet and the Spae-Wife* (Dublin, 1960), und E. Lévi-Provençal, »Un échange d'ambassades entre Cordoue et Byzance au IXème siècle«, *Byzantion* 12 (1937): 1–24, der die Geschichte als literarische Fiktion, beruhend auf einer echten Gesandtschaft nach Konstantinopel, abtut. Siehe ferner *EI2*, s. v. »Ghazāl« (A. Huici Miranda), und A. A. el-Hajji, »The Andalusian Diplomatic Relations with the Vikings during the Umayyad Period«, *Hesperis Tamuda*, 8 (1967): 67–110.

10. Die erhaltenen Fragmente von Ibrāhīm ibn Yaʿqūbs Reiseberichten sind zum Thema einer umfassenden Literatur geworden. Beide Texte, die von Qazvīnī wiedergegebene Version ʿUdhrī und die Passagen Bakrīs, liegen im Druck vor: Qazvīnī in *editio princeps* von F. Wüstenfeld, *Zakarija ben Muhammed ben Mahmud al-Cazwini's Kosmographie, II, Kitab Athar al-bilad. Die Denkmäler der Länder* (Göttingen, 1848); der Auszug aus Bakrī wurde zuerst herausgegeben von A. Kunik und V. Rosen, *Izvestija al-Bekri i drugich avtorov o Rusi i Slavjanjach* (St. Petersburg, 1878–1903), nachgedruckt mit einem kritischen Kommentar von T. Kowalski, *Relatio Ibrāhīm Ibn Jaʿḳūb de itinere slavico*, in *Monumenta Poloniae Historica* 1 (Krakau, 1946): 139 ff., und er ist nun leicht zugänglich in einer Ausgabe von Bakrīs Buch durch A. A. el-Hajjī (ed.), *Jughrāfīya el-Andalus wa-Urūba* (Beirut, 1968). Übersetzungen u. a. von G. Jacob in *Arabische Berich-*

te . . . , S. 11–33; und jüngst von A. Miquel, »L'Europe occidentale dans la relation arabe de Ibrāhīm b. Yaᶜqūb«, *Annales* ESC 21 (1966): 1048–1064. Andere Studien liefern B. Spuler, »Ibrāhīm ibn Jaᶜqūbs orientalistische Bemerkungen«, *Jahrbücher für Geschichte Osteuropas*, 3 (1938): 1–10; E. Ashtor, *The Jews of Moslem Spain*, vol. 1 (Philadelphia, 1973), S. 344–49; A. A. el-Hajji, »Ibrāhīm ibn Yaᶜqūb at-Tartūshī and his diplomatic activity«, *The Islamic Quarterly* 14 (1970): 22–40. Siehe ferner *EI2*, s. v. »Ibrāhīm b. Yaᶜqūb (A. Miquel).

11. G. Jacob, *Arabische Berichte*, S. 31, Anm. 1: »Es ist charakteristisch, daß der arabische Diplomat den Kaiser als Gewährsmann nicht nennt, während der jüdische Handelsmann sich mit dieser Beziehung brüstet.«

12. Erwähnt in der Biographie von Johann von Gorze, siehe R. W. Southern, *The Making of the Middle Ages* (London, 1953), S. 36 ff.

13. Ibn Wāṣil, *Mufarrij al-kurūb fī akhbār banī Ayyūb*, ed. H. M. Rabie (Kairo, 1979), 4: 248.

14. Ibn Khaldūn, *Al-Taᶜrīf bi-ibn Khaldūn wa-riḥlatuh gharban wa-sharquan*, ed. Muḥammad ibn Ta'wīt al-Tanjī (Kairo, 1951), S. 84–85; cf. französische Übers. von A. Cheddadi, *Le Voyage d'Occident en Orient* (Paris, 1980), S. 91–92.

15. Usāma, S. 140–141; cf. Hitti, S. 169–76.

16. Abū Ḥāmid al Granadino y su relacion de viaje por tierras eurasiáticas, hg. und übers. C. E. Dubler (Madrid, 1953). Siehe ferner I. Hrbek, »Ein arabischer Bericht über Ungarn«, *Acta Orientalia* 5 (1955): 205–30.

17. Ibn Jubayr, *Riḥla (The Travels of Ibn Jubayr)*, ed. W. Wright (Leiden, 1907), S. 303; cf. englische Übers. R. C. J. Broadhurst, *The Travels of Ibn Jubayr*, (London, 1953), S. 318.

18. Ibn Jubayr, S. 305–6; cf. Broadhurst, S. 321.

19. *Ibid.*, S. 301; cf. Broadhurst, S. 316–17. Das abschließende Zitat stammt aus dem Koran, 7.156.

20. Ibn Shāhīn al-Ẓāhiri, *Zubdat kashf al-mamālik*, ed. P. Ravaisse (Paris, 1894), S. 41; cf. französische Übers., J. Gaulmier, *La zubda kachf al-mamālik* (Beirut, 1950), S. 60. Cf. M. A. Alarcón und R. Garcia, *Los documentos arabes diplomaticos del Archivo de la corona de Aragón* (Madrid und Granada, 1940).

21. Siehe P. Pelliot, »Les Mongols et la Papauté« *Revue de l'Orient Chrétien*, 3. Serie, 23 (1922–23): 3–30, 24 (1924): 225–335, und 28 (1931); V. Minorsky, »The Middle East in Western Politics in the thirteenth, fifteenth, and seventeenth Centuries«, *Royal Central Asian Society Journal* 4 (1940): 427–61; J. A. Boyle, »The Il-Khans of Persia and the Princes of Europe«, *Central Asian Journal* 20 (1976):

28–40; D. Sinor, »Les Relations entre les Mongols et l'Europe jusqu'à la Mort d'Arghoun et de Bela IV«, *Cahiers d'Histoire Mondiale* 3 (1956): 37–92.

22. ʿUmarī, *al-Taʿrīf bil-muṣtalaḥt al-sharīf* (Kairo, 1312 A. H.).

23. Qalqashandī, *Ṣubḥ al-aʿshā fī ṣināʿat al-inshā'* (Kairo, 1913 ff.), 8: 25 ff.; cf. M. Amari, »Dei titoli che usava la cancelleria di Egitto«, *Mem. del. R. Acc. Linc.* (1883–84): 507–34; H. Lammens, »Correspondence diplomatiques entre les sultans mamlouks d'Égypte et les puissances chrétiennes«, *Revue de l'Orient Chrétien* 9 (1904): 151–87, und 10 (1905): 359–92.

24. Qalqashandī, 7: 42 ff.

25. Juvaynī, *Ta' rīkh-i jihān gushā*, ed. M. M. Qazvīnī, Bd. 1 (London, 1912), S. 38–39. Cf. englische Übers., J. A. Boyle, *The History of the World Conqueror* (Manchester, 1958), 1: 53.

26. Nicholas de Nicolay, *Les navigations . . . (Antwerpen, 1576),* S. 246.

27. B. Lewis, *Notes and Documents from the Turkish Archives* (Jerusalem, 1952), S. 32 und 34.

28. A. Arce, »Espionaje y ultima aventura de José Nasi (1569–1574)«, *Sefarad* 13 (1953): 257–86.

29. C. D. Rouillard, *The Turk in French History, Thought, and Literature 1520–1660* (Paris, 1938), Bd. 1, Kap. 2.

30. M. Herbette, *Une Ambassade Persane sous Louis XIV* (Paris, 1907).

31. A. A. De Groot, *The Ottoman Empire and the Dutch Republic: A History of the Earliest Diplomatic Relations 1610–1670* (Leiden, 1978), S. 125–29.

32. Zu den Berichten osmanischer Gesandtschaften nach Europa und in andere Gebiete siehe F. Babinger, *Die Geschichtsschreiber der Osmanen und ihre Werke* (Leipzig, 1927), S. 322–37, im weiteren zitiert als *GOW*; und zu einer viel vollständigeren Darstellung F. R. Unat, *Osmanli Sefirleri ve Sefaretnameleri* (Ankara, 1968). Einige dieser Texte sind übersetzt (siehe Babinger, *loc. cit.*); die besten und jüngsten sind die kommentierten deutschen Ausgaben von R. F. Kreutel in seiner Reihe *Osmanische Geschichtsschreiber* (Graz, 1955 ff.). Zur europäischen Diplomatie in Istanbul siehe B. Spuler, »Die europäische Diplomatie in Konstantinopel bis zum Frieden von Belgrad (1739)«, *Jahrbücher für Kultur und Geschichte der Slaven,* 11 (1935), 53–115: 171–222, 313–366; *idem,* »Europäische Diplomaten in Konstantinopel bis zum Frieden von Belgrad (1739)«, *Jahrbücher für Geschichte Osteuropas* 1 (1936): 229–62, 383–440.

33. Siehe Babinger, *GOW,* S. 325.

34. Siehe K. Teply, »Evliya Çelebi in Wien«, *Der Islam* 52 (1975): 125–31.

35. Evliya, 7: 398–99; zit. n. Kreutel, S. 161–62.

36. Es gibt mehrere Ausgaben des Botschaftsberichtes von Mehmed Said mit einigen Textvariationen. Das Buch kam zuerst in Paris und Istanbul in einer französischen Übersetzung heraus: *Relation de l'embassade de Méhmet Effendi à la cour de France en 1721, écrite par lui meme et traduite par Julien Galland* (Konstantinopel und Paris, 1757). Ich habe die türkische Ausgabe von Ebuzziya (ed.), *Paris Sefaretnamesi* (Istanbul, 1306) benutzt. Als die Fahnen dieses Buches schon vorlagen, erschien eine neue Ausgabe von Gallands Version: *Le paradis des infidèles*, ed. Gilles Veinstein (Paris, 1981).

37. Mehmed Said, S. 345; cf. französische Übers., S. 34 ff.

38. *Ibid.*, S. 43; cf. französische Übers., S. 49.

39. *Ibid.*, S. 64; cf. französische Übers., S. 62–63.

40. Duc de St. Simon, zitiert in N. Berkes, *The Development of Secularism in Turkey* (Montreal, 1964), S. 35. Eine kurze, aber aufschlußreiche Würdigung von Mehmed Said und seiner Rolle findet sich bei A. H. Tanpınar, *XIX Asır Türk edebiyatı tarihi*, Bd. 1 (Istanbul, 1956), S. 9 ff.

41. Resmi, *Viyana Sefaretnamesi* (Istanbul, 1304), S. 33.

42. Azmi, *Sefaretname 1205 senesinde Prusya Kiralı Ikinci Fredrik Guillaum 'in nezdine memur olan Ahmed Azmi Efendinin 'dir* (Istanbul, 1303), S. 47.

43. Vasifs Bericht ist abgedruckt in Cevdet, 4: 348–58.

44. Vasif, in Cevdet, 4: 349–50.

45. Zu Ratib siehe Cevdet, 5: 232 ff.; F. R. Unat, *Osman Sefirleri*, S. 154–62; C. V. Findley, *Bureaucratic Reform in the Ottoman Empire: The Sublime Porte, 1789–1922* (Princeton, 1980), S. 118 und 372; S. J. Shaw, *Between Old and New, The Ottoman Empire Under Sultan Selim III* (Cambridge, Mass., 1971), S. 95–98.

46. Zu marokkanischen Botschaftern und anderen Moslems, die nach Spanien reisten, siehe H. Peres, *L'Espagne vue par les Voyageurs Musulmans de 1610 à 1930* (Paris, 1937).

47. Siehe oben, Kapitel III, Anm. 14.

48. S. C. Chew, *The Crescent and the Rose* (Oxford, 1937), S. 327–33.

49. M. Herbette, *Une Ambassade Persane*, passim.

50. Zu Shirāzī siehe C. A. Storey, *Persian Literature*, vol. 1, pt. 2 (London, 1953), S. 1067–8.

51. Teile dieses Berichtes wurden übersetzt nach einem Manuskript von A. Bausani, »Un manoscritto Persiano inedito sulla Ambasceria di Ḥusein Hān Moqaddam Āğūdānbāšī in Europa negli anni 1254–1255 H. (1838–49 A. D.)«, *Oriente Moderno* 33 (1953). Das Original wurde im Iran veröffentlicht, allerdings nach einem anderen Manuskript: *Sharḥ-i ma'mūriyat-i Ājūdān bāshī (Husayn Khān Niẓām ad-Dawla) dar Safārat-i Otrīsh, Farānsa, Inglistān* (Teheran [?], 1347 S.).

52. A. Bausani, »Un manoscritto Persiano . . .«, S. 488. Dieser Absatz fehlt in der Teheraner Ausgabe.

53. Ilyās b. Hannā, *Le plus ancien voyage d'un Oriental en Amérique (1668–1683)*, ed. A. Rabbath, S. J. (Beirut, 1906). Diese Ausgabe erschien zuerst in der Beiruter Zeitschrift *al-Mashriq*, Nr. 18 (Sept. 1905) bis 23 (Dez. 1905), als »Premier voyage d'un oriental en Amérique«.

54. Azulay, *Maʿgal ṭōb ha-shalem*, ed. A. Freimann (Jerusalem, 1934); englische Übers. in E. Adler, *Jewish Travellers*, S. 345–68.

55. P. Preto, *Venezia e i Turchi* (Padua, 1975), S. 128, zitiert nach P. Paruta, *Historia della guerra di Cipro* (Venedig, 1615), S. 35. Zur türkischen Kolonie in Venedig siehe auch A. Sagrado und F. Berchet, *Il Fondacho dei Turchi in Venezia* (Mailand, 1860), S. 23–28, und G. Verecellin, »Mercanti Turchi a Venezia alla fine del cinquecento«, *Il Veltro: Rivista della Civilta Italiana*, 23, Nr. 2–4 (Mar.–Aug., 1979): 243–75. Zur Rolle Venedigs als Vermittler zwischen der Türkei und Europa siehe W. H. McNeill, *Venice, the Hinge of Europe 1081–1797* (Chikago, 1974).

56. Preto, S. 129.

57. *Ibid.*, S. 132.

58. *Ibid.*, S. 139.

59. Sir Joshua Hassan, *The Treaty of Utrecht and the Jews of Gibraltar* (London, 1970).

60. Ein frühes Beispiel siehe bei F. Babinger, »›Bajezid Osman‹ (Calixtus Ottomanus), ein Vorläufer und Gegenspieler Dschem-Sultans«, *La Nouvelle Clio* 3 (1951): 349–88.

61. Es gibt eine ausführliche Literatur über Jem und seine Abenteuer in Europa, vornehmlich L. Thuasne, *Djem-Sultan: Étude sur la question d'Orient à la fin du XVème siècle* (Paris, 1892); und I. H. Ertaylan, *Sultan Cem* (Istanbul, 1951). Die türkische Biographie wurde unter dem Titel *Vakiat-i Sultan Cem* (Istanbul, 1330 A. H.) veröffentlicht. Siehe ferner *EI2*, s. v. »Djem« (H. Inalcik). Eine Sammlung von Briefen, die der Sultan zu diesem Thema erhielt, siehe bei J. Lefort, *Documents grecs dans les Archives de Topkapı Sarayı, Contribution à l'histoire de Cem Sultan* (Ankara, 1981).

62. *Vakiat*, S. 10–11.

63. Ahmad ibn Muḥammad al-Khālidī, *Lubnān fī ʿahd al-Amīr Fakhr al-Dīn al-Maʿnī al-Thānī*, eds. Asad Rustum und Fuʾād Bustānī (Beirut, 1936, reprinted 1969), S. 208–241. Arnon Gross, dessen unveröffentlichter Studie dieses Textes ich verpflichtet bin, hat nachgewiesen, daß es sich bei dem Text nicht, wie die Herausgeber vermuten, um »eine Fälschung« handelt, sondern um einen Einschub, der auf einem authentischen Bericht basiert.

64. Serafettin Turan, »Barak Reis'in, Şehzade Cem mes'elesiyle ilgili olarak Savoie 'ya gönderilmesi«, *Belleten* 26, Nr. 103 (1962): 539–55; V. L. Ménage, »The Mission of an Ottoman Secret Agent in France in 1486«, *Journal of the Royal Asiatic Society* (1965): 112–32.

65. S. Skilliter, »The Sultan's Messenger, Gabriel Defrens: An Ottoman Master-Spy of the Sixteenth Century«, *Wiener Zeitschrift für die Kunde des Morgenlandes*, hg. A. Tietze, Bd. 68 (Wien, 1976), S. 47–59.

66. ʿUmarī, ed. M. Amari, »Al-ʿUmarī, Condizioni degli stati Cristiani dell' Occidente secondo una relazione di Domenichino. Doria da Genova«, *Atti R. Acad Linc. Mem.*, 11 (1883): Text S. 15, Übers. S. 87. Im weiteren zitiert als ʿUmarī (Amari).

67. Mehmed Said, S. 25; französische Übers., S. 34–35.

68. Vasif, in Cevdet, 4: 349.

69. Azmi, S. 12.

70. A. W. Kinglake, *Eothen* (London, o. J.), S. 9–11.

71. Iʿtişām al-Dīn, siehe C. A. Storey, *Persian Literature*, vol. 1, pt. 2, S. 1142. Cf. englische Übers., J. E. Alexander, *Mirza Itesa Modeen* (London, 1827).

72. *Masīr-i Ṭālibī ya Sefarnamā-i Mīrzā Abū Tālib Khān*, ed. H. Khadīv-Jam (Teheran, 1974); cf. englische Übers., C. Stewart, *Travels of Mirza Abu Talib Khan* ... (London, 1814). Siehe auch Storey, *Persian Literature*, 1, pt. 2, S. 878–79.

73. Seyyid Alis Bericht wurde veröffentlicht von Ahmed Refik in *Tarih-i Osmani Encümeni Mecmuası*, 4 (1329/1911) 1246 ff., 1332 ff., 1378 ff., 1458 ff., 1548 ff. Siehe ferner M. Herbette, *Une Ambassade Turque sous le Directoire* (Paris, 1902).

74. Zu Ali Aziz siehe A. Tietze, »ʿAziz Efendis Muhayyelat«, *Oriens* 1 (1948): 248–329; E. Kuran, »Osmanlı daimi elçisi Ali Aziz Efendi'-nin Alman şarkiyatçısı Friedrich von Diez ile Berlin' de ilmi ve felsefi muhaberatı (1797)«, *Belleten* 27 (1963): 45–58; und *EI2*, s. v. »ʿAli ʿAziz« (A. Tietze).

75. Zu diesen Gesandtschaften siehe T. Naff, »Reform and the conduct of Ottoman Diplomacy in the Reign of Selim III, 1789–1807«, *Journal of the American Oriental Scoiety* 83 (1963): 295–315; E. Kuran, *Avrupa-'da Osmanlı Ikamet Elçiliklerinin Kurulus ve Ilk Elçilerin Siyasi Faaliyetleri 1793–1821 (Ankara, 1968)*; S. J. Shaw, *Between Old and New* S. 180 ff.

76. Zu Mehmed Raif siehe S. J. Shaw, *Between Old and New*, Register.

77. Zur Entsendung ägyptischer Studenten siehe J. Heyworth-Dunne, *An Introduction to the History of Education in Modern Egypt* (London, 1938), S. 104 ff. und *passim*. Über Scheich Rifāʿa liegt umfassendes

Material in arabischer und in westlichen Sprachen vor. Siehe *EI1*, s. v. ›Rifāʿa Bey‹ (Chemoul); ferner J. Heyworth-Dunne, »Rifāʿah Badawī Rāfiʿaṭ-Tah-tāwī: The Egyptian Revivalist«, *BSOAS* 9 (1937–39): 961–67, 10 (1940–42): 399–415. Die gründlichste Bearbeitung des Themas liefert Gilbert Delanoue, *Moralistes et politiques musulmans dans l'Égypte du XIXème siècle (1798–1882)* (Service de reproduction des theses, Lille, 1980), 1, Kap. 5. Scheich Rifāʿas Schilderung seiner Reisen in Frankreich, betitelt *Takhlīṣ al-ibrīz fī talkhīṣ Barīz* (gewöhnlich als *al-Rihla* bekannt), ist einige Male gedruckt worden. Die Verweise beziehen sich auf die Kairoer Ausgabe von 1958.

78. Veröffentlicht in I. Raʿīn, *Safarname-i Mīrzā Ṣāliḥ Shīrāzī* (Teheran, 1347s). Siehe ferner Storey, *Persian Literature*, I, pt. 2, S. 1148–50, und Hafez Farman Farmayan, »The Forces of modernization in nineteenth century Iran: a historical survey«, in W. R. Polk and R. L. Chambers (editors), *Beginnings of Modernization in the Middle East* (Chicago 1968), S. 122 ff.

Kapitel V

1. *Irşad*. Siehe oben, Kapitel III, Anm. 15.
2. Siehe C. A. Nallino, »al-Khuwarizmi e il suo rifacimento della Geografia di Tolomeo«, in *Raccolta di Scritti*, Bd. 5 (Rom, 1944), S. 458–532; D. M. Dunlop, »Muḥammad b. Mūsā al-Khwārizmī«, *Journal of the Royal Asiatic Society* (1943): 248–50; und R. Wieber, *Nordwesteuropa nach der arabischen Bearbeitung der Ptolemäischen Geographie von Muḥammad b. Mūsā Hwārizmī* (Walldorf–Hessen, 1974).
3. Die moslemische geographische Literatur des Mittelalters wird in zwei Hauptwerken untersucht: A. Miquel, *La géographie humaine du monde musulman jusqu'au milieu du 11ième siècle*, 3 Bde. (Paris, 1967–80), besonders Bd. 2, *Géographie arabe et représentation du monde: la terre et l'étranger*, Kapitel 6 und 7 über Ost- und Westeuropa; sowie I. J. Kračkovskij, »Istorija Arabskoj Geografičeskoj Literatury«, *Izbrannye Sočinenija*, Bd. 5 (Moskau–Leningrad, 1957), arabische Übers. von S. U. Hāshim, *Taʾrīkh al-adab al-djughrāfī al-ʿarabī* (Kairo, 1963). Einen kürzeren Überblick siehe in *EI2*, s. v. »Djughrāfiya« (S. Maqbul Aḥmad). Zu den Europakenntnissen mittelalterlicher moslemischer Geographen siehe I. Guidi, »L'Europa occidentale negli antichi geografi arabi«, *Florilegium M. de Vogüe* (1909): 263–69; E. Ashtor, »Che cosa sapevano i geografi Arabi dell'Europa occidentale?«, *Rivista Storica Italiana* 81 (1969): 453–79; K. Jahn, »Das christliche Abendland in der islamischen Geschichtsschreibung des Mittelalters«,

Anzeiger der phil.-hist. Klasse der Österreichischen Akademie der Wissenschaften 113 (1976): 1–19; Y. Q. al-Khūrī, »al-Jughrāfiyūn al-ʿArab wa-Urūba«, *al-Abḥāth* 20 (1967): 357–92.

4. Ibn Khurradādhbeh, *Kitāb al-masālik waʾl-mamālik*, ed. M. J. de Goeje (Leiden, 1889), S. 155.

5. *Ibid.*, S. 92–93.

6. *Ibid.*, S. 153. Eine bedeutende neuere Studie liefert M. Gil, »The Rādhānite Merchants and the Land of Rādhān«, JESHO 18 (1974): 299–328.

7. Ibn al-Faqīh, *Mukhtasar Kitāb al-Buldān*, ed. M. J. de Goeje (Leiden, 1885); cf. französische Übers., H. Masse, *Abrégé des Livres des Pays*, (Damaskus, 1973), S. 8.

8. Ibn Rusteh, *Kitāb al-aʿlāq al-nafisa*, ed. M. J. de Goeje (Leiden, 1892), S. 85; cf. französische Übers., G. Wiet, *Les Atours Précieux* (Kairo, 1958), S. 94.

9. Masʿūdī, *Kitāb al-tanbīh waʾl-ishrāf* (Beirut, 1965), S. 23–24; cf. französische Übers., Carra de Vaux, *Macoudi, le livre de l'avertissement et de la révision* (Paris, 1897), S. 38–39.

10. Masʿūdī, *Murūj al-dhahab*, hg. und übers. F. Barbier de Meynard und Pavet du Courteille (Paris, 1861–77) 3: 66–67; *ibid.*, 2. Auflage, C. Pellat (Beirut, 1966–70) 2: 145–46; cf. überarbeitete französische Übers., C. Pellat (Paris, 1962–71) 2: 342.

11. Zu arabischen Schilderungen der Wikinger siehe A. Melvinger, *Les premieres incursions des Vikings en Occident d'après les sources arabes* (Uppsala, 1955); A. A. el-Hajji, »The Andalusian diplomatic relations with the Vikings . . .« Das Quellenmaterial wurde gesammelt von A. Seippel, *Rerum Normannicarum*, und ins Norwegische übersetzt von H. Birkeland, *Nordens Historie i Middelalderen etter Arabiske Kilder* (Oslo, 1954).

12. Siehe *EI2*, s. v. »*Asfar*« (I. Goldziher), und *idem*, *Muslim Studies*, vol. 1, transl. C. R. Barber and S. M. Stern (London, 1967), S. 268–69.

13. Masʿūdī, *Murūj*, ed. Barbier de Meynard, 3: 69–72; C. Pellat (ed.), 2: 147–48; cf. Übers. Pellat, 2: 344–45. Eine englische Übersetzung und Erläuterung siehe bei B. Lewis, »Masʿūdī on the Kings of the ʿFranks'«, *Al-Masʿūdī Millenary Commemoration Volume* (Aligarh, 1960), S. 7–10.

14. Ibn Rusteh, S. 130; cf. Übers. Wiet, S. 146.

15. Yāqūt, s. v. »Rūmiya«. Zu den arabischen Darstellungen Roms siehe I. Guidi, »La descrizione di Roma nei geografi arabi«, *Archivio della Societa Romana di Storia Patria* 1 (1877): 173–218.

16. *Ibid*.

17. Qazvīnī, S. 388–89; zit. n. Jacob, S. 26–27; cf. Miquel, S. 1057–58.

18. A. Kunik und V. Rosen, *Izvestija al-Bekri*, S. 34–35; T. Kowalski, *Relatio Ibrāhīm ibn Jaʿḳūb*, S. 2–3; Bakri, *Jughrāfiya*, ed. A. A. el-Hajji, S. 160–63; zit. n. G. Jacob, *Arabische Berichte*, S. 12–13.

19. Qazvīnī, S. 334–35; zit. n. Jacob, S. 31–32; cf. Miquel, S. 1052–53.

20. Zuhrī, S. 229–30/77–78; cf. französische Übers., S. 93.

21. Idrīsī, *Opus Geographicum*, ed. A. Bombaci *et al.*, fasc. 8 (Neapel, 1978), S. 944; cf. A. F. L. Beeston, »Idrisi's Account of the British Isles«, *BSOAS* 13 (1950): 267.

22. Idrīsī, *Opus*, fasc. 8, S. 946.

23. *Ibid.*, S. 947–48.

24. Ibn Saʿīd, *Kitāb Basṭ al-arḍ fi'l-ṭūl wa'l-ʿard*, ed. J. V. Gines (Tetuan, 1958), S. 134. Cf. Abū'l-Fida, *Taqwīm al-buldān*, ed. J. S. Reinaud und M. de Slane (Paris, 1840), S. 187; und Seippel, *Rerum Normanniçarum*, S. 23.

25. Ibn Khaldūn, *al-Muqaddima*, ed. Quatremère (Paris, 1858) 3: 93; cf. französische Übers., M. de Slane, *Les Prolégomènes* (Paris, 1863–68) 3: 129; cf. englische Übers., F. Rosenthal, *The Muqaddima* (New York–London, 1958) 3: 117–18.

26. Ibn Khaldun, *Kitāb al-ʿIbar* 6 (Kairo, 1867): 290–91.

27. Siehe K. Jahns Teiledition mit französischer Übersetzung von Rashīd al-Dīn's Abschnitt über Europa, *Histoire universelle de Rasīd ad-Dīn*, und seine spätere deutsche Übersetzung *Die Frankengeschichte* … Siehe ferner K. Jahn, »Die Erweiterung unseres Geschichtsbildes durch Rašīd al-Dīn«, *Anzeiger der phil.-hist. Klasse der Österreichischen Akad. der Wiss.* (1970): 139–49, und J. A. Boyle, »Rashīd al-Dīn and the Franks«. *Central Asian Journal* 14 (1970): 62–67.

28. Rashīd al-Dīn, *Histoire*, S. 5–18; zit. n. *Frankengeschichte*, S. 49.

29. Zu Piri Reis und seiner Karte siehe P. Kahle, *Die verschollene Columbus-Karte von Amerika vom Jahre 1498 in einer türkischen Weltkarte von 1513* (Berlin–Leipzig, 1932); R. Alamgia, »Il mappamondo di Piri Reis e la carte di Colombo del 1498«, *Societa Geografica Italiana*. Bolletino 17 (1934): 442–49; E. Braunlich, »Zwei türkische Weltkarten aus dem Zeitalter der großen Entdeckungen«, *Berichte* … *Verhandl. Sachs. Ak. Wiss. Leipzig, Phil. Hist. Kl.* 89, Teil 1 (1939); Afetinan, *Piri Reis 'in Amerika haritası 1513–1528* (Ankara, 1954). Zur osmanischen geographischen Literatur im allgemeinen siehe *EI2*, s. v. »*Djughrafiya*«, VI, Artikel von F. Taeschner; *idem*, »Die geographische Literatur der Osmanen«, *Zeitschrift der Deutschen Morgenländischen Gesellschaft*, 77 (1923): 31–80; A. Adnan-Adivar, *La science chez les Turcs Ottomans* (Paris, 1939); *idem*, *Osmanlı Turklerinde Ilim* (Istanbul, 1943) – eine vollständigere türkische Version von *La science*.

30. *Tarih al-Hind al-Garbi.*

31. Adnan-Adivar, *Ilim*, S. 73, Zitat aus d'Avezac, »Mappemonde Turque de 1559«, *Acad. Inscr. et Belles Lettres* (Paris, 1865).

32. Kâtib Çelebi, *Mīzān al-haqq fī ikhtiyār al-aḥaqq* (Istanbul, 1268 A. H.), S. 136; cf. englische Übers. G. L. Lewis, *The Balance of Truth* (London, 1957), S. 136.

33. Adnan-Adivar, *Science*, S. 121; *Ilim*, S. 134.

34. *Ibid.*, S. 122; *Ilim*, S. 135.

35. *Ibid.*, S. 135; *Ilim*, S. 153.

36. Vasif, *Tarih*, 2: 70; zitiert in J. von Hammer, *Geschichte des Osmanischen Reiches*, 2. Auflage (Pest, 1834–36), 4: 602, und *idem*, französische Übers. von J. J. Hellert, *Histoire de l'Empire Ottoman* (Paris, 1835 ff.) 16: 248–49.

37. Hammer, *Histoire*, 16: 249, Anm.

38. Âli, *Künh al-ahbar* (Istanbul, 1869) 5: 9–14, *idem*, *Meva'iddü'n-Nefa 'ist fī kavaᶜidi'l-mecalis* (Istanbul, 1956) facs. 152–53.

39. Evliya, 7: 224–25; zit. n. Kreutel, S. 38–39.

40. Oruç, hg. Babinger, S. 67. Zu Mehmeds angeblichem Interesse an westlicher Wissenschaft siehe F. Babinger, *Mehmed the Conqueror and His Time*, übers. R. Mannheim (Princeton, 1978), S. 494 ff.

41. Zu diesen Werken siehe B. Lewis, »The Use by Muslim Historians of Non-Muslim Sources«, in *Islam in History* (London, 1973), S. 101–14.

42. V. L. Ménage, »Three Ottoman Treatises . . .«, S. 423.

43. Zu Huseyn Hezârfenn siehe H. Wurm, *Der osmanische Historiker Huseyn b. Ğaᶜfer, genannt Hezârfenn* . . . (Freiburg im Breisgau, 1971), bes. S. 122–49. Die Manuskripte des *Tenkih* werden aufgeführt in Babinger, *GOW*, S. 229–30. Das hier benutzte Manuskript liegt im Hunterian Museum in Glasgow (cf. JRAS, 1906, S. 602 ff.).

44. Müneccimbaşi, *Saha'if al-ahbar* (Istanbul, 1285/1868–69) 2: 652.

45. Oruç, Übers. Kreutel, S. 95 (das türkische Original dieses Abschnittes ist noch unveröffentlicht).

46. Firdevsi-i Rumi, *Kutb-Name*, eds. I. Olgun und I. Parmaksızoğlu (Ankara, 1980), S. 74.

47. *Ibid.*, S. 93.

48. Selaniki, Ms. Nuruosmaniye 184, zitiert von A. Refik, *Türkler ve Kraliçe Elizabet* (Istanbul, 1932), S. 9.

49. Kâtib Çelebi, *Fezleke* (Istanbul, 1276 A. H.), 2: 234, cf. Naima, *Tarih* (Istanbul, o. J.), 4: 94.

50. *Fezleke*, 2: 134–35; cf. Naima, 3: 69–70.

51. *Ibid.*, 1: 331–33; cf. Naima 2: 80–82.

52. *Ibid.*, 2: 382; cf. Naima 5: 267. Eine detaillierte und genau belegte Biographie Cappellos liefert G. Benzoni in *Dizionario Biografico degli*

Italiani, XVIII (Rom, 1975), S. 786–9.

53. Peçevi, 1: 106.
54. B. Lewis, »The Use by Muslim Historians...«, S. 107–8, 314, Anm. 20, Zitat aus F. V. Kraelitz, »Der osmanische Historiker Ibrāhīm Pečewi«, *Der Islam* 7 (1918): 252–60.
55. Peçevi, 1: 184 (über Feldzug im Jahre 1552), *idem*, 1: 255 (Morisken-aufstand 1568–70); *idem*, 1: 343–48 (Feldzug gegen Spanien); *idem*, 1: 485 (Die Morisken); *idem*, 1: 106–8 (über Schießpulver und Buch-druck).
56. Naima, 1: 40 ff.
57. *Ibid.*, 1: 12.
58. Sılıhdar, *Nusretname*, fols. 257–58. Für diesen Hinweis habe ich Dr. C. J. Heywood zu danken.
59. Şem'danizade, 3: 21–22.
60. *Ibid.*, 1: 42–43.
61. *Icmal-i ahval-i Avrupa.* Süleymaniye-Bibliothek, Esat Efendi Kısmı, Nr. 2062. Siehe V. L. Ménage, »Three Ottoman Treatises...«, S. 425 ff.
62. V. L. Ménage, »Three Ottoman Treatises...«, S. 428.
63. Einzelheiten siehe in B. Lewis, *Islam in History*, S. 314, Anm. 26.

Kapitel VI

1. F. Kraelitz, »Bericht über den Zug...«, S. 17.
2. Der Reim auf die Tataren lautet *ṣabā-raftâr aduw-shikâr*, »schnell wie der Ostwind, den Feind jagend«, oder einfach *bad-raftâr*, »von schlech-tem Benehmen«.
3. E. Prokosch, *Molla und Diplomat* (Graz, 1972), S. 19, übersetzt nach einem unveröffentlichten türkischen Manuskript.
4. *Irşâd.* Siehe Kapitel III, Anm. 15.
5. R. Kreutel, *Kara Mustafa vor Wien* (Graz, 1955), S. 140–41, übersetzt nach einem unveröffentlichten türkischen Manuskript.
6. Evliya, 6: 224–25; zit. n. Kreutel, S. 38.
7. A. Hess, »The Moriscos: An Ottoman Fifth Column in Sixteenth Century Spain«, *American Historical Review* 74 (1968): 19, Zitat aus Feridun, *Münşa'at al-salatin*, 2. Aufl. (Istanbul, 1275 A. H.), 2: 542; Feridun, *Münşa'at*, 1. Aufl. (Istanbul, 1265), 2: 458. Zu den Morisken siehe auch oben, Anm. 55, Kap. V.
8. S. Skilliter, *William Harborne and the Trade with Turkey 1578–1582: A Documentary Study of the First Anglo-Ottoman Relations* (Oxford, 1977), S. 37, Zitat aus Feridun, *Münşa'at*, 2. Aufl., 2: 543; Feridun, *Münşa'at*, 1. Aufl., 2: 450.

9. Yāqūt, s. v. »Rūmiya«.

10. N. V. Khanikov deutet dies als Hinweis auf den Gegenpapst Kardinal Petrus, der sich der Richtung Anaklets II. angeschlossen hatte; siehe Khanikov in *Journal Asiatique* 4 (1864): 152 und S. 161 des Kommentars.

11. Ibn Wāṣil, 4: 249.

12. Qalqashandī, 8: 42 ff. Der seltsame Titel »Beschützer der Brücken« könnte an *Pontifex Maximus* anklingen.

13. *Irṣād*, siehe oben, Kap. III, Anm. 15.

14. Ghassānī, S. 52 ff.; 67 ff.; cf. Sauvaire, S. 152 ff., 162 ff. Der Herausgeber des arabischen Textes streicht einige der antichristlichen Bemerkungen.

15. Ibn Wāṣil, 4: 248–49.

16. Ghazzāl, p. 24; cf. H. Peres, *L'Espagne revue par les voyageurs Musulmans de 1610 à 1930* (Paris, 1937), S. 29–30.

17. Azmi, S. 16.

18. F. Kraelitz, »Bericht . . .«, S. 23.

19. Resmi, *Sefaretname-i Ahmet Resmi Prusya Kirali Büyük Fredrik nezdine sefaretle giden Giridi Ahmet Resmi Efindi'nin takriridir* (Istanbul, 1303 A. H.), S. 18.

20. Miknasi, *al-Iksir fi fikak al-asir*, ed. M. al-Fasi (Rabat, 1965), *passim*.

21. Cevdet, 6: 394 ff.

22. Türkischer Text in E. Z. Karal, *Fransa-Mısır ve Osmanlı Imparatorlugu (1797–1802)*, (Istanbul, 1938), S. 108; arabischer Text in Shihāb, *Ta'rīkh Aḥmad Bāshā al-Jazzār*, ed. A. Chibli und J. A. Khalife (Beirut, 1955), S. 125.

Kapitel VII

1. B. Lewis, *Islam: from the Prophet Muhammad to the Capture of Constantinople* (New York, 1974), 2: 154, Zitat nach Jahiz (mutmaßlich), *Al-Tabaṣṣur bi'l-tijāra*, ed. H. H. 'Abd al-Wahhab (Kairo, 1354/1935).

2. Qazvīnī, S. 388; zit. n. Jacob, S. 25–31; cf. Miquel, S. 1058–59.

3. Ibn Saʿīd, S. 134.

4. Rashīd al-Dīn, *Histoire*, S. 4–5/17–18; zit. n. *Frankengeschichte*, S. 48–49.

5. Ibn Hawqal, *Kitāb Ṣūrat al-arḍ*, ed. J. H. Kraemer (Leiden, 1938), S. 110; cf. französische Übers., J. H. Kramers und G. Wiet, *Configuration de la terre* (Beirut und Paris, 1964), S. 109; cf. C. Verlinden, *L'Esclavage dans l'Europe medievale*, I, *Péninsule Ibérique-France*

(Brügge, 1955), S. 217; zu Saqāliba siehe R. Dozy, *Histoire des Musulmans d'Espagne*, 2. Aufl., überarbeitet von E. Lévi-Provençal (Leiden, 1932), 2: 154, Zitat aus Liudprand, *Antapodosis*, Buch 6, Kap. 6.

6. Zu den Slawen unter den Fatimiden siehe I. Hrbek, »Die Slawen im Dienste der Fatimiden«, *Archiv Orientalni* 21 (1953): 543–81.

7. W. Heyd, *Histoire du Commerce du Levant au Moyen-Age*, übers. F. Raynaud (Amsterdam, 1967) 1: 95; I. Hrbek, »Die Slawen...«, S. 548.

8. Zu den Tataren und ihren Unternehmungen siehe A. Fisher, *The Crimean Tatars* (Stanford, 1978); *idem*, »Muscovy and the Black Sea Slave Trade«, *Canadian American Slavic Studies* 6 (1972): 575–94; und *idem*, *The Russian Annexation of the Crimea 1772–1783* (Cambridge, 1970).

9. E. J. W. Gibb, *A History of Ottoman Poetry*, vol. 3 (London, 1904), S. 217.

10. Zu diesen Arbeiten siehe H. Müller, *Die Kunst des Sklavenkaufs* (Freiburg, 1980).

11. Zu diesen und anderen Geschichten siehe A. D. Alderson, *The Structure of the Ottoman Dynasty* (Oxford, 1956), S. 85 ff.; Çağatay Uluçay, *Harem II* (Ankara, 1971); *idem*, *Padişahların Kadınlari ve Kızlari* (Ankara, 1980); E. Rossi, »La Sultana Nūr Bānū (Cecilia Venier-Baffo), moglie di Selim II (1566–1574) e madre di Murad III (1574–1595)«, *Oriente Moderno* 33 (1953): 433–41; S. A. Skilliter, »Three Letters from the Ottoman ›Sultana‹ Safiye to Queen Elizabeth I«, in *Documents from Islamic Chanceries*, ed. S. M. Stern (Oxford, 1965), S. 119–57.

12. Ibn al-Ṭuwayr, zitiert von al-Maqrizī, *al-Mawāꜥiz wa'l-iꜥtibār bi-dhikr al-khiṭaṭ wa'l-āthār* (Bulaq, 1270/1853) 1: 444.

13. J. Richard, »An account of the Battle of Hattin«, *Speculum*, 27 (1952): 168–77.

14. *Bulla in Cena Domini, Clement VII anno 1527, Urban VIII anno 1627*. Zitiert in K. Pfaff, »Beiträge zur Geschichte der Abendmahlsbulle vom 16. bis 18. Jahrhundert«, *Römische Quartalschrift für christliche Altertumskunde* 38 (1930): 38–39.

15. *CSP* Spanish (1568–79), London 1894 (Anm. 609), S. 706, spanischer Botschafter in London an Philipp II. (28. Nov. 1579); *CSP* Venetian (1603–07), S. 326; Brief vom 28. Febr. 1605 o. s. vom venezianischen Konsul in Melos an Bailo in Istanbul. Für die Verweise in dieser und der vorhergehenden Anmerkung bin ich dem jüngst verstorbenen V. J. Parry verpflichtet.

16. Qazvīnī, S. 362; zit. n. Jacob, S. 32.

17. Ibn Saʿīd, S. 134.
18. Rashīd al-Dīn, *Histoire*, S. 4–5/18; zit. n. *Frankengeschichte*, S. 49.
19. N. Beldiceanu, *Les actes des premiers Sultans*, Bd. 1 (Paris, 1960), S. 127.
20. Peçevi, 1: 365; übers. in B. Lewis, *Istanbul and the Civilization of the Ottoman Empire* (Norman, 1963), S. 133–35.
21. Ghassānī, S. 44–45; cf. Sauvaire, S. 97–99.
22. Vasif, in Cevdet, 4: 357; cf. Barbier de Meynard, S. 520–21.
23. Mehmed Said, S. 109; cf. französische Übers., S. 163.
24. Resmi, *Sefaretname-i . . . Prusya . . .*, S. 27–28, 33 und 36.
25. Azmi, *passim*.
26. Hashmet, *Intisāb al-mulūk*, Anhang zu *Divān* (Bulaq, 1842), S. 8–9.
27. *Masīr-i Ṭālibī yā Safarnāma-i Mīrzā Abū Tālib Khān*, ed. H. Khadiv-Jam (Teheran, 1974), S. 201 ff.; cf. englische Übers., C. Stewart, *Travels of Mirza Abu Taleb Khan . . .*, (London, 1814), vol. 2, chap. 13: 1 ff.
28. Karal, *Halet*, S. 32–33.

Kapitel VIII

1. Zitiert in *EI2*, s. v. »Kaysar« (R. Paret und I. Shahid).
2. Tabarī, *Ta'rīkh al-rusul wa'l-mulūk*, ed. M. J. De Goeje (Leiden, 1879–1901), 3: 695. Hārūn mag beleidigt gewesen sein, weil Nikephoras ihn zuvor als »König der Araber« angeredet hatte – nach moslemischen Begriffen ein entwürdigender Titel.
3. Ghassānī, S. 41; cf. Sauvaire, S. 90–91, *Vakiat-i Sultan Cem*, S. 21.
4. S. M. Stern, »An Embassy of the Byzantine Emperor to the Fatimid Caliph al-Muʿizz«, *Byzantion* 20 (1950): 239–58.
5. Viele Beispiele sind im Public Records Office in London erhalten. Zu weiteren Hinweisen siehe *EI2*, s. v. »Diplomatic«.
6. F. Kraelitz, »Bericht . . .«, S. 24–25. Kraelitz' deutsche Übersetzung dieses Ausdrucks beruht auf einem Mißverständnis des türkischen Textes.
7. Public Record Office SP 102/61/14.
8. Ghassānī, S. 80 ff.; cf. Sauvaire, S. 181 ff.
9. Mehmed Said, S. 65; cf. französische Übers., S. 97.
10. Azmi, S. 46 ff. und *passim*.
11. Abū 'l-Faraj al-Iṣfahānī, *Kitāb al-Aghānī* (Bulaq, 1285) 17: 14; englische Übers. in B. Lewis, *Islam*, 1: 27.
12. Qalqashandī, 8: 53.
13. Rashīd al-Dīn, *Histoire*, S. 2–3/15–16; zit. n. *Frankengeschichte*, S. 46–47.

14. 'Umari (Amari), Text S. 96–97; Übers., S. 80.
15. Qalqashandi, 8: 46–48.
16. Rashid al-Din, *Histoire*, S. 7–8/21; zit. n. *Frankengeschichte*, S. 51–52.
17. *Irşād*. Siehe oben, Kap. III, Anm. 15.
18. *Icmāl-i ahvāl-i Avrupa*. Siehe oben, Kap. V, Anm. 59.
19. Mehmed Said, S. 33–36.
20. Şem'danizade, 2: 22.
21. Karal, *Halet*, S. 32–44 und 62. Siehe B. Flemming, »Ḥālet Efendis zweite Audienz bei Napoleon«, *Rocznik Orientalistyczny* 37 (1976): 129–36.
22. Asim, 1: 62, 76, 78, 175, 265 und 374–76.
23. Abu Ṭālib, *Masir*, S. 242; cf. Stewart, 2: 55.
24. *Ibid.*, S. 250–51; cf. Stewart, 2: 81.
25. Qazvini, ed. Wüstenfeld, S. 410; zit. n. Jacob, S. 21–22.
26. Usāma, S. 138–39; cf. Hitti, S. 167–68.
27. Jabarti, 3: 117 ff.
28. Abū Ṭālib, *Masir*, S. 278–79; cf. Stewart, S. 101–4.
29. Rifāʿa, S. 120 und 148.

Kapitel IX

1. B. Goldstein, »The Survival of Arabic Astronomy in Hebrew«, *Journal for the History of Arab Science* 3 (Spring, 1979): 31–45.
2. Usāma, S. 132–33; cf. Hitti, S. 162.
3. U. Heyd, »The Ottoman ›Ulema‹ and Westernization in the Time of Selim III and Mahmud II«, *Scripta Hierosolymitana, Vol. IX.: Studies in Islamic History and Civilization*, ed. U. Heyd (Jerusalem, 1961), S. 74–77.
4. Koran, 9.36.
5. Siehe dazu R. Anhegger, *Beiträge zur Geschichte des Bergbaus im Osmanischen Reich* (Istanbul, 1943).
6. In diesem Zusammenhang habe ich von einem Referat von Dr. Rhoads Murphey profitiert: »The Ottomans and Technology«, gehalten beim Second International Congress on the Social and Economic History of Turkey, Straßburg, 1980. Die osmanische Benutzung von Feuerwaffen wurde ausführlich behandelt von V. J. Parry in *EI2*, s. v. »Bārūd«, und in »Materials of War in the Ottoman Empire«, *Studies in the Economic History of the Middle East*, ed. M. A. Cook (London, 1970), S. 219–29.
7. U. Heyd, »Moses Hamon, Chief Jewish Physician to Sultan Suleyman

the Magnificent«, *Oriens* 16 (1963): 153, Zitat aus Nicholas de Nicolay, Buch 3, Kap. 12.

8. *Ibid.*, Nicholas de Nicolay, *loc. cit.:* »bien sçavants en la théorique et experimentés en pratique«.

9. U. Heyd, »An Unknown Turkish Treatise by a Jewish Physician under Suleyman the Magnificent«, *Eretz-Israel* 7 (1963): 48–53.

10. U. Heyd, »Moses Hamon . . .«, S. 168–69.

11. Adnan-Adivar, *Science*, S. 97–98; *Ilim*, S. 112–13. Ein persischer Arzt namens Bahā al-Dawla (gest. um 1510) schrieb in einer Arbeit mit dem Titel *Kuhlāsat al-Tajārib* – »Quintessenz der Erfahrung« – ein paar Seiten über die Syphilis, die er als »die armenische Entzündung« oder »die fränkischen Pocken« bezeichnet. Diesem Autor gemäß entstand die Krankheit in Europa, von wo sie nach Istanbul und in den Nahen Osten eingeschleppt wurde. Sie erschien im Jahre 1498 in Aserbaidshan, breitete sich von dort in den Irak und Iran aus (Haskell Isaacs, »European influences in Islamic medicine«, *Mashriq: Proceedings of the Eastern Mediterranean Seminar, University of Manchester 1977–1978* [Manchester, 1981], S. 25–26). Derselbe Artikel geht auf eine Arbeit ein, die in den osmanischen Ländern in der zweiten Hälfte des 17. Jahrhunderts von dem syrischen Arzt Sultan Mehmeds IV. hergestellt wurde.

12. *Idem.*, *Science*, S. 128–29; *Ilim*, S. 141–43.

13. Mehmed Said, S. 26 ff. und 122; cf. französische Übers., S. 36–40, 186–90.

14. Tarih-i 'Izzi (Istanbul, 1199 A. H.), S. 190a–190b.

15. Busbecq, S. 213–14; cf. E. G. Forster, S. 135; cf. Forster und Daniell, 1: 125.

16. O. Kurz, *European Clocks and Watches in the Near East* (London, 1975), S. 70–71, Zitat aus Rousseau, *Confessions*, engl. Übers. (1891), S. 3; Voltaire, *Correspondence*, ed. T. Bestermann, vol. 78 (Genf, 1962), S. 127; und S. Tekeli, *16'ıncı Asırda Osmanlılarda saat ve Takiyuddin 'in »Mekanık saat konstruksuyonouna dair en parlak yıldizlar« adli eseri* (Ankara, 1966).

17. Jāmī, *Salāmān va-Absāl* (Teheran, 1306s), S. 36; englische Übers. von A. J. Arberry, *Fitzgerald's Salaman and Absal* (Cambridge, 1956), S. 146; Zitat aus Lynn White Jr., *Medicine, Religion and Technology* (Berkeley and Los Angeles, 1978), S. 88.

18. Janiklis Ali Paschas Denkschrift ist in Manuskriptform in der Universitätsbibliothek von Uppsala erhalten.

19. Adnan-Adivar, *Science*, S. 142 ff., *Ilim*, S. 161–63.

20. Baron F. de Tott, *Memoires*, (Maestricht, 1785), 3: 149.

21. G. Toderini, Letteratura turchesca, (Venedig, 1787) 1: 177 ff.

22. Aubert du Bayet (später Dubayet) wurde in New Orleans geboren und hatte während der Amerikanischen Revolution unter Lafayette gekämpft. Er war von Anfang an in der Französischen Revolution aktiv gewesen und saß als Abgeordneter von Grenoble in der französischen gesetzgebenden Versammlung.

23. B. Lewis, *Emergence*, S. 85 ff.

Kapitel X

1. S. K. Yetkin, *L'Architecture Turque en Turquie* (Paris, 1962), S. 133 ff.
2. Mehmed Said, S. 199.
3. A. Refik, *Hicri on ikinci asırda Istanbul hayatı (1100–1200)* (Istanbul, 1930), S. 58; Adnan-Adivar, *Science*, S. 125–26; idem, *Ilim*, S. 133; Berkes, *Secularism*, S. 27.
4. Karal, *Tanzimat*, S. 19; Berkes, *Secularism*, S. 33.
5. Mehmed Said, S. 91; cf. französische Übers., S. 137.
6. *Ibid.*, S. 139–40; cf. französische Übers., S. 214.
7. *Ibid.*, S. 78; cf. französische Übers., S. 118.
8. *Ibid.*, S. 109; cf. französische Übers., S. 163. Behzad war ein berühmter persischer Maler; Mani, der Stifter der manichäischen Religion, ist der moslemischen Legende nach als großer Künstler bekannt.
9. F. Babinger, »Vier Bauvorschläge Leonardo da Vinci's an Sultan Bajezid II. (102/3)«, *Nachrichten der Akad. der Wiss. in Göttingen, I. phil.-hist. Klasse*, Nr. 1 (1952): 1–20; idem, »Zwei Bildnisse Mehmed II. von Gentile Bellini«, *Zeitschrift für Kulturaustausch* 12 (1962): 178–82; J. von Karabacek, *Abendländische Künstler zu Konstantinopel im XV. und XVI. Jahrhundert: I, Italienische Künstler am Hofe Muhammads II des Eroberers 1451–1481* (Wien, 1918).
10. N. Atasoy, »Nakkaş Osman'ın padişah portreleri albümü«, *Türkiyemiz* 6 (1972): 2–14, wo Farbdrucke der zwölf Sultane, von Osman bis zu Murad III., reproduziert werden.
11. Siehe A. Boppe, *Les peintres du Bosphore* (Paris, 1911); und R. van Luttervelt, *De »Turkse« Schilderijen van J. B. Vanmour en zijn School* (Istanbul, 1958).
12. Zur türkischen Malerei und Schmuckkunst siehe G. M. Meredith-Owens, *Turkish Miniatures* (London, 1963), S. 16; N. Atasoy und F. Çağman, *Turkish Miniature Painting* (Istanbul, 1974); G. Renda, *Batılılaşma döneminde Türk resim sanatı* (Ankara, 1977).
13. A. Destrée, »L'ouverture de la Perse à l'influence européenne sous les Rois Safavides et les incidences de cette influence sur l'évolution de l'art de la miniature«, *Correspondence d'Orient* 13–14 (1968), 91–104.

14. Zitiert in W. Blunt, *Isfahan Pearl of Persia* (London und Toronto, 1966), S. 100.

15. Zitiert in A. Destrée, »L'ouverture . . .«, S. 97.

16. I. Stchoukine, *Les peintures des manuscrits de Shah ᶜAbbas Iᵉʳ* (Paris, 1964).

17. B. Gray, »A Fatimid Drawing«, *Britsh Museum Quarterly* 12 (1938): 91–96.

18. Siehe Faksimiles in Jahn (Hg.), Rashīd al-Dīn, *Frankengeschichte*; D. S. Rice, »The Seasons and the labors of the months in Islamic art«, *Ars Orientalis*, I (1954), S. 1–39.

19. Zu Levni siehe S. Ünver, *Levni* (Istanbul, 1957).

20. Das Datum im Kolophon (1190/1776) muß falsch sein, da die abgebildete Französin eine Phrygische Mütze mit Trikolore-Kokarde trägt. Ein ähnliches, aber um einiges besseres Ms. in der Bibliothek der Universität Istanbul ist auf 1206/1793 datiert. Siehe Norah M. Titley, *Miniatures from Turkish Manuscripts* (London, 1981), Anm. 23. Siehe ferner G. Renda, *Batılılaşma . . .*, S. 220 ff.; E. Binney, *Turkish Miniature Paintings and Manuscripts* (New York, 1973), S. 102.

21. G. Renda, *Batılılaşma, passim*.

22. Qazvīnī, S. 404; zit. n. Jacob, S. 29; cf. Miquel, S. 1062.

23. Evliya, 7: 312; zit. n. Kreutel, S. 185.

24. Mehmed Said, S. 83 ff.; cf. französische Übers., S. 127–31.

25. Ghassānī, S. 97 ff.; cf. Sauvaire, S. 277 ff.; cf. Miknāsī, S. 624–25.

26. Vasif, in Cevdet, 4: 355; cf. Barbier de Meynard, S. 518.

27. E. de Leone, *L'Impero Ottomano nel primo periodo delle riforme (Tanzimat) secondo fonti italiani* (Mailand, 1967), S. 58–59, Zitat aus Cesare Vimercati, *Constantinople e l'Egitto* (Prato, 1849), S. 65.

28. A. Slade, *Records of Travel in Turkey, Greece . . .* (London, 1832), 1: 135–36. Zu der Haremskapelle siehe Prinzessin Musbah Haidar, *Arabesque*, revised ed. (London, 1968), S. 61.

29. Ghassānī, S. 62; cf. Sauvaire S. 141.

30. Ghazāl, S. 20; cf. Miknāsī, S. 107–9 und 139.

31. Hatti, in *Tarih-i Izzi*, S. 190 ff.

32. Zum Theater siehe A. Bombaci, »Rappresentazioni drammatiche di Anatolia«, *Oriens* 16 (1963): 171–93; *idem*, »Ortaoyunu«, *Wiener Zeitschrift für die Kunde des Morgenlandes* 56 (1960): 285–97; M. And, *A History of Theatre and Popular Entertainment in Turkey* (Ankara, 1963–64); *idem, Karagöz, Turkish Shadow Theatre* (Ankara, 1975).

33. Vasif, in Cevdet, 4: 355; cf. Barbier de Meynard, S. 518.

34. Miknāsī, S. 52 und 70.

35. Evliya, 7: 267; zit. n. Kreutel, S. 108.

36. Bibliothèque Nationale, Arabe no. 6243. Siehe Blochet, Catalogue, S. 219.

Kapitel XI

1. Sir William Jones, »A Prefatory Discussion to an Essay on the History of the Turks«, in *The Works of Sir William Jones*, vol. 2 (London, 1807), S. 456–57.
2. Ibn Rusteh, S. 129–30.
3. Qazvīnī, S. 334–35; zit. n. Jacob, S. 32; cf. Miquel, S. 1053.
4. Abu Talib, *Masir*, S. 74; cf. Stewart, S. 135–37.
5. Evliya, 7: 318–19; zit. n. Kreutel, S. 194–95.
6. Rifāʿa, S. 119–20.
7. Abū Ṭālib, *Masīr*, S. 268; cf. Stewart, S. 135–37.
8. Vasif, S. 349, 351; cf. Barbier de Meynard, S. 508, 512.
9. *Sharḥ-i maʿmuriyat-i Ājūdān bāshī . . .*, S. 385; Bausini, »Un manoscritto persiano . . .«, S. 502–3.
10. Zu al-Ghazāl siehe oben, Kap. IV, Anm. 9.
11. Qazvīnī, S. 404 und 408; zit. n. Jacob, S. 29, 30–31; cf. Miquel, S. 1062. Cf. auch Jacob, S. 14, und Kunik-Rosen, S. 37.
12. Usāma, S. 135–36; cf. Hitti, S. 164–65.
13. Ibn Jubayr, S. 305–6; cf. Broadhurst, S. 320–21.
14. Evliya, 7: 318–19; zit. n. Kreutel, S. 194–95.
15. Ghazāl, S. 12 und 23.
16. Mehmed Said, S. 25; cf. französische Übers., S. 34–35.
17. Abū Ṭālib, *Masīr*, S. 225–26; cf. Stewart, 2: 27–31.
18. *Ibid.*, S. 315–16; cf. Stewart, 2: 254–55.
19. *Ibid.*, S. 305; cf. Stewart, 2: 255.
20. Zu Fazil siehe E. J. W. Gibb, *Ottoman Poetry*, 4: 220 ff. Zu illustrierten Manuskripten dieses Gedichtes siehe oben, Kap. X, Anm. 20.
21. Karal, *Halet*, S. 33–34.
22. Rifāʿa, S. 123 ff.
23. Ājūdānbāshī, S. 281; Bausani »Un manoscritto persiano . . .«, S. 496–97.
24. Mehmed Said, S. 112; cf. französische Übers., S. 169.
25. Der persische Originaltext wurde im Jahre 1812 von seinem Sohn und jemand anderem in Kalkutta druckfertig gemacht und veröffentlicht. Eine Urdu-Ausgabe erschien 1904 in Muradabad in Indien. Eine wissenschaftliche Ausgabe des Textes – die erste im Iran – wurde vor einigen Jahren in Teheran publiziert. Im Vergleich damit hatte eine englische Fassung, die im Jahre 1810 in London herauskam, beträchtli-

chen Erfolg. Im Jahre 1812 wurde eine zweite Auflage mit einigem zusätzlichen Material herausgebracht. Eine französische Übersetzung aus dem Englischen erschien im Jahre 1811 in Paris und eine weitere im Jahre 1819. Eine deutsche Übersetzung aus dem Französischen wurde im Jahre 1813 in Wien veröffentlicht. Die englische Übersetzung ist, milde ausgedrückt, bemerkenswert frei und geht wahrscheinlich auf irgendeine Art der mündlichen Wiedergabe durch einen Vermittler zurück.

Kapitel XII

1. S. Moreh (ed. and trans.) *Al-Jabartī's Chronicle of the First Seven Months of the French Occupation of Egypt* (Leiden, 1975), S. 117.
2. Jabartī, ʿAjāʾib, 3: 34–35.
3. *Dictionnaire français-arabe d'Ellious Bochtor Égyptien... revu et augmenté par Caussin de Perceval* (Paris, 1828–29).
4. Mehmed Said, S. 43.
5. Azmi, S. 30–31.
6. Siehe oben, Kap. XI, Anm. 8.
7. Ghassānī, S. 67; cf. Sauvaire, S. 150.
8. Zu dieser und anderen Veröffentlichungen siehe L. Lagarde, »Note sur les journaux français de Constantinople à l'époque révolutionnaire«, *Journal Asiatique* 236 (1948): 271–76; R. Clogg, »A Further Note on the French Newspapers of Istanbul during the Revolutionary Period«, *Belleten* 39 (1975): 483–90; und *EI2*, s. v. »Djarīda«.
9. Lûtfi, *Tarih* 3: 100; cf. A. Emin, *The Development of Modern Turkey as Measured by its Press* (New York, 1914), S. 28.
10. Rifāʿa, S. 50.
11. Zur ersten Übersetzungsbewegung in Ägypten siehe Jamal al-Dīn al-Shayyāl, *Tarīkh al-tarjama waʾl-ḥaraka al-thaqāfiyya fī ʿasr Muhammad ʿAlī* (Kairo, 1951), und J. Heyworth-Dunne, »Printing and Translation under Muḥammad ʿAlī«, *JRAS* (1940), S. 325–49.
12. Einzelheiten in der erweiterten russischen Übersetzung von Storey, *Persian Literature*, durch J. E. Bregel, *Persidskaja Literatura* (Moskau, 1972), Teil 2, S. 1298, wo andere persische Arbeiten zur amerikanischen und europäischen Geschichte aufgeführt sind.

Register

ʿAbbās I., Schah 33, 255
ʿAbbās II, Schah 255–256
ʿAbd al-Rahmān II. 93
Abū Bakr ibn Bahrām al-Dimashqī 154
Abd al-Hamid II. 261
Abdullah Menou 295
Abū Hāmid 98–99
Abu Ishak Ismail Efendi 250
Abū Tālib Khan 131–132, 205–206,
    222–223, 226–227, 269–270,
    277–278, 282
Adams, Sir Thomas 286
Ahmed I. 263
Ahmed III. 250, 258
Ahmed Asim Efendi 54, 222
Ahmed Atif Efendi 49–50
Ahmed ibn Lutfullah (genannt: Münej-
    jimbạsi) 159–160
Ahmed Pascha 172
Akbar 256
Alfons, König von Andalusien 100
Ali Aziz 132, 264

Ali Efendi, Seyyid 132
Ali ibn Sinan 157
Aristoteles 247
Arnold von Lübeck 82
Avicenna 239, 247
Azmi Efendi 115, 129, 186, 204, 214,
    282, 289
Azulay, Haim David 120

Babar, Mogul 36
Barak 127
Barbaro, Marcantonio 121
Baronian, Bedros 154
Barton, Edward 163
Baybars, Sultan 96
Bayet, General Aubert du 246
Bayezid II. 30, 109, 125, 162, 252
Beckford, William 116
Bedwell, William 79
Bellini, Gentile 252
Blaeu, Joan 154
Bonneval, Comte de 46, 172

Brudo, Manuel 236
Busbecq, Ogier Ghiselin de 37, 241

Cäsar, Julius 298
Canning 85
Cantemir, Demetrius 158
Cappello, Giovanni 165
Carion, Johann 158, 160
Çelebi, Mustafa 249
Churchill, William 296
Comidas, Cosmo 172
Cromwell, Oliver 220

Diez, Friedrich von 132
Donizetti, Gaetano 261
Donizetti, Giuseppe 261
Donskoj, Dmitrij 34
Dozy, Reinhart 195
Dschingis-Chan 26–27

Eduard I. 27
Elisabeth I. 41, 178, 182, 211–213, 216, 234
Evliya Çelebi 80–81, 111–112, 114, 156, 181, 259, 264, 269, 276

Fakhr al-Dīn Manᶜ 126
Fatḥ ᶜAlī Schah 119
Favray, Antoine de 253
Fazil Ahmed Pascha 154
Fazil Bey 279
Ferdinand I. 32
Ferdinand III. 164
Feridun Bey 157
Fernel, Jean 237
Figueroa, Don Garcia de Silva 255
Firdevsi 162
Fracastro, Girolamo 237
Franz I. 40, 212
Frens, Gabriel de 127
Friedrich der Große 243
Friedrich Wilhelm II. 172

Galenus 239, 247
Galileo, Galilei 247
Galland, Antoine 158
Gedik Ahmed Pascha 30
al-Ghassānī 116–117, 184, 203–204, 211, 213, 260, 262, 294
al-Ghazāl 186, 262, 272, 274, 276–277
Ghāzān Chan 151
Giacomo di Gaeta 235
Gibbon, Edward 16, 18
Golius, Jacob 137

Ḥājji Ahmad 153
Halet Efendi 54, 206, 221, 279
Halil Hamid Pascha 245
Hamidizade, Mustafa Efendi 42
Hammer, Joseph 155
Hārūn al-Rashīd 92, 209, 211
Hārūn ibn Jahyā 90, 143, 182, 268
Hasan ibn Hamsa 157
Hashmet 205
Hastings, Warren 258
Hatti Efendi 240, 262
Haydar 125
Heinrich III. 109
Heinrich IV. 109
Heinrich VIII. 165, 184
Herbelot, Bartholomé d' 137
Herodot 290
Hezarfen, Hüseyn 158–160
Hishām II. 195
Hosrev, Mehmed 261
Hülegü, Prinz 26
Husayn 263
Ḥusayn Khān 119

Ibn ᶜAbd al-Ḥakam 17
Ibn ᶜAbd al-Munᶜim 149
Ibn al-Athīr 22
Ibn al-Faqīh 139, 144
Ibn al-Nadīm 75
Ibn al-Qalānisī 21

Ibn al-Qūṭiyya 17
Ibn Dihya 93
Ibn Jubayr 98–99, 225, 275
Ibn Khaldūn 96, 115, 150–152, 159, 203
Ibn Khurradādhbeh 138
Ibn Rusteh 139
Ibn Saᶜīd 149, 193, 201
Ibn Wāṣil 96, 182–185
Ibrahīm ibn Jaᶜqūb 95–96, 98, 120, 147,
    192, 200, 224, 259, 268, 274
Ibrahim Pascha 213, 250
Ibrahim Müteferrika 46–47, 171–172,
    244
al-Idrīsī 147–148, 150, 193
Ihlasi, Scheich Muhammed 154
Ilyās ibn Ḥannā 120
Innozenz VIII. 125
Ishak Efendi, Hoja 86, 247
Iᶜtiṣām al-Din 131
Iwan der Große 34, 162

Jabarti 51, 221, 225–226, 285–286
Jacob, Georg 95
Jahāngīr, Kaiser 256, 258
Jakob I. 234
Janikli Ali Pascha 243
Jem 30, 125–127, 182–183, 211
Jevdet Pascha 49
Johnson, Richard 258
Jones, Sir William 267

Kara Mehmed Pascha 110–111
Karl I. 160, 298
Karl II. 116
Karl VIII. 126
Karl XII. 168
Karl der Große 92, 141, 195
Karl Martell 12, 16–17, 142
Katharina die Große 297
Kâtib Çelebi 81–82, 136–137, 154,
    158–160, 163–168, 171, 178–180,
    184, 219–220, 222, 287

Kemalpaşazade 167, 211
Khāqānī 182
al-Khwārezmī 137
Kléber, General 225, 295
Knolles, Richard 31
Kolumbus 153
Kopernikus 154, 247
Kowalski, Tadeus 95
Kûçük, Kaynarja 47, 170, 212

Leonardo da Vinci 252
Levni 258
Ludwig IV. 142
Ludwig XIII. 160, 164
Ludwig XIV. 110, 167
Ludwig XV. 113
Lûtfi Pascha 39, 162, 295
Luther, Martin 247

Mahmud II. 87, 134, 199, 246, 271
Mahmud Raif 133
Manfred von Sizilien 96
Marco Polo 27
Maria Theresia 216
Marsigli, Graf Ferdinand 158
Martin von Troppau 151–152
Masᶜūdī 139, 141–143, 152
Mavrocordato, Alexander 239
McNeill, John 119
Mehmed Said, Yirmisekiz Çelebi
    112–115, 129, 171, 204, 213, 220,
    240, 249–253, 259, 277, 282, 289
Mehmed IV. 237
Mehmed Köprülü 239
Mehmed Said 244
Mehmed II. 28, 30, 83, 125, 157, 165,
    235, 252–254
Ménage, Victor 158
Meninski, François de Mesguien 110
Mercator 154
Meshullam da Volterra 77
al-Miknāsi 187, 264

Mirza Muhammad Salih 296
Mohammed 15–16, 61, 63, 65, 122,
   209–210, 287, 290
Montecuccoli, Graf 244
Morier, James 119
Moses Hamon 237
Mülhemi, Ibrahim 158
Muhammad ʿAlī Pascha 133, 173, 294,
   296–297
Muḥammad Riżā Beg 118
Muḥammad Schah 119
Murad II. 109
Murad III. 153, 178, 199, 213
Murad IV. 263
Musa Jalinus ibn Israʾili 237
Mustafa Âli 155–156
Mustafa II. 258
Mustafa III. 205
Muṣṭafā Efendi al-Bursali 226

Naima 166–168, 287
Nakkaş Osman 253
Napoleon Bonaparte 48, 50–51, 225, 294
Naqd ʿAli Beg 118
Nedim 159
Nicholas de Nicolay 105
Nicola der Türke 52–53
Nicoussias, Panagiotis 239
Nikephoras 210
Nuh ibn Abdulmennan 239

Ömer Aga 110
Orosius 75
Oruç 28, 161
Osman 28
Osman Ağa 77, 90, 171
Otto I.. 95–96
Ouseley, Gore 119

Paracelsus 239, 247
Peçevi 165–166, 202–203
Peter der Große 168, 171

Pétis de la Croix 133, 159, 265
Philipp III. 255
Philipp IV. 164, 167
Piri Reis 153
Pococke, Edward 137
Ptolemäus 247

Qalāʾ un 271
Qalgashandī 101, 183, 215–216,
   218–219
Qazvīnī 95, 146–147, 224

Rashīd al-Dīn 151–152, 183, 193, 201,
   216–217, 219, 257, 297
Raşid Efendi 168
Resmi Efendi 115, 187, 204
Reis Efendi 245
Richelieu 167
Rifaʿa Rāfiʿal-Tahtāwī 134, 227, 270,
   280–281, 295
Robbs, Jacques 154
Roe, Sir Thomas 257
Roger II. 147
Rousseau, Isaac 242
Rousseau, Jean-Jacques 187, 242

Şaban Şifai
Said Çelebi 47, 84
Saʿid ibn Aḥmad 67
Saladin 24–25, 168
Şanizade, Ataullah Mehmed 42,
   246–247
Savary, Franciscus 165
Scudendoli 255
Selaniki Mustafa Efendi 163
Selim I. 39, 153
Selim II. 40, 181, 199
Selim III. 132, 221, 244–245
Şemʿdanizade Suleiman Efendi 169
Seyyid Lokman 253
Sherley, Antony 108
Sherley, Robert 108, 118

Shīrāzī, Abu'l-Ḥasan 119, 134
Silihdar 169
Smith, Sir Sidney 155
Sokollu Mehmed Pascha 40
Stavraki, Aristarchi 86
Suleiman der Prächtige 31, 39–40, 78,
    114, 167, 199, 211, 236–237
Su'udi, Muhammad ibn Hasan 153

Tabari 17
Taghrī Berdī 77
Tagī al-Dīn 242
Tahmāsp, Schah 255
Tamerlan 231
Tammam ibn ᶜAlqama 93, 273
Toderini, Gianbatista 244–245
Tott, Baron F. de 245
al-Turṭūshī 95

ᶜUdhrī 95, 224
ᶜUmarī 100–101, 128, 217–218
Usāma ibn Munqidh 92, 97–99, 224,
    230–231, 274

Valle, Pietro della 255
Vanmour, Jean-Baptiste 253
Vasco da Gama 33
Vasif Efendi 115–116, 129, 155, 169,
    204, 260, 264, 270, 290
Veysi 197
Voltaire 187, 242–243, 297

al-Wansharīsī 66

Yahya Efendi 86
Yahya ibn al-Hakam al-Bakrī 93–94,
    142
Yaqub Pascha 234
Yāqūt 144–145, 182
Yusuf Aga Efendi 133
Yusuf Ziya 155

Zamān, Muhammad Paolo 256
Zuhrī 147

Bildquellen

Die Illustrationen im Buch und auf dem Buchumschlag wurden von
der British Library, London, und dem British Museum, London,
zur Verfügung gestellt.